U0895750

上海交通大學

百年报刊集成

第一辑（1896—1949）
学 术 学 科

经管卷（第二册）

上海交通大学
档案文博管理中心 编

目 录

《经济论丛》简介

《经济论丛》由交通大学经济学会刊行，系《经济周刊》中优秀研究成果集萃而成，由上海广益书局出版发行。共3册，分别为1927年一册，1929年上、下两册。1927年版刊名由交通部部长兼交通大学校长王伯群题写，1929年版刊名由铁道部部长兼交通大学校长孙科题写。从内容来看，选录的都是与铁路交通、交通经济有关的重要论文。如1929年版《经济论丛》，上、下两册共计30万字，收录“如中山铁路计划之分析，实行总理铁路计划刍议，今后我国国有铁路运价，世界交通事业之鸟瞰，铁路运价之研究，日帝国主义统治下之南满铁路”。① 该版《经济论丛》刊行后，《申报》曾予以积极推介，称“关心国内外交通经济状况者，允宜人手一编也”。②

据经济学会出版部称，之所以有必要单独印行《经济论丛》，乃是由于《经济周刊》印行以来，“深蒙各界赞许，纷来函索，惟本会余报无多，兼又散缺，后来索取者，每有向隅之感，良用歉仄”。③ 另一方面，自1927年《经济周刊》风行以来，名篇佳构日见增多，为了“便保存、资参政”④，出版部决定将《经济周刊》已刊或将刊稿件择要编成单行本发行，既希“广流传而免散失”⑤，又“藉促国人之注意，共谋解决经济问题之方策”。⑥

---

① 《经济论丛出版》，《申报》1929年12月22日，第10版。

② 《经济论丛出版》，《申报》1929年12月22日，第10版。

③ 《经济论丛》（1927年），交通部第一交通大学经济学会出版，第2页。

④ 徐佩琨：《序一》，交通大学上海交通管理学院经济学会编：《经济论丛》（上编），广益书局，1929。

⑤ 《经济论丛》（1927年），交通部第一交通大学经济学会出版，第2页。

⑥ 《序二》，交通大学上海交通管理学院经济学会编：《经济论丛》（上编），广益书局，1929。

交通部第一交通大學經濟學會出版

經濟論叢

王伯羣題

伯羣

經濟論叢

目錄

本會編印經濟週刊，附載時事新報，刊行以來，深蒙各界贊許，紛來函索。惟本會餘報無多；兼又散缺，後來索取者，每有向隅之憾；良用歉仄。茲特出版經濟論叢一書，將本學期已刊將刊稿件，擇要選錄，彙成斯卷，藉廣流傳而免散失。倘蒙閱者諸君進而教之，則幸甚幸甚！

民國十六年十二月　交通部第一交通大學經濟學會識

中山鐵路計劃之分析

總理於詳論國家經營事業開發之前。先下四大原則。此四大原則。必須隨時隨事。審愼周慮。以期國營事業之必底於成。鐵路爲國營事業中之最重大者。其不能不遵此四大原則而經營也無疑矣。四大原則者。

(一)必選最有利之途以吸外資。

(二)必應國民之所最需要。

(三)必期抵抗之至少。

(四)必擇地位之適宜。

* * * *

總理鐵路計劃共分七系統。

甲 西北鐵路系統。

乙 西南鐵路系統。

丙 中央鐵路系統。

丁 東南鐵路系統。

中山鐵路計劃之分析　　三

戊　東北鐵路系統。

己　擴張西北鐵路系統。

庚　高原鐵路系統。

除此七大系統外。又有增加鐵路。二線。皆自南而北。二線爲

1. 廣州重慶線

2. 大屯甯州線

*　*　*　*

(甲)　西北鐵路系統

線名	線長(約數)(咪)	沿線重要城鎮	沿線障碍物	沿線經濟狀況	本線功用(註)	本線與其他交通機關之關係
(一)北大港漠河線	八〇〇	北大港(直隸)，多倫諾爾(察哈爾)海拉爾，漠河(黑龍江)。	跨額古納河各支流，及陰山山脈。	有廣漠平原之物產，及漠河金礦。	發展北大港商業，開發蒙古經濟狀況，調節國內人口密度。	南與京奉路交於開平，北與中東路交於呼倫。

（二）北大港克魯倫線	六〇〇	北大港（直隸），多倫諾爾（察哈爾）。克魯倫中俄邊境（蒙古）。	跨陰山山脈，及克魯倫河。	畜牧	全前	與蘇俄西伯利亞鐵道相接於成丹特。
（三）北大港迪化線	一六〇〇	北大港（直隸），多諾倫爾（察哈爾），格合，錫一聯站，恩京，郭里術果勒，堅什溫（蒙古），奇台，迪化（新疆）	跨陰山山脈	畜牧	聯絡東西交通，發展蒙藏經濟，調節國內人口。	
（四）迪化伊犂線	四〇〇	迪化，綏來，烏蘇，精河三台，伊犂（新疆）。		畜牧	開發新疆富源，調節國內人口。	
（五）迪化于闐線	一二〇〇	迪化，吐魯番，焉耆，庫爾勒，輪台，可克蘇，巴楚疏勒，沙車，和闐，于闐（新疆）。	超出天山山峽，紆天山以南沼必，渡喀什喀爾河，葉爾克河，及和闐河。	經戈壁沙漠北偏之間一帶腴沃之地，又經其南邊一帶沃士，和闐于闐產玉及寶石。	全前	

（六）第一聯站恰克圖線	三五〇	甲接合點（第一聯站），庫倫，恰克圖，（蒙古）。	穿杭愛山脈。	畜牧。	聯絡蒙古沖腹，開發蒙古富源，調節閫內入口。	本線一大部沿故有塞爾烏杭恰克圖大道線築。
（七）第二聯站外蒙西北邊境線	六〇〇	乙接合點，烏里雅蘇台，外蒙西北邊境（蒙古）。	穿杭愛山及唐努山脈。	畜牧森林。	仝前	
（八）第三聯站外蒙西北邊境線	四〇〇	丙接合點（亞什溫），科布多別留，外蒙邊境（蒙古）。	穿阿爾泰山及唐努山脈。	畜牧，金。	仝前	

「註」凡路線之終於邊境者。皆與邊防及陸路國際貿易有關。表中未遑一一加以註釋。此處特爲申述之。（以後各表仿此）

一，起訖長度　本統系東起北大港。西貫滿蒙新疆。止於三區邊境各點。全系統八綫。長七千餘英里。

二，海陸運輸之聯絡　本統系北大港多倫諾爾一段。凡三百哩。自始即築雙軌。總攬本統系內物產而達之海口。與海輪作運輸上之聯絡。又以現存之京漢。津浦。京奉三綫爲北大港暨多倫諾爾路綫之給養。

三，合於「抵抗至少」之原則　本統系所過皆係平坦。無高山大河。横貫中間。建築簡易。合於抵抗至少之原則。

四，合於「地位適宜」之原則　本統系遍佈我國西北一帶。實居支配世界的重要位置。將來必爲歐亞鐵路統系之主幹。而聯結中歐兩陸人口之中心。自太平洋岸前往歐洲者。蓋無較此路爲最近者矣。不特此也。自伊犁發出支綫。將與未來之印度歐洲綫相聯絡。由此更可從吾人所計劃之海港。以直達好望角城。其於世界位置上之重要。更無出其右者。此系統之所以又合乎地位適宜之原則也。

五，合於「國民須要」之原則　本統系所通地方。較之本部十八省。尤爲廣闊。今以鐵路通之。則沿江沿海稠密省分無業之游民。可資開發此巨大委棄之富源。不僅有利於吾國民生。亦且有利於世界商業。故由政治上。經濟上言之。此統系實爲中國今日之所必要也。

六，合於「必選有利益之途」之原則　凡一鐵路之起于人口至多之區。以達于人口至少之地者。其利益較兩端皆人口至多之鐵路為大。蓋(1)兩端人口多少愈不同。則彼此經濟情形愈相遼遠。經濟情況愈不同。則有無之差別愈甚。而貿易必臻鼎盛。(2)不特此也。終於兩端人口多少不同之鐵路。每於開始運輸之初。即有多數人民隨之移往新地。路局人民。皆受利益。此證之於京滬京奉兩路之運輸而可知也。京滬路長八百咪。貫通商業集中。人稠戶盛之腹地。然其收入反不若線長六百咪。聯絡兩端人口多少不同之京奉路遠甚（每年少收三百萬）。由是可知本統系路線又頗合於「必選有利益之途」之原則矣。

*　　*　　*　　*

(乙)西南鐵路統系

線名	線長（英里）	沿線主要城鎮	沿線礦物	沿線經濟狀況	支線	本線功用	本線與他線或其他交通機關之關係	備註
(甲)廣州重慶線（經由湖南）	九〇〇	廣州，英德，連州(廣東)，道州，永州，寶慶，新化，辰州，(湖南)，酉陽，南川，重慶(四川)	煤沿西湖南川閩山脈，湘錫，揚子江至重慶。	廣東連州一帶，有林山鎢錫等礦，湖南內南兩有錫鋅煤銻鋼銀，酉陽產鎢興水銀，農產品有糖，花生，大麻，桐油，茶棉，烟，絲，穀物，竹木森林		開發富源便利商旅	廣州英德段，即利用粵漢路線。	線長係約數，此以下仿此。

乙 廣州重慶線（經由湖南貴州）	八〇〇	廣州，英德，連州，（廣東），道州，（湖南），三江，靖州，鎮遠，遵義（貴州），綦江，重慶（四川）	橫過湘江，越嶺間山脈，渡過沅江烏江及揚子江。	木材礦物極富。		仝上	自廣州至道州一段，即走於甲線之上，又由遵義以上循商路以達重慶。	本線貫自湖南道州起築，終於四川重慶，計長五百五十英里。
丙 廣州成都線（由桂林瀘州）	一〇〇〇	廣州，三水，四會，廣甯（廣東），懷集，賀縣，平樂，桂林，永甯，（廣西）古州，都江，八寨，平越，甕安，湄潭城，仁懷，赤水，（貴州）洪溪，瀘州，隆昌，內江，資州，資陽，簡州，成都，（四川）	渡北江，踰連山，又渡沅江烏江及楊子江。	廣州桂林之間有煤鐵礦，四川紅盆地極爲富庶，桂林瀘州間富於礦產，及水銀。		開發富源，收容路線兩端過密人口。	廣州至三水，即循故有廣三線，自岳四城以上，循商人通路。	
丁 廣州成都線（由梧州敘府）	一二〇〇	廣州，三水，肇慶，德慶（廣東），梧州，大湟，象州，柳州，慶遠，思恩（廣西），獨山，都勻，貴陽，黔西，大定，畢節（貴州）鎮雄，樂有溪（雲南），敘府，嘉定，成都（四川）	渡柳江，烏江，楊子江，岷江，及越五嶺山脈，	沿線富煤鐵礦田，又有銀錫銅等貴金屬礦。		仝前	廣州三水段即循故有廣三路線。	

戊　廣州雲南入緬騰越線	己　廣州思茅線
一三〇〇	一一〇〇
廣州，三水，肇慶，德慶（廣東），梧州，大湟，武宣，遷江，東蘭（廣西），興義（貴州）羅平，陸涼，雲南，楚雄，大理，永昌，騰越，至緬甸邊界。	廣州，鶴山，宮山，太平渡三洲墟，高明，新興，羅定，（廣東）平河，容縣，貴縣，南甯，百色（廣西），剝陸、巴川、高甘，非部、普子塘、阿迷、臨安、石屏，元江、他郎、普洱，思茅（雲南）
溯西江，紅水江，跨雲嶺，烏蒙山，高黎貢等山脈。	渡西江，右江，元江，跨六詔山，哀勞山，蒙樂山等山脈。
錫礦	有最富之錫銀鎢礦區：及煤鐵金銅水銀等礦，農產品有米花生及樟腦桂油蔗糖烟葉，各種果類。
山東陶附近廣西貴州交界處起緬武甸昭通渡楊子江橫過大涼山經於甯遠長四百英里	由南寧起，經欽州，西南止東興，與法路相接，長一百二十英里。
開通昭通甯遠間有名錫礦地之障礙。	開發富源便利商旅
首段自廣州至大湟與廣州梧州成都線間。在緬甸界與緬甸仰光八莫線相接	截老街雲南路於阿迷州。
本線實自大湟至騰越，計長一〇〇〇英里為中印間交通最捷之路線將來兩國邦交必更接近	

線名	廣州欽州線
長度	四〇〇
經過主要城鎮	廣州，太平墟，開平，恩平，陽江，高州，化州，石城，廉州，欽州，東興（廣東）
渡江	渡西江，
物產	有煤鐵礦，及金礦錫礦數處，農產物有蔗糖生絲，棉花芋麻蔬青花生，及各種果類。
支線	由化州起，經雷州，遂溪，至海安，長一百英里，於海安以船渡海，再與瓊州島相聯絡。
軌制	全上
備考	自廣州到西江濱一段，與廣州思茅線同軌，東興對芒街至海防之間，有法國鐵路可接。

本系統主要路線外，當須另設聯絡線五計六〇〇英里：

線名	經過主要城鎮	被聯絡之幹線
重慶成都甲線	重慶，成都	(甲)廣州重慶線經由湖南。 (乙)廣州重慶線經由湖南貴州。 (丙)廣州成都線經由桂林瀘州。

重慶成都乙線	重慶，合州，資陽，簡陽，成都。	仝前
遵義甕安線	遵義，甕安。	(乙)廣州重慶線經由湖南貴州。(丙)廣州成都線經由桂林瀘州。
平越都勻線	平越，都勻。	(丙)廣州成都線經由桂林瀘州。(丁)廣州成都線經由梧州敘府。
貴州邕城百色線	貴州，邕城，南丹，那地，東蘭，泗城，百色。	(丁)廣州成都線經由梧州敘府。(戊)廣州騰越線。(己)欽州思茅線。

本系統支幹各線外，又有外國計劃鐵路三：

線名	計畫國家	計畫路線與本系統內各路之關係
老街雲南府已成線及雲南府重慶計劃線	法	與己線交於阿迷州，與戊線交於威甯，與丁線交於敘府，與丙線交於瀘州，而與甲乙兩線會於重慶。
沙市興義線	英	與甲線交於辰州，與乙線交於鎮遠，與丙線交於平越，與丁線交於貴陽，而與戊線之支線交於永定西方之一點。
株州欽州線	英	與甲線交於永州，與乙線交於全州，與丙線交於桂林，與丁線交於柳州，與戊線交於遷江，與己線交於南甯，而與庚線會於欽州。

西北鐵路系統概論

一，路線起訖　本統系七線。全長約七千英里。起自廣州。向西北方面作扇形之鐵路網。所經兩粵。湘。蜀。滇。貴。六省。除法人經營之老街雲南。窄軌鐵道二百九十英里。及廣三路線八八英里外。殆全不與鐵路相接觸。

二，沿線經濟概況　在本統系所經地方內有廣州成都兩大平原。及湘粵間面積六十萬方英里，人口過一萬萬之稠密區域。礦產則有世界上有用之貴金屬。如錫。銻。鎢。銀。黃金。白金等。及其他尤爲有用之金屬。如銅。鐵。鉛。煤。石油。自然煤氣（火井）等類。

三，本鐵路統系之重要　本統系所經區域。天然富源。全未開採。內地人口亦極稀少。故路線所及。既可開發富源。又可建立新城。國計民生。均受其惠。微此。則廣州之開發爲世界大港。其發達程度必不能如吾人所豫期之甚。故本統系一方爲發展南方大港（廣州）之所必要。一方又爲西南各省繁榮之所不可少。其重要蓋有如此者。

四，投資本息無疑　西南各省未通鐵道之先。土地價值極低廉。國家若能預將各處市街用地及礦產地收歸政府。然後開始建築鐵路。則其獲利必甚豐富。故不論投資若何巨大。其本息之償還。可擔保其必無不充足之患也。

五，建築之障碍　本統系所經區域。其西南部除府州及成都兩平原外地皆險峻。非山即谷。其東部則山嶽聳起。然至高不過三千英尺。至其西部與西藏交界之處。則山嶺之高。平均皆在一萬英尺以上。故建築此諸路工程之困難。比之西北平原鐵路統系。乃至數倍。鑿山挖隧。在在須耗巨資。其建築費當爲中國各路之冠。

六。合於四大原則　本統系開發西南山地礦產利源。投資利益必豐。又能調節人口。建立新城。則國民之須要以償。務密邊防。交通外國。地位上稱得宜。惟所過地方。山谷甚多。不能不認爲建築中之絕大障碍。然在此區地皆山之區。建設鐵路。山谷之阻。自所不免。祇須擇其最簡省之途。我人即可謂之合於抵抗至少之原則矣。

＊　＊　＊　＊

（丙）　中央鐵路系統

線名	線長（約數）英里	沿線重要城鎮	沿線礦產物	沿線經濟狀況	本線功用	本線與他線或其他交通機關之關係	支線

天	地
東方大港塔城線	東方大港庫倫線
三〇〇〇	一三〇〇（自定遠至甲接合點）
東方大港，湖州，長興（浙江），溧陽南京（江蘇），全椒，定遠，壽州，潁上（安徽），新蔡，確山，泌陽，唐縣，鄧州，淅川，荊紫關（河南），龍駒寨，商州●藍[illegible]，藍田，西安，盩厔，郿縣，寶雞（陝西），三岔，秦州，鞏昌，狄道，蘭州，涼州，甘州，肅州，玉門，安西（甘肅），哈密，吐魯番，迪化，綏來，塔城（新疆）	東方大港，湖州，長興（浙江），溧陽，南京（江蘇），全椒，定遠，懷遠，蒙城，渦陽，亳州（安徽），歸德（河南），[illegible]縣，定陶，曹州（山東），開州（直隸），彰德（河南），遼州，黎城，榆次，太原，岢嵐，保德（山西），府谷（陝西），薩拉齊（綏遠特別區），甲接合點，……庫倫（蒙古）。
渡長江，橫截蒙古沙漠，切斷齊爾山等四山脈。	於直魯界山西保德二次渡黃河於府谷之北穿長城，在綏遠區又渡黃河。
產毛皮	經過山西省大煤鐵礦田二處；及綏遠特別區大平原，聯接中部八口最密地與中蒙土沃人稀之廣大地城。
直接聯絡東方大港，與中國西北邊境，有發展商業，輔助移民之功。	聯絡蒙古中區與東方大港，復有商業，礦業移民等功用
交滬杭甬線，會滬甯津浦於江甯，浦口，又截京漢路於確山，自蘭州至吐魯番一段，係昔日通路，又自吐魯番至綏來一段，卽沿用西北鐵路系統路線。	自東方大港至定遠一段，卽川天線軌道，又截隴海路於歸德，截京漢於彰德，截京綏路於薩拉齊，自甲接合點至庫倫，卽沿線用多倫諾爾鐵倫間之公線●

玄　東方大港烏里雅蘇台線	黃　南京洛陽線	宇　南京漢口線
(自亳州至乙接合點)一八〇〇	(自懷遠至洛陽)三〇〇	三五〇
東方大港……定遠……亳州(安徽)，鹿邑，太康，通許，中牟，鄭州，滎陽，汜水，溫縣，懷慶(河南)，沁水，浮山，平陽，汾城，大寧(山西)，延長，延安，小關，靖邊(陝西)，鹽池，寧夏，定遠營(甘肅)，(西套特別區)，乙接合點，烏里雅蘇台(蒙古)。	南京(江蘇)，全椒，定縣，懷縣，太和(安徽)，周家口過嵩水分，臨潁，襄城，禹州，洛陽水分(河南)。	南京(對岸)，和州，無為，安慶，宿松(安徽)，黃梅，廣濟，蘄水，漢口(湖北)。
在汜水以北渡黃河，在平陽渡汾水，在大甯以西再渡黃河，在縣武宿及三渡黃河，又在寧夏西北過賀隘山縣，		
經過河南產米區，山西產煤區，陝西石油區，產鹽區。	通過烟戶極稠之地，商極肥於鄭落，禹州，襄城等處，洛陽及極關之豐富煤礦田。	經過沿江富庶區域。
仝上	聯接南古都開發富源調節人口。	商業及交通。
東方大港定遠段，沿用天線，定遠亳州段，沿用地線，中牟汜水段，沿用隴海路線。	南京懷遠一段，走於天地兩線公共路軌上，又交京漢路於遠穎，自禹州西北往，會隴海路，西至洛陽。	兩端與津浦京漢線相會。
		由黃梅至小池口，渡楊子江以逕九江。

西安大同線	六〇〇	西安，三原，鄜州，同官，宜君，中部，甘泉，近安，綏德，米脂，葭州（陝西）與縣，嵐嵐，五寨，羊房，朔州，大同（山西）。	於蔚汾河與黃河匯流處渡黃河（陝西），截長城於羊房	經過陝西有名之煤油礦，及山西西北煤田。	開發富源，便利交通	與東方大港烏里雅蘇台線相會於延安，又與東方大港庫倫線相交於肯綏嵐線，會京綏線於大同若利用京綏線自大同至弘豕口，可與將來西北系統中聯絡張家口與多倫諸關之一線相關。	
西安甯夏線	四〇〇	西安，涇陽，淳化，三水（陝西），正甯，甯州，慶陽，環縣，清平，平遠，靈州，甯夏（甘肅）。	於靈州以北渡黃河。	經過礦產及石油最富之地區	仝上		
西安漢口線	三〇〇	西安，……淅川（河南），老河口，樊城，安陸，漢口，（湖北）。	度秦嶺		聯絡黃河流域與中部長江流域最富饒之二部。	西安淅川段沿用天線路軌。	

日	西安重慶線	四五〇	西安，甯陝，石泉，紫陽（陝西），城口，綏定，渠縣，鄰水，江北，重慶（四川）。	度秦嶺過大巴山分水界。	林木及其他物產極多	開發富源及聯接長江水路交通。	鄰水重慶段循商路。
月	蘭州重慶線	六〇〇	蘭州，狄道，岷州，階州，碧口（甘肅），昭化，保甯，順慶，合川，重慶（四川）。	過岷山分水界。	經由物產極多，鑛產極富之地區。	仝上	蘭州狄道段沿用天線路軌。
盈	安西于闐線	八〇〇	安西，敦煌，陽關（甘肅），諾羌，車城，于闐（新疆）。		乃通戈壁沙漠與河勒騰塔格嶺中間一帶肥沃之地，為殖民最有價值之區。	直接連絡東方大港與中國極西端之喀什葛爾。	與西北系統線之終點相會於于闐。
昃	諾羌庫爾勒線	二五〇	諾羌，河拉，尉犂，庫爾勒（新疆）。	經過沙漠，渡塔里木河。	沿路給水豐足，為殖民最有價值之地。		與走於沙漠北緣之線相聯屬。

辰 北方大港哈密線	一五〇〇	北方大港，寶坻，香河，北京，張家口(直隸)，陳台(察爾)布魯台，哲斯，托里布拉克，北同車站，伊河，(蒙古)，哈密。(新疆)	橫度內蒙古沙漠	大部份路線走於可耕地方，爲殖民要區，	聯絡北方大港與新疆，聚城，與以水陸直接之交通，	北京張家口段即用京張路軌，在哈密與東方大港塔城線相聯絡，使北方大港迪化間得一直接交通，
宿 北方大港西安線	七〇〇	北方大港，天津，靜海，大城，河間，深澤，無極，正定(直隸)，平定，太原，交城，文水，汾州，隰州，大甯(山西)，宜川，洛川，中部…西安(陝西)	於大甯以西渡黃河	經煤鐵石油最富饒大之礦田，及陝產物極多之地區，	聯絡北方大港與中國中部之古都，爲開發富源之要道	二次交京奉鐵路，又交津浦路於鎮海，交京漢路於正定，自正定至太原，即改築正太狹軌而利用之，自中部到西安，複沿用西安大向線，
列 北方大港漢口線	七〇〇	北方大港，北塘，大沽，岐口，鹽山(直隸)，樂陵，德平，臨邑，禹城，東昌，范縣，曹州(山東)，睢州，太康，陳州，周家口，項城，新蔡，光州，光山(河南)，黃安，漢口(湖北)，	於范縣以南渡黃河，於河南邊過撥分界嶺。	經過內地富源極多之區域。	聯絡北方大港與中國中部之商業中心(漢口)	北寧大沽線，沿用京奉鐵路，至禹城與津浦線相交，至睢州又與隴海線相交，至太康與支線相交，至周家口與黃線相交。

張 黃河港漢口線	寨 從罘漢口線	來 海州濟南線
(自黃河港至新蔡) 四〇〇	(自從罘至光州) 五五〇	(海州至泰安) 一一〇
黃河港，博興，新城，長山，博山，泰安，寧陽，濟寧(山東)，亳州(安徽)，新蔡(河南)，…漢口(湖北)，	芝罘，萊陽，金家口，即墨，諸城，莒州，沂州(山東)，徐州(江蘇)，宿州，蒙城，潁上(安徽)，光州(河南)，……漢口(湖北)	海州，贛榆(江蘇)，臨沂，蒙陰，新泰，泰安，濟南(山東)
穿大別山橫渡黃河及淮水，	穿大別山縣，渡淮水，	
仝上	仝上	經過山東腹部之煤鐵礦場，
商業與交通，	仝上	仝上
與膠濟線相交於長山，又與津浦線相交於泰安，自新蔡起與北方大港漢口線會合，直至漢口	截膠濟線於即墨以西，至徐州州津浦路線以達宿州，在光州又與北大港漢口線相合，由之以至漢口，	於泰安與津浦線會合，直趨濟南，

暑	海州漢口線	四〇〇	海州，沐陽，宿遷(江蘇)，泗州，懷遠，壽州，正陽關(安徽)，(河南省東南角)，麻城，漢口 湖北)	在宿遷跨運河，又在荆北，跨分界嶺，	經過產鹽茶極富之區域	仝上	跨運河，截津浦路，與東方大港南倫線及烏里雅蘇台線卅交於懷遠，
往	海州南京線	一八〇	海州，安東，淮安，天長，六合，南京。(江蘇)	渡寶應湖，(此湖應填築)，渡長江	經過江蘇北部急待發展之平原區域，	仝上	
秋	新洋港漢口線	四二〇	新洋港，鹽城，淮安(江蘇)，盱眙，明光，定遠，大安，霍山(安徽)，羅田，漢口(湖北)	過大縱湖(將來應填築)及洪澤湖之東南角(此湖亦應填築)，臨湖北之分界嶺	經過內地極富之區域。	仝上	交津浦線於明光附近，至定遠與地玄州線卅會
收	呂四港南京港	二〇〇	呂四港，通州，如皋，泰州，揚州，六合，南京。(江蘇)		經過沿江富庶之區	仝上	

參 海岸線	一〇〇〇（自岐口至崇明）	北方大港…岐口（直隸），黃河港渤萊州，招遠，芝罘，甯海，文登，海陽，金家口，靈山衛，日照（山東），贛榆，海州，鹽城，東台，通州，海門，崇明島（江蘇）	於海門以南渡揚子江（此島以揚子江沿水堤故得與大陸聯爲一氣），至崇明島，自崇明島赴上海，用渡船載列車而過。	經過沿海物產豐富，商業發達之海港漁業港區城	聯接沿海要城爲沿海及陸路商業交通之利器	北方大港岐口段，沿用北方大港漢口線，金家口至膠州灣之西端一段，沿用芝罘漢口線	（一）文登至榮城（二）文登至石島
[illegible] 霍山蕪湖蘇州嘉興線	三〇〇	霍山，舒城，無爲（安徽），蕪湖高淳，溧陽，宜興，蘇州（江蘇），嘉興（浙江）	於無爲之東渡長江，又過太湖之北端（此湖將來填築）	經皖蘇兩省富庶之區	將成爲上海湖口間直接路線之大部份	于蘇州會滬甯線，于嘉興會滬杭線。	

中央鐵路系統概論

一，位置及長度　本鐵路系統偏包長江以北之中國本部，及蒙古，新疆之一部。全系統二十四線，共長約一萬六千六百英里。

二，經濟上之功效　本鐵路系統所及地域。其東南一部。人口甚密。西北一部人口極疏。本系統建設後。有調節人口之效力。又本區域東南饒礦產之富。西北則有潛在地中之農業富源。故本系統又有發發富源之功用。

三，獲利之豐饒　既如上述，本系統各綫所經地域。非富於礦產。即饒於農產。又其所聯起訖。多爲一方人口甚密。一方人口甚疏。衡以鐵路經濟上之新原則。本系統各綫。皆能保其有利如京奉路也。

四，本系統在中國鐵路界之地位　本系統內各路綫。或起東南訖西北。或起東北訖西南。已有錯綜交貫之致；兼之本區域內又包括中國已成鐵路之最大部分。故鐵路網之聯絡。愈形完善。所聯東方大港。北方大港。黄河港。新洋港。呂四港。芝罘。海州等大小海港。及漁業港。又爲中國東方商業菁萃之區。故本系統將爲中國鐵路系統中之最重要者。

五，合於四大原則　由前述第三項言之。本鐵路系統合於「必選最有利益之途。以吸收外資」之原則。由第二項言之。又合於「必應國民之所最須要」之原則。由第四項言之。則復能合乎「必擇地位適宜」之原則。至於「抵抗至少」之原則。尤爲鐵路計畫中處處所當審愼致慮者。固不僅在本系統爲然也。

*　*　*　*

（丁）東南鐵路系統

線名	線長（英里）	沿線重要城鎮	沿線障碍物	沿線經濟狀況	本線功用	本線與他線或其他交通機關之關係	支線
東方大港重慶線	一二〇〇	東方大港，杭州，臨安，昌化，（浙江），徽州、休甯，祁門（安徽），湖口，九江（江西），興國，通山，崇陽，羊樓洞（湖北），岳州，常德，慈利（湖南），鶴峯，施南，利川（湖北），石硅，涪州，重慶（四川）	貫洞庭湖（此湖將來應行填塞），過烏江及揚子江，	經産米，茶，絲最富之區域	聯結東方大港與中國西方之商業中心（重慶），	羊樓洞岳陽段，走於粵漢線北段上	（一）由施南至宜昌 （二）由利川至萬縣
東方大港廣州線	九〇〇	東方大港，杭州，富陽，桐廬，嚴州，衢州（浙江），上饒，上清，金谿，建昌，南豐，廣昌，寧都，雩都，信豐，龍南（江西），新豐，從化，廣州（廣東），	經仙霞山五嶺山等，	仝上	聯絡中國之二頭等海港		

玄 福州鎮江線	黃 福州武昌線	宇 福州桂林線
五五〇	五五〇	七五〇
福州，羅源，寧德，福安（福建），壽寧，景甯，雲和處州，武義，義烏，諸暨，杭州，德清，湖州（浙江），宜興，金壇，丹陽，鎮江（江蘇）	福州，水口，南平，邵武（福建），建昌，撫州，南昌，永修（江西），興咸，武昌（湖北）	福州，永泰，大田，寧洋，連城，汀州（福建），瑞金，雩都，贛州，上猶，崇義（江西），郴州，桂陽，新田，寧遠，道州（湖南），桂林（廣西），
過仙霞山及錢塘江	橫過杉嶺及贛江，	渡閩江，過杉嶺及五嶺山脈，
經中國最大產茶區域	沿途產茶，鐵等類	產茶，木材等類，
開發富源便利交通	仝上	仝上
丹陽鎮江段走滬甯線	南昌永修段走南潯線	與粵漢未成線交於郴州，又與廣州預擬甲乙兩線相遇於道州，

溫州辰州線	八五〇	溫州，青田，處州，宣平（浙江），玉山，德興，樂平，餘干，南昌，瑞州，上高，萬載（江西），瀏陽，長沙，寧鄉，安化，辰州（湖南）	渡甌江、贛江，湘江，沅江及仙霞嶺，懷玉山，羅霄山等山脈	產茶，米，及煤鐵，錫等	仝上	會南潯路於南昌，交粵漢北段於長沙，又會廣州重慶甲線及沙市興義線於辰州，	
廈門建昌線	二五〇	廈門，長泰，漳平，寧洋，清流，建甯（福建），建昌（江西）	跨杉嶺	產茶，米等	仝上	與東方大港廣州線，福州武昌線，建昌沅州線，會於建昌，	
廈門廣州線	四〇〇	廈門，漳州，南靖，下洋（福建），大埔，松口，嘉應，興寧，五華，龍川，何源，龍門，增城，廣州（廣東）	渡東江，	仝上	仝上	廈門漳州段走漳廈鐵路	

日	月	迄
汕頭常德線	南京韶州線	南京嘉應線
六五〇	八〇〇	七五〇
汕頭，潮州，嘉應（廣東），長甯，會昌，贛州，龍泉，永甯，蓮花（江西），株州，長沙，甯鄉，益陽，常德（湖南），	南京（江蘇），太平，蕪湖，銅陵，池州，東流（安徽），彭澤，湖口，鄱陽湖，南康，吳城，南昌，江渡，吉安，贛州，南康，南安（江西），南雄，始興，韶州（廣東），，	南京溧水，高淳（江蘇），宣城，甯國徽州（安徽），開化，常山，江山（浙江），浦城，建甯，南平，沙縣，永安，甯洋，龍岩，永定（福建），松口，嘉應（廣東）
渡東江，過五嶺山，又渡湘江，資江，沅江，	渡鄱陽湖口，過大庾嶺分水界段	過仙霞山，渡衢弋江，閩江，汀江，
鹽煤	鹽米茶等類，	仝上
仝上	仝上	仝上
株州長沙段走粵漢，線北段，又與東方大港直廣線及沙市與益線相會於常德，	自湖口至鄱陽港，即沿用東方大港直廣線，又與沿州長州線及贛州武昌線會於南昌，與建昌沅州線交於吉安，與贛州桂林線交於贛州，與粵漢線交於韶州，，	與福州武昌線交於延平（南平），與福州桂林線及廈門，建昌線會於甯洋，再與廈門廣州線合，迄嘉應而止，

東方南方南大港間海學線	（自廣州至寧波）一一〇〇	廣州，石龍，惠州，三多祝，海豐，陸豐，揭陽，潮州，饒平，（廣東）詔安，雲霄，漳浦，漳州，廈門，泉州，興化，福州，福安，湖州，福鼎，（福建），平陽，溫州，瑞安，黃岩，台州，寧海，寧波，杭州，東方大港（浙江）	渡東江，閩江，甌江，及錢塘江，	經過中國東南部沿海海港，漁業港區域，	聯接東南沿海重要城鎮，為商業上交通上之要道	廣州石龍段走廣九路，漳州廈門段走漳廈崇，福州福安段走福州鎮江線，寧波杭州段走滬杭甬線，杭州東方大港段走東方大港直廢線，
建昌杭州線	五五〇	建昌，宜黃，樂安，永豐，吉水，吉安，永新，遂川（江西），茶陵，安仁，衡州，寶慶，武岡，沅州（湖南）	渡贛江，湘江，資江，沅江，及跨羅霄山，衡山，雪峯山諸山派	產煤	開發富源，便利交通，	與南京韶州線，交於吉安，與汕頭常德線會於蓮花，遇粵漢於衡州與廣州重慶中線交於寶慶過沙市興義線於沅州

東南鐵路系統概論

一，位置及長度　本系統內包有浙江。福建。江西。三省。並及江蘇安徽。湖北。湖南。廣東五省之各一部。全系統十三線。總長約九千英里。縱橫布列於一不規則三角形之上，此三角形以東方大港與廣州間之海岸線爲底。以揚子江重慶至上海一段爲一邊。更以經由湖南之廣州重慶甲線爲第二邊。而以重慶爲之頂點。

二，本區域內經濟概況　本區域所經區域。富農礦物產。尤饒煤鐵。幾隨處有之。全區人口甚密。有待於便利之交通。以移殖於西北邊境。故本系統將來之貨運，客運營業，必能十分發達。

三、本系統在中國鐵路界上之位置　本系統網絡東南各省區域聯接東方南方兩大海港。及溫州。福州。廈門。汕頭等。二三等海港。爲西南各省人民及物產通達海口之要道。

四、合於四大原則　（理由同中央鐵路系統）。

* * * * *

(戊)　東北鐵路系統

線名	線長（英里）	沿線之要城鎮	沿線障碍物	沿線經濟狀況	本線功用	本線與他線或其他交通機關之關係	

天東鎮葫蘆島線	二七〇（自東鎮至新民）	東鎮，長嶺（吉林），雙山，遼源，康平，新民，溝幫子，錦州，葫蘆島，（奉天），	渡新遼河，西遼河，及計劃中之秦皇島繳江，遼河，	經滿洲大平原，產皮毛及大豆，	為由滿州鐵路中區直達不冰之深水港之第一線，	交四洮路於遼河，自新民至葫蘆島與京奉鐵路合線（一百三十英里），又本線與南滿鐵路並行，	
地東鎮北方大港線	五五〇	東鎮，吉林，通遼（奉天），阜新，朝陽，（熱河），永平，樂亭，北方大港（直隸），	跨新遼河西遼河，過熱河區域之多境，入大凌河深河等谷地，穿萬里長城，全線後半截所經者皆山區，	經過南滿物產最豐富區域，	仝上 第二線	，交京奉路於安平坿近。	
玄東鎮多倫線	四八〇	東鎮（吉林），洮南（奉天），林西，經棚，圍場（熱河），多倫（察哈爾）	沿大興安嶺山脚，南出上遼河谷地，	在大興安嶺一帶山脈，有最豐富之森林與礦產。	開發富源，便利移民及交通。	於洮南橫過日本計劃之[illegible]線熱河線，北與長春洮南，及鄭家屯洮南兩計劃路線之終點相合，在多倫又與西北鐵系統之幹線相合，	

黄	東鎮克魯倫線	六三〇	東鎮（吉林），大賚（黑龍江），（奉天北洮），（蒙古哈爾哈河，貝爾池）克魯倫（蒙古）	渡嫩江，入奎勒河之北支流谷地，橫過大興安嶺分水界，	畜牧業甚盛，	仝上	幾與中東路之哈爾濱滿州里線平行，
字	東鎮濱河線	六〇〇	東鎮（吉林），齊齊哈爾，嫩江，漠河（黑龍江）	入松江上流谷地（約占全線四分之一），橫過大興安嶺山脈之北部，（約占全線四分之一）	橫過滿州平原北端，及漠河金礦區，	仝上	於齊齊哈爾與計劃之鶴璦線相會，至嫩江乃止，又在漠河與多倫漠河線之末站相會，
宙	東鎮科爾芬線	三五〇	東鎮，（吉林），熊東，青岡，洮倫，東臨，科爾芬（黑龍江）	渡通肯河橫過小興安嶺分水界入科爾芬谷地，全線一分之一為山地，	金，	仝上	
洪	東鎮饒河線	五〇〇	東鎮（吉林賓州，呼蘭，巴彥木蘭，大通（黑龍江），三姓、七星砬子，大鍋蓋，饒河縣，（吉林）	橫渡呼蘭河及松花江，入倭肯河谷地，過分水界，又入饒河谷地，	所經皆肥美土地，又富木材，	仝上	橫渡中東鐵路，終於烏蘇里江饒河合流處，

竟	東鎮延吉線	三〇〇	東鎮，榆樹，扶餘，五常，營總站，額穆，源水泉，石頭河，延吉（吉林）	渡牡丹江，	經過各農產與礦產極豐富之地，	仝上	橫過中東鐵路哈爾濱長春段，至石頭河與日本會寧吉林線合軌直達延吉，
日	東鎮長白線	三三〇	東鎮，農安，九台，吉林，樺甸（吉林），撫松，長白，奉天，	渡伊通河及計劃中之遊河，入松香河谷地，經長白山分水界極繪嶺之地，	森林	仝上	橫過中東鐵路哈爾濱長春段，自九台走吉長路至吉林，
月	葫蘆島熱河北京線	二七〇	葫蘆島，新台門，奉天海亭，拚牛營子，三十家子，平泉，承德，灤平，古北口（熱河），密雲，順義，北京（京兆），	經拚牛營子三十家子之多山境，通過萬里長城，	畜牧	仝上	橫過吉長路，沿齊官路走承德至灤平，再出長城循通路至北京，

寅 葫蘆島克魯倫線	卯 葫蘆島呼倫線	辰 葫蘆島安東線
（自葫蘆島至數布庫列）四五〇	六〇〇	二二〇
葫蘆島（奉天），建平，赤峯間場，西[illegible]，大金溝，林西，陰家窩，甘珠廟（熱河），巴達布拉克，烏尼克特，數布庫列（蒙古），	葫蘆島，錦州，義州（奉天），清河門，阜新，綏東，開魯（熱河），合板，突泉（奉天），呼倫（黑龍江），	葫蘆島，牛莊，海城，析木城（奉天）
過熱河之多山地，入遼河谷地，及陰家窩谷地，經大興安嶺西南之分水界，	渡大淩河及西遼河，橫渦大興安嶺，入阿滿谷地，	渡遼河及計蓋中之遼河，過摩天嶺山脈
經過極豐富之礦產木材農業等地方，	經過富於礦產與農業及森林等地域，	橫貫遼東半島，農產礦產極豐之區域，
仝上	仝上	與葫蘆島北京線聯合，成為由高麗至北京之最直捷路線，
自赤峯以後循通道至數布庫列，與多倫克魯倫線合軌，直達克魯倫，		橫截京奉及南滿二路，至析木城以東，與安奉路合軌，直達安東

宿 漠河綏遠線	九〇〇	河漠，烏蘇里，祁木爾蘇米，奪庫庫，安羅：倭西門，安幹，綏哈額以安古，呼鴨，錫爾北奇，奇拉，湖州屯，黑河，璦爾，倫爾木勒洮，奇克松，科爾芬，烏寧，湖山，綏北，河L，街北口，額爾，綏遠（黑龍江）	渡松花江	所經皆係金礦地	開發富源，便利移民及交通	會錦璦線於璦琿，又會東興科爾芬線於科爾芬。
列 呼瑪室韋線	三二〇	呼瑪，大拉子，巴拉滿，室韋（黑龍江）	由庫瑪爾河北源過分水界，入哈拉爾谷地一，	經過極豐富之金礦地如大拉子，巴拉滿等，	仝上	此線本爲漠河綏遠線之支線，

烏蘇里圖們鴨綠沿海線	一一〇〇	綏遠，高陶，同，，民東，饒河，虎林，密山，平安，小綏芬站，東寧，四石立溝交站，羅糸延吉，和龍（吉林），長白，臨江，鉗安，安東，大東溝，大佤山屯北河，小西奉，居店，與糸屯，大逆（奉大）	經黃窩集山及長白分水界，入鴨綠谷地，	木材，礦產，	聯接東北邊境沿江沿海要區城鎮，商業上，國防上，及交通上之要道，	作松該與，宿線相接；作繞河，與鐵繞河線之末站相會；自繞河到屯林一段，與俄烏鐵路中行；至小段芬站橫丸哈爾延海安鐵線，會日本會當吉林線於延吉，即由此線至和龍，再進會東鎮長白線於長白，何安奉天六安東，南滿線於與家屯，	
臨江多倫線	五〇〇	臨江，通化，興京，撫順，奉天，新民新立屯，（奉大），阜新，赤家，三阜店，公主陵，大蛙子，發木谷（熱河），多倫（線哈爾），	經鴨綠江西南多山境，跨過計劃運河，入遼河谷地上部之山地，及灤河谷地，	畜牧，大豆，	開發富源，便利移民及交通，	於奉天橫向南滿鐵道，走京奉線，直至新民，在此橫過東鎮新蘆島線，又在阜新橫東鎮北大港線，在赤赤崇旗為滿蘆島克爾倫線，	

節克多博依陶線	七〇〇	節克多博，嫩江，克山，海倫，（黑龍江）依陶（吉林）	經大興安嶺山脈之谷地山地數處，又渡嫩江及松花江，	經過農業與金礦地方，	仝上	與由東鎮向北方分出之各線（宇線，宙線洪線）相交，	
依陶吉林線	二〇〇	依陶，頭站，二站，三站，四站，勃子站，甯古塔，，寬城，寬巖嶺，塔拉，鳳凰店，額穆，吉林（吉林）	渡牡丹江及嫩江，	經過牡丹江之肥美谷地，	仝上	橫截中東路哈爾濱海參崴段於城子，會日本之吉會線於額穆，	
吉林多倫線	五〇〇	吉林，長春（吉林），雙山，遼河，綏東（奉天）烏丹城，西[illegible]，多倫（察哈爾）	渡遼河，過遼河谷地分水界，	皮毛畜牧，	仝上	自吉林走吉長路至長春，往此會中東南[illegible]南路線，至雙山又會東鎮葫蘆島及日入之四洮二線，在綏東交東[illegible]北方大港線及葫蘆島呼倫線，在西圖又交葫蘆島克發倫，	

東北鐵路系統概論

一，位置及長度　本系統包括滿洲及熱河特別區之全部。與蒙古。直隸。察哈爾。京兆等區域之一部。占有面積約五十萬英方里。其地域三面為山所圍繞。獨於南面則開放。直達遼東海灣。全系統二十線。共長九千英里。

二。本區域內經濟概況　在本區三面皆山之中。却成一廣漠肥饒之平原。有三大河流灌注其間。嫩江位於北。松花江位於東北。遼河位於南。有此三河流之灌溉。於是滿洲始能生產植物中最富蛋白質之大豆。此項大豆。可用以代肉奶。除本區人民食用外。又有大批餘額。以輸出外國。故滿洲平原。實際上已為世界大豆供給之產地矣。除大豆以外。滿洲又富各種穀類。(就中麥之一類。已述供西伯利亞東部須用)森林。礦產等。礦產中漠河金礦。頗稱丰旺。

三，本系統與移民　在本系統所過五十萬英方里。區域之中。人口約有二千五百萬。平均每英方里人口不過五十八。較之本部十八省之人口密度。何相去甚遠。暨本鐵路系統建設以後。可於開發富源以外。又能從事移民滿蒙。

四。本區域內已成之中外鐵路　在本系統區域內，有三大幹線。最足使我人注意。

1. 中國官辦之京東鐵路——本線在中國國有鐵路內。營業最爲旺盛。

2. 日本承辦之南滿鐵路——在中國境內中外鐵路中。此線獲利最厚。且地位適宜。尤有發展希望。除此鐵路本身的問題外。此路又有行使國家行政權之能力。早已化爲政治經濟侵掠之利器矣。

3. 中俄合辦之中東鐵路——本線爲西伯利亞大鐵道營業最旺部分。此線亦有政治上經濟上侵掠之野心。惟不若南滿路效力之大耳。

以上三外國辦鐵路。爲將從速收回則當本鐵路系統建設適用時可減去無限糾紛與損失，

五。鐵道中區之建設　在本系統內。新一鐵路中區也。蜘蛛網之有巢。爲本鐵路網之中心。此鐵路中區。定名曰東鎮。該鎮位於嫩江與松花江合流處之西南。（約距哈爾濱之南北偏一百英里）將來必能成爲最有利益之位置。再俟將來遼河松花江間運河成立後。此鎮又必爲水陸交通之要道自

六。系統鐵路網之敍符　本鐵路系統之路線。在國內各鐵路系統中。最爲繁密。全系統二十綫。約可歸合爲四組。

1. 以東鎮爲中心。共九綫。
2. 以葫蘆島爲中心內共四線。
3. 東鎮外環形線。共四線。
4. 東鎮內環形線。共三線。

七，合於四大原則（現同出中央鐵路系統）

*

*

*

（己） 擴張西北鐵路系統

線名	線長	沿線主要城鎮	沿線障礙物	沿線經濟狀況	本線功用	本線與他線或其他交通機關之關係	支線
天 多倫恰克圖線	八〇〇	多倫，喀特爾呼，臨多，蘇彝論（察哈爾），申中，伊都車布，揚圖，額都根，徙勒圖，恰克圖（蒙古）	渡克魯倫河，橫過克魯倫河與赤查河分水界，	畜牧業，	開發富源，便利移民，及交通。	自多倫循驛路，橫過大牧場，	
地 張家口庫倫烏梁海線	一七〇〇	張家口（察哈爾），明安，博羅，里治，綏遠，烏特格合，庫倫，哈帄，呼倫，閣，巴發，界，霍（假宅），商，使，作，中，古	橫過察哈爾南部山脈，又進入庫倫以西山地，橫渡色楞格谷地，又入山地，遂進克移克濟克谷地，	經蒙古大牧場，	仝上	於格合橫過多倫迪化幹線，又於庫倫與西北鐵路系統之第六線，及中央鐵路系統之地線相交，	

丙 綏遠烏里雅蘇召科布多線	一〇〇	綏遠，托里布拉克（綏遠），哈（謝治，土謝圖省），霍勒特，郭里得果勒，烏里雅蘇台，呼雅克卒爾，巴爾淖爾，頂哈布得，科布多，（蒙古），呼豆，科圖（新疆），烏列蒙，別面，圖界（蒙古）	經綏遠以北山地	一、畜牧毛皮業	仝上	於托里布拉克橫過北方大港哈密線及北方大港庫倫線，於烏里雅蘇台橫[illegible]北方大港與烏得木齊線之第二貼站邊界支線，又土謝圖郭里得果勒致及烏里雅蘇台科布多段特路依商而設。
黃 靖邊烏梁海線	一二〇〇	靖邊（陝西），（波羅）格琛，鄂託，厄溷，勒則達），古爾班昔嗜特，哈烏格圖，恩京，西倫庫，沙布克台，柑果廟，（蒙古）	交長城渡黃河三汾河，渦哈拉那林烏拉嶺，入烈京以北谷地與分水界地，經色楞格河流域之各支流及谷地，再流其谷河，經站里吉爾，色臣河上流分水界，	經蒙古大艸場。	仝上	在古爾班昔哈特經北京哈爾線，在恩京交北方大港烏魯齊線，於烏魯克穆河附近與張家口庫倫烏梁海線相交此點即爲本線終點，

肅州科布科	七○○	肅州，八牛，哈畢爾罕布魯克，伊託里（甘肅），伯勒台，底們赤魯，爭什溫，倭倫呼都克，塔巴，鷹塔將圖，伯多延台，蘇台，科布多（蒙古）	穿長城於決牛，過伯勒台以北沙漠，又入蒙古西南部多山與下隰之鄉落。	畜牧	仝上	經北京於哈密綫伊哈託里之北，又於爭什溫橫過北方大港烏魯木各幹線，自塔將圖與古城科布多通道相合，直達科布多，
西北邊界線	九○○	伊犂，三台，十斯賽，託里，納木果台，斯完羅蒼台承化寺，烏爾邪蒸圖台，（新疆），別留，烏列亞，烏松闊郊，烏隙固程，塔小圖俄商佚宅，（浴貝古程河右岸）蒙古邊界，	於承化寺港過山脈，入地布多谷科，	經過新疆北邊最大之森林與最富之煤礦地，北於蒙古西北邊森林區域。	仝上	伊犂三台段併烏魯木齊伊犂線，至託里以北截中央幹線（北方大港塔城線），再於斯託羅台依通沿至承化寺，前行至別留，與綏呼科布多線直邊烏列蓋，爭搭布圖又與他線相合同，行至烏魯克穆河濱，（在唐努烏湖）

洪	迪化烏蘭固穆線	五五〇	迪化，阜康，自闊川，霍爾楚台，爾準，十蘇區特，帖列克特山口（新疆）科布多，烏蘭固穆（蒙古）	經霍爾楚台以北山地，渡烏倫古河，經巴安東格力谷地，過帖列克特山，諸科布多等河。	經帖列克特山口東北部耕種，地方，及科布多以北肥沃草地。	仝上	迪化阜康段循多倫迪化幹線，於十爾區特附近橫過北方大港烏魯木齊線之支線第）交點，至三皆周穆會本烏統西北邊界線，
荒	戛什溫烏梁海	六五〇	戛什溫，哈圖呼闘克，達闊邏律，博爾努格，呼志爾圖，博爾霍，烏里雅蘇台蒙古。	橫過戛什溫東北多山與隣地境外，及隨撤谷地，渡色楞格河正源，帖斯河正源，又入分水界，至烏各克穆谷地	經帖斯河谷地中一極大未開之森林，	仝上	於烏里雅蘇台與綫迪科布多線及北方人港烏里雅蘇台線相會，於唐努烏梁海地方之烏營克穆谷地，與西北邊界線相銜。
日	烏里雅蘇台恰克圖線	五五〇	烏里雅蘇台，鄂爾渾河及色楞格河邊村鎮，恰克圖，（蒙古）		經一肥美谷地。	開發富源，便利移民交通。	烏里雅蘇台鄂疊爾溫一段，走亞什溫烏梁海線，於相里蘭以北橫過靜邊烏梁海線，又於鄂疊爾河與色楞格河合流處以東，與張家口庫倫烏梁海線合俄，至後線轉向東南而北。

鎮西庫倫線	八○○	鎮西，圖塔古，木爾格斜特（新疆），蘇治，達閔閟魯，汝噶呼圖克，鄂羅蓋，沙布克台，庫倫（蒙古）。	過鄂羅蓋附近分水界，入色楞格河谷地，又南入沙布克台以東之多山多水境域。	經戈壁沙漠北邊三大草場	仝上	於烏爾格特特以東（底們赤得地方），橫過斯州料布多線，又前進賽北大港烏里雅蘇台線與多倫諾爾烏里雅蘇台線，至鄂蘇蓋蓋綏遠烏里雅蘇台線，至沙布克台又親靖邊烏梁海線，
肅州庫倫線	七○○	肅州，金塔，毛目（甘肅），平樹窪（西套）哈薩，圖里克，三音達賴，烏闌和碩庫倫（蒙古）。	經戈壁沙漠，約占線長三分之一，其他三分之二，亦係低濕草地。	經第二共同聯站以北之大草地。	仝上	於戈壁沙漠以北，與北京哈密線，及北方大港烏里雅蘇台線相交，成一共同聯站，由此經綏遠科布多線與靖邊烏梁海線之相交點，又成一北同聯站，又於三音達賴橫過多倫諾爾烏得齊木線。

表	表
沙漠聯站克魯倫線	格合克魯倫節克多爾線
八〇〇	六〇〇
沙漠聯站（北同聯站，在蒙古西南邊）土謝圖汗部會，第一聯站（甲接合點）為臨呼圖克，夫羅車，穆克圖，車臣汗，克魯倫（蒙古）。	格合，霍申屯，克魯倫（蒙古），節克多博（黑龍江）。
	渡克魯倫河及額爾古納河皆屬濕地，其上半截則皆屬旱地。
經沙漠聯站東北及土謝圖汗以東之大草地，畜牧業甚盛。	經格合東北及霍申屯東北大草場。
仝上	仝上
在鄂爾渾附湖南方橫過納邊烏黎海線，在土謝圖汗都會橫過級遠科布多線，在穆克圖橫過張家口烏黎海線，在克得倫橫過多倫克得倫線，北與東鎮克魯倫線相會	於霍申屯橫過多倫恰克圖線，於克魯倫橫過呼倫克魯倫線，於呼倫池之西北祿過中東盛路，於節克多博與多倫諾爾賓河線交節克多博依臨線相會。

五原洮南線	九〇〇	五原，託里布拉克，（綏遠），格合，（蒙古），歡布庫里，克木察瑪（察哈爾），突泉，洮南（奉天）。	橫過陑田烏拉山，及大興安嶺。	橫過五原以北大草地，宜於墾荒。	仝上	於託里布拉克與北京哈密線綏遠科布多線及北方大港庫倫線之三路相交，於格合與多倫烏魯木齊與北京庫倫之二線相會，於歡布庫里橫過多倫克魯倫與滿蘆烏克魯倫之二線，於克木察瑪與多倫洮河線相交。
五原多倫線	五〇〇	五原，茂名安旗，帮條圖（綏遠），多倫（察哈爾）。	橫過陑田烏拉山。	墾荒	聯接黃河上流谷地與肥美遼河谷地，成一直接鐵路交通路線	於茂名安旗經過北方大港庫倫線，又前橫過綏遠科布多線，於帮條圖橫過北京哈密線，又東行經過張家口庫倫烏梁海線，於多倫與奉天多倫隰江線相合。
焉耆伊犂線	四〇〇	焉耆，伊甯，伊犂（新疆）。	橫過山嶺，入伊犂谷地。	經空吉斯河肥美之谷地。	開發富源便利移民及交通。	於伊犂與伊犂烏魯木齊線相合。

寒	伊犁和闐綫	七〇〇	伊犁，博爾台，沃橋，札木台，巴斯倒塔拉克，和闐，新疆西南邊界（新疆）。	渡伊犁河，入帖克斯谷地，渡帖克斯河，再卜山道，南行再渡喀什噶爾河及和闐河，進止和闐河南方高原。	經過，帖克斯河以南，極大煤鑛地方，過塔里木谷地北邊之最肥美區域，止於和闐河之肥美區域中。	仝上	於札木台經吐魯番喀什噶爾綫於和闐與喀什噶爾于闐綫相會。	
來	鎮西喀什噶爾綫及北支綫	一六〇〇	鎮西，延安堡，辟家廳，陶賴子，七角非，梧桐窩，西聰地，河鄰，鄯善，爾克沁，石烏，河拉，巴斯喇塔格拉克，巴楚，喀什噶爾，南疆西北邊界（新疆）	循天山森林，前往渡塔里木河。	經塔里木河流域無數新村落肥美地方與未開發之森林。	仝上	於鄯善經過中央鐵路系統之幹綫，於河拉橫過車城庫爾勒綫，於塔格拉克橫渡伊犁和闐綫，於喀什噶爾烏魯木齊于闐綫。	（一）由河拉至車城（二）由巴楚，經沙車，至疏勒。

擴張西北鐵路系統概論

一，位置及長度　本系統包有蒙古新疆全部，及甘肅，西藏，綏遠，察哈爾，熱河各區之一部，面積約有一百七十萬英方里，全系統十八綫，共長約一萬六千英里。

二，救濟世界食物之不足　本系統所包括之畜牧地域（一百七十萬英方里）較之以供給世界肉類聞名之阿根廷共和國。尙大六十萬英方里。果能通以鐵路。用科學方法改良畜牧。則蒙古之畜牧業。必臻發達。衡以阿根廷之能起而代美國有世界肉類供給市場之先例。則蒙古將來亦必能取阿根廷而代之故本鐵路系統。直接有開發中國農業富源之功效。間接又有救濟世界肉食缺乏之能力。

三。本鐵路系統與西北鐵路系統之關係　在西北鐵路系統中。蒙疆二區。已有七千餘英里鐵路之敷設。以爲連絡北方大港。及移民西北之用。然此七千英里之鐵路。在此偌大之蒙疆區域內。不過爲開發富源之一開始者耳。若欲實際上發展此豐富之境域。則必須增設鐵路，方克有功。此本線補強西北鐵路系統之所以爲重要也。

四。合於四大原則　（理由同中央鐵路系統

* * * * *

（庚）　高原鐵路系統

線名	線長	沿線主要城鎮	沿線障礙物	沿線經濟狀況	本線功用	本線與他線或其他交通機關之關係	支線

天	拉薩蘭州線	一一〇〇	拉薩，達隆，雅爾，達竹山口（西藏），苦齊賚爾松，拉尼巴爾，略托拉喀（青海），澄源，西甯，戰伯，蘭州（甘肅）	爲雅爾山藏布谷地分水界入路江谷地，前沿路江正源，宗沿拉山岑，爾渡揚子江上源，沙江，通過揚子江谷地，入黃河谷地，又進塔木之東甯谷地，再人黃河谷地，	沿本線之起點與終點，現已有少數居民，將來可成爲一大殖民地。	開發富源，便利移民及交通。	爲西藏境域之中央幹線亦足稱爲此系統中之重要路線。本路線備爲官辦而作。
地	拉薩成都線	一〇〇〇	拉薩，德慶，南摩，袋竹工卡（西藏），江達，拉里，邊壩，碩倍，浴薩宗，嘉塔橋，恩過，察木多，巴我，札武三十司，甘孜，提窩英得（川邊），倍田，塤安，灌縣，成都（四川）	經托拉山，渡潞江，及金沙江，前入依杵谷地，渡鴉礱江又過渡大小金川，橫過斑爛山。	產毛織物及絲綢。	仝上	拉薩察木多段沿用拉薩成都驛官路，自察木多以後另備一商路。

玄 拉薩大理車里線	九〇〇	拉薩……江達，沁碧，公布什克城，底穆昭，底穆宗，遜貢，巴谷，樹宗，力馬，汎　（川邊），茲猫桶，丹隴，瓦麾村，小維西，誠心鋼廠，河貼，江瀾，鄧州，上關，大理，下關，鳳儀，蒙化，保向，車理（雲南）	渡路江，由瓦屋村谷地過分水界，又渡瀾滄江。	畜毛織物茶葉及銅。	仝上	拉薩江邊段走地線。	
黃 拉薩招郎宗線	二〇〇	拉薩，德旌，拉鳴術穆，澤當，吹夾波朗：門楚糸塔注，拢宗，印鹿亼岑三邊界（西藏）	渡藏布江。	畜毛織物。	聯接外國鐵道便利國際交通及商業	拉薩經壓段改走地線	
字 拉薩亞東線	二五〇	拉薩，札什，倫里，曲水，末力橋，塔馬陸，白地，遼浦隆，浪卡子，錯古，拉薩，沙加，孤拉，亞東（西藏）	渡藏布江及其南之査家亞木。	畜毛織物。	仝上	札什沙加段循舊官路。	

宙 拉薩來吉雅魯及其支線	八五〇	拉薩，札什，小綸益，桑駝洛池，那陡陵，密多訊，拉古，日喀則，札什閣，朋錯湖，拉孜，那古林，大屯，卓冷特，塔木札，卓山，喝爾渡，來吉雅分印度邊界（西藏）	數渡藏布江，又渡印度河之上流。	產羊毛及毛織物。	開發富源便利移民及國際陸路交通與商業。	幹線自札什以往循舊路。	（一）」拉孜經脊喝爾，定日，至尼泊爾邊境之孫拉木，（二）出大屯至尼泊爾邊境。
洪 拉薩諾和線	七〇〇	拉薩……桑駝洛止，得貞，桑札宗，路克東，翁波，都拉克巴，光貲，于喀爾諾和（西藏）	所經皆沼泊之區。	經塔克東以西西藏之金礦最富之地方。	開發富源便利移民及交通。	拉桑駝洛池段取道宙線	
荒 拉薩于闐線	七〇〇	拉薩，……薩馬戎，特布直託羅海（西藏），薩里，巴喀爾，孫格特，索爾克，鴉孫勒公（新疆）	橫過崑崙山脈。	途經巴喀爾與孫格特一帶一大幅無人居住之地方	開發富源，便利交通與殖民，	於拉薩薩馬戎段走宙北爾線，又於鴉孫勒公與西北鐵道系統之車爾城于闐線合軌，止于于闐。	

蘭州婼羌線	成都宗札薩克線
七〇〇	六五〇
蘭州……渦源（甘肅），都蘭奇特，宗札薩克，屯月，哈羅里，谷爾炎，哈自格爾，奔把水琛，那林稠哈，阿爾芦特水泉，（青海），婼羌。（新疆）	成都，灌縣，汶川，茂州，松潘，東丕，上勒凹（四川），鄂徐吉廟，會坐，察漠塔，布勒拉察布，拉尼巴爾，宗札薩克（青海）
橫過阿斯騰塔格嶺。一	入岷山谷地，橫過揚子江與黃河間之分水界，渡黃河上流。
產毛皮。	仝前
仝上	仝上
自蘭州至青海東海角一段，循拉薩蘭州軌道，又於婼羌與安西于闐線及婼羌與爾特經相聯合。	成都灌縣段循成都拉薩軌道，入青海渡黃河至從官路西北轉，與拉薩蘭州線合軌前行，經過拉尼巴爾，再前與蘭州婼羌線相會於宗札薩克。

圖九

乙 甯遠車成線	一三五〇	甯遠，傾遠（四川）雅江，西俄洛，裏塘，岡沱，札武三司，圖登貢巴，苦苦裟爾橋（青海），沁司炊，阿洛北，車城（新疆）。	渡雅龍江，長江北源，過分水界。	統三省天然富源急待開發之區域。	仝上	於雅江循[illegible] 驛[illegible]至果塘 又於札武三 士司横西拉 隴，成部線 ，於[illegible]賽 閣橫横[illegible] 拉薩，中線 ，[illegible]水界 後循分[illegible]路 前行騎東兩 [illegible]。
戊 成都門公線	四〇〇	成都，雙流，新津，名山，雅州，天全（四川），打箭爐，西俄落，東俄洛，裏塘，巴塘，寧靜，門公，（喀羅川邊）	渡泯江，金沙江，雅龍江，金沙江，潞江，及西南山地諸嶺。	產森鑛等。	仝上	
戊 成都元江線	六〇〇	成都，……雅州，榮經，清溪，越巂，甯遠，會理（四川），雲南府，昆陽，新興，嶍峨，元江（雲南）	渡大渡河，金沙江，繞大涼山脈。	仝上	仝上	成都雅州段 循及線[illegible]軌 ，於甯遠與 府遠車[illegible]線 之首站相[illegible] ，於營南府 與與州大理 線相會，於 元江與廣州 思茅線相會

佰 敘府大理綫	四〇〇	敘府，屏山，雷波，寧遠，鹽源（四川），永北，賓川，大理（雲南），	渡雅礱江，金沙江，穿雲嶺山脈。	產鹽銅等。	仝上	於峯這橫過成都事並線，並與廣州事站車城綫之首站相會，又於大理與廣州大理綫及拉薩大理綫相會。
列 敘府孟定綫	五〇〇	敘府，…雷波，（四川，），元謀，楚雄，景東，保甸，雲州，猛定，雲南西南邊界，（雲南）	橫過金沙江，瀾滄江，過哀牢山及蒙樂等山脈。	銅礦等。	仝上	敘府雷波段走宿綫路軌，於四川極南邊境金沙江旁交成都元江綫，於楚雄橫過廣州大理綫，於廣甸橫過拉薩車思綫。
張 於闐噶爾渡綫	五〇〇	於闐，波發，阿阿什東郎（新疆），諾和，羅克多碌木綽克，噶爾渡（新疆）	渡印度河上源。	產寶石。	仝上	於諾和與拉薩諾和綫之終站相會，於噶爾渡與拉薩來吉雅綫相會。

高原鐵路系統概論

一，位置及長度　本系統包括西藏全部。及青海。新疆。甘肅。四川。川邊。雲南各省之一部，面積約一百萬英方里全系統十六綫共長約一萬一千英里。

二，本區域內經濟概況　在此高原附近。有最富之農產。與最美之牧場。礦山除豐富之金礦外，又有其他金屬，黃銅其特著者也。惜皆藏沒地下。未加開採。故雖早有「寶藏」之雅號。而世人卒未能知其爲可貴也。倘能通以鐵路。從事開採。則當世界貴金屬行將用盡之時。吾人仍得於此廣大之礦域中求之。其利益爲何如也。

三，建設困難與建設時期　本系統位在西藏高原。其工程極爲煩難。其費用亦甚浩大。較之國內其他一切鐵路事業。其報酬最爲微小。故此鐵路之工程。當他部分鐵路未完全成立之前。不能興築。但待至他部分鐵路完全成立。然後興築此高原境域之鐵路。即使其工程浩大。亦當有良好報酬也。

四，對於四大原則之附合　(一)必應國民之須要——所謂國民之須要。其範圍實甚寬泛。惟吾人可大概的言之。則國民對內的須要。爲民權之保障。與民生之豐裕。第一目的之達到。須中央與地方有密切之關係。第二目的之達到。須使荒瘠之區。有開發富源之可能。而以上二條件之完成。則非有便利之交通不可。此由國民對內的須要言也。再依國民對外的須要言。則第一目的在能提倡民族主義。而抵抗外強之侵掠。英之窺西藏久矣。國人若不速起而為緊固邊防之計。則將來西藏之成爲今日之滿洲。亦意計中事耳。此本鐵路系統建設雖難。而總理卒不因而放棄其建築之計劃者職是故也。

(2)必擇地位之適宜——本系統網絡西南邊境。於邊防上。移民上。及開發富源上爲要幹道。在此高原之中。有此新式交通之分佈。由全國大局上觀之。非地位堪稱適宜。

(3)必期抵抗之至少——在本系統路綫內有數綫完全循從官路。有數綫一部份循舊通路。當已以處避免新僻路綫之困難矣。

(4)必選有利之途以吸收外資——在本系統興始建築之初。外人必不肯投資。總理知其然也。故有「此鐵路工程。當他部分鐵路未完全成之前。不能興築」之決定。誠以他部分鐵路皆成立後。則國家能通盤籌劃。以各路餘款。充本系統內某綫建築之用。既築之後。又以他路之餘。補本路之不足。如是本路之經濟地位以固。經濟地位既固。則外人必願投資。外人既願投資。則吾遂得用其資本。以繼續建設本系統其他計畫路綫。故繼以「必選有利益之途。以吸收外資」之原則。本系統亦近之。

* * * *

增加鐵路表

線綱名	經過主要大站	本線與他計劃線之關係
廣州重慶線	廣州（廣東），容縣，梧州，平樂，桂林，（廣西），城步，沅州（湖南），南川，重慶（湖北）	于廣州會西南鐵路系統中之廣州欽州線，至容縣與同系統廣州思茅線相交，再進波西江與同系統廣州成都線（經由梧州與敘府）會，即沿此路線至梧州，又於平樂走同系統廣州成都線。（經由梧州瀘州）至桂林，自後自築路線，於城步交同系統沅州洮慶線（經由湖南寶州），至沅州會，東南鐵路系統中之建昌沅州線，再進于南川起，走西南鐵路系統廣州重慶線（經由湖南）直達重慶。
大屯肅州線	大屯，羅拉克巴（西藏），薩里，沁司坎（新疆），那林相哈（青海），肅州（甘肅）	於大屯與高原鐵系統拉薩來吉雅合線會，至都拉巴克而交同系統拉薩諾和線，至薩里又交拉薩于闐線，於心司坎交同系統甫遮車附城線，於那坎和哈交蘭州諾羌線，至肅州與中央鐵路系統東方大港塔城線相交，並與擴張西北鐵路系統之肅州科布多及肅州庫倫二線相會。

中山計劃鐵路總表

鐵路系統名	路線規劃及數目（*幹線 ○支線 ▲聯絡短線）	路線總長（約數）（哩）	功用
西北鐵路系統	*八	七，〇〇〇	開發蒙古新疆農產利源，移民西北，發展北大海港商業。

西南鐵路系統	*七 〇三 ▲五	七。三〇〇	開發西南山地之礦產利源。並發展南方大港商業。
中央鐵路系統	*二四 〇三	一六。六〇〇	開發東南礦產富源及西北農產富源並移民西北。
東南鐵路系統	*一三 〇二	九。〇〇〇	開發東南農產及礦產。
東北鐵路系統	*二〇	九。〇〇〇	開發東北(滿蒙)農鑛富源及移民滿蒙。
擴張西北鐵路系統	*一八 〇二	一六。〇〇〇	發展蒙古新疆畜牧業及移民西北。
高原鐵路系統	*一六 〇二	一一。〇〇〇	開發高原礦產及農業並移民西南。
雙軌建設及增加鐵路	(註)	二四。一〇〇	補助客運貨運繁密區內單軌之不足。或供給鐵路網不密區域之須要。

共計	*一〇六〇一二▲五	一〇〇・〇〇〇	

「註」(1) 雙軌建設依營業狀況及需要程度而定。故總理鐵路計劃中祇於北方大港多倫諾爾段因車輛運輸特多之故。自始即建築雙軌。其他各綫之應築雙軌與否。須待日後路局之決定。惟總理明知鐵路建設發達後。國內經濟狀況亦必發展甚速。將來雙軌三軌四軌等之建設。自在意計之中。故十萬哩鐵路計劃中。雙軌長度。幾占全哩數五分之一也。

(2)增加鐵路一項。見中國鐵路全圖（民智書局）總理實業計劃中。無此路綫之敍述。然依鐵路網之組織上觀。此項增加鐵路。實屬完整鐵路網之所不可缺少者。故亦加入十萬哩計劃路線之中。（中山鐵路計劃之分析。）（完）

實行總理鐵路計畫芻議

我中華民貧國弱。政治杌隉。至近年為極。原故雖非一端。由來亦非一朝。然而交通阻塞。識者咸認為最大之原因（十月三日本刊。在中君已略論之）。是以總理建國方略。首以發展交通。而尤以建築鐵路為前提。蓋舉凡一切建設。若開闢商埠。發展農礦。普及教育。以及施政治國等等苟無充量交通。決難收其實現。美利堅百年之前。一草昧之邦耳。今則文物政。教國富民力。足以俯視全球。此鐵路發達之助也。我國土地與彼相埒。而富藏且過之。設一旦總理計畫實行。奚止躋一國於富強。將為全球開一新世界。總理計畫建造鐵道一十萬英里。較現有者約增十五倍。分中央西北西南東南東北高原六系統。凡廣漠之礦區計畫中之商埠港。皆貫通聯絡。洵是宏猷碩畫。顧時人或仍不免有疑為空談者。不知有志竟成。衆擎易舉。觀夫美利堅鐵道如網。逾二十五萬英里以上則此區區十萬英里。當無所難。茲者國民政府。奄有全國大半。統一之業。已在指顧。今後政府國民自以實行總理政策為唯一之責任。不揣譾陋。爰草斯編。略論概要。掛一漏萬。在所不免。尚祈海內賢達。進而教之

鞏固交通事業基礎

欲求鐵路計畫之實行。必須痛改歷年交通機關之惡習劣政。以鞏固基礎。而示中外以信仰。否則總無希望。可以斷言。追溯以前交通事業失敗之最大原因有二。(一)軍人政客之摧殘也。中國之所謂交通事業者。實軍閥之戰利品耳。視交部為金庫。盡力搜括。竭澤而漁。維持之不能。遑論發展。(二)當局之獻賣也。歷年主持交通者。都為軍閥之爪牙。為

甚之政客。囊括席捲。爲虎作倀。日維趨附於軍人之門。何嘗一存念於交通事業。即有一二當局。苦心經營。亦屬孤掌難鳴。更有藉交通之名。立辦數借款。喪權失利。均弗所計。故今後欲實行鐵路新計劃。必須履行下列二端。以固基礎。然後百丈高樓。可拾級而築也。

（一）保險特別會計　鐵路與其他事業之性質不同。第一鐵路有一定資本。以供運用。與其他行政費之須仰給於國庫者懸殊。第二。鐵路事業。不當量入爲出。第三。鐵路系獨立營業。當隨機設政。第四。鐵路具公共性質。需要時雖蝕本亦所不計。綜觀上述。可知欲發達鐵路不可不用特別會計。欲杜絕軍人挪用並償借款之還本付息。保全商股利益。更不能不採此制度。（特別會計之法。研究鐵路學者。類能道之茲不列）。

（二）確定交通機關之權限歷年我國交通機關。全操諸軍人之手。截款扣車。已屬常事。恬不爲怪。軍人乘車。大都不購車票。且縱兵橫行。不守路規。更可恨者軍人包運商貨私帶違禁品。各路莫奈之何。損失不貲。至於戰爭之時。路局更無置喙餘地。是以行政既難自主。營業復無秩序。嗣後發展鐵路。非確定權限。以維持行業秩序不可。

今後應採之鐵路政策

欲實行十萬英里之計劃。必須預定今後之鐵路政策。否則如航海無針。必入歧途。考世界各國之于鐵路。不主國有。即主民有。均預定政策。然後經營。我國則不然。事前並未通盤籌計。築造純屬被動。以致名目錯亂。事權紛歧。前車覆轍。來者可追。今後各種建設。端賴人民合作。鐵路計劃至宏。需款至鉅。決非政府之財力精神。所獨能舉辦。故須分國有。民有。及官民合辦三種制度。庶能分道揚鑣。殊途同歸。或問以前國有既已失策。商辦亦未奏效。合辦又復無功。今子尚欲蹈其覆轍乎。斯則誤矣。以前國有之失敗實有三因焉。(一)劃省爲界之謬見。鐵路首貴聯絡。劃省爲界。即成死路。故各公司非超越觀念。即左右不聯。(二)股款混雜。以前商辦鐵路。資本除廣東外。均非有組織之投資。皆以預解之雜款捐款。如米捐。鹽捐。土藥捐。膏業捐。等等。識者早知爲非久遠計也(三)辦理不得人。鐵路爲專門事業。非通家不辦。以商主辦商路者。都爲掛名之官紳。非才不能勝。即假公濟私。至於官商合辦。始于光緒十三年津沽公司續辦之閻莊至天津鐵路。其後齊變。洗法。吉渠。新法。張綏。陝甘，吉長。等路亦採此制。均以辦理失當而至失敗。夫以我國歷年交通事業之風雨飄搖。任何制度。不能奏效。初無關其制度之本身也。至若外商承辦。華洋合辦之失策。自無用列爲問題。今後惟有審察國內情形。通盤籌劃。預定政策。力矯前弊。則自能循軌而行。收其成效也。

准許民有應注意之要點

實行總理鐵路計劃芻議

總攬國有。民有。及合辦三種制度。最應注意者。厥爲民有鐵路。失之姿縱。若以干與。不可不熟籌於事前者也。全國鐵路綱線必須預先依總理大綱。詳細規定。並定孰必國營。孰可民有。人民具有法定資格。（公司辦理鐵路之資格。應訂法律規定之）得呈請政府給予鐵路讓許權。建築經營。政府則負保護之責。如予以徵發權。刑法保護。土地徵收等。一面有監督之權。下列數端。必須注意。（一）建築之路。須爲政府所規定。或認爲需要者。（二）維護公衆利益。確定運價。或規定最大限之運率。非經政府許可。不得超過，且遇必需時政府得命令減低。（三）確保交通統一。鐵軌之強弱。軌道之寬狹。以及車輛信號。路線之接軌。皆須依照一律之規定。（四）讓許權規定年限。如政府需用。得於滿期時。估價收回。

促進民有鐵路政策

鐵路事業初起時需資至鉅。而營業無定。故人民往往不敢冒險舉辦。我國當此交通事業幼稚時代。而欲實行宏大之鐵路計劃。非採取補助獎勵政策。難使人民踴躍投資。茲擬獎勵政策數條於左。

（一）贈送土地　鐵路經過之土地。由政府收買贈送。或任其在公路敷設鐵道。我國西北諸省。地多曠野。此法極可適用。（查英國之大鐵路。多用此法促成。自一八五十年至一

八七一年。英政府贈與鐵路公司之土地。共計逾一萬五千五百萬英畝）

（二）補助金錢 以確定數目。於創造鐵路時。或分年支付以補不足。并堅其信仰。此法北美及法國常用之。

（三）承受股票及借款 民有鐵路。國家亦可購其股票。或擔負借款。英法二國。常用此法。以促北民有鐵路之成立。

（四）擔保收入 國家對於鐵路事業補助其收入最大限不足之數。若鐵路公司。遇收入不及此限時。則由國家補貼之。此制若能採用。頗有功效。蓋投於鐵路之資本既可安全。而國家之擔負。亦不多也。

（五）免除公費 於一定期間內。免除鐵路應負之稅款。或公費。此法於地方鐵路。極可適用。

財政之籌劃

實行總理鐵路計劃。最感困難者。厥惟財政。然若交通機關整頓鞏固。一切自能按步就軌。且信用一著。集款不難。總籌財政來源。可於下列各途籌劃之。

（一）我國各種實業。均未發達。國內游資。無處運化應用。祇須有安全之保障。無論何業。人民皆樂於投資。鐵路為目下之急務。一切建設之梯階。凡具愛國心者。當力助其發展。若有安全保障。具體計劃。則國民投資之踴躍。可爲預指。吸收內資可分二法。一爲借款。即舉行公債。如鐵路公債等由國家確實担保。一爲股款即人民購買官商合辦鐵路之股票。或人民集股自辦。

（二）凡工商國家。無不覓中國市場以爲銷納餘貨之地。惟歷年我國對外貿易。輸入超過輸出。年逾一萬萬美金。常此以往。金錢貨物。俱將枯竭。不久將不復能銷容大宗外貨。影響所及。不特中國遭害。世界各國。必將起極大之恐慌。如中國發展鐵路。開發富源。即爲全世界謀無量幸福。故外人之樂於投資也。亦可斷言。吸收外資。不外借款。以前借欵。類皆秘密包辦藉名斂財。外人亦明知其隱弊。此握取主權。以後與外國借欵訂約。務須完全公開。以不失主權爲前提。又須各國共同投資。以破勢力範圍。

（三）我國鐵路經營業。尙有贏餘。査民九以政治較靖鐵路營業發達淨益計逾四千萬元若今後政治安靖。當可大增。倘以此發行短期公債。爲助亦非淺鮮。

（四）爲引起國民投資興趣。可將現在獲利之路。歸之商辦。政府則加以保障。及賢發。而以所得資本。建築新路。依此彌進並可規定商辦鐵路。每年盈餘之若干必須購買國家鐵路公債。若公債信用昭著則爲極好之投資處所。人民自必樂爲。

（五）我國礦產豐富。鐵路所及。必能開辦。爲數定足驚人。國家可規定。凡賴築路開發之礦業。每年盈餘之若干。必須購買鐵路公債。對於礦公司並無損失而於政府則大有裨益。

(六)鐵路建築後。地價必隨之騰漲。政府可規定。鐵路附近若干地所增之價。劃歸發展鐵路。或預將附近土地收買。以後獲利。定屬不貲。

以上所述各端。如能度情善用。則財政當不成問題也

應有之準備

實行十萬英里鐵路之計畫非舉手投足之易。亦非一旦一夕之事。必須預有準備。

(一)欲求實行。必先有極精確詳細之規畫千條萬理動有毫厘千里之差。決非少數交通當局所能勝任。故當羅致鐵路專家分門詳規。以期完密。

(二)發展鐵路。雖有識者。僉知公目下之急務。然大部分人民。恐尚漠然。況自觀歷年交通事業之失敗。咸存不可收拾之成見。故必須將今後計畫及對於中外人民之利益。竭力宣傳。使其曉喻。然後可以樂於投資。

(三)一種事業。必賴一種人才為之發軔興辦。鐵路為專門事業。非有專識者。不能主辦。吾國此等人才。雖年有造就。然欲實行偉大計畫。決不敷用。急須多設專門學校造就人才。並設嚴厲考試制度俾能選拔真才。為國效用。實是急要之準備也。

（四）我國養兵最多。年費鉅萬。若以兵士築路。洵屬上策。惟路工必需專識。須於平日加以訓練。始能隨時勝任。

（五）我國鐵路所用材料。約十分之七。仰給於外國。損失不貲。故各種製材工廠。須速圖實現。以供應用。而塞漏巵。

上所云云。不過舉其大要。至詳細規畫決非一人一時所能成就。深望政府勉力進行。人民共負仔肩則知難行易。以前視爲不可能之空談者必能於短期間內實現也。國人知所興乎。

今後我國國有鐵路運價之使命

如國稅然。鐵路運價足以左右工商。操縱貿易。一地之盛衰。一國之隆替。與鐵路運價政策。往往有關。是以運價如依距離而定。則遠道之物。不能與鄰近之物產相競。同距離間起運點之貨物。如往甲地之運費廉於乙地。則甲地必興。乙地必衰。又若前世紀奧大利與羅馬尼亞之鐵路運價戰爭。致後者之畜牧事業摧殘無餘。尤足見其有關國家經濟矣。種族觀念以各地互分畛域。爭相嫉忌。始終採用距離運價。Distance tariff 以致全國富源。未能盡闢。水運代興。鐵路失其功用。國家損失不淺。他國類似之情形。亦比比皆是。即近如我國。外人承辦鐵路。其運價間多有助洋貨抑華貨者。較諸操縱關稅。其害更隱而深也。今者民治聲中。建設爲尚。照遵孫總理之實業計畫。次第施行則他日我國之鐵路。必有密如蛛網之一日。此所以有鐵路系統之稱也。鐵路既有系統。鐵路運價。尤宜以系統爲重。按一定之目標。以制定運率。而隨時斟酌情形。修改以應需要。而後鐵路功用。始能顯著國民經濟。始得發展。否則路軌雖堅。設備雖周。雖有鐵路。仍無用耳。愚謂我國國有鐵路之制定運價。當以下列之各項目標爲前提。茲特舉其原則。以供討論。至實地施行自在斟酌當時當地之情形。更作進一步之探求而已。

（一）分佈實業中心　實業之麕集一地。爲近世經濟社會之語病。考實業集中。其害有五。（甲）地價飛漲。工廠之成本加多。所出貨物。缺乏競爭能力。（乙）工人住所隘陋。妨害福利設施。（丙）一地人工有限。供少求多。工價必貴。實業之成本又增。（丁）他地低廉之人工。不能利用。必多失業之患。（戊）實業集中之地。運輸機關擁擠。每有交貨延期之虞。故實業中心之分佈。爲免除此種危害之要圖。如選甲地之工廠。已多如林立。則宜將新興事業。分佈于乙地。以資補救。然乙地之地位情形。或均較甲地爲劣。欲投資者舍甲就乙。勢成有所難能。故必賴鐵路運價之功用。以左右之。假有甲地。距原料出產地與港口均近。故興辦實業。自以甲地爲宜。乙地距原料產地既遠。距港口又不近。物成之先。

既須遠運原料。既成之後。又須遠送熟貨。較諸甲地。相差自多。欲人舍甲就乙。當非利用運價不可。鐵路在不虧損運輸成本範圍以內。將至乙地之原料運價。減爲與甲地同。（或且更減幾許）并將自乙地至乙港口之運價。同時減低。務使自乙地出山之貨物。能與甲地出山之貨物並駕齊驅。如是乙地之情形。大致可與甲地之情形相埒。投資者自再無所趨甲避乙之理矣。且以乙地之人工廉。地價低。人必有舍甲就乙者。可無疑也。或謂運價減低。鐵路必受大損。不知鐵路之收入。仍在運輸成本以上。所謂損失。非絕對之損失也。且以甲地實業已興。發展有限。乙地門戶未開。進步無涯。扶與乙地。即所以培養他日之運輸營業。於鐵路仍有裨益也。近世財富分配之不均。已爲公認之事實。民生主義。亦以平均地權爲要圖。今能分佈實業中心。則地價飛漲之勢。必可稍減。分配問題。已可解決一半。此又鐵路運價之一新使命也。

（二）分佈貿易中心　貿易中心。指買賣商會萃之區而言。貿易集中於一地。亦必釀成種種擁擠之患。近世鐵路運價。大都採行遞減制。Tpaering rates 然遞減制之功用固多。其弊亦不可不一言者。遞減運價。足使躉賣貿易集中於製造地點。何以言之。假有甲乙丙三地。皆爲躉售地點。而非製造地點。製造地點。距離零售地點均較甲丙三地爲遠。故自製造中心直接運貨。至各零售地點。按遞減運價制。可得低廉之運價。因其爲一完全長距離之運輸也。否則自製造中心運貨至甲乙丙三地。再由甲乙丙轉運分售各地。則一長距離運輸。分爲兩短距離運輸。按運價遞減例運費必較貴。是以甲乙丙之躉賣商。斷不能與製造中心之躉賣商相競爭。貿易中心有不移向製造地點者乎。此于澳大利亞洲曾見之。今欲補救斯弊。厥惟破除遞減例之常例。將後者兩短距離間之運價總數。力爲減低。合與前者一長短距離之運價相等。然後甲乙丙三地。乃有維持其貿易地位之可能。而集中擠擁之弊。可以免除矣。美國所稱 Basing Point System 者卽類乎是。愚謂我國之國有鐵路。于採用遞減運價外。亦宜權宜變通。勿使全國貿易。集中于少數地點也。

(三)分佈輸出入港口　港口情形之各不相同。亦與實業中心貿易中心無殊。如甲港距海外市場較近。卽可得較低廉之輸運。內地貨物。自肯集中於甲港。以求輸出。外貨輸入亦然。輸出入之貨物旣集中於一埠。則儲藏需地。搬運需人。仍有地貴人滿之患。必要時自宜設法分佈。以杜斯弊。美國鐵路運價有所謂 Port differential 者。目的在分配輸出入貿易于各埠。而不使集中於一埠而已。惟美國各港口內互相競爭發榮。鐵路遂有此等運價之設施。我國各港口尙無競爭營業者。利用運價預爲分佈。蓋爲全國利益計也。例如孫先生所計畫之廣州重慶綫(西南鐵路系統)與東方大港重慶綫。(東南鐵路系統)一長九百英里。一長一千二百英里。以距離論。運費當不相上下。如上海至日本較近。則自重慶輸之貨物。必取道上海以出口。若以滬地過於擁擠。欲分佈一部分貿易于廣州。則非將自漢至廣州運價特別減低不可。此低減之運價。即所謂 port Differential 是也。惟低減運價。未必貨物即依取道廣州以出口也。故宜在貿易未甚發達之時。即已有運價差別之設施。令其徐徐發展。平均分配。而後得免臨渴掘井之虞。此宜注意者也。是亦為我國國有鐵路運價使命之一。

（四）獎勵輸出　將來借貸築路。還本付息。均非取給於輸出不可。而立國大計。尤以獎勵國貨之輸出為要圖。鐵路運價。對於輸出外洋之貨物。應特別低廉。以增進其競爭力。凡國貨之輸出者。准用直達提貨單。 Export or Cargo Bill of Lading 由鐵路局代辦報關裝運諸手續。凡用此項提單者。均得適用低率之運價。故非輸出之貨。不能混沾國利也。獎勵輸出。對於鐵路自身亦屬有益。蓋輸出暢則生產衆。生產衆則運輸繁。運價雖低而利在其中矣。鐵路局車務處營業課宜另設專員。從事調查國外商情。俾運價之高下得隨時適應需要。同時輸入之外貨。其有奢侈或無益者。宜高其運價以抑之。如烟酒及其他奢侈品是。此於鐵路營業固有影響。然路既國營。固非專為求利而設也。外貨之與我競爭者。亦宜設差別之運價以抑之。如日本之棉貨是。此於鐵路營業可無影響。蓋抑外貨即所以興土貨。運輸業務改良有增無減也。惟尚有言者。此後糧食之輸出。不宜用運價獎勵之。否則生產者將專以輸出為目標。國中元黎。必有粒食維艱之苦。今日米貴已極。糧食外輸。必非得計。須俟國內生產超過需要之時。鐵路運價始得獎勵糧食之輸出。如今日美加之小麥然。所謂以羨補不足。而後雙方並利是也。

(五)獎勵國內合作事業　合作事業不一而足。有生產合作。有消費合作。有販賣合作。有農業合作。有信用合作。其中除信用合作外。皆須運輸貨物。與鐵路有密切關係。若合作事業為中間人之勁敵。其所得利益不納於少數人之手。而由社員公據之。咸助公益事業焉。故獎勵合作。即所以提高平民生活。防止財富集中。并助成公衆善舉者也。國中合作事業尚不多見。然將來之發達。益可斷言。是在獎勵之如何而已。鐵路運價實為獎勵合作之有力工具。凡合作社之貨物。得一律適用低率之運價。如消費合作社。得低廉之運價以運輸其所進之貨。則平民生活費即因而減低。否則社中紅利增多。仍以為社員之利。如販賣合作社之貨物運價低廉。則市場上易于競爭。中間人不攻自敗。而所增收之利益。盡為社員所公有。非集中於少數中間人之手可比。與社會全體大有裨益也。如生產合作社之原料及熟貨得低廉之運價。以往來輸送則工人的工廠必日益興盛。勞資糾紛之解決。此非一法乎。如農業合作社之農具肥料等運費低廉。則改良農作轉易着手。他日農產增殖。利益仍歸鐵路也。將來我政府頒行合作社法令之時。應責成鐵路以運價獎勵合作。而路局方面。亦宜竭力襄助。以盡厥責焉。

（六）會集國內原料　國內原料應供己國工業之用。用尚有餘。則再輸出。此常道也。我國以交通梗阻。往往有舍己國之原料而用舶來品者。苟鐵路既徧國中。宜若可以無慮矣。不知運價苟不恰當。則仍有損己利人之虞。例如陝西之棉。運至上海。途程甚遠。若印棉豐收。輸運低廉。日人將販印棉以來滬。苟陝棉之運價太昂。必為印棉所壓倒。國產不敵外貨。漏卮將莫塞矣。今日世界大通。地之遠近。不以距離計。而以運費計。運費既昂。則十里之地。不及百里之近。比鄰之邑。且較遠陲為遠矣。故吾鐵路之制定運價也。必先考察何處為原料生產地。何處為原料消費地。產地之價格如何。外國同種原料之價格運費稅厘若何。然後訂定適宜之運價。務使國產原料。咸得會集于消費之地。不為外貨所壓倒。運價之最低限度。為鐵路運輸之成本。途程短長在所不計也。曩昔德國國有鐵路以不能利用遞減運價制。以致國中之煤。不能用以給國中之鐵。反使外貨侵入。損失纍纍。此係十九世紀末葉之事。殷鑒誠非遠也。吾國國有鐵路。當不再蹈此轍耳。

（七）獎勵移殖　我國人口之分佈。至為不均。如江蘇有每方里近百人。浙江省得六十九人。而西藏每方里僅一人。新疆每二方里始得一人。外蒙古須二。七方里始得一人。即如吉林黑龍江省。人口亦極稀少。一僅每方里十二人。一僅三人而已。上項數字。雖非確切不移之統計。然亦可見其大要矣。故移民殖邊。久已公認爲要圖。而自邊陲遠中原之鐵路。實爲獎勵移殖之必要媒介也。我國京奉京漢京綏三路。業已有關外小工票之發行。每年春間出售。以利墾殖。今後國有鐵路。尙須更進一步。以全力獎勵移殖。除移居之民自身而外。對于種籽肥料農具馬牛等之輸送。運價宜格外從廉。政府當局自宜統籌全局。儲備一切移墾所需之物料。由車輸送。至邊地後再用舟車分配。庶幾運價雖廉。可無虧損鐵路之虞。此則兩全之道也。　孫中山先生嘗謂自人口密集之地遠入人口稀少之地之鐵路。營業最能得利。蓋有見夫鐵路能助移殖。而移墾能增生產。鐵路賴生產之盛而盛。故營業獨能得利也。吾國鐵路當局放大眼光。對于獎勵移殖。不惜犧牲。即使損失成本。亦宜勉成其美。誠以來日方長。大利正在將來也。

上列七項。吾嘗認爲我國國有鐵路運價之非常使命。亦爲我國廣設鐵路之最大目標。夫鐵路死物也。運價活物也。以活物御死物。而後死物乃得其用。不然。效擬歐美。路線密如蛛網。亦徒無用之死物而已。惟欲達此目標。尙有應注意之處焉。

（一）釐訂運價應完全依據經濟原則。不得牽入政治漩渦。

（二）宜廣聘專門人才。研究物價商情問題。以爲制訂運價之根據。

（三）運價之修改宜求便捷。以適應時勢之需要。

今後我國國有鐵路運價之使命

(四)最初應卽釐訂差別合理之運價。以免將來各地之互相歧視。

(五)運價有不合理處。得由運商提出抗議。必要時。由政府鐵路及運商三方聘請無關係之專門人員調查決定之。

國有鐵路之最大弱點。卽（一）牽涉政治。（二）運價修改遲延。二者皆爲各國國有鐵路之宿病。我儕祛而除之則收國有之利。而無國有之弊。國有民有之爭。亦可於此解決矣。

對於我國勞動健康保險負擔問題意見

凡工人因工作所受之損害。均得向雇主要求賠償。此先進國之通例也。然非因工作而受損害時。工人生活之困難。無或少減。苟無相當之補救。則必窮而無告苦而無訴矣。此勞動健康保險之所由起也。按英國健康保險法。工人之被保者。得享疾病救濟金。殘廢救濟金。產婦救濟金等諸權利。雖限制孔多。而受惠亦巨。蓋權利義務。相因而生。勞動保險之權利。固由工人享有。而其義務則不能由工人單獨負擔。義務維何。保險費之支付是也。考各國保險費之負擔。有由雇主與工人兩方承受者。有由雇主工人與國庫三方承受者。茲據日本方面之調查。各國勞動健康保險負擔之分配。有如下列。

國別	雇主	被保險者	國庫
英國	男女工每週各五先令	男五先令 女四先令	有時國庫予以補助賠款九分之二
德國	三分之一	三分之二	——
義大利	三分之一	三分之二	——
瑞士	二分之一	三分之二	——
羅馬尼亞		全部	
拉特維亞	三分之一	三分之一	三分之一
捷克	三分之一	二分之一	
亙哥斯拉夫	二分之一	二分之一	
波蘭	六成	四成	
愛斯脫利亞	三分之一	三分之一	三分之一
俄國	公有企業負擔		

觀上列各國分配方法。以由雇主及工人分別負擔爲最多。其次由國庫補助者。從拉特維亞愛斯脫利亞兩國俄國經濟組織不同。故由公有企業負擔。至雇主與工人間之負擔分配。輕重不同。以雇主擔任三分之一工人擔任三分之二爲較多。其次則雇主工人各擔二分之

一如波蘭雇主須負擔百分之六十。則各國中之最甚者矣蓋各國分配之不同。皆隨國情而異耳。

我國今後舉辦勞動健康保險。其負擔究應由國庫分任與否。實爲亟宜解決之問題。竊謂解決之途惟當以國情爲標準離國情而立論。要皆無當於事也考勞動保險原不以工廠工人爲限。舉凡商店雇員。手工業工人。以及其他雇用人員。薪金在一定限度以下者。皆有保險之必要。我國人口從事農業者。約居百分之八十。農民被雇者少。即成被雇。亦多短工故保險問題。可謂無涉於農民者。其餘百分二十之人口約八千萬人。都居城市。姑以其四分之一。（實際不止此數）約二千萬人。爲被雇而應保險者。則負擔之輕重。不難約計矣考一九一一年頒布之英國健康保險法。凡工人每週工資在九先令以下者。國庫對於其健康保險費。每週補助一辨士。十二先令以下者補助亦同。惟前者雇主出六辨士。工人不出分文。後者雇主出五辨士工人出一辨士。總以湊成每週七辨士爲度。工人遇有疾病。則每週可得十先令之救濟金。以二十六週爲限。按我國國情論之。每月薪工在二十元以下者。與英國每週工資在九先令以下者同。而國中雇員薪工在此數下者。實占多數。今欲舉辦健康保險。使疾病工人每週得享有五元（十先令約合國幣五元至六元此數實不能再減）救濟金之權利。並其他殘廢救濟金產婦救濟金諸補助。則每人每週。國庫非與以四分至五，分之補助金不可。（一辦士約合華幣四分至五分）卽使事屬初辦。僅有疾病救濟之規定。則國庫之所出。至少亦須二三分左右也。姑以二分計。則被保險人數旣爲二千萬。國庫補助。每週約達四十萬元之巨數耳。年以五十二週計。則須二千〇八十萬元矣。此必不可少之最低數也。

返觀國家在建設期內。所應積極興辦之事。則錯綜紛繁。在在需款。舉其要者。則有（一）造林。（二）築港。（三）採礦。（四）築路。（五）治河。（六）移民。（七）整理幣政。（八）興辦航政。（九）獎勵實業等。皆非巨款莫辦。其中除一部分之路政（如鐵路）實業及航政。或能卽見盈餘外。其餘或不能直接生利。或生利之希望太遠。卽能借募巨債。以經營之。然債款之利息。終必出自國庫也。且國家地方預算。雖經劃分。而各省有貧富之別其貧者或須仰賴國庫之協助。始能從事種種之建設。否則進步後人。全國經濟。仍屬畸形發展已耳。然則將來國庫擔負之重。不待煩言而喩。而考其收入。則除地稅一項。或能增收數億元外。其餘稅源。皆非建設就緒以後。不能發達也。故在建設期內。國庫必無餘力。蓋卽有餘力。亦宜先事建設。例如上述之二千〇八十萬元。以之作爲基金。發行七厘公債。亦可得三萬萬元之巨數。用於建設。不無補益也。或曰。國家一面建設。一面補助勞動保險。並行不悖。不尤善乎。曰是不然。夫事有緩急。有輕重。經濟建設。民生大計也。勞動保險。社會政策也。茲比較其緩急如次。

經濟建設之功用	勞動保險之功用
(一)安插無業工人	(一)補助有業工人
(二)增進生產	(二)略能增進工人產力
(三)抵制外人經濟侵略	(三)無此功用
(四)無業工人皆大受其利	(四)有業工人向有儲蓄者得益不巨
(五)安甯社會	(五)安甯社會　然在無業之民未得安插以前社會仍難安謐
(六)全國民衆可得充分之衣食住行	(六)無此功用

孰輕孰重。孰緩孰急。觀上表可了然矣。蓋在生產不敷需求。遊民流爲盜匪之國。經濟建設。自較勞動保險爲尤要。反之在生產發達之國家。經濟建設。業稱美備。不可同日語也。況我國民受國內貧乏之苦。復多外人侵略之患。經濟建設。尤爲刻不容緩之要圖乎。故在建設期內。國庫有一分餘力。即應從事一分之建設。一俟建設大致完成。始能斟酌情形。補助勞動保險。此則舍緩就。急不容倒置也。

然謂建設期內國庫不宜補助勞動保險者。非勞動保險不必舉辦之意也。各國健康保險。由雇主工人分任負擔者。實占多數。故我國在建設期內。亦宜由政府提倡。以勞資分別負擔保險費爲原則。國家僅司指導督促之職責。而不與以補助。至勞資兩方負擔之分配。則似宜斟酌各業情形。少有區別。然大體言之。初創之際。似以兩方各負二分之一爲較宜。所以免爭執昭公允也。惟實施之前。僅僅頒布法令。實嫌未足。必須廣事宣傳。善爲指導俾勞資雙方瞭然於勞動保險之真義。而樂於輸將。然後和衷共濟。推行盡利。否則糾紛横生。障礙必多。不可不預爲之防也。

英法兩國之工人校害賠恐法

英國在一九〇六年以前。法國在一八九八年以前。均尙無完全之工人損害賠償法。當時工人因工作而受損害者。欲得賠償。非証明(一)工人其受損害。(二)雇主確有疏忽不可。後者之証明。殊非易事。且法庭處理延遲。所費亦巨。即得賠償。亦於工人無濟。雖有賠償之法令。實際文具而已矣。自機械之用愈繁。而工廠之危險愈多。工人因工作而傷亡者。指不勝屈。而傷亡之由來。屬於意外事故者。又居百分之六七十。乃知不欲保障工人之利益則已。否則因工作而受之損害。非經簡易之手續給以賠償不可。此損害賠償法之所由起也。英之賠償法。其頒行僅二十有一年。法則二十有九年。要皆新時代之産物耳。玆就兩國現行工人賠償法之內容。概括陳述。以供參考。

（甲）英國之工人損害賠償法

（一）應受賠償之工人　凡與雇主訂立服務或學徒之契約。從事於勞力勞心或他種工作者。均爲應受賠償之工人。

（二）不應受賠償之工人　（甲）凡非從事勞力之工作。而其年薪在二百鎊五十以上者。（乙）凡營業範圍以外雇用無定之工人。（丙）警察。（丁）身居家中代人工作者。（戊）雇主同居之家屬。以上五種。皆非應受賠償者。

（三）應受賠償之損害　凡工人身體上之損害。因工作而起。且在工作期間內發生者。皆應給以賠償。一九一〇年英國法庭判詞（Hughes vs. claaer Clayton and Co.案）中有言曰。凡工作爲事變之因之一。非工作則事變不至發生者。而事變又爲損害起因之一。非有事變則損害不至因以繼起者。此種損害。應給賠償。按此數語。精確扼要。足爲解釋工作損害者之參考。

（四）不應受賠償之損害　（甲）工人受損期間不逾一星期者。（實際上須過二星期始有賠償）（乙）故意引起之損害。非致命或致永久無能者。之二類之損害雇主不負賠償之責。

（五）損害之種類及賠償　雇主對於受損之工人。除供給相當之醫藥外。其損害逾二星期以上者。則須酌給工資。以充賠償。而賠償之方法。須視損害之程度而異。英國大別損害爲兩種。其詳細情形列次。

(甲)非致命之損害(子)全部無能　凡身體全部因損害以致無能。終身不能工作者。每星期須給以半數之工資。以充賠償。上述工資。按前十二個月間之平均計算。每星期賠償之數。不得過十鎊。(丑)局部無能　在工人未經恢復以前。賠償與全部無能相同。一俟工人恢復。即按其現時所得之工資與受害以前所得之工資之差額。給以差額半數之賠償。(寅)凡受害之工人年在二十一歲以下。每星期工資不滿十先令者。應將工資全數給付。以充賠償。其工資不滿一鎊而在十先令以上者。每星期至少應給以十先令之賠償。前項賠償。至工人身死時停止。

(乙)致命之損害工人受致命損害者。死後其妻或子。以及其他依以爲生者生活必極成問題。法律責雇主以賠償之重負亦人道也。英國分依賴者爲兩種。而分別賠償之。(子)完全依賴者。工人受損害而死。其完全依以爲生者。如父母妻孥之類。應由雇主給以整數之賠償。賠償數額。須等於過去三年工人所得工資之總數。如過去工作未滿三年者。則以平均每星期所得工資之一百五十六賠給之。(丑)非完全依賴者。給以相當之賠償。不得超過(子)項之數目。賠額確數以公斷定之。(寅)無依賴者　其無依賴者。則除醫藥外。雇主應爲之埋葬。埋葬費不過十鎊之數

(六)違反賠償法之契約　凡契約中有訂明不適用工人損害賠償法者。概為無效。但雇主另有妥善之計畫。不亞於賠償法之規定者。不在此限。

(七)第二雇主之責任　凡雇主將工作轉讓與第二人者。如遇損害須由原雇主負責賠償。但原雇主亦得向第二雇主要求賠償所需之款。如損害由機械發生。而機械為第二雇主所供給者。則第二雇主應負賠償之責。

(八)雇主破產時之工人賠償　雇主破產則賠償。視同工資。應列於普通債權之前。儘先償付

(乙)法國之工人損害賠償法

(一)應受賠償之工作　法國應受賠償之工人。用列舉法明定之。計分工業商業。農業。林業傭人。五類。茲分述如次。(甲)工業。凡建築工程。水陸運輸。裝卸業。堆棧業。鑛業。普通工場。及製造廠。爆發物製造廠。以及使用自動機器業。均適用賠償法。公共工業。凡經營業性質者。亦適用之。(乙)商業。除消費合作社外。凡商業雇員。因工受損時。皆由雇主賠償。(丙)農業。凡一切農業雇工及農僕。均適用損害賠償法。惟損害發生於機械者。由機械所有主負責賠償。(丁)林業。凡伐林。剪枝。採材。造林。鋸木。堆木。剝皮。及造炭。諸林業。均適用此法。(戊)傭人。凡侍役門役等。均受賠償法之保

險。

（二）不應受賠償之工作（甲）教育人員。（乙）公務員（丙）醫院救護人員，（丁）監獄人員。（戊）消費合作社雇員。（己）家廚。（庚）海員。（另有保險規定）諸職務。均不適用賠償法。

（三）應受賠償之損害　凡工人身體上之損害。（一）由於工作之事實。（二）由於工作之機會者。均應受雇主之賠償。由於工作之事實者。即由於從事僱主所命令或默許之工作是也由於工作之機會者。即在工作時間以內之意也。

不應受賠償之損害　（甲）凡工人受損後。停工不滿四日者。（乙）故意引起損害者。（丙）由於不可抗力者。皆不在應受賠償之列。惟丙類的損害。最近亦有賠償。良以賠償之本旨。在補救工人生活之困難。凡工作損害之原因。固在所不問者也。

（五）損害之種類及賠償　法國賠償法分損害為四種。茲分敘之。（甲）臨時無能。臨時無能至四日以上者。按日償其工資之半。以受害日之工資為準。其工資高下無定者。應按上月份每日平均工資計算。（乙）局部永久無能。除得上項臨時賠償外。自工人痊愈之日起，按其工作減少價值之半。給以終身年金。即使將來完全復原。工作價值並無減少。年金仍應繼續給付。（丙）全部永久無能。除得臨時賠償外。按受害者上年所得之工資。給與三分之二之終身年金。(丁)死亡。工人因受損死亡者。除生前臨時賠償及死後埋葬費外。其子女未亡人及親屬三者。皆有要求賠償之權。其賠償之異點。請分述之。

(子)未亡人　凡損害發生時。與受害工人有婚嫁關係者。曰未亡人。應按該工人所得工資之二成。給以終身年金。如日後男再娶女再嫁時。則於嫁娶之年。給以三倍之年金。以後停止付給。

(丑)子女　不分嫡庶而以未滿十六歲者爲限。其父母尚存其一者。子女一人給以死者工資一成五分之年金。二人時。給以二成五分。三人時。給以三成五分四人或四人以上時。給以四成其父母俱亡者。每人給以百分之二十。(即二成)惟總數以六成爲限。前項年金。一俟子女年滿十六歲或未滿十六歲而死亡時。即行停付。

(寅)親屬　親屬要求賠償須具(甲)死者無未亡人亦無子女(乙)該親屬素恃死者生活兩條件。如合上項條件者。每人給以工資之一成。總額以三成爲限。尊親屬(直系)給以終身年金。卑親屬之年金。迄滿十六歲時爲止。

工人因工受損害時。雇主應給以醫藥費。爲之療治。至痊愈爲止。因工死亡時。應給以埋葬費。以二百金法郎爲度。又學徒及未滿十六歲之工人。所得工資必少。因工受害時。應按地方上健全工人最低之工資。給以相當之賠償。

（六）不可原諒之過失　凡事前知有危險而不預爲防範。致發生重大害損者。謂之不可原諒之過失。如過失在雇主。則賠償應照普通數目而加。如過失在工人。則賠償應照普通數目酌減。然實際上殊難斷定過失之確屬也。

（七）違反賠償法之契約　損害賠償。係公安性質。凡有與賠償法牴觸之契約。於法律爲無效。

（八）雇主破產時之工人賠償　臨時賠償。以雇主全部資產作擔保破產時認爲第六列債權。按次付給。年金賠償爲數較巨。雇主應另謀保險。故破產時無不給之虞。此外又有雇主擔保聯合會。遇債主無力賠償時。聯合會代負賠償之責。

綜觀上述各點。足見英法兩國之工人損害賠償律。大同小異。如出一轍。惟於國死亡賠償之規定。較爲周密。似頗足取。第實行上之困難。亦以法國之規定爲較多。在統計未臻完善之國。實施猶多流弊。如子女之人數年齡暨受賠償者之生活狀況。皆非有確切之調查不可。否則詐欺之風未泯。雇主之損無窮矣。至若不可原諒之過失。規定爲增減賠償之依據。似亦畫蛇添足。徒滋糾紛。查據法國之過去經驗。此種過失。實不多覯也。賠償之有保險。自較無保險爲愈。此則不可謂非優點耳。英國工人因工受損。須停工逾二星期者。始得要求賠償。爲期太遠。殊非他國所能取。以視法國四日之規定。利弊不言而喻矣。

不可抗力所致之損害。英國未嘗以例外視之。法國則漸有承認賠償之傾向。夫賠償天然力所致之損害。於工人固多裨益。然雇主能力。似亦不可不顧及焉。如遇天災人禍。勞資皆受損失。即欲賠償。亦宜酌減。以昭公允。其不足之數。似不妨由政府另謀補救。或逕由國庫補助之。若強使一律賠償。殊非勞資兩顧之道矣。

一九二六年中有鐵路概況

（遠東時報第念三卷第九期褚同吉譯述）

中東鐵路。為我國北滿運輸之要道。橫亘未曾充分發展及有人口一千四百萬廣濶區域。自一九〇三年開始營業以來。不久即為北滿殖民之命脈。在昔地廣人稀之域。一躍而為農產豐富之區。其每年輸出之穀類。有一億五千萬布特之多。

該路在技術上地位。及經濟上活動能力。可由下列統計觀之：

路線及其建築　中東鐵路，路線。在一九二六年之初為一千八百餘俄里。其中幹線占一千六百餘俄里。惟滿洲之鐵路。已用至二十五年之久。目下車輛載重量日漸增加。如所用之美國式平頂車已增至一八．五噸。機車之最高漲力亦為二一．八噸。故更換現有之路軌。敷以較重之路軌，實為目今之急務也。依該路理事會議定之計畫。一九二六年後。將重鋪新路軌。計每英尺重三二·四三磅。或每米達重四三·五七公斤。長為六俄尺。在一九二六年中。該路東線之峽道及南線已鋪新軌一百二十四俄里。凡幹線上換下之路軌。用以鋪設車站之岔道。蓋此類岔道不能受美國式平頂車之重壓也。再如貨車載重之遞增。列車車數之加多。與夫將來速率之增高。不得不使該路將原鋪之石渣改為碎石。以鞏固路基。但欲使路軌堅固。則凡相距十六個枕木之處。須再添置一枕木。因擴充及加強路線之故。在幹線及枝線上所調換之枕木。已有四十八萬根。經過松花江第一段第二段長三十五俄尺之橋梁。及腦尼河(譯音)上之橋梁。亦均加強。幹路之經過松花江第二段汎濫之處者。其路基之加強。工程已完竣。該路又增設枝線。及建築驛站。以增進運輸之能力。此外更改良揚旗制度。以求營業之安全。及行車之效率。

在一九二六年該路幹線之平面及斜坡。均經全部之考察。擬定路線。皆予以改正。並修改路線之外形。以合各地之氣候地形及營業狀況。移路及工廠之費用。已耗去三百五十萬盧布。因新哈爾濱及惡斯坦(譯音)間營業之發達。故於一九二六年已將原有之枝道改為堅強之士敏土建築。並於此年十一月開始營業矣。

不特此也。一九二六年關於該路之改進及建築。亦費去二百八十四萬盧布。因之此路之建築物。為數極多。計該路有特殊設備之建築物占地二十萬方俄尺。無此種設備者占地一萬九千方俄尺。此路雖有極大之建築物。而員司及工人房屋之分配。尚屬不敷。一部分之待客室及機車員司之休息室以及其他辦公室之設備。殊不能與新增之營業相符合。學校及其他用為教育及訓練之房屋。均不敷目下之需要。且乏良好之衛生設備。故於一九二六年新建有熱氣設備之房屋以應急切之需求焉。其中一千七百〇八方俄尺之房屋。在上次建築時期中。完全落成。其餘四千七百三十三方俄尺之建築。將於一九二七年竣工。一九二六年築路部份之費用為一千二百九十萬羅布（雜用在內）所有一九二六年預定之工作已完全實現。

車輛及機車能力　　一九二七年一月一日。中東路所有之車輛如下。

機車五百十七輛。其中八十三輛為運客機車。二百七十六輛為運貨機車。八輪機車十三輛。十二輪機車一百二十四輛。煤水機車二十一輛。客車五百九十七輛。貨車一萬二千二百十七輛。

至於燃料之減省及機車最有效率之運用。均為去年所實行者。抑亦今歲之大問題也。去歲應用客貨機車長距離拖運制度。已有完美之成績。其效果為（一）減少運用之機車。此為一九二六年所特別需要者。蓋極大之運輸於鐵路方面殊為發達者也。（二）減少分段貨機之數目。自六減至四。（三）減少燃料。（四）減少修理費。此外列車之重量。可於該路某設上增加。且能利用一組機車為極大之工作。由下列統計。可見其所得之進步之一班。

	一九二四年	一九二五年	一九二六年
運用機車數	一三七	一三一	一一七
對現有機車總數之百分率	二五・五	二四・八	二二・五
每百萬布特俄里之燃料消費數(單位金羅布)	二五・三	二四・四	二〇・八

欲得一正確之估計。我人不可不知該路一九二六年之工作。係最高之記錄。什超過前年之貨運業務百分之二十強。其事之最堪注意者。即為用較少之一組機車。及較少之燃料。而反得較高之布特俄里數是也。例如一機車每拖一百俄里。則能得下列之布特俄里數，(單位百萬)

	一九二四年	一九二五年	一九二六年
總數	二七三九	三〇一〇	三二一〇
淨數	一五〇五	一六八一	一九二三

修理車輛按年進行。關於烏蘇里鐵路之貨車六百輛。亦已修竣。車輛方面最重要之改進。為添置司密脫式有高熱汽之機車六輛。有獨立的透平發電機之機車十一輛。有電燈之客車二十八輛。關於車輛載重之增加。則利用各組機車方法。現在普通車輛之載重能力。

已自一千布特增至一千二百布特。尚有一百三十五輛用軸式煖閣車。亦自一千二百布特增至一千五百布特。水塔之有汽氣裝置者凡七。此外則多用水管以改進該路水量之供給。

材料之供給　與機務處之成績能相提並論者。厥惟材料處之對於燃料預備之改進。及購買材料方法之改良是也。據一九二五年該路燃料及其他材料貯藏之記錄。證明此路貯有多量之燃料。及陳舊之材料。與不生利之資本。此種資本已作有用之消費。而路上無用之材料。亦一律出售。一九二七年一月一日。該路之煤棧。祇貯上年所預備之燃料值三百八十萬金羅布。較去年此時所有者少一百六十萬羅布。燃料之存貯者。亦減百分之五十。一九二六年採用購料新制度。即所有新料當在建築時期之初。即運至鐵路。非若往年之在秋季交貨也。一九二六年。總共消費之材料。值一千六百七十萬金羅布。

貨運之週轉及該路之工作　中東鐵路去年貨運週轉之高。為年來所未有。共計三二七六百萬布特。較去年(二六三八百萬布特)增多百分之二四。二。而去年超過前年之數。只有百分之十。布特俄里數亦較去年增加一六二七七百萬。計百分之二一。一。較每年平均之增加。實有非常之進步。至於貨物運輸之激增。為最顯明之事實。其總數可由下表觀之。計分三大類。即(一)。商品。(二)。本路材料(三)。軍用品。以百萬布特為單位。依百分率計算。

	一九二四年	一九二五年	一九二六年
快行緩行及客運遞車之產品	一八四・八	二一〇・四	二五六・〇
	七六・八	七九・八	七八・二
本路材料	五三・三	五一・九	七〇・〇
	二二・一	一九・六	二一・四
軍用品	二・六	一・五	一・六
	一・一	〇・五	〇・四

在去年運此類貨物之車輛．爲一千〇九輛．較一九二五年增一百另八輛。而車務處又能用田精密之方法．以增進拖運里程及運輸速率故可用較少之運輸．給付特多之布特俄里數。

增進噸數之方法　此路車輛每車平均之載重。年來遞增不已。其增加之布特數如下。

一九二三年	一九二四年	一九二五年	一九二六年
四六六	四八八	五〇〇	五一九

因增加多數載重較高之車輛。故有上列之結果。如在一九二五年貨運列車爲四十四輛。均爲美國式之四軸箱車。及平頂車。在一千九百二十六年。此類貨車共有五十三輛。此外在一九二六年。有能載重一千二百布特之車一千三百三十九輛。係普通有載重能力一千布特之箱車所改造者。均加入運輸。尚有狄象大式之車一百五十五輛。其載重亦由一千二百布特增至一千五百布特。

一九二六年之出口運輸較一九二五年增加。故各車之拖運。亦隨之而增。然因運送本路材料之故。空車拖運。反能自百分之三一。二。一九二五年減至百分之三〇•六。（一九二六年）同時又能增加貨車（空車或實車）每軸之平均載重。此項增加。較之每一實車平均載重之增加。其效尤顯。可自下表各係數之發展。考察見之。

一九二三年	一九二四年	一九二五年	一九二六年
三〇〇	三二一	三三六	三五八

增進列車時間之方法　關於列車機里數之節約方法。已如上述。至於列車時間之節約方法。在一九二六年。該路亦極注意。其所用方法。爲（一）車輛延遲之永久的取締。（二）所有運用之車輛。均緊依該路上情形。以免有過剩之車輛。（三）將在分段地點列車中車輛之延遲。作成紀錄。此法行之未久。而有效時間。(Efficient Time) 即行減少。車輛所行里數。有相對的增加。如下表。

	一九二三年	一九二四年	一九二五年	一九二六年
行車有效時間	六•六	五•七	四•八	四•〇
日行里數	六二•七	七一•二	八二•五	九〇•七

商運速率　近數年來之商運速率如下。

一九二三年	一九二四年	一九二五年	一九一六年

一四•六　一四•六　一五•四　一四•八

因營業之發達。及該路西南兩綫。亦有同樣之增加。其輸送能力。增至極點。故商運速率。自隨之而減矣。然一九二六年無顯著之減少者。由於統一行車。及減少停車。有種種手續耳。

改良行車方法。　以增進營業之安全去年用揭旗新制度。（Block System）以增進營業之安全。至於行車之技術方面。亦有改良如運貨列車之裝設。爲二百車軸。此乃理事會所定之行車條例而器依照者也。一凡列車之經過該路西南兩綫之車站者。亦用種種方法使其迅速通過。並改定條例。以免列車在車站上作長時間之逗留。更用 Tandem System 以衡車輛之重量。此制雖在市輛行動時。亦可適用。凡裝載極大之貨物。如木材之類一則用特種之貨車。

客運業務　去年該路客運之盛。爲歷年所未有。故自一九一六年九月起。不得不在南綫上另添客車一列。並改訂行車時刻表。以節約車輛但里數。去年該路引用一百五十八輛之四軸客車。及四百三十九輛之兩軸客車者。（此數包括郵車郵政車衛生車等）會得下列之工作。

一九二五年　一九二六年

一九二六年中東鐵路概況

客運車軸俄里數(單位一千)	五六四二六	六〇六二
載運旅客人數　延人俄里數(單位一千)	三二一〇一〇	三八八一〇六
軍事延人俄里數(單位一千)	四一九七六	三五〇〇〇
運輸郵犯及其押運人之延人俄里數(單位一千)	四五六	二一〇

由上表比較。可見一九一六年車軸俄里數。雖有百分之七之增加。而客運延人俄里一項之收入。較一九二五年增多百分之二十。

營業狀況

上列統計。係中東鐵路技術方面之能力表現。其主要目的。在採用種種方法。以求有最經濟而最有效率之工作。俾減少該路之行車費用是也。商務方面。該路似處平穩之地位。貨物運輸額。亦遞加之勢。因北滿經濟情形之複雜。欲知該路之商務較明者。不可不知其各地之特別情形焉。

北滿可稱為模範之農產區。僅有極少的尚未發達之工業。故該路之輸出入能力。係該路本身及北滿之最要事務。因無直接通海港口。依地勢言之。中東鐵路自不得不賴他路之助。如烏蘇里鐵路。其南有海參威以資出口。南滿鐵路有大連可以出口。及貝加爾鐵路。諸路中最重要者。莫如東南兩綫。蓋北滿之出口事業。競爭甚烈也。職是之故。中東鐵路不皆一種商業。其行車事務及特殊事業。應時時注意之。

去年之經濟狀況。於北滿甚爲有利。其主要農產.如大荳高粱小麥玉蜀黍等類。收穫均豐。故鐵路之運輸。自隨之而增。一九二六年之商務轉運。較已前無論何年爲多。最高數目計達二五六百萬布特。超過一九一五年五千萬布特。五年來該路商品運輸增加情形。有如下表。

	一九二二年	一九二三年	一九二四年	一九二五年	一九二六年
運輸總數（百萬布特）	一五一·五	一七一·一	一八四·七	二〇六·七	二五六·〇
增加數（百萬布特）	——	一九·六	一三·六	二二	四九·三
增加之百分率	——	一二·九	八·〇	一一·九	二三·八

觀上表可知貨運之平均增加。爲百分之十一。在一九二六年。激增兩倍有餘，但在一九二五年。該路亦可稱爲非常有利之一年也。該路運輸之貨物。平常以穀類居第一位。計一千四百萬布特。占總數之七成。較一九二五年多三千四百萬布特其次爲木材及燃薪。計二七一百萬布特。一九二五年爲一千九百五十萬布特。煤又次之計一千九百七十萬布特。一九二五年爲一千四百七十萬布特。其進口之貨物。大部爲消費品。木材一項。在一九二六年。起極大之變化。建築木料之運輸減二百萬布特。增者爲燃薪。皆因一九二五年起。

日本對於鴨江木之需要減少。而向來日本建築材料。皆恃高麗及滿洲全部之木材也。至於貨物之分配。仍保持以前之比例。

	一九二二年	一九二三年	一九二四年	一九二五年	一九二六年
輸出	九七·四	一二一·三	一二〇·一	一四三·二	一六五·六
輸入	二三·八	二八·〇	三〇·七	三〇·〇	三五·七
本路運輸	二九·一	三〇·五	三三·一	三三·〇	五四·七

輸出之貨物。占貨物運輸總數百分之六十五。為該路經濟能力之基本。與輸入之貨物。有直接之關係。蓋豐足之年。人民購買力亦隨之而增。其結果。為增加消費品及製造品之需要。一九二六年中東鐵路本路運輸之盛。為歷年所未有。其增加之營業。可分為五股。煤燃薪及建築材等轉運。其致此之因。可於本路運輸內研究云。

輸出

該路輸出總數中百分之十。為五穀及大豆。其中最可注意者。有五大類。即大豆豆餅小麥麵粉及豆油是也。因此類貨物之運輸。曾引起附近鐵路之劇烈競爭。迄一九二五年。始有特別規定。即在穀類運輸期完畢時。凡輸往中東鐵路輸出品之烏蘇里及南滿鐵路。即行總結帳目。規定烏蘇里鐵路為百分之四十五。南滿鐵路為百分之五十五。倘其中一路之運輸。超過此規定之比例時。則他路需給以相當之運價中。東鐵路常用種種方法。使其貨運有平均之分配。以期保持此規定之比例。在一九二四年十一月日。本聯絡會。對於自大連至神戶之豆餅。予以減價。使此類貨物。集於南路。於是中東鐵路遂增加西路之運價。以恢復其原有之狀況。此種方法。在一九二六年施行以後。甚稱滿意。觀下列五年之比較可見。(單位百萬羅布)

東路之出口數

	一九二二年	一九二三年	一九二四年	一九二五年	一九二六年
大豆	二二·一	三三·四	三四·三	三二·一	三五·二
豆餅	九·八	一五·六	七·八	一一·一	二五·二
豆油	〇·八	一·一	二·〇	一·九	二·四
小麥	二·〇	一·九	〇·四	〇·八	……
獸皮	〇·二	〇·四	〇·三	〇·二	〇·三
其他穀類	一·五	〇·五	〇·八	二·三	九·六
總計	三六·四	四二·九	四五·六	四八·四	七二·七

南路之出口數

	一九二二年	一九二三年	一九二四年	一九二五年	一九二六年
大豆	三一·九	三六·六	三五·〇	五二·三	五九·一
豆餅	二·九	二·七	一六·七	一一·〇	〇·九
豆油	〇·二	〇·三	....	〇·一	....
小麥	三·八	五·九	〇·九	一·七	四·四
麵粉	二·三	三·四	〇·二	〇·六	〇·七
獸皮	一·三	一·九	〇·八	〇·八	〇·九
其他穀類	四·五	三·五	三·〇	一四·八	一七·九
總計	四六·九	五四·三	五六·六	八一·三	八四·〇

依上列數目比較之。可知一九二六年東路有例外之利益。與一九二五年相較。穀類輸出之增多。均在烏蘇里鐵路上故輸出比例在一九二五年爲百分之三十七者。在一九二六年躍而爲百分之四十六。起過歷年之紀錄。此種增加當推大豆及高粱等製品。高粱運輸之數。自一千一百萬布特。增至五千八百萬布特。其出口。均自北滿經海參威而至上海。由中東鐵路新設之商務課理處辦理。此外內地穀類之市場。亦已擴大。大豆之運輸方向。大部往南。因大半爲大連油廠所收買。或爲大連穀類交易所所吸收。此穀類交易所。在南北滿

商業上。占重要位置。至于小麥麵粉及獸皮之運輸。亦有增加。因種植本地之五穀。豈類尤甚。較為有利。而前兩年小麥之歉收。至減少麥田之耕種面積。而坎拿大及美國麥在外市之競爭。使麵粉廠之輸出能力。幾乎消滅。同時。他種穀類之輸出。皆有顯著之增加。即在表中所謂「其他穀種」一項是也。在過去兩年中。特別在一九一六年。此種「其他穀類」之運輸。在東鐵運輸總額中占重要地位。且有逐年增加之趨勢。木材之輸出。自一千另八十萬布特。減至八百萬布特。其理由已解釋如上。此種減少。均在南路。至東路。則以日本造紙廠需要賴木。(松杉之類)而因之之增加。其他之輸出貨出品。為皮革牲畜之類。但為數不多。

輸入

戰前北滿俄貨之輸入。均由東西兩方。而大宗之輸入。均來自南方。蓋此類貨品之消費者。—農夫—對於中國物品。有特別之需要。故一切統名之曰「雜貨」。其主要產地及貿易中心。多位置於中國及南滿。故多傾向於南滿鐵路。俄國及歐洲貨品。多經海參威而交貨。在一九一七年至一九二三年時期中。海參威之輸入能力。無大變動。惟蘇昌(Suchan)煤及漁業品之自東方至北滿者。減二百萬布特。

中東鐵路現正注意車輛之載貨。因貨物從東方輸出後。回來之車輛。均為空車。故設法增加由烏蘇里鐵路輸入之物品。得其助力後。於是東方之輸入。逐漸增加。五年來幾至四倍。

輸入貨品依下列方向分配（單位百萬布特）

	一九二二年	一九二三年	一九二四年	一九二五年	一九二六年
自南方輸入者	二一•六	二四•六	二五•八	二六•〇	三一•〇
自東方輸入者	一•三	〇•三	二•〇	三•一	四•七
總　計	二三•九	二四•九	二七•八	二九•一	三五•七

主要之進口貨爲煤。一千一百五十布特。鹽。四百三十萬布特。穀類。一百萬布特。疋頭。一百六十萬布特。石油。一百五十萬布特。及果品。一百四十萬布特。茲將近年來北滿之輸入品比較如下。（單位百萬布特）

		一九二三年	一九二四年	一九二五年	一九二六年
煤	自烏蘇里鐵路輸入者	〇、九	一、三	一、九	二、六
	自南滿鐵路輸入者	一一、四	一〇、六	九、七	八、九
鹽	自烏蘇里鐵路輸入者	—	—	—	—
	自南滿鐵路輸入者	三、二	三、二	三、九	四、三
其他	自烏蘇里鐵路輸入者	〇、四	〇、七	一、二	二、一
貨物	自滿鐵路輸入者	一〇、〇	一三、〇	一二、四	一七、八

關於煤之輸入。因撫順煤礦出煤減少。故煤之輸入亦減少。蘇昌（Suchan）煤之輸入。對於中東鐵路及內地市場之需要。皆有遞增之勢。鹽之運輸。全賴南滿鐵路。因鹽為我國所專賣。而南滿鐵路。又為最近之路線。凡中東鐵路轉運之鹽。皆來自遼東及沿貝吉利海灣（Gulf of pechihli）兩岸之鹽場。煤鹽而外。在一九二六年經海參崴之主要輸入品。為麻布袋（計四十萬布特）及爪哇糖。（四十萬布特）此類貨物。自一九二五年。始由海參崴輸入。而內地遂有大宗之消費品焉。至於蘇俄石油及石腦油之輸入。亦不可不注意者也。此種石油。在一九二四年始出現於遠東市場。現在進口數。已超過二十萬布特。且蘇俄之石油。能與以前在北滿洋利之美孚油及蘇門答臘石油相競爭。而有取而代之之勢。在一九二六年。由東方輸入之貨物。與戰前相比。詎及一九一三年之數。即四百三十萬布特，至於輸入品之價值。尚未及以前之數。因戰前蘇昌（Suchan）煤之輸入甚少。而鹽則全由東方輸入者也。

南方輸入之貨物。或直接由中東及南滿鐵路聯運。或在長春車站為本路運輸之分配。如下表。（單位百萬布特）

	一九二三年	一九二四年	一九二五年	一九二六年
由南滿鐵路	二二、二	二、二	二三、四	二六、七
由長春車站	二、四	二、四	二、七	四、三

一九二六年中東路鐵概況

至本路運輸方面。貨物之長春車站裝運者。去年特增。此種現象。一方由於本地銀元兌匯率之低落。使在本地交貨之貨物。有極大之便宜。他方由於對於輸入品。加以特別釐訂運價。於是大部之貨物。遂被吸引。若在一九二六年。此種貨物。均用大車由長春運至中東南線之最近商業中心。然後再行分配者也。

滿洲里車站所運送之貨物因無聯運章程。其商務遂與貝加爾鐵路互相交換。此類貨物。因為數不多。故在一九二六年無大重要可由下表見之。(單位百萬布特)

	一九二二年	一九二三年	一九二四年	一九二五年	一九二六年
運至滿洲里之貨物	五・五	一・五	〇・八	一・一	二・〇
滿洲里運出之貨物	〇・六	〇・五	〇・七	一・一	〇・八

在一九二二年運輸較多之故。為送輸穀類三百八十萬布特至烏蘇里鐵路。以救濟饑荒。其他數年之運輸。均無大變更。由烏蘇里鐵路運來之貨物。自一九二五年末。於木材煤炭而外。尚有疋頭烟草石油之類。

本路運輸

本路之貨物運輸量。為三千三百萬布特。在過去數年中。均無甚變動。至一九二六年。激增至五千六百三十萬布特。其所以致此之由述之如次。

因欲發展本地之製油工業。對於哈爾濱油廠。加以特別減價。蓋大豆之運往該處者年有增加也。

因本地煤礦事業之發達。已能與外來之煤相競爭。此乃極重要之現象。蓋一九二三年以來。煤價大率爲撫順產品所規定。於是本地工業及中東鐵路自身。不能不依賴南滿鐵路。而南滿鐵路之對於中東事務。更有直接之關係。在一九二五年中蘇昌（Suchan）煤進口之增加。漸有規定煤價之影響。惟此煤既運至哈爾濱。故煤價問題。尚未有全部之解決。自中東鐵路穆陵縣煤礦開辦以來而中東鐵自一九二五年後。復竭力經營札賚諾爾煤礦。故中東鐵路對於煤之供給。處於鞏固之地位。將來欲完全脫離外煤之供給。亦非難事也。

因此中東鐵路竭力謀本地煤量輸送之增加。並減低運價使工業中心區域蒙其利。如自哈爾濱至富拉爾基（加甘南縣）一段中各車站。均有劃一之煤價。而於西線上作極大之競爭。

以上種種方法施行之結果。使本地之煤。追及撫順之紀錄。各車站輸送之煤量如左。（單位百萬布特）

站　名	一九二三年	一九二四年	一九二五塊	一九二六年
滿洲里	○•一	○•三	○•七	○•五

一九二六年中東鐵路概况 一〇二

札賚諾爾	二•四	二•〇	一•三	三•〇
沙金子(Sochingtgs)驛站	—	—	〇•九	四•二
其他車站	〇•一	〇•一	〇•二	〇•五
總計	二•六	二•四	三•一	八•二

在一九二三年前。米糧一項。均由南滿鐵路運入。現今中東鐵路。正從事種植。更開設碾米廠。故將來北滿米糧。或能自給也。自一九二五年末。更採用獎勵運價。以發展本區碾米事業。以致去年進口米糧。大部為本埠米糧所奪。此種傾向。可由下表之米糧運輸見之。(單位千布特)

	一九二四年	一九二五年	一九二六年
南滿鐵路及長春東站	四八二	三八八	一三五
本路運輸	一九二	二四五	五〇二
總計	六七四	六三三	六三七

其他貨品中。以建築材料及鋼軌之運輸。增加最大。因興築呼海鐵路。及哈爾濱電車故也。燃薪之運輸亦有增加。(一九二六年為六百九十萬布特。一九二五年為三百六十萬布特)。因去年通航時期中。哈爾濱運到木材極少。此則由於我國內河船隻噸數之不敷。

且大都從事於墾殖較爲有利之農產。往松花江下游也。總之。以貨運而言。一九二六年。可謂有非常完美之成績矣。

客運業務。因受外界之影響。故發展較遲。但一九二六年亦有明顯之進步。乘客數目與往年相較。有如左表。（單位千人）

	一九二二年	一九二三年	一九二四年	一九二五年	一九二六年
頭等	四	四	四	五	五
二等	三三	二四	二四	二四	二九
三等	九〇八	七七六	一一四一	一三一七	一八五八
四等	一一〇九	一五六三	一〇四一	一一一〇	一三七九
總計	一二五五	二三六七	二一八三	二四四五	三二七一

觀上表。可見乘客數目。時有增加。而中東鐵路之客運。端賴四等客事。在一九二三年曾有最高之數目。次年卽形鋭減。雖以後年有增加。然不及三等客數目之增加遠甚。可見該路乘客。有由低級轉至高級之趨勢焉。戰前有一時頭二等乘客大增。此由於許多旅行家。由中國南部經烏蘇里鐵路而至西歐或由西歐。至中國南部。欲吸引此種乘客。該路之商務經理處。曾設票房。爲該路出售烏蘇里鐵路客票。並大登廣告。以事招徠。此事與貝加爾鐵路

。有協定者也。

改進工人及員司之生活及工作之方法　一九二六年中東鐵路對於技術上商務上之重要事務已略述如上矣。而關於工人及員司之生活狀況。亦不可不注意者也。其中最重要者。為日工每日之最低工資。已由四角至五角增至六十金柯貝克。(Gold Kop.)依現在兌匯率。幾等於本地華幣一元。（一金羅布合一百二十五至一百三十分）欲改進工人及下級員司之生活。該路新造房屋多所。並改良原有之設備此外工資及薪水。亦均有增加。最近該路理事會。又議定車上工人及員司之工作標準。計每月自三百三十六小時至二百四十小時。倘財政方面並無障礙。當即採用之。

該路之財政

中東鐵路之客貨運輸。年有增加。於是營業進款。亦隨之而增。其增加之數。竟有出人意料之外者。茲錄其營業進款之大要如左。(單位百萬羅布)

進　款	一九二二年	一九二三年	一九二四年	一九二五年	一九二六年
貨運	二五。三	二六•〇	二七•二	三三•三	三八•八
客運	八•六	八•四	七•六	七•九	八•八
營業進款數	三三•九	三四•四	三四•八	四一•八	四七•六

其他進款	三・五	一・七	二・八	四・六	五・〇
總計	三七・四	三六・一	三七・六	四六・四	五二・六

該路之技術處又力謀改進。以期減少費用。故雖建築新屋及增加工資及薪水。而該路之總收入。仍依比例而增加。故一九二五年之營業比例。(Operating Ratio)爲該路年來最佳之成績者。仍保持不變。至於該路收支統計。詳列如左。(單位百萬羅布)

	一九二二年	一九二三年	一九二四年	一九二五年	一九二六年
總收入	三七・四	三六・一	三七・六	三六四・	五二・六
支出	二六・三	二四・三	二一・九	二四・一	二七・六
淨利	一一・一	一一・八	一五・七	一二・三	二五・〇
對總收入之百分率	三〇	三三	四二	四八	四八

該路因有良好之營業成績。於是從事於需要之工作。其費用約五百五十萬羅布此外該路特種事業之損失。(管理租讓地帶及供養該路兵士等)計有三百三十萬羅布故一九二六年該路之淨利爲一千五百八十萬金羅布。可謂鉅矣。(完)

我國今後之鐵路政策論

我國今後之鐵路政策論

我國鐵路政策在總理實業計畫中。早有定為國有之決議。至其所以定為國有之理由。總理雖已發其大端。然社會上大部份人士，或者仍未能完全洞其究竟。況當此二十世紀。世界上有二最富強之國家（英美）。方且以鐵路民有為政策。在一般人觀之。我國何不亦採用民有民有政策。以與英美相媲美。比種見解。作者雖不能斷其為必有。然亦不能斷其為必無。茲篇之作。一方所以闡明總理國有政策之用意。一方所以消除一般人或有之誤解。惟是作者學識簡陋。所論各點。或仍不免有矛盾之處。倘希閱者諸君不吝指教。則幸甚。

一。緒言

二。鐵路政策之種類

三。我國建築鐵路應有之原則

四。我國採取鐵路國有政策之原因

(1)就原則上言

(2)就國內情形言

(3)就世界各國趨勢言

五·結論

（一）緒言

英國鐵路學專家約翰生(E. R. Johnson)之言曰。「一國家辦理鐵路之經驗。不必即為他國人民辦理鐵路事業之準則。普魯士鐵路國有之成功。不能據此為美國鐵路國有必能成功之理由。意大利鐵路民有之失敗。亦不能據此為普魯士鐵路民有必歸失敗之根據。一國有一國之社會的。經濟的。政治的。特別情形。故一國各種問題之解決。必根據於一國之經驗與國情而定」。旨哉。約翰生之言也。本篇之作。蓋亦俱約翰生之意云。

（二）鐵路政策之種類

鐵路政策。亦曰鐵路制度。鐵路制度有四。一曰民有民業。即鐵路之所有權與營業權。皆操於人民之手。英美之鐵路制度是也。二曰國有民業。即鐵道為國有。而運輸事業則委託之於人民者是。二三十年前意法曾採用之。三曰民有官業。即民有鐵道而貸之政府行使運輸事業者是。德比曾行之。四曰國有國業。在此制度之下。操鐵路所有權者為國家。操鐵路運輸權者亦為國家。此為最通行之制度。中國鐵路制度。即屬此類。以上四種制度之採用。就現在各國情形論。民有官業與國有民業制度。已不可復見。至民有制度。則除特殊情形尚能保持其制度之沿用外。亦已不復多見。現所最通行者。厥為國有制度。

（三）中國建築鐵路應有之原則

我國今後之鐵路政策論

吾國自有鐵路以來。自始卽無所謂政策者。當光宣之間。國勢陵夷。處列強壓迫之下。鐵路之建設。幾莫不爲應付及結束外交失敗之工具。初未暇顧及國內政治。經濟。社會之須要。亦未暇深籌緩急先後之計劃也。誠如國民府議之旨。「我國應甲國之求。則施一線於東。應乙國之求，又施一線於西。故他國先有全局數路之計劃。而後有鐵路之經營。我國則先有不成片段之鐵路。而有遷就已成之線。進求全局之計劃。事理之顛倒如此」。欲求鐵路事業之有益於國家。不亦難乎。待夫宣統末年。國家始蓄意有爲。收買國內商路而歸之國有。然而計劃未就。滿清之祚先覆。民國以來。內受軍閥政客之蹂躪。外受列強經濟勢力之壓榨。鐵路雖屬國有。計劃卒難施行。既往之失敗既如此。則今後鐵路事業之建設。又不可不先定其根本原。則然後進而研究鐵路政策之採取。庶可於最短時間之內。達到發展國家富源之目的。

就管見所及。論我國鐵路建設應有之原則。至少有下列數端。　一鐵路建設。應使最多數國民。獲得最優美。最公平之鐵路服務也——鐵路既屬公共運輸機關中之最有力者。則其直接的。間接的影響及於全國人民之生計者。至重且大。故不論鐵路之爲民有國有。此「鐵路建設。應使最多數國民。獲得最優美。最公平之服務」一語。皆當奉此爲金科玉律者也。

二。鐵路建設。必應國家之所須要也國家之須。要多於個人之須要。如天然富源之開發也。經濟事業之發展也。遠隔疆域之聯貫也。社會風氣之開通也。以及其他種種政治上。經濟上。社會上問題之解決。何莫不待鐵路而後成。故吾國鐵路之建設。當視國家各種須要之程度而定。不當拘拘於商業繁盛之區域。更不當以借款關係。或竟因外交關係而設也。

三。鐵路建設。應統一鐵路工程與鐵路管理也鐵路工程之統一云者。乃軌間號誌等大小形式之劃一是。鐵路管理之統一云者。乃行車方法。會計制度等等之劃一是。鐵路工程之劃一與否。恆與國家立法監督之繁簡有關。而鐵路管理之一律與否。又與國家應用鐵路之便利。效力有關。誠以鐵路工程與管理方面。全國既臻一致。則車輛四出。無往而不通。軍事徵調。尤能得心應手。此鐵路工程管理統一之益。吾人不可不於鐵路建設尚未開始之初。即加以審慎之考慮也。

四。鐵路建設。應採取最經濟。最新式之技術也——近世工業技術。日臻完善。一機械之革新也。其管理之簡便。開支之節省。每有出乎意料之外者。鐵路技術亦然。一二十年以前。各國局部運輸。每以鐵路技術任之。所費多而管理繁。今則此種局部運輸。 (Local Tnarstortation) 已有被汽車起而代之之趨勢。此一端也。又自利用水力發電以來。電力大而價格廉。各國已有電化鐵道。以節省開支而節易管理者。他日電學之研究益精。鐵道電化。不難更臻完美而推行全球。吾國天然水動力。爲數甚巨。苟能儘量運用。亦鐵路大革新之一端也。

（四）吾國採用鐵路國有政策之原因

甲。就原則上言

上述四大原則。爲我國鐵路建設之所必須遵守者。其一，三，四三，項。則不論國有民有。皆可達其目的。在國有制度之下。則國家依其預定之政策而爲行之可矣。其在民有政策之下。則國家可立法以限制之。雖其間監督繁簡。不無差異之處。而國家對於建設鐵道目的之能達到。則一也。至若第一項「鐵路建設。必應國家之所須要」者。則非鐵路國有政策莫屬矣。蓋國家與人民建設鐵路之動機不同。人民之建設鐵路。其主要目的爲獲利。故非鐵路之必能獲利者。人民決不願投資者。國家之建設鐵路。雖有時亦爲獲利計。然猶不盡爲獲利也。國家者。居人民之上。統籌全局。其於國家之產業。苟其有增於國家之財富。或有俾於人民之生計者。則雖利益甚微。或竟利益全無。而爲一般人民之所不肯投資者。國家亦必造鐵路以開發之。此就有形之利益言之也。至於邊疆荒漠之區。物產之所不生。人跡之所罕至者。在人民則又必不願投資。而在國家。則以其有關於邊防。移民。軍事種種事業也。故雖明知鐵路建設之必不能獲利。而猶斷然投巨資以築之者。誠以國家之所注者。蓋有出乎有形利益之外者也。

乙。就中國國內情形言

由鐵路建築之原則上言之。我國有採行國有政策之必要。今再就吾國國內情形一考察之。

一。惟鐵路國有。能於最短時間內。開發全國富源——中國天然富源之豐富。世界罕能與之比擬者。山西一省之煤。足供世界二千年之用。滿直西南諸省之煤鐵。亦為中國極大之寶源。黑龍江流域之金礦。邊境各省之畜牧。滿洲湘閩之森林。以及國內其他一切天然之富源。誠能有鐵路以通貫之。則不難盡發其蘊藏。而致國家於富強。然而欲盡通之以鐵路。而尤欲於最短時期內促其成就者。則非國家出任其事不可。方美洲合衆國之初設也，地方政府。不惜耗巨大土地資本以助鐵路之建造。澳大利，新西蘭諸國政府。亦勵以公款促鐵路之速成。之數國者。誠知開發富源。非鐵路交通發達不為功。而大資鐵路之建設。有非國家之力不辦者也。且自國際貿易發展以來。歐西國家且有利用鐵路運率政策以扶助或保護國內外商業之發展者。是則鐵路交通。又有抵抗外國商業競爭之能力者矣。我國今欲於最短時間內開發全國富源以振興實業。吾知其非由國家興辦鐵路不為功矣。

一。惟鐵路國有。能以鐵路之發。特造鐵路——商路盈餘。非不能造路也。謂商人之不欲以盈餘造路也商人對於有利之路則造之。對於無利之路則置之。國家則不然。國家「以路造路」之政策決定後。即可採用特別會計制度。以各路之所餘。補他路之不足。再有餘。則儘數以充建築。新路之用。新築之路。不必限於必能獲利之路也。凡有益於軍事邊防。殖民者皆可築。雖然。余之所謂以路救築路者。非謂鐵路盈餘。即能建築一切應築之路也。而鐵路盈餘。若在鐵路特別會計制度之下。至少能建築一部份應築之鐵路。而促進鐵路計劃之速成也。

二。惟鐵路國有能利用故有水陸交通。而統籌全國交通統系之聯接——我國東南多水，西北多山。中部復多路有驛道。故於建設鐵路之初。即當詳察故有交通路線之分佈。於水道縱橫之區。則可利用之以運輸笨滯不急用之貨物。于驛道未毀之區。則可修築之以作小量短距離之運送。而以鐵路幹縣其間。以總運輸之大成如此。既可不必多設支線。收交通聯絡一氣之效。又可不必多特計謀。救水陸競爭激烈之弊。非國家之出任其事。曷克以臻此。

四。惟鐵路國有。能籌得巨大資本。完成中國之鐵路建設。余於第一節中曾言之。欲開發富源而建設鐵路。非國家出任其事不可。然此祇從國民建設鐵路利益上言之耳。今若再從國民財力上觀察。則尤足使余信吾鐵國路建設。有非國有莫成者。請申其說。吾國國民。素以國內產業之不發達。重以外國經濟勢力之壓迫。以致實業無由發展。而財力終於不增。以區區之財力。作巨大之事業。古今中外。未嘗有也。前清末葉。國人洞察乎利權喪失之足以亡國。於是羣起作挽回利權之運動。當時風起雲湧。一呼百應。所擬建築之商路以十數。曾不幾時。而向來轟轟烈烈之築路運動。幾莫不以籌款不足而失敗。今距清末幾時耳。國民財力之增加何如。謂遂足以建設全國之鐵路矣乎。

丙。　就世界各國鐵路政策之趨勢言

以上四項。為我國之特別情形。亦為我國採用鐵路國有政策之根本原因。茲再從各國鐵路之趨勢言之。自鐵路事業之本身言。則鐵路為國家之命脈。有左右全國民生之勢力。惟其然也。故各國政府。對於民有鐵路事業之發展。莫不有嚴密之干預。以保障人民之利益。至於鐵路事業上種種困難問題之解決。又非有恃於國家之權力不可。故即以民有鐵路而論國家之干涉。蓋以無所不至。若夫國家干涉之是否遂至於鐵路國有之程度。則猶視困難問題之深淺。以及社會上須要之限度以為斷。固嘗考之。近世各國對於鐵路之政策。不外(一)鐵路民有而政府加以嚴密之監督。與(二)鐵路國有之二種。然(二)者之中。除英美二國。因民有辦有成績。又因國民富於財力。又富於自由思想。而採取第一種政策外。其他各國。雖無不採用第二種鐵路政策者。卽以英美二國而論。英國亦漸有鐵路國有之趨勢。故以世界各國鐵路論。可謂已趨於國有化矣。抑不獨鐵路一端然也。各種公共事業。如水。電。等類。亦有採取國有政策之趨勢。造成此種趨勢之原因●一部份係由於政治的。財政的關係。大部分則由於近來社會思想之發達。蓋社會本身。既爲一種有力之組織。自當運用其固有之政治的權力。而經營一切完全公共性質之事業。不應以此公共性質之事業。放縱墮落於私人之手。而使其爲謀利之機關。此種社會觀念。早已爲一般經濟家與政治家所公認。歐美各國。且已多切實付之實行矣。我國在此鐵路建設尙未開始之先。自當順應潮流。爲未雨綢繆之計。此則又我國之所以採用鐵路國有政策之原因也已。

據一九一一至一九一二年之調查。五洲中各國國有鐵路與民有鐵路之比較表如下。

洲別	國有鐵路哩數	民有鐵路哩數	總哩數	國有鐵路百分比	民有鐵路百分比
歐	一〇七•六六三	九九•六三一	二〇七•二九六	五一•九	四八•一
美	一二•一九〇	三一四•六九三	三二六•八八三	三•七	九六•三
亞	三六•七一〇	二六•五八一	六三•二九一	五八•〇	四二•〇
非	一一•四七八	一一•四一二	二二•八九〇	五〇•一	四九•九
澳	一八•〇二七	一•二三五	一九•二六二	九三•六	六•四

總計　一八六•〇六八　四五三•五五三　六三九•六二一　二九•一　七〇•九

上表內民有鐵路百分比之所以大於國有者。因英美三國之鐵路。（幾占世界鐵路哩數二分之一）皆係民有故也。又據中外經濟週刊（一九二號）最近調查所得。世界現有鐵路七四一。二九五哩。其中國有鐵路居二七九。七二一哩。若分別各洲觀之。則有如下列。

	共有鐵路哩數	國有或民有哩數
歐洲	二二七•五四一	國有占一二三•三九八
美洲	三六九•八三九	大概均屬民有
亞洲	七八•六一〇	國有占五七•三五三
非洲	五三•七八三	大概均屬民有
澳洲	二九•五四〇	大概均屬國有

比較以上二次統計。可見十餘年來。歐亞澳三洲之國有鐵路。以及美非二洲之民有鐵路。均有甚大之增加。其中最足注意者卽爲非洲民有鐵路之增加。因而該洲國有鐵路之百分率減低是也。然此不能視爲鐵路國有趨勢之消滅。吾人可以下表證明之。（註一）（註二）

一採取鐵路國有政策之

國家數目　四四

我國今後之鐵路政策皆

鐵路哩數　二九七・六九四

二採取鐵路民有政策之(註三)

國家數目　一〇

鐵路哩數　三七四・四二九

由上表可知採取鐵路國有政策之國家。二倍於採取鐵路民有之國家。是世界有鐵路國有之趨勢也。至其哩數之所以不及民有鐵路者。則因。美。法。英。阿根廷等國之鐵路。皆係民有故也。(按一九二五年時。美有鐵路二六〇。五四四哩。法有三三。二八一哩。阿根廷有二三。一五六哩。英有二四。三九六哩)下表又示世界各國取鐵路國有政策之時期

比利時	一八七一	德意志	一八七六	意大利	一九〇五
匈牙利	一八七三	俄羅斯	一八八一	日本	一九〇六
澳大利	一八七六	瑞士	一九〇〇		

(註一)詳見 Rilway Age 七十八卷二十八期(一九二五年六月十三日)

(註二)所列國家。其鐵路哩數均在五〇〇哩以上。其在五〇〇哩以下則略

(註三)德國鐵路三五。八二三哩。現為半私有制度。故不列入絕對國有或絕對民有制度之內。

五　結論

余既述中國應採鐵路國有政策之原因矣。余不能不進述國有鐵路之弊。蓋嘗比較世界各國鐵路國有民有之成績。而覺國有鐵路成績之不如民有也。舉其大者。則國有鐵路政治勢力之影響太大。又因營業無競爭之故。設備不如民有。而管理效力。尤遠遜之他如浪費公款。任用私人。加高工資。怠慢職務。又爲各國鐵路國有制度下所難免。雖然。此皆鐵路管理不良之結果耳。非制度自身不良之過也。夫既非由於制度自身之不良。則吾人仍不能不認鐵路國有政策之爲得計。且國有鐵路之流弊。又皆非不可革除者。倘能加以嚴密之監督。與夫國民道德之長進。則鐵路國有。未始不能爲完美之制度。現在我國國民政府之中。有監督攷試之機關。審慎而將事焉。人誰得而爲弊哉。人誰得而爲弊哉。　（完）

鐵路與銀行

鐵路爲交通之樞紐。銀行乃金融之重心。其相互間之關係。不一而足。然注意之者殊鮮。良可惜耳。茲舉其關係之彰彰大者。簡要言之。藉見鐵路興盛。銀行先受有形之利。鐵路衰敗。銀行亦被無形之損。提倡路事。改良路政。銀行界亦宜與路界合作。以謀互利之道也。

（一）鐵路貨運與銀行業務　有鐵路運輸之便利。則交易頻繁。各地向爲自足自給者

・至是以運輸康莊。亦必進而分工。由分工而生交換。而生商業。銀行放款及匯兌之業務。既視商業之盛衰而消長。則鐵路直接促商業之繁榮。間接助銀行之發展。事至明。理至顯也。貨運與銀行之關係。以提單押匯一事爲最重要。鐵路苟能完成設備。負責運貨。（目下鐵路負責運貨較普通運價須貴一成似屬太高） 則鐵路提單可用以抵借款項。商人既受其益。銀行亦蒙其利。滬寧滬杭甬兩路。業已見諸實行。民國十四年九月國有鐵路運輸會議（第六次） 亦曾邀集銀行界代表。討論此事。以圖推廣。將來路線增多。路政修明。則提單押匯事業。必能蒸蒸日上。銀業大利之所在。其必於此中求之乎。

（一）鐵路客運與銀行業務。國內外銀行現今多有旅行支票及旅客信用保證之發行。以便行旅。法至善也。然運輸不便。則旅行者少。而况以長距離之路程爲最。今能廣修鐵路・俾作長距離之運送。完成設備。盡力於廣告招徠之途。則國人遊興必因而勃發。名山大川。遊人如織。亦易致也。我國國有鐵路業有國內周遊票。來回遊覽票。團體票。回教票。定期票之發售。其嘉惠行旅。似已無微不至。然卒以國內未靖。廣告未遍。致難普及。殊爲憾事。第假以時日。路政發達。運輸進步。則客運必興。可無疑議。日本鐵路延長一萬另三百六十英里。（連朝鮮） 而一九二六年旅客人數達七一六・四三〇・〇〇〇人。平均每哩約得七萬人。可知經濟發達至相當程度。多修一哩必需之鐵路。即可多得數萬入之旅行。況我國名勝之多。遊遍他國乎。故直接提倡鐵路。即間接提倡銀行匯款之事業。所有旅行支票旅客信用保證以及其他匯款之業務。有不隨鐵路運輸事業以俱興者。吾不信也。

（三）鐵路債券與銀行投資　年來國中擾攘。商業銷沈。銀行皆無運用資金之路。或從事於匯兌。或從事於公債。要皆非真正之投資。將來大局底定。產業亦難勃焉而興。必俟運輸完備。而後生產交換始能發達。在此過渡期內。銀行資金。恐仍無充分運用之方。屆時購買路債。實爲最合時宜之投資。考鐵路債券。美國保險公司律儲蓄銀行律皆規定爲投資目的物之一。良以鐵路事業較任何產業爲穩固。其收入之來源。錯綜複雜。即有商業循環。亦不甚受影響也。或疑投資路債不宜於商業銀行。然今日商業銀行之投資。以內國公債佔重要部分。多則一二千萬元。少亦十餘萬元。（見支那金融界之危機）以路債與公債較。必有能辨其優劣者矣。況國內儲蓄銀行實業銀行等又不在少數乎。第鐵路會計務求獨立。鐵路債券務使流通。鐵路營業務須健全。是在路業銀業兩方合力圖之。

（四）鐵路盈餘與銀行存款　我國國有鐵路淨利。十四年度已有一二。六四一。六四三元。俄國遠東銀行。以有東省鐵路之存款營業蒸蒸日上。東三省銀行因起而力爭。可見鐵路存款足以助長銀行之勢力矣。今使鐵路發達。則盈餘必增。鐵路爲維持及擴張計。必提存準備金。以應他日之需。此種預金。必將擇可靠之銀行而為存儲。是則一反手間。資金之消費於旅行者。集中於銀行之手矣。今內國銀行力爭關鹽稅款之存放。固為收回國權維護金融之要著。然果能助成鐵路之發展。則存款必有倍蓰於稅收者。利之所在。要為金融界所不容忽視者也。

綜上所述。可知鐵路之發展與否。與銀行之存放業務。匯兌業務。有極密切之關係。鐵路興則銀行存款增加。放款增加。而匯款數目亦必增加。此就量而言也。鐵路興則工商亦興。銀行事業直接助成國民經濟之發展。而無絲毫政治的投機的危險。非特利厚。抑且安全。此就質而言也。然則鐵路之有益於銀行。可瞭然矣。今後鐵路界之所望於銀行者。自以籌集資本為首要。考歐美各國。多能收買營業債券股票。而以之轉售于公衆。鐵路債票亦然。竊以為我國銀業。亦應有相似之組織。竭力吸收社會之儲蓄。而與路界合作。以儲款興發鐵路。在社會未信任鐵路證券之前。暫由銀行購買。對於顧主。仍存儲蓄存款之名可耳。至於國外借款。尤關重要。蓋鐵路材料以及機頭車輛。均須購自外國。自非籌有外款不可。今後內國銀行。應為之居間。向海外推銷路債。以收外貨。勿再任人代庖。重令利權旁落也可。凡此種種。應由路銀兩界協力籌謀。以期完善。尚望交通當局。銀業領袖及早圖之。

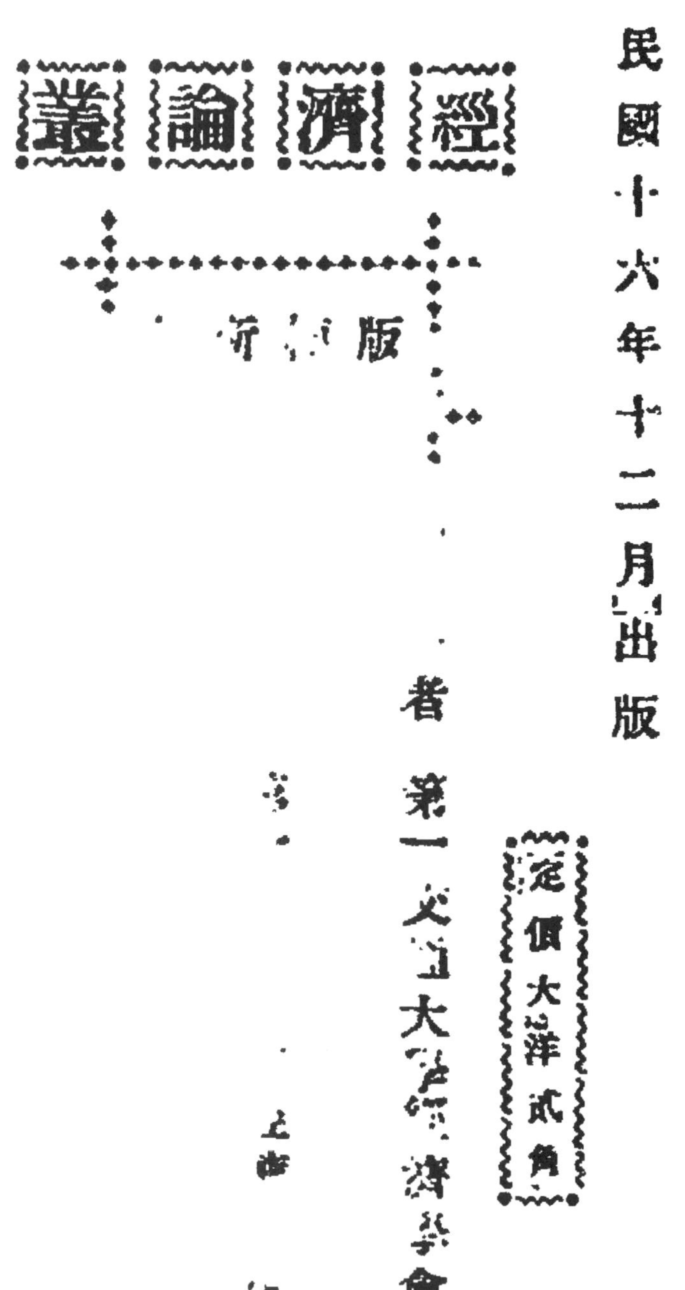

民國十六年十二月出版

定價大洋貳角

經濟論叢

版

者 第一交通大學經濟學會

上海

徐家

交通大學

交通大學上海交通管理學院經濟學會叢書之一

孫科署

藝道人署

中華民國十八年十一月出版

經濟論叢（上編）

洋裝一冊 定價一元二角

編輯者 交通大學上海交通管理學院經濟學會

出版者 上海廣益書局

發行所 廣益書局 上海福州路中市 上海棋盤街中市

分發行所 廣州 長沙 南昌 宜昌 北平 漢口 開封 濟南 廣益書局

序一

交通管理學院院長 徐佩琨

吾校之有經濟學會，已五年於茲矣。創辦之初，卽有經濟學報之刊行。繼之而起者，則有經濟專刊，附載時事新報，每週出版一次，內容益見豐富。舉凡交通、實業、財政、金融、會計、統計、商情、貿易諸端，靡不時有論列，無間中外；而尤以有關交通之文字爲最多。誠爲今日不可多得之刊物。從事撰述編輯者，都爲吾校交通管理學院之師生。平日本其所得，就其所長，發爲文章，雖多精深之作，警闢之詞。旣無偏頗之言論，復無幼稚之思想，雖非字字珠璣，要皆若言藥石。而所取材料，又多新穎，理論事實，冶爲一爐，初非可與泛泛者同年而語也。際茲經濟建設開始之候，經濟界之原理與事實亟待研究探討者，不一而足。有能以遠大之眼光，深邃之觀察，就各種經濟問題加以分析研究者，則其有助於建設之推行，正復不尠。爰是同人對於如何整理國庫倉廩，如何統籌幣制之改良，如何發展交通事業，如何富裕民生，與夫如何使市場供求之得其平衡，解決一切衣食住行諸問題，研究之餘，每多著述，供諸同好，且社會文明愈進步

序一

，生活愈複雜，而經濟範圍愈彰漲，而經濟問題愈重要，此同人所亟欲與國內外學者共全研究者也，吾校之有經濟專刊，意在斯耳。乃者同學鑒於斯刊之風行，幾及兩載。其間佳構之多，已足編訂成帙，爰爲分門別類，彙集成書，重付手民，名曰經濟論叢，所以便保存資參攷也。該會對於經濟專刊之內容，邇來益求精進，他日日積月累，佳構益見增多，經濟論叢之前途，方與未艾，吾不禁爲該會賀，爲吾校賀，兼爲吾國經濟界賀也。是爲序。

序二

沈學明

經濟問題之是否能成爲最有趣味與實用之科學，須視吾人對經濟科學之認識與努力如何以爲斷。今日中國政局之不定，其重要原因實緣於經濟問題之未能完滿解決，其所以不能完滿解決者，乃由習經濟學者之對於中國經濟問題未能切實認識；而歸原其由，實乃經濟科學未能普及，而其重要尙未爲人人所公認也。吾人之習經濟學者，若徒觀其種種組織之產生，相當之效用，卽沾沾然自足以爲盡在是矣，則其眼光之窄小直夏蟲不可以語冰矣。嘗以爲討研經濟學之重要，可從(一)學術上(二)民生上觀之：

(一)經濟學在學術上之重要　世界一切科學皆可歸納於社會科學，論理科學，自然科學三大類之中。經濟學固爲社會科學之一部分，一切科學之發展，莫不有賴於經濟之設施與統計。其相互關係至爲密切，而經濟學之複雜博大，雖不能網羅一切，要亦有舉足輕重之勢也。夫度衡一失，長短輕重何所計。經濟學者，其他科學之度衡也。試申言之：一鐵道之建築，工程事也。然其所採用之材料與建築之工資，必須精密經濟之計算

序二

，他如沿路人口之調査，出產之量數，將來發達之預測，皆非仰藉經濟學不可。如違反經濟原則，雖用最新式最堅固之鐵道，亦始終成爲廢路，可斷言也。

(二)經濟學在民生上之重要　三民主義首重民生。管子曰，衣食足而後知禮義。方今民生憔悴，十室九空。新實業革命之潮流已由西徂東，舊農村制度正在崩壞之時，重以帝國主義經濟之壓迫，生活程度不因國貧反致日高，鄉村日趨都市化，農夫之散於城市工資之優厚，棄耕而往者，年有所增，尤以我國水陸運輸之幼稚，不足以調劑有無，遂致本國民食仰藉外來，災區饑民，坐以待斃，內外被攻，勢如纍卵，人心惶惶，不可終夕，民之不好亂者鮮矣。方今黨國初創，卽注重經濟建設，實行民生主義。則經濟學在民生上之重要可昭昭明矣。

本院經濟學會同人有鑒於此，繼承前南洋公學首創商務班之精神以研究經濟問題，已二十餘年於茲矣。在此二十餘年中，我國以及世界經濟觀念與組織之變遷，實不可數計。然同人等仍刻刻以客觀的眼光，清晰的頭腦，對於經濟問題之研究，屢有定期及不定期之出版以迄於今日。最近兩年，每週且在上海時事新報發表本院師生研究之結晶，深蒙各界讀者贊許，並力促印就單行本以問世。孝明不才，忝司本會出版事務，義不容辭，遂決盡行精選本會最近有心得之傑作付梓，以供關心中國經濟問題人士之參考，其或不無小補歟？再本會會員熊大惠陳汝善王叔龍劉應騏四君，對茲刊編輯，進行不遺餘力，故能早告成功，是當可感，誌此以示不諼。是爲序。

一八，五，二十。

序三

今日之世界。一經濟世界也，故經濟問題，亦成爲一世界問題。大戰告終。世界各國莫不積極謀經濟之建設。與發展。我國孫中山先生締造革命。亦以解決民生問題爲急務。良以經濟爲立國之根本。經濟問題一日不解決。則人民一日不得安。故凡社會階級之鬬爭。國際戰事之頻仍。以及種種杌隉現象之所由生。皆因經濟問題未得適當之解決也。

帝國主義挾侵略之野心。以經濟爲侵略之工具。肆意橫行。我國受其侵略。遭其蹂躪。呻吟呼號。而莫可如何。蓋經濟之侵略。爲無形之侵略。其猛烈百倍于槍砲刀劍。吾人欲禦之而未能也。我國地廣人衆。物產豐富。今日所急待解決者。莫先于經濟問題。值玆訓政期內。尤宜力謀經濟建設與發展。外以禦强鄰之侵略。內以促民生主義之實現。然後國家之富强。庶乎可期。

經濟之範圍綦廣。包括工商業，財政，金融等等，我校對于經濟學科。素極注重。

序三

同學諸子。出其平日所學之心得。彙爲經濟論叢。以供研究經濟者之參考。藉促國人之注意。共謀解決經濟問題之方策。今該書行將付梓。爰述數語。以作引言。

民國十八年六月王叔龍序于上海交通大學

序四

經濟學術，椎輪於周官以九式均節財用，亦漢代郡國上計之冊，所由倣也。爰及西人，研之而益精，包羅萬有，舉凡一切財政金融統計會計諸學，罔不屬焉；於是研究斯道者，輒望洋興歎，茫無涯涘，然若分門專攻，某專財政，某攻會計，亦未始不無成績之可言也。夫人生於世，特不過數十寒暑耳，以駒隙有限之光陰，期欲於經濟上所有之學識，盡行吸收，殆為事實上之不可能。矧學術一途，研究愈深，端緒愈覺無窮，雖傾其全力以赴之，亦研之不盡。本會有鑒於斯，深感分工研索之扼要，爰集在會所有會員，任選一門，分担研究，其所結果，著為論述，逐登時事新報本會所編之經濟附刊。二載以來，頗有成績，而外界來函索購者絡繹不絕。本會以存數有限，致使後來者，輒抱向隅之感，此本會所深表歉忱者也。邇來敝會同人，欲應外界之需要及廣事流傳，遂有將歷來經濟周刊上有價值者編為「經濟論叢」之舉。而囑王君叔龍，陳君汝善，沈君孝明，與鄙人共尸其事，搜擋一星期之時日，始底於成。今將付刊，薈以餉世。惟鄙人等

序四

力薄才弱，對于編輯事務，初試轍塗，其疎忽謬誤之處，在所不免，倘冀海內賢達，進而教之，則所深幸焉。

十八年六月三十日熊大惠序於交大

經濟論叢目錄（上編）

上編目錄

中山鐵路計劃之分析

吳祿持

總理於詳論國家經營事業開發之前。先下四大原則。此四大原則。必須隨時隨事。審愼顧慮。以期國營事業之必底於成。鐵路爲國營事業中之最重大者。其不能不遵照四大原則而經營也無疑矣。四大原則者。

(一)必選最有利之途以吸外資。

(二)必應國民之所最需要。

(三)必期抵抗之至少。

(四)必擇地位之適宜。

★　★　★　★　★

總理鐵路計劃共分七系統。

甲　西北鐵路系統。

乙　西南鐵路系統。

中山鐵路計劃之分析

中山鐵路劃計之分析

丙 中央鐵路系統。

丁 東南鐵路系統。

戊 東北鐵路系統。

己 擴張西北鐵路系統。

庚 高原鐵路系統。

除此七大系統外。又有增加鐵路。二線。皆自南而北。二線爲

1 廉州重慶線

2 大屯肅州線

★ ★ ★ ★ ★

（甲） 西北鐵路系統

線名	線長（約數）（咪）	沿線重要城鎮	沿線障礙物	沿線經濟狀況	本線功用（註）	本線與其他線或其他交通機關之關係

中山鐵路計劃之分析

（一）北大港漠河線	（二）北大港克魯倫線	（三）北大港迪化線	（四）迪化伊犁線
八〇〇	六〇〇	一六〇〇	四〇〇
北大港（直隸），多倫諾爾（察哈爾）海拉爾，漠河（黑龍江）	北大港（直隸），多倫諾爾（察哈爾）。克魯倫中俄邊境（蒙古）。	北大港（直隸），多倫諾爾（察哈爾），格合第一聯站，恩京，郭里得果勒，夏什溫（蒙古），奇台，迪化（新疆）	迪化，綏來，烏蘇，精河三台，伊犁（新疆）。
跨額古納河各支流，及陰山山脈。	跨陰山山脈，及克魯倫河。	跨陰山山脈	
有廣漠平原之物產，及漠河金礦。	畜牧	畜牧	畜牧
發展北大港商業，開發蒙古經濟狀況，調節國內人口密度。	全前	聯絡東西交通，發展蒙藏經濟，調節國內人口。	開發新疆富源，調節國內人口。
南與京奉路交於開平，北與中東路交於呼倫。	與蘇俄西伯利亞鐵道相接於成丹特。		

（五）迪化于闐線	一二〇〇	迪化、吐魯番，馬耆，庫爾勒，輪台，可克蘇，巴楚疏勒沙車，和闐，于闐（新疆）。	超出天山山峽，經天山以南沼地，渡喀什噶爾河，葉爾克河，及和闐河。	經戈壁沙漠北偏之間一帶腴沃之地，又經其南邊一帶沃土，和闐于闐產玉及寶石。	仝前	
（六）第一聯站恰克圖線	三五〇	甲接合點（第一聯站），庫倫，恰克圖，（蒙古）。	穿杭愛山脈。	畜牧。	聯絡蒙古邊腹，開發蒙古富源，調節國內人口。	本線一大部沿故有賽爾烏杭恰克圖大道線築。
（七）第二聯站外蒙西北邊境線	六〇〇	乙接合點，烏里雅蘇台，外蒙西北邊境（蒙古）。	穿杭愛山及唐努山脈。	畜牧森林。	仝前	
（八）第三聯站外蒙西北邊境線	四〇〇	丙接合點（烏什溫），科布多別留，外蒙邊境（蒙古）。	穿阿爾泰山及唐努山脈。	畜牧，金。	仝前	

「註」凡路線之終於邊境者。皆與邊防及陸路國際貿易有關。表中未便一一加以註釋。此處特為申述之。(以後各表仿此)

西北鐵路系統概論

一，起訖長度　本統系東起北大港。西貫滿蒙新疆。止於三區邊境各點、全系統八線。長七千餘英里。

二，海陸運輸之聯絡　本統系北大港多倫諾爾一段。凡三百咪。自始即築雙軌、總集本統系內物產而達之海口。與海輪作運輸上之聯絡。又以現存之京漢。津浦。京奉三線為北大港暨多倫諾爾路線之給養。

三，合於「抵抗至少」之原則　本統系所過皆係平坦。無高山大河。橫貫中間。建築簡易。合於抵抗至少之原則。

四，合於「地位適宜」之原則　本統系運貫我國西北一帶。實居支配世界的重要位置。將來必為歐西鐵路統系之主幹。而聯結中歐兩陸人口之中心。自太平洋岸前往歐洲

中山鐵路計劃之分析

者。蓋無較此路爲最近者矣。不特此也。自伊犂發出支線。將與未來之印度歐洲線相聯絡。由此更可從吾人所計劃之海港。以直達好望角城。其於世界位置上之重要。更無出其右者。此系統之所以又合乎地位適宜之原則也。

五，合於「國民須要」之原則　本統系所過地方。較之本部十八省。尤爲廣闊。今以鐵路通之。則沿江沿海稠密省分無業之游民。可資開發此巨大委棄之富源。不僅有利於吾國民生。亦且有利於世界商業。故由政治上。經濟上言之。此統系實爲中國今日之所必要也。

六，合於「必選有利益之途」之原則　凡一鐵路之起于人口至多之區。以達于人口至少之地者。其利益較兩端皆人口至多之鐵路爲大。蓋（1）兩端人口多少愈不同。則彼此經濟情形愈相逕庭。經濟情況愈不同。則有無之差別愈甚。而貿易必臻鼎盛。（2）不特此也。緣於兩端人口多少不同之鐵路。每於開始運輸之初。即有多數人民隨之移往新地。路爲人民。受利皆益。此證之於京漢京奉兩路之運輸而可知也。京漢路長八百咪。貫通商業集中。人稠戶集之腹地。然其收入反不若線長六百咪。聯絡兩端人口多少不周之京奉路遠甚（每年少收三百萬）。由是可知本統系路線又頗合於「必選有利益之途」之原則矣。

★ ★ ★ ★ ★

（乙）西南鐵路統系

線名	甲　廣州重慶線（經由湖南）
線長（英里）	九〇〇
沿線主要城鎮	廣州，英德，連州（廣東），道州，永州，寶慶，新化，辰州，（湖南），酉陽，南川，重慶（四川）
沿線障礙物	橫過酉陽南川間山脈，渡揚子江至重慶。
沿線經濟狀況	廣東連州一帶有煤鐵銻鎢等礦，湖南西南隅有錫銻煤鐵銅銀，酉陽產銻與水銀，農產品有大，花生，糖麻，桐油，茶棉，烟，絲穀物，竹木森林。
支線	
本線功用	開發富源便利商旅
本線與他線或其他交通機關之關係	廣州英德段，即利用粵漢路線。
備註	線長係約數以下仿此。

中山鐵路計劃之分析

乙 廣州重慶線（經由湖南貴州）	丙 廣州成都線（由桂林瀘州）	丁 廣州成都線（由梧州敘府）
八〇〇	一〇〇〇	一二〇〇
廣州，英德，連州，（廣東），道州，（湖南），三江，清江，鎮遠，遵義（貴州），綦江，重慶（四川）	廣州，三水，四會，廣甯（廣東），懷集，賀縣，平樂，桂林，永甯，（廣西）古州，都江，八寨，平越，甕安，岳四城，仁懷，赤水，（貴州），納溪，瀘州，隆昌，內江，資州，資陽，簡州，成都，（四川）	廣州，三水，肇慶，德慶（廣東），梧州，遠湟，象州柳州，慶大思恩（廣西），獨山都勻，貴陽，黔西，大定，畢節（貴州鎮雄，樂新渡（雲南），敘府，嘉定成都（四川）。
橫過清江鎮遠間山脈，渡過沅江烏江及揚子江。	渡北江，踰連山，又渡沅江烏江及揚子江。	渡柳江，烏江揚子江，岷江，及穿五嶺山脈。
木材礦物極富。	廣州桂林之間有煤鐵礦，四川紅盆地極爲富庶，桂林瀘州間富於礦產，及水銀、	沿線富煤鐵礦，又有銀錫銻等貴金屬礦。
仝上	開發富源收容路線兩端過密人口。	仝前
自廣州至道州一段，即走於甲線之上，又由遵義以上循商路以達重慶。	廣州至三水，即循故有廣三線，自岳四城以上，循商人通路。	廣州三水段即循故有廣三路線。
本線實自湖南道州起築，終於四川重慶，計長五百五十英里。		

戊　廣州雲南大理騰越線	己　廣州思茅線
一三〇〇	一一〇〇
廣州，三水，肇慶，德慶（廣東）梧州，大湟，武宣，遷江，東蘭（廣西），興義（貴州）羅平，陸涼，雲南，楚雄，大理，永昌，騰越，至緬甸邊界。	廣州，佛山，官山太平渡三洲墟，高明，新興。羅定（廣東）平河，容縣，貴縣南甯，百邑（廣西），剝隘，巴門，高甘，東都，普子塘，阿迷，臨安、石屏，元江，他郎，普洱，思茅（雲南）
渡西江、紅水江，跨雲嶺，怒山，高黎貢等山脈。	渡西江，左江，元江、跨六詔山，哀勞山、蒙樂山等山脈，
銅礦	有最富之錫鎢銻礦區、及煤鐵金銅水銀等礦，農產品有米花生及樟腦桂油蔗糖煙葉、各種果類。
由東蘭附近廣西貴州交界處起，經武甯昭通渡揚子江橫截大涼山終於甯遠，長四百英里。	由南甯起經龍州，至鎮南關止與法國鐵路相接長一百二十英里。
開通昭通甯遠間有名銅礦地之障礙。	開發富源便利商旅
首段自廣州至大湟與廣州梧州成都線同。在緬甸界與緬甸仰光八莫線相接。	截老街雲南路於阿迷州
本線實自大湟至騰越，計長一〇〇〇英里，爲中印間交通最捷之路徑，將來兩國邦交必更接近。	

中山鐵路計劃之分析

庚 廣州欽州線	四〇〇	廣州，太平墟，開平，恩平，陽春，高州，化州，石城，廉州，欽州，東興（廣東）	渡西江，	有煤鐵礦，及金礦銻礦數處，農產物有蔗糖生絲樟腦苧麻靛青花生，及各種果類。	由化州起，經遂州，雷州，止於海安，長一百英里，於海安再以渡船與瓊州島相聯絡。	仝上	自廣州到西江濱一段，與廣州思茅線同軌，東興對芒街至海防之間，有法國鐵路可接。

本系統主要路線外，當須另設聯絡線五計六〇〇英里：

線名	經過主要城鎮	被聯絡之幹線
重慶成都甲線	重慶，成都。	（甲）廣州重慶線經由湖南。（乙）廣州重慶線經由湖南貴州。（丙）廣州成都線經由桂林瀘州。
重慶成都乙線	重慶，資州，資陽，簡陽，成都。	仝前

遵義甕安線	遵義，甕安。	(乙)廣州重慶線經由湖南貴州。 (丙)廣州成都線經由桂林瀘州。
平越都勻線	平越，都勻。	(丙)廣州成都線經由桂林瀘州。 (丁)廣州成都線經由梧州敘府。
貴州邊境百邑線	貴州，邊境，南丹，那地，東蘭，泗城，百邑。	(丁)廣州成都線經由梧州敘府， (戊)廣州騰越線。 (己)廣州思茅線。

本系統支幹各線外，又有外國計劃鐵路三：

線名	計畫國家	計畫路線與本系統內各路之關係
老街雲南府已成線及雲南府重慶計劃線	法	與己線交於阿迷州，與戊線交於威甯，與丁線交於敘府，與丙線交於瀘州，而與甲乙兩線會於重慶。
沙市與義線	英	與甲線交於辰州，與乙線交於鎮遠，與丙線交於平越，與丁線交於貴陽，而與戊線之支線交於永定西方之一點。
株州欽州線	美	與甲線交於永州，與乙線交於全州，與丙線交於桂林，與丁線交於柳州，與戊線交於遷江，與己線交於南甯，而與庚線會於欽州。

中山鐵路計劃之分析

西北鐵路系統概論

一，路線起訖　本統系七線。全長約七千英里。起自廣州。向西北方面作扇形之鐵路網。所經兩粵。湘。蜀。滇。貴。六省。除法人經營之老街雲南。窄軌鐵道二百九十英里。及廣三路線八八華里外。殆全不與鐵路相接觸。

二。沿線經濟概況　在本統系所經地方內有廣州成都兩大平原。及湘粵間面積六十萬方英里，人口過一萬萬之稠密區域。礦產則有世界上有用之貴金屬。如錫。銻。錫。銀。黃金。白金等。及其他尤爲有用之金屬。如銅。鐵。鉛。煤。石油。自然煤氣（火井）等類。

三。本鐵路統系之重要　本統系所經區域，天然富源。全未開採。內地人口亦極稀少。故路線所及。旣可開發富源。又可建立新城。國計民生。均受其惠。微此。則廣州之開發爲世界大港。其發達程度必不能如吾人所豫期之甚。故本統系一方爲發展南方大港（廣州）之所必要。一方又爲西南各省繁榮之所不可少。其重要蓋有如此者。

四，投資本息無憂　西南各省未通鐵道之先。土地價值極低廉。國家若能預將各處市街用地及礦產地收歸政府。然後開始建築鐵路。則其獲利必甚豐富。故不論投資若何巨大。其本息之償還。可担保其必無不充足之患也。

五，建築之障礙　本統系所經區域。其西南部除廣州及成都兩平原外地皆險峻。非山即谷。其東部則山嶽層起。然至高不過三千英尺。至其西部與西藏交界之處。則山嶺之高。平均皆在一萬英尺以上。故建築此諸路工程之困難。比之西北平鐵路統系。乃至數倍。鑿山挖隧。在在須耗巨資。其建築費當為中國各路之冠。

六。合於四大原則　本統系開發西南山地礦產利源。投資利益必豐。又能調節人口。建立新城。則國民之須要以償。嚴密邊防。交通外國。地位上稱得宜。惟所過地方，山谷至多。不能不認為建築中之絕大障礙。然在此遍地皆山之區。建設鐵路。山谷之阻。自所不免。祇須擇其最簡最省之途。我人即可謂之合於抵抗至之少原則矣。

★　★　★　★　★

中山鐵路計劃之分析

（丙）中央鐵路系統

線名	線長約數（英里）	沿線重要城鎮	沿線障礙物	沿線經濟狀況	本線功用	本線與他線或其他交通機關之關係	支線
東方大港塔城線	三〇〇〇	東方大港，湖州，長興（浙江），溧陽南京（江蘇），全椒，定遠，壽州。潁上（安徽），新蔡，確山，泌陽，唐縣，鄧州，淅川，荊紫關（河南），龍駒寨，商州，藍關，藍田，西安，盩厔，郿縣，寶雞（陝西），三岔，秦州，鞏昌，狄道，蘭州，涼州，甘州，肅州，玉門，安西（甘肅），哈密，土魯番，迪化，綏來，塔城（新疆）	渡長江，橫截蒙古沙漠，切斷齊爾山等四山脈。	產毛皮	直接聯絡東方大港，與中國西北邊境，有發展商業，輔助移民之功。	交滬杭甬線，會滬甯津浦於江甯，浦口，又截京漢路於確山，自蘭州至吐魯番一段，循昔日通路，又自吐魯番至綏來一段，即沿用西北鐵路系統路線。	

中山鐵路計劃之分析

地　東方大港庫倫線	玄　東方大港烏里雅蘇台線
（自定遠至中接合點）一三〇〇	（自亳州至乙接合點）一八〇〇
東方大港，湖州，長興（浙江），溧陽，南京（江蘇），全椒，定遠，懷遠，蒙城，渦陽，亳州（安徽），歸德（河南），曹縣，定陶，曹州（山東），開州（直隸），彰德（河南），遼州，儀城，榆次，太原、岢嵐，保德（山西），府谷（陝西）薩拉齊（綏遠），特別區），甲接合點，……庫倫（蒙古）。	東方大港……定遠……亳州（安徽），鹿邑，太康，通許，中牟，鄭州，榮陽，汜水，溫縣，懷慶（河南），陽城，沁水，浮山，平陽，蒲縣，大甯（山西），延長，延安，小關，靖邊（陝西），鹽池，甯夏，定遠營（甘肅），（西套特別區），乙接合點，烏里雅蘇台（蒙古）。
於直魯界及山西保德二次渡黃河於府谷之北穿長城，在綏遠區又渡黃河。	在汜水以北渡黃河，在平陽渡汾水，在大甯以西再渡黃河，在靈武甯夏三渡黃河，又在甯夏西北過賀蘭山脈。
經過山西省大煤鐵礦田二處，及綏遠特別區大平原，聯接中部人口最密地與中蒙土沃人稀之廣大地域。	經過河南產米區，山西產煤區，陝西石油區，產鹽區。
聯絡蒙古中區與東方大港，復有商業，礦業移民等功用。	仝上
自東方大港，至定遠一段，即用天線軌道，又截隴海路於歸德，截京漢於彰德，截京綏路於庫拉齊，自甲接合點至庫倫，即沿線用多倫諾爾鐵倫間之公線。	東方大港定遠段、沿用天線，定遠亳州段、用地線，中牟汜水段沿用隴海路線。

南京洛陽線	南京漢口線
三〇〇(自懷遠至洛陽)	三五〇
南京(江蘇)、全椒、定縣、懷縣、太和(安徽)，周家口、臨穎，襄城、禹州、洛陽(河南)。	南京(對岸)，和州，無爲、安慶，宿松(安徽)，黃梅、廣濟、蘄水、漢口(湖北)。
過嵩水分水界。	
通過烟戶極稠，地質極肥之鄉落，於襄城禹州洛陽等處觸及極富豐之煤礦田。	經過沿江富庶區域。
聯接兩古都開發富源調節人口。	商業及交通。
南京懷遠一段，走於大地兩線公共路軌上，又交京漢路於臨穎：自禹州西北往，會隴海路，西至洛陽	兩端滬津浦京漢線相會。
	由黃梅至小池口，渡揚子江以達九江。

宙 西安大同線	洪 西安甯夏線	荒 西安漢口線
六〇〇	四〇〇	三〇〇
西安，三原，耀州，同官，宜君，中部，甘泉，延安，綏德，米脂，葭州（陝西）興縣，岢嵐，五寨，羊房，朔州，大同（山西）。	西安，涇陽，淳化，三水（陝西）正甯，甯州，慶陽，環縣，清平，平遠，靈州，甯夏（甘肅）。	西安，……淅川（河南），老河口，樊城，安陸，漢口，（湖北）。
於蔚汾河與黃河匯流處渡黃河（陝西），截長城於羊房	於靈州以北渡黃河。	度秦嶺
經過陝西有名之煤油礦，及山西西北煤田。	經過礦產及石油最富之地區	
開發富源，便利交通	仝上	聯絡黃河流域與長江流域中部最富饒之二部。
與東方大港烏里雅蘇台線相會於延安，又與東方大港庫倫線相交於崗嵐，會京綏線於大同。若利用京綏線自大同至張家口，可與將來西北系統中聯絡張家口與多倫諾爾之一線相屬。		西安淅川段沿用天線路軌。

中山鐵路計劃之分析

西安重慶線	蘭州重慶線	安西于闐線	婼羌庫爾勒線
四五〇	六〇〇	八〇〇	二五〇
西安：甯陝，石泉，紫陽（陝西），城口，定綏，渠縣，鄰水，江北，重慶（四川	蘭州，狄道，岷州，階州，碧口（甘肅），昭化，保甯，順慶，合川重慶（四川）。	安西，敦煌陽關，（甘肅），諾羌，車城，于闐（新疆）。	婼羌，河拉，尉犂，庫爾勒（新疆）。
度秦嶺過大巴山分水界。	過岷山分水界。		截過沙漠，渡塔里木河。
林木及其他物產極多	經過物產極多，礦產極富之地區。	貫通戈壁沙漠與河勒騰培格嶺中間一帶肥沃之地，爲殖民最有價値之處。	沿路給水豐足，爲殖民最有價值之地。
開發富源及聯接長江水路交通。	仝上	直接連絡東方大港與中國極西端之喀什葛爾	
鄰水重慶段循商路。	蘭州狄道段沿用天線路軌。	與西北系統線之終點相會於于闐。	與走於沙漠北緣端之線相聯屬。

辰	宿
北方大港哈密線	北方大港西安線
一五〇〇	七〇〇
北方大港，寶坻，香河，北京，張家口（直隸）。陳台（察哈爾）布魯台，哲斯，托里布拉克，共同車站，伊河，（蒙古），哈密。（新疆）	北方大港，天津，靜海，大城，河間，深澤，無極，正定（直隸），平定，太原，交城，文水，汾州，陽州，太甯（山西），宜川，洛川，中部…西安（陝西）
橫度內外蒙古沙漠。	於大甯以西渡黃河
大部份路線走於可耕地方，為殖民要區，	經煤鐵石油豐富區大之礦田，及農產物極多之地區，
聯絡北方大港與新疆要城，與以水陸直接之交通，	聯絡北方大港與中國中部之古都，為開發富源之要道。
北京張家口段即用京張路軌，在哈密與東方大港塔城線相聯絡，使北方大港迪化間得一直接交通，	二次交京秦鐵路，又截津浦路於鎮海，截京漢路於正定。自正定至太原，即改築正太狹軌而利用之，自中部到西安，復沿用西安大同線，

列 北方大港漢口線	七○○	北方大港，北塘，大沽，岐口，鹽山（直隸），樂陵，德平，臨邑，禹城，東昌，范縣，曹州（山東），睢州，太康，陳州，周家口，項城，新蔡，光州，光山（河南），黃安，漢口（湖北），	於范縣以南渡黃河，於河南邊境過分界嶺。	經過內地富源極多之區域。	聯絡北方大港與中國中部之商業中心（漢口）	北塘大沽綫，沿用京奉鐵路，至禹城與津浦綫相交，至睢州又與隴海綫相交，至太原與玄綫相交，至周家口與黃綫相交。
張 黃河港漢口線	（自黃河港至新蔡）四○○	黃河港，博興，新城，長山，博山，泰安，甯陽，濟甯（山東），亳州（安徽），旅蔡（河南），……漢口（湖北），	穿大別山脈，渡黃河及淮水，	仝上	商業與交通。	與膠濟線相交於長山，又與津浦線相交於泰安，自新蔡起與北方大港漢口線會合直至漢口。

中山鐵路計劃之分析

芝罘漢口線	(自芝罘至光州) 五五〇	芝罘，萊陽，金家口，即墨，諸城，莒州，沂州（山東），徐州（江蘇），宿州，蒙城潁上（安徽）光州（河）南，……漢口（湖北）	穿大別山脈，渡淮水，	仝上	仝上	截膠濟線於即墨以西，至徐州用津浦路線以達宿州，在光州又與北大港漢口線相會，由之以至漢口，
海州濟南線	(海州至泰安) 一一〇	海州，獻墩（江蘇），臨陰，蒙陰，新泰，泰安，濟南（山東）		經過山東南部之煤鐵礦場。	仝上	於泰安與津浦線會合，直趨濟南。
海州漢口線	四〇〇	海州，沭陽，宿遷（江蘇），泗州，懷遠，壽州，正陽關（安徽），河南省東南角），麻城，漢口（湖北）	在宿遷跨運河，又在荊北跨分界嶺。	經過產鹽茶極富之區域	仝上	跨運河，截津浦路，與東方大港庫倫線及烏里雅蘇台線相交於懷遠

中山鐵路計劃之分析

20 往 海州南京線	21 秋 新洋港漢口線	22 收 呂四港南京港
一八〇	四二〇	二〇〇
海州，安東，淮安，天長，六合，南京。（江蘇）	新洋港，鹽城，淮安（江蘇），盱眙，明光，定遠，六安，霍山（安徽），羅田，漢口（湖北）	呂四港，通州，如皋，泰州，揚州，六合，南京。（江蘇）
渡寶應湖，（此湖應填築），渡長江	過大縱湖（將來應填築）及洪澤湖之東南角（此湖亦應填築），踰湖北之分界嶺	
經過江蘇北部急待發展之平原區域，	經過內地極富之區域。	經過沿江富庶之區。
仝上	仝上	仝上
	交津浦線於明光附近，至定遠與埠玄兩線相會	

海岸線	(自岐口至崇明) 一 ○ ○ ○ 北方大港：岐口(直隸)，黃河港，萊州，招遠，芝罘，甯海，文登，海陽，金家口，靈山衛，日照(山東)，贛榆，海州，鹽城，東台，通州，海門，崇明島(江蘇)	於海門以南渡揚子江(此島以揚子江沿水堤故得與大隆聯爲一氣)，至崇明島，自崇明島赴上海，用渡船載列車而過。	經過沿海物產豐富，商業發達之海港漁業港區城	聯接沿海要城爲沿海及陸路商業交通之利器	北方大港岐口段，沿用北方大港漢口線，金家口至膠州灣之西端一段，沿用芝罘漢口線。	(一)文登至榮城 (一)文登至石島
霍山蕪湖蘇州嘉興線	三 ○ ○ 霍山，舒城，無爲(安徽)，蕪湖，高淳，溧陽，宜興，蘇州(江蘇)，嘉興(浙江)	於無爲之東渡長江，又過太湖之北端(此湖將來填築)	經皖浙兩省富庶之區	將成爲上海漢口間直接路線之大部份，	於蘇州會滬甯線，于嘉興會滬杭線。	

中央鐵路系統概論

一，位置及長度　本鐵路系統徧包長江以北之中國本部，及蒙古，新疆之一部。全系統二十四線，共長約一萬六千六百英里。

中山鐵路計劃之分析

二，經濟上之功效　本鐵路系統所及地域。其東南一部。人口甚密。西北一部。人口極疏。本系統建設後。有調節人口之效力、又本區域東南饒礦產之富。西北則有潛在地中之農業富源。故本系統又有開發富源之功用。

三，獲利之豐優　既如上述。本系統各線所經地域。非富於礦產。即饒於農產。又其所聯起訖。多爲一方人口甚密。一方人口甚疏。衡以鐵路經濟上之新原則。本系統各線。皆能保其有利如京奉路也。

四，本系統在中國鐵路界之地位　本系統內各路線。或起東南訖西北。或起東北訖西南。已有錯縱交貫之致；兼之本區域內又包括中國已成鐵路之最大部分。故鐵路網之聯絡。愈形完善。所聯東方大港。北方大港。黃河港。新洋港。呂四港。芝罘。海州等大小海港。及漁業港。又爲中國東方商業薈萃之區。故本系統將爲中國鐵路系統中之最重要者。

五，合於四大原則　由前述第三項言之。本鐵路系統合於「必選最有利益之途。以吸收外資」之原則。由第二項言之。又合於「必應國民之所最須要」之原則。由第四項言之。則復能合于「必擇地位適宜」之原則。至於「抵抗至少」之原則。尤為鐵路計畫中處處所當審慎致慮者。固不僅在本系統為然也。

☆ ★ ★ × ⌘

(丁)東南鐵路系統

線名	東方大港重慶線
線長(英里)	一二〇〇
沿線重要城鎮	東方大港，杭州，臨安，昌化，(浙江)，徽州、休甯，祁門(安徽)，湖口，九江(江西)，興國，通山，崇陽，羊樓洞(湖北)，岳州，常德，慈利(湖南)鶴峯，施南，利川(湖北)，石砫，涪州，重慶(四川)
沿線障礙物	貫洞庭湖(此湖將來應行填塞)，過烏江及揚子江，
沿線經濟狀況	經產米，茶，絲最富之區域。
本線功用	聯結東方大港與中國西方之商業中心(重慶)。
本線與他線或其他交通機關之關係	羊樓洞岳陽段，交於粵漢線北段上。
支線	(一)由施南至宜昌 (二)由利川至萬縣

東方大港廣州線	福州鎮江線	福州武昌線
九〇〇	五五〇	五五〇
東方大港，杭州，富陽，桐廬，嚴州，衢州（浙江），上饒，上清，金谿，建昌，南豐，廣昌，甯都、雩都，信豐，龍南（江西），新豐，從化，廣州（廣東），	福州，羅源，甯德，福安（福建），泰盛，景甯，雲和，處州，武義，義烏，諸暨，杭州，德清，湖州（浙江），宜興，金壇，丹陽，鎮江（江蘇）	福州，水口，南平，邵武（福建），建昌，撫州，南昌，永修（江西），興國，武昌（湖北）
經仙霞山五嶺山等。	過仙霞山及錢塘江	橫過杉嶺及贛江。
仝上	經中國最大產茶區域。	沿途產茶，鐵等類
聯絡中國之二頭等海港。	開發富源便利交通。	仝上
	丹陽鎮江段走滬甯線。	南昌永修段走南潯線。

宇 福州桂林線	六五〇	福州，甯洋，永泰，大田，連城，汀州（福建），瑞金，雩都，贛州（江西），上猶，崇義，郴州，桂陽，新田，甯遠，道州（湖南），桂林（廣西），	渡閩江，過杉嶺及五嶺山脈。	產茶，木材等類，	仝上	與粵漢未成線交於郴州，又與廣州重慶甲乙兩線相遇於道州。	
宙 溫州辰州線	八五〇	溫州，青田，處州，宣平（浙江），玉山，德興，樂平，餘干，南昌，瑞州（江西），上高，萬載，瀏陽，長沙，甯鄉，安化，辰州（湖南）	渡甌江，贛江，湘江，沅江及仙霞嶺，懷玉山，羅霄山等山脈	產茶，米，及煤鐵，錦等。	仝上	會南潯路於南昌，交粵漢北段於長沙，又會廣州重慶甲及沙市興義線於辰州。	
洪 廈門福建線	二五〇	廈門，長泰，漳平，甯洋，清流，建甯（福建），建昌（江西）	跨杉嶺	產茶，米等	仝上	與東方大港廣州線，福州武昌線，建昌沅州線會於建昌。	

廈門廣州線	汕頭常德線	南京韶州線
四〇〇	六五〇	八〇〇
廈門，漳州，南靖，下洋（福建）大埔，松口，嘉應，興甯，五華，龍川，河源，龍門、增城，廣州（廣東）	汕頭（廣東），潮州，嘉應，長甯，會昌，贛州，龍泉，永甯，蓮花（江西），株州，長沙，甯鄉，益陽，常德（湖南），	南京（江蘇），太平，蕪湖、銅陵，池州，東流（安徽），彭澤，湖口、鄱陽港，南康，吳城，南昌，江渡，吉安，贛州，南康，南安（江西），南雄，始興，韶州（廣東）。
渡東江，	渡東江，過五嶺山，又渡湘江，資江，沅江。	渡鄱陽湖口，過大庾嶺分水界處
仝上	產煤	產米茶等類，
仝上	仝上	仝上
廈門漳州段走漳廈鐵路	株州長沙段走粵漢線北段，又與東方大港重慶線及沙市興義線相會於常德，	自湖南至鄱陽沿，即沿用東方大港重慶線，又與溫州辰州線及福州武昌線倚於南昌，與建昌流州線交於吉安，與福州桂林線交於贛州，與粵漢線會於韶州。

益	艮
南京嘉應線	東方南方兩大港間海岸線[illegible]
七五〇	一一〇〇（自廣州至桃波）
南京，溧水，高淳（江蘇），宣城，甯國，徽州（安徽），開化，常山，江山（浙江），浦城，建甯，南平，沙縣，永安，甯洋，龍岩，永定（福建），松口，嘉應（廣東）	廣州，石龍，惠州，三多祝，海豐，陸豐，揭陽，潮州，饒平，（廣東）詔安，雲霄，漳浦，漳州，廈門，泉州，興化，福州，福安，福州，福鼎，（福建），平陽，溫州，樂清，黃岩，台州，甯海，甯波，杭州，東方大港（浙江）
過仙霞山，渡青戈江，閩江，汀江。	渡東江，閩江，甌江，及錢塘江。
仝上	經過中國東南部沿海海港，漁業港區城。
仝上	聯接東南沿海重要城鎮。爲商業上交通之要道
與福州武昌線交於延平（南平），與福州桂林線及廈門，建昌線會於甯洋，再與廈門廣州線合，迄嘉應而止。	廣州石龍段走廣九路，漳州廈門段走漳廈路，福州福安段走福州鎮江線，甯波杭州段走滬杭甬線，杭州東方大港段走東江大港重慶線。

中山鐵路計劃之分析

辰	建昌杭州線	五五〇	建昌、宜黃，朝安，永豐，吉水，吉安，永新，蓮花（江西），茶陵，安仁，衡州，寶慶，武岡，沅州（湖南）	渡贛江，湘江，資江，沅江，及跨羅霄山，衡山，雪峯山諸山脈	產煤	開發富源，便利交通。	與南京韶州線，交於吉安，與汕頭常德線會於蓮花，遇粵漢線於衡州與廣州重慶甲線交於寶慶遇沙市興義線於沅州

東南鐵路系統概論

一，位置及長度　本系統內包有浙江。福建。江西。三省。並及江蘇安徽。湖北。湖南。廣東五省之各一部。全系統十三線。總長約九千英里。縱橫布列於一不規則三角形之上，此三角形以東方大港與廣州間之海岸線爲底。以揚子江重慶至上海一段爲一邊。更以經由湖南之州廣重慶甲線爲第二邊。而以重慶爲之頂點。

二，本區域內經濟概況　本區域所經區域。富農礦物產。尤饒煤鐵。幾隨處有之。全區人口甚密。有待於便利之交通。以移殖於西北邊境。故本系統將來之貨運，客運營業，必能十分發達。

三，本系統在中國鐵路界上之位置　本系統網絡東南各省區域聯接東方南方兩大海港。及温州。福州。廈門。汕頭等。二三等海港。為南省各人民及物產通達海口之要道。四，合於四大原則（理由同中央鐵路系統）。

★　★　★　★　★

（戊）東北鐵路系統

線名	線長（里英）	沿線重要城鎮	沿線障礙物	沿線經濟狀況	本線功用	本線與他線或其他交通機關之關係
東鎮葫蘆島線	二七〇（自東鎮至新民）	東鎮，長嶺（吉林），雙山，遼源，康平，新民，滿蓋子，錦州，葫蘆島（奉天）。	渡新遼河，西遼河，及計劃中之秦皇島嫩江運河。	經滿洲大平原，產皮毛及大豆。	為由滿州交四洮鐵路於遼源鐵路中區，自新民至葫蘆島直達不冰與京奉鐵路合軌（之深水港一百三十英里）之第一線又本線與南海鐵路並行。	

東鎮北方大港線	五五〇	東鎮，吉林，通遼（奉天），阜新，朝陽，（熱河），永平，樂亭，北方大港（直隸），	跨新遼河西遼河，過熱河區域之多倫境，入大清河灤河等谷地，穿萬里長城，全線後半截所經[illegible]皆山區。	經過南滿物產最豐富區域。	仝上 第二線	，交京奉路於安平附返。
東鎮多倫線	四八〇	東鎮（吉林），洮南（奉天），林西，經棚，圍場（熱河），多倫（察哈爾）	沿大興安嶺山脚，南出上遼河谷地。	在大興安嶺一帶山脈，有最豐富之森林與礦產。	開發富源，便利移民及交通。	於洮南橫過日本計劃之愛輝熱河線，並與長春洮南及鄭家屯洮南兩計劃路線之終點相合，直多倫，與西北鐵路系統二幹線相合。
東鎮克魯倫線	六三〇	東鎮（吉林），大賚（黑龍江），（奉天北邊），（蒙古哈爾哈河，貝爾池）克魯倫（蒙古）	渡嫩江，入奎勒河之北支流谷地，橫過大興安嶺分水界。	畜牧業甚盛。	仝上	幾與中東路之哈爾濱滿州里線平行。

中山鐵路計劃之分析

宇	東鎮漠河線	六〇〇	東鎮(吉林),齊齊哈爾,嫩江,漠河(黑龍江)	入嫩江上流谷地(約占全線四分之一),橫過大興安嶺山脈之北部,(約占全線四分之一)	橫過滿州平原北端,及漠河金礦區。	仝上	於齊齊哈爾與計劃之錦璦線相會,至嫩江乃止,又在漠河與多倫漠河線之末站相會。
宙	東鎮科爾芬線	三五〇	東鎮,(吉林),肇東,青岡,海倫,車隆,科爾芬(黑龍江)。	渡通肯河橫過小興安嶺分水界入科爾芬谷地,全線三分之一爲山地。	金。	仝上	
洪	東鎮饒河線	五〇〇	東鎮(吉林)肇州,呼蘭、巴彥木蘭,大通(黑龍江),三姓,七星碣子,大鍋蓋,饒河縣,(吉林)。	橫渡呼蘭河及松花江,八倭肯河谷地,過分水界,又入饒河谷地。	所經皆肥美土地又富木材。	仝上	橫渡中東鐵路,終於烏蘇里江饒河合流處。

荒	東鎮延吉線	三〇〇	東鎮，扶餘，榆樹，五常，豐德站，額穆，源水泉，石頭河，延吉(吉林)。	渡牡丹江。	經過各農產與礦產極豐富之地。	仝上	橫過中東鐵路哈爾濱長春段，至石頭河與日本所借吉林線合軌直達延吉。	
日	東鎮長白線	三三〇	東鎮，農安，九台、吉林，樓甸(吉林)，撫杭，長白奉天。	渡伊通河及計劃中之運河入松香河谷地，經長白山分水界極崎嶇之地。	森林	仝上	橫過中東鐵路哈爾濱長春段，自九台走吉長路至吉林。	
月	葫蘆島熱河北京線	二七〇	葫蘆島，新召門，奉天海亭，犄牛營子，三十家子，平泉，承德，灤平古北口(熱河)，密雲，順義，北京(京兆)。	經犄牛營子三十家子之多山境，通過萬里長城。	畜牧	仝上	橫過吉長路，沿舊官路走承德至灤平，再出長城循通路至北京。	

[illegible] 葫蘆島克魯倫線	[illegible] 葫蘆島呼倫線
四五〇（自葫蘆島至歡布庫列）	六〇〇
葫蘆島（奉天），建平，赤峯間場，西圍，大金溝，林西，陸家窩，甘珠廟（熱河），巴彥布拉克，烏尼克特，歡布庫列（蒙古）。	葫蘆島，錦州，義州（奉天），清河門，阜新，綏東，開魯（熱河），合板，突泉（奉天），呼倫（黑龍江）。
過熱河之多山地，入遼河谷地，及陸家窩谷地，經大興安嶺極南之分水界。	渡大清河及西遼河，橫過大興安嶺，入阿滿谷地。
經過極豐富之礦產木材農業等地方。	經過富於礦產與農業及森林等地域。
仝上	仝上
自赤峯以後循通道至歡布庫列，與多倫克魯倫線合軌，直達克魯倫。	

辰	宿
葫蘆島安東線	漠河綏遠線
二二〇	九〇〇
葫蘆島，牛莊，海城，析木城（奉天）	河漠、烏蘇哩，額木爾嶺果、奎庫堪安羅、倭西們安幹，察哈顏望爾達、呼嗎，錫滿根奇奇拉，璦州屯，黑河：津琿、霍爾木勒爾，奇克勒，科山芬，烏雲，佛，，羅北，同工街津口・額闊，綏遠（黑龍江）
渡遼河及計畫中之運河，過遼天嶺山脈。	渡松花江
橫貫遼東半島，農產礦產極豐之區域。	所經皆係金礦地。
與葫蘆島北京線聯合，成為由高麗至北京之最直捷路線	開發富源，便利移民及交通
橫截京奉及南滿二路，至析木城以東，與安奉路合軌，直達安東	會錦璦線於璦琿，又會東鎮科爾芬線於科爾芬。

中山鐵路計劃之分析

外 呼瑪室韋線	張 烏蘇里圖們鴨綠沿海線
三二〇	一一〇〇
呼瑪，大拉子，巴拉溝，室韋（黑龍江）。	綏遠，高闌，富月，民康，饒河，虎林，蜜山，平安，小綏芬站，東甯、四五道溝交點、琿春延吉，和庵（吉林），長白，臨江，輯安，安東，大東溝，大孤山，莊河、平西屯，房店，與家屯、大連（奉天）。
由庫瑪爾河北源過分水界，入哈拉爾谷地。	經黃窩集山及長白分水界，入鴨綠谷地。
經過極豐富之金礦地，如大拉子，巴拉溝等。	木材，礦產，
仝上	聯接東北邊境，沿江沿海重要城鎮，為商業上，國防上及交通上之要道。
此線本是漠河綏遠線之支線。	在綏遠，與宿線相接；在饒河，與東鎮饒河線之木站相會；自饒河至虎林一段，與俄烏鐵路平行；至小綏芬站橫過哈爾濱海參嚴線，會日本會甯吉林線於延吉，即由此線至和庵，再進會東鎮長白線於長白，會安奉線於安東，會南滿線於吳家屯。

寒 臨江多倫線	來 節克多博依蘭線	暑 依蘭吉林線
五〇〇	七〇〇	二〇〇
臨江，通化，興京，撫順，奉天，新民新立屯，（奉天），阜新，赤峯，三座店，公主陵，大櫃子，發木谷（熱河），多倫（察哈爾）。	節克多博，嫩江，克山，海倫，（黑龍江）依蘭（吉林）。	依蘭，頭站，二站，三站、四站，城子，甯古塔、甕城藍旗塔拉，鳳凰店，額穆，吉林（吉林。
經鴨綠江西南多山境，跨過計劃運河，入遼河谷地上部之山地，及銀河谷地。	經大興安嶺山脈之谷地山地數處，又渡嫩江及松花江。	渡牡丹江及嫩江。
畜牧，大豆，	經過農業與金礦地方。	經過牡丹江之肥美谷地。
開發富源，便利移民及交通。	仝上	仝上
於奉天橫過南滿鐵道、走京奉線，直至新民，在此橫過東鎮葫蘆島線，又在阜新橫過東鎮北大港線，在赤赤峯橫過葫蘆島克晉倫線	與由東鎮向北方分出之各線（宇線、宙線、洪線）相交。	橫截中東路哈爾濱海參崴段於城子，會日本之吉會線於額穆。

往

吉林多倫線	五〇〇	吉林，長春（吉林），雙山，遼河，綏東（奉天）烏丹城　西圖，多倫（察哈爾）。	渡遼河，過遼河谷地分水界。	皮毛畜牧	仝上	自吉林走吉長路至長春，在此會中東南滿兩路線，至雙山又會東鎮葫盧島及日人之四洮二線，在綏東交東鎮北方大港線及葫盧島呼倫線，在西圖又交葫盧島克魯倫線。

東北鐵路系統概論

一。位置及長度　本系統包括滿洲及熱河特別區之全部。與蒙古。直隸。察哈爾。京兆等區域之一部。占有面積約五十萬英方里。其地域三面為山所圍繞。獨於南部則開放。直達遼東海灣。全系統二十線。共長九千英里。

二。本區域內經濟概況　在本區三面皆山之中。却成一廣浩肥美之平原。有三大河流灌注其間。嫩江位於北。松花江位於東北。遼河位於南。有此三河流之灌溉。於是滿洲

中山鐵路計劃之分析

中山鐵路計劃之分析

始能生產植物中最富蛋白質之大豆。此項大豆。可用以代肉奶。除本區人民食用外。又有大量餘額。以輸出外國。故滿洲平原。實際上已爲世界大豆供給之產地矣。除大豆以外。滿洲又富各種穀類。（就中麥之一類。已足供西伯利亞東部須用）森林。礦產等。礦產中漠河金礦。頗稱豐旺。

三。本系統與移民　在本系統所過五十萬英方里。區域之中　人口約有二千五百萬。平均每英方里人口不過五十五人。較之本部十八省之人口密度。尙相去甚遠。本鐵路系統通達以後。可於開發富源以外。又能從事移民滿蒙。

四。本區域內已成之中外鐵路　在本系統區域內。有三大幹線最足使我人注意。

1中國自辦之京奉鐵路——本線在中國國有鐵路內。營業最爲旺盛。

2日本承辦之南滿鐵路——在中國境內中外鐵路中。此線獲利最厚。且地位適宜。尤有發展希望。除此鐵路本身的問題外。此路又有行使國家行政權之權力。蓋已化爲政治經濟侵掠之利器矣。

3中俄合辦之中東鐵路——本線爲西伯利亞大鐵道營業最旺部分。此線亦有政治上經濟上侵掠之野心。惟不若南滿路效力之大耳。

以上二外國辦鐵路。如能從速收回。則當本鐵路系統建設功用時可減去無限糾紛與損失。

五。鐵道中區之建設　在本系統內。有一鐵路中區。如蜘蛛網之有巢。爲本鐵路網之中心。此鐵路中區。定名曰東鎮。該鎮位於嫩江與松花江合流處之西南。（約距哈爾濱之南北偏一百英里）將來必能成爲最有利益之位置。再俟將來遼河松花江間運河成立後。此鎮又必爲水陸交通之要道矣。

六。系統鐵路網之整齊　本鐵路系統之路線　在國內各鐵路系統中。最屬整齊。全系統二十線。約可歸納爲四組。

1以東鎮爲中心。共九線。

2以葫蘆島爲中心。共四線。

3東鎮外環形線。共四線。

4東鎮內環形線。共三線。

中山鐵路計劃之分析

中山鐵路計劃之分析

七。合於四大原則（理由同中央鐵路系統）

★　★　★　★　★

（己）擴張西北鐵路系統

線名	線長	沿線主要城鎮	沿線障礙物	沿線經濟狀況	本線功用	本線與他線或其他交通機關之關係	支線
大多倫恰克圖線	八〇〇	多倫，喀特爾呼，闊多，蘇疊圖（察哈爾），霍市屯，伊都車魯，揚圖，額都根霍勒闊，恰克圖（蒙古）。	渡克魯倫河，橫過[illegible]魯倫河與赤奎河分水界。	畜牧業。	開發富源便利移民及交通。	自多倫循驛路，橫過大牧場。	

地

張家口庫倫烏梁海線	一七〇〇	張家口(察哈爾)，明安，博羅里治(綏遠)，烏得，格合，穆克圖，那賴，(庫倫)，哈特使爾，呼魯，俄商住宅，巴關維，中俄交界，(蒙古)	橫過察哈爾南部山脈，又進入庫倫以西山地，橫過色楞格谷地，又入山地，遂進克穆克赤克谷地。	經蒙古大牧場。	仝上	於格合橫過多倫迪化幹線，又於庫倫與西北鐵路系統之第六線，及中央鐵路系統之地線相交。
綏遠烏里雅蘇台科布多線	一〇〇〇	綏遠，托里布拉克(綏遠)，哈們蘇浩、土謝圖省曾，霍勒特，郭里得果勒，烏里雅蘇台，呼都克卒爾，巴爾淖爾，匝哈布魯，科布多，(蒙古)，呼戛，歡圖(新疆)烏列蓋，別面，國界(蒙古)	經綏遠以北山地。	畜牧毛皮業。	同上	於托里布拉克橫過北方大港哈密線及北方大港庫倫線，於烏里雅蘇台橫過北方大港與烏魯木齊線之第二聯站邊界支線。又土謝圖郭里得果勒及烏里雅蘇台科布多段路皆依商而設。

靖邊烏梁海線	肅州科布多線
一二〇〇	七〇〇
靖邊（陝西）（波羅）格孫，鄂託，臣濁，勒則（綏遠）、古爾班昔噜特，哈烏格圖，恩京，西倫庫，沙布克台，粗里廟，（蒙古）	肅州，八牛哈畢爾罕，布魯克，伊託里（甘肅），伯勒台，底們赤魯、蒐什溫，倭倫呼都克、塔巴，騰塔普圖，伯多濱台，蘇台，科布多（蒙古）。
穿長城渡黃河三道河，過哈拉那林烏拉嶺、入恩京以北谷地與分水界地，經色楞格河流域之谷支流及谷地，再渡其幹河，經帖里吉爾，穆連河上流分水界，	穿長城於八牛，過伯勒台以北沙漠，又入蒙古西南部多山與下隰之鄉落
經蒙古大草場。	畜牧
同上	同上
在古爾班昔哈特經北京哈密線，在恩京交北方大港烏魯齊線，於烏魯克穆河附近與張家口庫倫烏梁海線相交，此點即為本線終點。	經北京於哈密線伊哈託里之北，又於蒐什溫橫過北方大港烏魯木谷幹線、自塔普圖與古城科布多通道相合，直至科布多。

宙	西北邊界線	九〇〇	伊犂，三台，十斯賽，託里，納木果台，斯託羅蓋台承化寺、烏爾霍蓋圖台，（新疆）、別留，烏列蓋，烏松闊勒、烏蘭固穆，塔布圖俄商住宅，（沿貝克穆河右岸）蒙古邊界。	於承化寺港過山脈，入科布多谷地。	經過新疆北邊最大之森林與最富之煤礦地，止於蒙古西北邊森林區域。	同上	伊犂三台段循烏魯木齊伊犂線，至託里以北截中央幹線（北方大港塔城線）再於斯託羅台依通道至承化寺，前行至別留，與綏遠科布多線直達烏列蓋，至搭布圖又與他線相合同行至烏魯克穆河濱（在唐努烏海梁）。	
洪	迪化烏蘭固穆線	五五〇	迪化，阜康，自闢川，霍爾楚台，開車，土爾扈特，帖列克特山口（新疆）、科布多，烏蘭固穆（蒙古）。	經霍爾楚台以北山地，渡烏倫古河，經巴戛甯格力谷地，過帖列克特山，渡科布多等河。	經帖列克特山口東北新耕種地方，及科布多以北肥沃艸場。	同上	迪化阜康段循多倫迪化幹線，於土爾扈特附近橫過北方大港烏魯木齊之支線交點、至烏蘭固穆會本統系西北邊界線。	

荒 夏什溫烏梁海線	六五〇	夏什溫，哈同呼圖克，達蘭趣律，博爾努魯，呼志爾圖，博爾霍，烏里雅蘇台蒙古。	橫過夏什溫東北多山與隰地境界，及瓜盆谷地渡色楞格河正源、帖斯河正源、又入分水界，至烏魯克稷谷地。	經帖斯河谷地中一極大未闢之森林。	同上	於烏里鴉蘇台與綏遠科布多線及北方大港烏里鴉蘇台線相會，於唐努烏梁海地方之烏魯克穆谷地，與西北邊界線相會。
三 烏里雅蘇台恰克圖線	五五〇	烏里雅蘇台，鄂疊爾河及色楞格河邊村鎮，恰克圖，（蒙古）。		經一肥美谷地。	開發富源，便利移民交通。	烏里雅蘇台鄂疊爾河一段，走戛什溫烏梁海線，於粗里喇以北橫過靜邊烏梁海線、又於鄂疊爾河與色楞格河合流處以東，與張家口庫倫烏梁海線合軌，至後線轉向東南而止。

鎮西庫倫線	八〇〇	鎮西，圖培古，岑爾格斜特（新疆），蘇治、達蘭圖魯，依順呼圖克，鄂羅蓋，沙布克台，庫倫（蒙古）。	過鄂羅蓋附近分水界，入色楞格河谷地，又前入沙布克台以東之多山多水境域。	經戈壁沙漠北邊三大草場。	同上	於烏爾格斜特以東（底們赤魯地方），橫過肅州科布多線、又前進截北大港烏里雅蘇台線與多倫諾爾烏里雅蘇台線、至鄂羅蓋截綏遠烏里雅蘇台線，至沙布克台又截靖邊烏梁海線。
肅州庫倫線	七〇〇	肅州，金塔，毛目（甘肅），平樹營（西套）哈藤、圖里克，三音達賴，烏蘭和碩庫倫（蒙古）。	經戈壁沙漠，約占線長三分之一，其他三分之二，亦係低濕草地。	經第二共同聯站以北之大草地。	同上	於戈壁沙漠以北，與北京哈密線及北方大港烏里雅蘇台線相交。成一共同聯站。再前經綏遠科布多線與靖邊烏梁海線之相交點，又成一共同聯站，又於三音達賴橫過多倫諾爾烏魯木齊線。

戌 沙漠聯站克魯倫線	八〇〇	沙漠聯站（共同聯站，在蒙古西南邊）土謝圖汗部會，第一聯站（甲接合點）烏蘭呼圖克，夫頂車，穆克圖，車臣汗、克魯倫（蒙古）。		經沙漠聯站東北及土謝圖汗以東之大草地，畜牧業甚盛。	同上	在鄂爾淖爾湖南方橫過靖邊烏梁海線，在土謝圖汗部會橫過綏遠科布多線，在穆克圖橫過張家口烏梁海線，在克魯倫橫過多倫克魯倫線、並與東鎮克魯倫綫相會。
亥 格合克魯倫節克多博綫	六〇〇	格合，霍中屯。克魯倫（蒙古），節克多博（黑龍江）。	渡克魯倫河及額爾古納河皆屬濕地，其上半截則皆屬旱地。	經格合東北及霍中屯東北大草場。	同上	於霍中屯橫過多倫恰克圖綫，於克魯倫橫過呼倫克魯倫綫，於呼倫池之西北橫過中東鐵路，於節克多博與多倫諾爾漠河綫及節克多博依蘭綫相會。

宿 五原洮南綫	列 五原多倫綫
九〇〇	五〇〇
五原，託里布拉克，（綏遠），格合，（蒙古）歡布庫里，克木蘇馬（察哈爾），突泉，洮南（奉天）。	五原，茂名安旗，蒂博圖（綏遠）．多倫（察哈爾）。
橫過晒田烏拉山，及大興安嶺。	橫過晒田烏拉山。
橫過五原以北大草地，宜於墾荒。	墾荒
同上	聯接黃河上流谷地與肥美遼河谷地，成一直接鐵路交通路線。
於託里布拉克與北京哈密綫綏遠科布多線及北方大港庫倫線之三路相交，於格合與多倫烏魯木齊與北京庫倫之二線相會，於歡布庫里橫過多倫克魯倫與葫蘆島克魯倫之二線，於克木蘇烏與多倫漠河線相交。	於茂名安旗經過北方大港庫倫線又前橫過綏遠科布多線，於鄂博圖橫過北京哈密線又東行經過張家口庫倫烏梁海線，於多倫與奉天多倫臨江線相合。

中山鐵路計劃之分析

張 焉耆伊犂線	寒 伊犂和闐線
四〇〇	七〇〇
焉耆，伊甯，伊犂（新疆）。	伊犂，博爾台，沃橋，札木台，巴斯圖塔拉克，和闐，新疆西南邊界（新疆）。
橫過山嶺，入伊犂谷地。	渡伊犂河，入帖克斯谷地　渡帖克斯河、再上山道，前行再渡喀什噶爾河及和闐河，進北和闐河南方高原。
經空吉斯河極肥美之谷地。	繞過帖克斯河以南極大煤礦地方，過塔里木谷地北邊之最肥美區域，止於和闐河之肥美區域中。
開發富源便利移民及交通	同上
於伊犂與伊犂烏魯木齊線相合。	於札木台經吐魯番喀什噶爾線於和闐與喀什噶爾于闐線相會。

來

鎮西喀什爾線及其支線	一六〇〇	鎮西，延安堡，薛家隴，陶賴子，七角井，梧桐窩，西鹽地，阿郎，鄯善，魯克沁，石泉，河拉，巴斯闊塔格拉克，巴楚，喀什噶爾，新疆西北國界（新疆）。	循天山森林，前往渡塔里木河。	經塔里木河流域無數新村落肥美地方與未開發之森林。	同上	於鄯善經過中央鐵路系統之幹線，於河拉橫過車城庫爾勒線，於塔格拉克橫過伊犁和闐線，於喀什噶爾會烏魯木齊于闐線。	（一）由河拉至車城（二）由巴楚經小沙至蒲犁。

擴張西北鐵路系統概論

一。位置及長度　本系統包有蒙古新疆全部，及甘肅，西套，綏遠，察哈爾，熱河各區之一部，面積約有一百七十萬英方里，全系統十八線，共長約一萬六千萬里。

二。救濟世界食物之匱乏　本系統所包括之畜牧地域（一百七十萬英方里）較之以供給

中山鐵路計劃之分析

中山鐵路計劃之分析

世界內最聞名之阿根廷共和國。尙大六十萬英方里。果能通以鐵路。用科學方法改良畜牧。則蒙古之畜牧業。必臻發達。衡以阿根廷之能起而代美國有世界肉類供給市場之先例。則蒙古將來亦必能取阿根廷而代之。故本鐵路系統。直接有開發中國農業富源之功效。間接又有救濟世界食物渴之之能力。

三。本鐵路系統與西北鐵路系統之關係　在西北鐵路系統中。蒙疆二區。已有七千餘英里鐵路之敷設。以爲建築北方大港　及移民西北之用。然此七千英里之鐵路。在此偌大之蒙疆區域內　不過爲開發富源之一開始者耳。若欲實際上發展此豐富之境域。則必須增設鐵路，方克有功。此擴張西北鐵路系統之所以爲重要也。

四。合於四大原則

（理由同中央鐵路系統）

★　★　★　★　★

（庚）高原鐵路系統

線名	線長	沿線主要城鎮	沿線障礙物	沿線經濟狀況	本線功用	本線與其他線或其他交通機關之關係	支線
拉薩蘭州線	一一〇〇	拉薩，達隆，雅爾，雙竹山口（西藏），苦苦賽爾橋，拉居巴爾，喀托拉普（青海），湟源，西甯，碾伯，蘭州（甘肅）。	過雅爾山藏布谷地分水界，入潞江谷地，前渡潞江正源，綠富拉山等，前渡揚子江正源金沙江，通過揚子江谷地，入黃河谷地，又進塔木之東南谷地，再入黃河谷地。	沿本線之起點與終點，現已有少數民居，將來可成爲一大殖民地。	開發富源，便利移民及交通。	爲西藏境域之中央幹線，亦足稱爲此系統中之重要路線，本路線循舊官路而作。	
拉薩成都線	一〇〇〇	拉薩，德慶，衍摩，墨竹工卡（西藏），江達，拉里，邊壩，碩督，浴隆宗，嘉裕橋，恩達，察木多，巴戎，札武三土司，甘孜，長葛英溝（川邊），倍田，望安，瀘縣，、成都（四川）。	經托拉山渡潞江，及金沙江，前入依杵谷地，渡鴉龍江又進渡大小金川、橫過斑爛山。	產毛織物及絲綢。	同上	拉薩察木多段沿用拉薩成都舊官路，自察木多以後另循一商路。	

玄 拉薩大理車里綫	九〇〇	拉薩，江達，油魯，公布什克城，底稔昭，底穆宗，遺貢，巴谷，刷宗，力馬，門楚川，邊）舊蒲桶，丹隝，瓦厚村小維，西，誠心銅廠，河西，洱源，鄧州，上關，大理，下關，，鳳儀，蒙化，保甸，車理（雲南）。	渡潞江，由瓦屋村谷地過分水界，又渡瀾滄江。	產毛織物茶葉及銅。	同上	拉薩江達段走地線。
黃 拉薩提穆宗線	二〇〇	拉薩，德慶．拉噶爾總，澤當．吹夾波朗，門楚納塔注．提穆宗，印度之亞三邊界（西藏）。	渡藏布江。	產毛織物。	聯接外國鐵道便利國際交通及商業	拉薩德慶段改走地線。
宇 拉薩亞東綫	二五〇	拉薩，札什．僵里．曲水，末力橋塔馬隆，白地，達布隆，浪噶子．翁古，拉薩，沙加狐拉，亞東（西藏）	渡藏布江及其南之查家冕木。	產毛織物。	同上	札什沙加段循舊官路。

宙 拉薩來吉雅會及其支綫	八五〇	拉薩，札什，小德慶，桑駝洛池那母陵，當多汎，拉古，日喀則，札什岡，朋錯嶺，拉孜，那古林，大屯，卓書特，塔木札，卓山，噶爾渡，吉雅會印度邊界（西藏）。	渡藏布江，又渡印度河之上流。	產羊毛及毛織物。	開發富源便利移民及國際陸路交通與商業。	幹綫自札什以往循官路。	（一）由拉孜經脅噶爾，定日，至尼泊爾邊境之聶拉木。（二）由大屯至尼泊爾邊境。
洪 拉薩諾和綫	七〇〇	拉薩，桑駝洛池，得貢桑札宗，搭克東，翁波，都拉克巴，光貢，于喀爾諾和（西藏）。	所經皆沼泊之區。	經塔克東以西西藏之金礦最富之地方。	開發富源便利移民及交通。	拉桑駝洛池段取道宙綫。	
荒 拉薩于闐綫	七〇〇	拉薩，隆馬戎，特布直託羅海（西藏），薩里，巴喀爾，蘇格特，索爾克，鴉蘇勒公（新疆）。	橫過崐崙山脈。	途經巴喀爾與蘇格特一帶一大幅無人居住之地方。	開發富源，便利交通與殖民。	拉薩隆馬戎段走宙洪兩線，又於鴉蘇勒公與西北鐵道系統之車爾城于闐線合軌，止于于闐。	

日 蘭州婼羌線	七〇〇	蘭州……湟源（甘肅），都蘭奇特、宗札薩克、屯月哈羅里各術莫，哈自格爾，拜把水泉，那林租哈阿爾善特水泉，（青海）、婼羌。（新疆）	橫過阿斯騰塔格嶺。	產毛皮。	同上	自蘭州至青海東南角一段，循拉薩蘭州軌道，又於婼羌與安西于闐線及婼羌庫爾特線相聯合。
月 成都宗札薩克線	六五〇	成都、灌縣，汶川，茂州，松潘，東丕上勒凹（四川），鄂徐吉庫倉里，寮漢津，布勒拉寮布，拉尼巴爾，宗札薩克（青海）	入岷山谷地，橫過揚子江與黃河間之分水界，渡黃河上流。	同前	同上	成都灌縣段循成都拉薩軌道，入青海渡黃河至從官路西北轉，與拉薩蘭州線合軌前行，直達拉尼巴爾，再前與蘭州婼羌線相會於宗札薩克。

盈	戌	辰
甯遠車成線	成都門公線	成都元江線
一三五〇	四〇〇	六〇〇
甯遠，懷遠（四川），雅江，西俄洛，裏塘，岡沱，札武三司、圖登貢巴、苦苦賽爾橋（青海）、沁司坎，阿洛共，車城（新疆）。	成都，雙流，新津，名山，雅州，天全（四川），打箭爐，東俄落，西俄落，裏塘，巴塘，妥爾喀羅，門公，（川邊）。	成都，雅州，滎經清溪，越巂，甯遠，會理（四川），雲南府，昆陽，新興，嶍峨，元江（雲南）。
渡雅龍江，長江北源，過分水界。	渡泯江，金沙江雅龍江，金沙江，潞江，及南山地諸嶺。	渡大渡河金沙江，穿大涼山脈。
經三省天然富源急待開發之區域，	產絲綢等。	同上
同上	同上	同上
於雅江循舊驛路至里塘，又於札武三土司橫過拉薩，成都線，於苦苦賽爾橋，橫過拉薩蘭州線，過分水界後，循騎駝路前行至車爾城。		成都雅州段循戌線路軌，於甯遠與甯遠車城線之首站相會，於雲南府與廣州大理線相會，於元江與廣州思茅線相會。

中山鐵路計劃之分析

宿 敘府大理綫	列 敘府猛定綫	張 於闐噶爾渡綫
四〇〇	五〇〇	五〇〇
敘府，屏山，雷波，鹽遠，鹽源(四川)永北，賓川，大理(雲南)。	敘府，…雷波，(四川)，元謀，楚雄，景東，保甸，雲州，猛定，雲南西南邊界，(雲南)。	於闐，波魯，阿阿什東郎(新疆)，諸和，羅克多碟木綽克，噶爾渡(新疆)。
渡雅龍江，金沙江，穿雲嶺山山脈。	橫過金沙江、瀾滄江、過哀牢山及蒙樂等山脈。	渡印度河上源。
產鹽銅等。	銅礦等。	產寶石。
同上	同上	同上
於甯遠橫過成都甯遠線，並與廣州甯遠車城，之首站相會線又於大理與廣州大理線及拉薩大理線相會。	敘府雷波段走宿線路軌，於四川極南邊境金沙江旁交成都元江線，於楚雄橫過廣州大理線過於廣甸橫過拉薩車里線。	於諸和與拉薩諸和線之終站相會，於噶爾渡與拉薩來吉雅會線相[illegible]。

高原鐵路系統概論

一，位置及長度　本系統包括西藏全部。及青海，新疆。甘肅。四川，川邊。雲南各省之一部。面積約一百萬英方里。全系統十六綫。共長約一萬一千英里。

二　本區域內經濟概況　在此高原附近。有最富之農產。與最美之牧場。礦山除豐富之金礦外。又有其他金屬。黃銅其特著者也。惜皆蘊沒地下。未加開採。故雖早有「寶藏」之雅號。而世人卒未能知其爲可貴也。倘能通以鐵路。從事開採。則當世界貴金屬行將用盡之時。吾人仍得於此廣大之礦域中求之。其利益爲何如也。

三，建設困難與建設時期　本系統位在西藏高原。其工程極爲煩難。其費用亦甚巨大。較之國內其他一切鐵路事業。其報酬最爲微小。故此鐵路之工程。當他部分鐵路未完全成立之前。不能興築。但待至他部分鐵路完全成立。然後興築此高原境域之鐵路。即使其工程浩大。亦當有良好報酬也。

四，對於四大原則之符合

中山鐵路計劃之分析

中山鐵路計劃之分析

(1)必應國民之須要——所謂國民之須要。其範圍實甚寬泛。惟吾人可大概的言之。則國民對內的須要。爲民權之保障。與民生之豐裕。第一目的之達到。須中央與地方有密切之關係。第二目的之達到。須使荒瘠之區。有開發富源之可能。而以上二條件之完成。則非有便利之交通不可。此由國民對內的須要言也。再依國民對外的須要言。則第一目的在能提倡民族主義。而抵抗外强之侵掠。英之窺西藏久矣。國人若不速起而爲鞏固邊防之計。則將來西藏之成爲今日之滿洲。亦意計中事耳。此本鐵路系統建設雖難。而總理卒不因而放棄其建築之計劃者職是故也。

(2)必擇地位之適宜——本系統網絡西南邊境。爲邊防上。移民上。及開發富源上重要幹道。在此高原之中。有此新式交通之分佈。由全國大局上觀之。其地位堪稱適宜。

(3)必期抵抗之至少——在本系統路綫內有數綫完全循舊官路。有數綫一部份循舊官路。蓋已處處避免新闢路線之困難矣。

(4)必選有利之途以吸收外資——在本系統開始建築之初。外人必不肯投資。總理知其然也。故有「此鐵路工程。當他部分鐵路未完全成立之前。不能興築」之決定。誠以他部分鐵路皆成立後。則國家能通盤籌劃。以各路餘款。充本系統內某綫建築之用。既築之後。又以他路之餘。補本路之不足。如是本路之經濟地位以固。經濟地位鞏固。則外人必願投資。外人既願投資。則吾遂得用其資本。以繼續建造本系統其他計畫路綫。故繩以「必選有利益之途。以吸收外資」之原則。本系統亦近之。

增加鐵路表

綫名	經過主要大站	本綫與他計劃綫之關係
廉州重慶綫	廉州（廣東）、容縣，梧州，平樂，桂林，（廣西）城步，沅州（湖南），四川，重慶（湖北）	于廉州會西南鐵路系統中之廣州欽州綫，至容縣與同系統廣州思茅綫相交，再進渡西江與同系統廣州成都綫（經由梧州與敘府）會，即沿其路綫至梧州，又於平樂走同系統廣州成都綫。（經由梧州瀘州）至桂林，自後自築路綫，於城步交同系統廣州重慶綫（經由湖南貴州），至沅州會東南鐵路系統中之建昌沅州綫，再進于南川起，走西南鐵路系統廣州重慶綫（經由湖南）直趨重慶。
屯肅州綫	大屯，都拉克巴（西藏）、薩里，沁司坎（新疆），那林粗哈（青海）肅州（甘肅）	於大屯與高原鐵系統拉薩來吉雅令綫會，至都拉巴克而交同系統拉薩諾和線　至薩里又交拉薩于闐線，於沁司坎交同系統當遠車爾城線，於那坎粗哈交蘭州諾羌綫，至肅州與中央鐵路系統東方大港塔城線相交，並與擴張西北鐵路系統之肅州科布多及肅州庫倫二線相會。

中山鐵路計劃之分析

★ ★ ★ ★ ★

中山計劃鐵路總表

鐵路系統名	路線種類及數目（★幹線 ○支線 ▲聯絡短線）	路線總長（約數）（哩）	功用
西北鐵路系統	★八	七。〇〇〇	開發蒙古新疆農產利源，移民西北，發展北大海港商業。
西南鐵路系統	★七 ○三 ▲五	七。三〇〇	開發西南山地之礦產利源。並發展南方大港商業。
中央鐵路系統	★二四 ○三	一六。六〇〇	開發東南礦產富源及西北農產富源並移民西北。
東南鐵路系統	★一三 ○二	九。〇〇〇	開發東南農產及礦產。

東北鐵路系統	★二〇	九，〇〇〇	開發東北（滿蒙）農礦富源及移民滿蒙。
擴張西北鐵路系統	★一八 〇二	一六，〇〇〇	發展蒙古新疆畜牧業及移民西北。
高原鐵路系統	★一六 〇二	一一，〇〇〇	開發高原礦產及農業並移民西南。
雙軌建設及增加鐵路	（註）	二四，一〇〇	補助客運貨運繁盛區內單線之不足。或供給鐵路網不密區域之須要。
共計	★一〇六 〇一二 ▲五	一〇，〇〇〇	

「註」（1）雙軌建設依營業狀況及需要程度而定。故總理鐵路計劃中祇於北方大港多倫諾爾段因車輛運輸特多之故。自始即建設雙軌。其他各線之應築雙軌與否。須待日

中山鐵路計劃之分析

後路局之決定。惟總理明知鐵路建設發達後。國內經濟狀况亦必發展甚速。將來雙軌三軌四軌等之建設。自在意計之中。故十萬哩鐵路計劃中。雙軌長度。幾占全哩數五分之一也。

（2）增加鐵路一項。見中國鐵路全國（民智書局）總理實業計劃中。無此路線之敍述。然依鐵路網之組織上觀。此項增加鐵路。實屬完整鐵路網之所不可缺少者。故亦加入十萬哩計劃路線之中。

（附山鐵路計畫原文）

西北鐵路系統

吾人所計畫之鐵路。由北方大港起經灤河谷地。以達多倫諾爾。凡三百咪。經始之初。即築雙軌。以海港為出發點。以多倫諾爾為門戶。以吸收廣漠平原之物產。而由多倫諾爾進展於西北。第一線向北偏東北走。與興安嶺山脈平行、經海拉爾以赴漠河。漠河者。產金區域。而黑龍江右岸地也。計其延長。約八百咪。第二線向北偏西北走。經克魯倫。以達中俄邊境。以與赤塔城附近之西伯利亞鐵路相接。長約六百咪。第三以一幹線向西北轉正西又轉西南。沿沙漠北境。以至國境西端之迪化城。長約一千六百咪。地皆平坦。無崇山峻嶺。第四線由迪化迤西以達伊犂。約四百咪。第五線由迪化東南超出天山山峽。以入戈壁邊境。轉而西南走。經天山以南沼地與戈壁沙漠北偏之間一帶腴沃之地。以至喀什噶爾。由是更轉而東南走。經帕迷爾高原以東。崑崙以北。與沙漠南邊之間一帶沃土。以至於闐。即克里雅河岸。延長約一千二百咪。地亦平坦。第六線於多倫諾爾迪化間幹線。開一支線。由甲接合點出發經庫倫以至哈克圖約長三百五十咪

西北鐵路系統

第七線由幹線乙接合點出發。經烏里雅蘇台傾北偏西北走以至邊境約六百咪。第八線由幹線丙接合點發西出北走。達邊境。約四百咪。(參觀附圖)

茲所計畫之鐵路，證以「抵抗至少之原則。實爲最與理想相符合者。蓋以七千餘咪之路線，爲吾人計畫所定者。皆在坦途。例如多倫諾爾至喀什噶爾之間。且由更進之路線。延袤三千餘咪。所經均肥沃之平野。並無高山大河自然之梗阻橫貫其中也。

以「地位適宜」之原則言之。則此種鐵路。實居支配世界的重要位置。蓋將爲歐亞鐵路統系之主幹。而中歐兩陸人口之中心。因以聯絡。由太平洋岸前往歐洲者。以經此路線爲最近。而由伊犂發出之支線。將與未來之印度歐洲線路即行經伯達以通達馬斯加斯及海樓府者聯絡。成一連鎖。將來由吾人所計畫之港可以直達好望角城。綜觀現在鐵路。於世界位置上。無較此重要者矣。以「國民需要」之原則言之。此爲第一需要之鐵路。蓋所經地方。較諸本部十八行省。尤爲廣闊。現以交通運輸機關闕乏之故。豐富地域。委爲荒壤。而沿海沿江烟戶稠密省分。廣聚之貧民無所操作。其棄自然之惠澤。而耗人力於無爲者。果何如乎。倘有鐵路與此等地方相通。則稠密省區無業之游民。可資以開發此等富足之地。此不僅有利於中國。且有以利世界商業於無窮也。故中國西北部之鐵路統系。由政治上經濟上言之。皆於中國今日。爲必要而刻不容緩者也。

吾人所以置「必選有利之途」之第一原則而未涉及者。非遺棄之也。蓋將詳爲論列。使讀者三致意焉耳。今夫鐵路之設。關於人口繁盛之區者其利大。關於民居疏散之地者其利微。此爲普通資本家鐵路家所恆信。今以線路橫亘於荒僻無人之境。如吾人所計畫者。必將久延歲月。而後有利可圖。北美合衆國政府。於五十年前。所以給與無垠之土地於鐵路公司。誘其建築橫跨大陸幹路。以達太平洋岸者。職是之故。余每與外國鐵路家資本家言興築蒙古新疆鐵路。彼輩恆有不願。彼將以爲茲路之設。所過皆人跡稀罕。祇基於政治上軍事上理由。有如西伯利亞鐵路之例。而不知鐵路之所布置。由人口至多以達人口至少之地者。其利較兩端皆人口至多之地爲大。茲之事實。蓋爲彼輩所未曾聞。請詳言其理。夫鐵路兩端人口至多之所。彼此經濟情況。大相彷彿。不如一方人口至多。他方人口至少者。彼此相差之遠。在兩端皆人口至多者。舍特種物產。此方仰賴彼方之供給而外。兩處居民。大都生活於自足經濟情況之中。而彼此之需要供給不大。

貿遷交易。不能得鉅利。至於一方人口多而一方人口少者。彼此經濟情況。大相逕庭。新開土地從事勞勤之人民。除富有糧食及原料品。以待人口多處之所需求而外。一切貨物。皆賴他方之繁盛區域供給。以故兩方貿易必臻鼎盛。不特此也。築於兩端皆人口至多之鐵路。對於人民之多數。無大影響。所受益者。惟少數富戶及商人而已。其在一方人口多而他方人口少者。每築鐵路一哩開始輸運。人口衆多之處。必隨之而合羣移住新地。是則此路建築之始。將充其量以載行客。京奉京漢兩路比較。其明證也。

京漢路線之延長。八百有餘哩。由北京直達中國商業集中之腹地。鐵路兩端之所包括。皆戶集人稠之所。京奉路線。長僅六百哩耳。然由人口多處之京津。開赴人口少處之滿州。前者雖有收益。則不若後者所得之大。以較短之京奉線。方諸較長之京漢線。每年純利所贏。其超過之數。有至三四百萬者矣。

故自原則上言之。從利益之點觀察。人口衆多之處之鐵路。遠勝於人口稀少者之鐵路。然由人口衆多之處。築至人口稀少之處之鐵路。其利尤大。此為鐵路經濟上之原則。而鐵路家資本家所未嘗發明者也。

據此鐵路經濟上之新原則。而斷吾所人計畫之鐵路。斯爲有利中之最有利者。蓋一方聯接吾人所計畫之港以通吾國沿海沿江戶口至多省分。又以現存之京漢津浦兩路。爲此港暨多倫諾爾路線之給養。他方聯接大逾中國本部之饒富未開之地。世界他處。欲求似此廣漠肥沃之地。而鄰近於四萬萬人口之中心者。眞不可得矣。

西北鐵路系統

□西南鐵路系統

中國西南一部。所包含者。四川。中國本部最大且最富之省分也。雲南。次大之省也。廣西。貴州。皆礦產最豐之地也。而又有廣東湖南兩省之一部。此區面積有六十萬英方里。人口過一萬萬。除由老街至雲南府約二百九十英里。法國所經營之窄軌鐵路外。中國廣地衆民之此一部。殆全不與鐵路相接觸也。

於此一地區。大有開發鐵路之機會。應由廣州起。向各重要城市礦產地。引鐵路線。成有扇行之鐵路網。使各與南方大港相聯結。在中國此部建設鐵路者。非特爲發展廣州所必要。抑亦於西南各省全部之繁榮。爲最有用者也。以建設此項鐵路之故。種種豐富之礦產。可以開發。而城鎮亦可以沿途建之。其既開之地。價尙甚廉。至於未開地。及含有礦產之區。雖非現歸國有。其價之賤。去不費一錢可得者。亦僅一間耳。所以若將來市街用地。及礦產地。豫由政府收用。然後開始建築鐵路。則其獲利極豐厚。然則不論建築鐵路。投資多至若干。可保其償還本息。必充足有餘矣。又現開發廣州。以爲

西南鐵路系統

世界大港。亦全賴此鐵路系統。如果缺此縱橫聯屬西南廣袤之一部之鐵路網。則廣州亦不能有如吾人所豫期之發達矣。西南地方。除廣州及成都兩平原地。各有三四千英方里之面積外。地皆險峻。此諸地者。非山即谷。其間處處留有多少之隙地。在此區東部。山嶽之高。鮮逾三千英尺。至其西部與西藏交界之處。平均高至一萬英尺以上。故建此諸鐵路之工程上困難。比之西北中原鐵路系統。乃至數倍。多數之隧道。與鑿山路。須行開鑿。故建築之費。此鐵路當爲中國各路之冠。

吾提議以廣州爲此鐵路系統終點。以建左列之七路

甲 廣州重慶線。經由湖南。

乙 廣州重慶線。經由湖南貴州。

丙 廣州成都線。經由桂林瀘州。

丁 廣州成都線。經由梧州敍府。

戊 廣州雲南大理騰越線至緬甸邊界爲止。

己 廣州思茅線。

庚　廣州欽州線。至安南界東興爲止。

甲　廣州重慶線經由湖南　此線應由廣州出發。與粵漢線同方向。直至連江與北江會流之處。自此點起。本路折向連江流域。循連江岸。上至連州以上。於此橫過連江與道江之分水界。進至湖南之道州。於是循道江以至永州。寶慶。興化。辰州。沅西水。過酉州之界入於西陽。由西陽橫過山脈而至南川。從南川前行。渡揚子江而至重慶。此路全長有九百英里。經過之礦區與富饒農區。在廣東之北。連州之地。已發見有豐富之煤礦。鐵礦。銻礦。鎢礦。於湖南之西南隅。則有錫。銻。煤。鐵。銅。銀。於四川之西陽。則有銻與水銀。其在沿線之農產物。則吾可舉砂糖。花生。大麻。桐油。茶葉。棉花。烟葉。生絲。穀物等等。又復多有竹材。木材。及其他一切森林產物。

乙　廣州重慶線經由湖南貴州　此線約長八百英里。但自廣州至道州一段即走於甲線之上。凡二百五十英里。故只有五百五十英里。計入此線。所以實際從湖南道州起築。橫過廣西省東北突出一段。於全州再入湖南西南境。過城步及靖州。於是入貴州界。經三江及清江兩地。橫過山脈。以至鎮遠。此線由鎮遠須橫過沅江烏江之分水界。以至

西南鐵路系統

遵義。由遵義則循商人通路。直至綦江。以達重慶。此鐵路所經。皆爲產出木材礦物極富之區域。

丙 廣州成都線經由桂林瀘州 此線長約一千英里。由廣東西行。直至三水。在此處之綏江口地點。渡過北江。循綏江流域。經過四會。廣甯。次於懷集入廣西。經過賀縣及平樂。由此處循桂江水流。上達桂林。於是廣東廣西兩省省城之間。各煤鐵礦田。可得而開鑿矣。至桂林起。路轉而西。至於永甯。又循柳江流域。上至貴州邊界。越界至古州。由古州過都江及八寨仍循此河谷而上。踰一段連山至平越。由平越橫渡沅江分水界於甕安及岳四城。入烏江流域。自岳四城循商人通路踰雷邊山至仁懷。赤水。納溪。於是渡揚子江。以至瀘州 自瀘州起。經過隆昌。內江。資州。資陽。簡州以達成都。此路最後之一段。橫過所謂（四川之紅盆地）。有名富庶之區也。其在桂林瀘州之間。此路中段。則富於礦產。爲將來開發希望最大者。此路將爲其兩端人口最密之區。開一土曠人稀之域。以收容之者也。

丁 廣州成都線經由梧州與敍府 此路長約一千二百英里。自丙線渡北江之三水鐵路橋之西端起。循西江之左岸。以入於肇慶峽。至肇慶城。即循此岸。上至德慶。梧州。大湟。在大湟河身轉而走西南路。轉而走西北。至象州。渡柳江。至柳州。及慶遠。於是進至思恩。過桂黔邊界。入貴州。至獨山。及都勻。自都勻起。此路更折偏西走。至貴州省城之貴陽。次進至黔西。及大定。離貴州界於畢節。於鎮雄入雲南界。北轉而至樂新渡。過四川界。入敘府。自敘府起。循岷江而上。至嘉定。渡江。入於成都平原。以至成都。此路起自富庶之區域。迄於富庶之區域。中間經過寬幅之曠土。未經開發。人口極稀之地。沿線富有煤鐵礦田。又有銀。錫。銻。等等貴金屬礦。

戊　廣州雲南大理騰越線　此線長約一千三百英里。起自廣州。迄於雲南緬甸邊界之騰越。其首段三百英里。自廣州至大湟。與丁線相同。自大湟江口。分枝至武宣。循紅水江常道。經遷江。及東蘭。於是經興義縣橫過貴州省之西南隅。入雲南省。至羅平。從陸涼一路。以至雲南省城。自省城經過楚雄。以至大理。於是折而西南　至永昌。遂至騰越。終於緬甸邊界。

在廣西之東蘭。近貴州邊界處。此路應引一枝線。約長四百英里。此線應循北盤江流域。上至可渡河。與威甯。於昭通入雲南。在河口過揚子江。卽於此處。入四川。截於大凉山。至於甯遠。此路所以開昭通甯遠間有名銅礦地之障礙。此項銅礦。爲中國全國最豐富之礦區也。

西南鐵路系統

此路本線。自東至西。貫通桂滇兩省。將來在國際上必見重要。因在此線緬甸界上。當與緬甸鐵路系統之仰光八莫一線相接。將來此卽自印度至中國最捷之路也。以此路故。此兩人口稠密之大邦。必比現在更爲接近。今日由海路。此兩地交通。須數禮拜者。異時由此新路。則數日而足矣。

巳　廣州思茅線　此線至緬甸界止。約長一千一百英里。起自廣州市西南隅。經佛山。官山。由太平墟。渡過西江。至對岸之三洲墟。於是進入高明。新興。羅定。旣過羅定。入廣西界。至平河。進至容縣。於是西向。渡左江。至於貴縣。卽循左江之北岸。以達南甯。在南甯。應設一枝線。約長一百二十英里。循上左江水處。以至龍州。折而南。至鎭南關安南東京界上止。與法國鐵路相接。其本線。由南甯循上右江而上。至於百色。於是過省界。入雲南。至剝隘。經巴門。高甘。東都。普子塘一路。至阿迷州。截老街雲南鐵路而過。自阿迷州。進至臨安府石屏。元江。於是渡過元江。通過他郎。普洱。及思茅。於至緬甸邊界近瀾滄江處爲止。此線穿入雲南廣西之南部。錫銀銻三種礦產最富之地。同時沿線又有煤鐵礦田至多。復又多地產出金。銅。水銀。鉛。論其農產。則米與花生均極豐饒。加以樟腦。桂油。蔗糖。烟葉各種果類。

庚　廣州欽州線　從西江鐵路橋西首起算。約長四百英里。自廣州起。西行至於太平墟之西江鐵路。與巳線同軌。過江始分枝。向開平。恩平。經陽春。至高州及化州。於化州。須引一枝線。至遂溪。雷州。達於瓊州海峽之海安。約長二百英里。於海安再以渡船與瓊州島聯絡。其本線仍自化州西行。過石城。廉州。欽州。達於與安南交界之東興爲止。東興對面芒街至海防之間。將來有法國鐵路可與相接。此線全在廣東省範圍之內。經過人口多物產富之區域。線路兩旁。皆有煤鐵礦。有數處產金及錫。農產則有蔗糖。生絲。樟腦。苧麻。靛青。花生。及種種果類。

此系統內各線。如上所述。約六千七百英里。此外須加以聯絡成都重慶之兩線。又須另設一線。起自乙線遵義之東。向南行。至甕安。與丙線接。又一線自丙線之平越起

西南鐵路系統

。至丁線之都勻。又一線由丁線貴州界上一點。經南丹。那地。以至戊線之東蘭。再經泗城。以至己線之百色。此聯絡各線。全長約六百英里。故總計應有八千三百英里。

西南鐵路系統

此系統將於下文所舉三線經濟上大有關係。

一　法國經營之老街。雲南府已成線。及雲南府。重慶計畫線。此線與己線交於阿迷州。與戊線交於威甯。與丁線交於敍府。與丙線交於瀘州。而與甲乙兩線會於重慶。

二　英國經營之沙市興義計畫線　此線與甲線交於辰州。與乙線交於鎮遠。與丙線交於平越。與丁線交於貴陽。而於戊線之枝線交於永定西方之一點。

三　美國經營之株州欽州計畫線　此線與甲線交於永州。乙線交於全州。丙線交於桂林。丁線交於柳州。戊線交於遷江。己線交於南甯。而與庚線會於欽州。

所以此法英美三線。與本系統各線。一律完成之後。中國西南各省之鐵道交通。可無缺乏矣。

此諸線皆經過廣大且長之礦產地。其地有世界上有用且高價之多種金屬。世界中無有如此地含有豐富之稀有金屬者。如鎢。如錫。如銻。如銀。如金。如白金。等等。同時又有雖甚普通而尤有用之金屬。如銅。如鐵。如鉛。抑且每一區之中。均有豐裕之煤。南方俗語有云。「無煤不立城。」蓋謂豫計城被圍時。能於地中取炭。不事薪採。此可見其隨在有煤產出也。四川省又有石油礦及自然煤氣。（火井）極爲豐裕。是故吾人得知。以西南鐵路系統。開發西南山地之礦產利源。正與以西北鐵路系統。開發蒙古新疆大平原之農產利源。同其重要。此兩鐵路系統。於中國人民。爲最必要。而於外國投資者。又爲最有利之事業也。論兩系統之長短。大略相同。約七千英里。此西南系統。每英里所費。平均須在彼系統兩倍以上。但以其開發礦產利源之利益言。又視開發農產源之利益。更多數倍也。

西南鐵路系統

□中央鐵路系統

此系統將爲中國鐵路系統中最重要者。其效能所及之地區。徧包長江中國以北之本部。及蒙古新疆之一部。論此廣大地域之經濟的性質。則其東南一部。人口甚密。西北則疏。東南大有礦產之富。而西北則有潛在地中之農業富源。所以此系統中每一線。皆能保其能有利如京奉路也。

此以北方東方兩大港爲此系諸路之終點故。吾擬除本區現有及已計畫各線之外。以建築下列各線。合而成爲中央鐵路系統。

天　東方大港塔城線。

地　東方大港庫倫線。

玄　東方大港烏里雅蘇台線、

黃　南京洛陽線、

宇　南京漢口線。

中央鐵路系統

中央鐵路系統

宙　西安大同線。

洪　西安甯夏線。

荒　西安漢口線。

日　西安重慶線。

月　蘭州重慶線。

盈　安西州于闐線。

昃　婼羌庫爾勒線。

辰　北方大港哈密線。

宿　北方大港西安線。

列　北方大港漢口線。

張　黃河港漢口線。

寒　芝罘漢口線。

來　海洲濟南線。

暑 海州濱口線。
往 海州南京線。
秋 新洋港南京線。
收 呂四港南京線。
冬 海岸線。
藏 霍山嘉興線。
天 東方大港塔城線

此線起自東方大港之海邊。向西北而走。至與俄國交界之塔城為止。全長約三千英里。如使以上海為東方大港。則滬甯鐵路即成為此路之首一段。但若擇用乍浦。則此線應沿太湖之西南岸。經湖州。長興。溧陽。以至南京。於是在南京之南。渡長江。至全椒及定遠。此時線轉而西。經壽州。及穎上。於新蔡入河南界。在確山。橫截京漢線後。過泌陽唐縣鄧州轉而西北。至淅川及荊紫關。入陝西界。溯丹江谷而上地。通過龍駒寨及商州。度藍關至藍田。及西安。西安者陝西之省城。中國之古都也。由西安循渭河而西行。過盩厔郿縣寶雞。於三岔入甘肅界。進向秦州鞏昌狄

中央鐵路系統

道。及於甘肅省城之蘭州。自蘭州從昔日通路。以至涼州甘州肅州玉門及西安州。由此西北行。橫絕沙漠以至哈密。自哈密轉而西。達土魯番。在土魯番。與西北道路系統之線會。即用其線路軌。以至迪化及綏來。自綏來。與該線分離。直向邊界上之塔城。途中切斷齊爾山而過。此線自中國之一端。至於他一端。全長三千英里。僅須過四山脈。而此四山脈皆非不可逾越者。由其自未有歷史以前。已成爲亞洲貿易路一事。可以知之矣。

地　東方大港庫倫線　此線自東方大港起。即用天線路軌迄於定遠。定遠即在南京渡江後第二城也。自定遠起。始自建其路軌。進向西北。達於淮河上之懷遠。於是歷蒙城渦陽及亳州。更轉迻北。過安徽界。入河南。經歸德。又出河南界。入山東界。於是經曹縣定陶曹州。渡黃河。入直隸界。過通開州再入河南。至於彰德。自彰德循清漳河谷地西北走。出河南界。入山西界。於是本線通過山西省大煤鐵礦田之東隅矣。既北入山西。仍遵此谷地。至遼州及儀城。越分水界。入洞渦水谷地。至榆次及太原。自太原西北進。入山西省之別一煤礦鐵區。至於岢嵐。又轉而西。至保德。於此渡黃河。至府谷。陝西省之東北隅也。此線自府谷北行。截開萬里長城。入綏遠區。再渡黃河。至薩拉齊。由薩拉齊起。西北行。截過此大平原。至西北幹路之甲拾合點。在此處與多倫諾爾庫倫間之分線合。以至庫倫。此線自中國中部人口最密之地。通至中部蒙古土沃人稀之廣大地域。其自定遠至甲拾合點之間。約有一千三百英里。

玄　東方大港烏里雅蘇台線　自東方大港。因用天線路軌。至於定遠。再用地線路軌。至於亳州。由亳州起。分枝自築路軌。西向行。越安徽省界。至河南之鹿邑。自此處轉向西北。逾太康通許。以及中牟。在中牟與海蘭線相會。並行至於鄭州滎陽汜水。在汜水。渡過黃河。至溫縣。又在懷慶。出河南界。入山西界。於是乃過陽城沁水浮山。以至陽平。渡汾水。至蒲縣大甯。轉而西。至省界。再渡黃河。入陝西境。於是進至延長。遵延水流越。以至平陽安小關靖邊。然後循長城之南邊。以入甘肅。以渡黃河。至甯夏。自甯夏而西北。過賀蘭山脈至沙漠線端之定遠營。於此取一直線向西北走。直至西北鐵路系統之乙接合點。與此系統合一線以至烏里雅蘇台。此線所經之沙漠及草地之部分。均可以之灌溉工事改善之。其自亳州至乙接合點之距離。為一千八百英

中央鐵路系統

里。

黃　南京洛陽線　此線走於中國兩古都之間。通過烟戶極稠土質極肥之鄉落。又於洛陽一端。觸及極豐富之鑛田。此線自南京起。走於天地兩線公共路軌之上。自懷遠起。始分枝西行。至太和。既過太和。乃逾安徽界。入河南省界。沿大沙河之左岸至周家口。此一大商業市鎮也。自周家口進至於臨穎。與京漢線交。更進至襄城禹州則河南省大煤鑛田所在地也。自禹州地往。過嵩山分水界。以達洛陽。與自東徂西之海蘭線相會。此線自懷遠至洛陽凡三百英里。

宇　南京漢口線　此線應循揚子江左岸而行。以一枝線與九江聯絡。自南京對岸起西南行。至和州無爲州及安慶。安慶者安徽省城也。自安慶起。仍循同一方向。至宿松黃梅。自黃梅。別留一枝線。至小池口。渡揚子江。以達九江。本線則自黃梅轉而西。至廣濟。又轉而西北。至蘄水。卒西向。以至漢口。距離約三百五十英里。而所走之路平坦較多。

宙　西安大同線　此線自西安起北行至於三原耀州同官宜君中部甘泉。以至延安。

與東方大港烏里雅蘇台線相會。自延安起。轉而東北。至於綏德米脂及黃河右岸之葭州。即循此岸而行。至蔚汾河與黃河匯流處。（在對岸）渡黃河。至蔚汾河谷地循之以至與岢嵐。在岢嵐。與東方大港庫倫線相交。過岢嵐至五寨及羊房。在羊房。截長城而過。至朔州。乃至大同。與京綏線相會。此線約長六百英里。經過陝西有名之煤油礦。又過山西西北。煤田之北境。其終點在大同。與京綏線合。借大同至張家口一段之助。可與將來之北系統中聯絡張家口與多倫諾爾之一線相屬。

洪　西安甯夏線　此線應自西安起。西北向行。至涇陽縣淳化三水（今改稱栒邑）過三水後。出陝西界。入甘肅界。於正甯。轉而西。至甯州。自甯州。始入環河谷地循其左岸。上至慶陽府。及環縣。乃離河岸。經清平平遠。後與環河相會。仍循該谷地。上至汾水界。過汾水界後。至靈州。渡黃河。至甯夏。此線長約四百英里。經過礦產及石油最富之地區。

荒　西安漢口線　此線聯絡黃河最富饒一部流域。與中部長江流域最富饒一部之一重要線路。此線自西安起。用天線路軌。過秦嶺進至丹江谷地。直至淅川始分線南行。

中央鐵路系統

中央鐵路系統

過省界。至湖北。循漢水左岸。經老河口以至襄陽對岸之樊城。由樊城。仍循此岸以至安陸。由此以一直線東南至漢川。及漢口。全線約長三百英里。

日 西安重慶線 此線自西安起。直向南行。度秦嶺。入漢水谷地。經甯陝石泉紫陽。進入任河谷地 逾陝西之南界。於大竹河入四川線。於是逾大巴山之分水界。以入太平河谷地。循此谷地而下。至綏定。及渠縣。乃轉入此谷地之左邊。至於鄰水。又循商路。以至江北。及重慶 此線全長約四百五十英里。經由極多產物之地區。及富於材木之地。

月 蘭州重慶線 此線從蘭州起西南行。用天線之線路。直至狄道爲止。而此分枝進入桃河谷地。過岷山分水界。入黑水谷地沿之而下。至於階州。及碧口。自碧口而降。出甘肅界。入四川界。進達昭化。黑水河卽在昭化與嘉陵江合。自昭化起。卽順嘉陵江。降至保甯順慶合州。以及重慶。此線約長六百英里。經過物產極多礦山極富之地區。

盈 安西州于闐線 此線貫通於戈壁沙漠與阿勒騰塔格嶺中間一帶肥沃之地。雖此一帶地方。本爲無數山間小河所灌溉潤澤無缺。而人口尚極蕭條。則交通方法缺乏之所致也。此線完全之後。此一帶地方。本爲中國殖民最有價値之處。此線起自安西州。西行至敦煌循羅布泊沼地之南緣端。以至婼羌。自婼羌。仍用同一方向。經車城。以至于闐。與西北系統線之終點相接。藉此系統之助。得一東方大港與中國極西端之喀什葛爾直接相通之線。自安西州以至于闐。長約八百英里。

卯　婼羌庫爾勒線　此線沿塔里木河之下游。截過沙漠。其線路兩旁之地。給水豐足。鐵路一旦完成。即爲殖民上最有價値之地。本線長約二百五十英里。與走於沙漠北緣端之線相聯屬。沙漠兩邊肥饒土地之間。此爲捷徑。

辰　北方大港哈密線　此線自北方大港西行。北經寶坻香河。以至北京。由北京起。即用京張路軌。以至張家口。由此以進入蒙古高原。於是循用商隊通路。向西北行。以至陳台。布魯台。哲斯。託里布拉克。自託里布拉克西向。取一直線。橫度內外蒙古之平原及沙漠。以至哈密。以與東方大港塔城線相聯絡。而該線則直通於西方新疆首府之迪化。故此線即爲迪化城與北京及北方大港之直通線。此線長約一千五百英里。其中

中央鐵路系統

中央鐵路系統

有大部分。走於可耕地之上。然則其完成之後。必爲殖民上最有價值之鐵路矣。

宿　北方大港西安線　此線將至北方大港西行。至於天津。由該處西行。經過靜海。大城。以至河間。由河間更偏西行。至於深澤。無極。又與京漢線交於正定。卽於此處與正太線相接。自正定起。卽用正太線路。但該線之窄軌。應重新建築。改爲標準闊軌。此所以便於太原以往之通車也。自太原起。此線向西南行。經交城文水汾州隰州。以至大甯。由大甯轉而西行。渡黃河。又西南行。至宜川。洛川。中部。在中部。與西安大同線相會。卽用其路線。以達西安。此線長約七百英里。其所經者。則農產物極多之地區。又煤鐵石油豐富廣大之礦田也。

列　北方大港漢口線　此線自北方大港起。循海岸而行。至北塘大沽岐口。又至鹽山。出直隸界。入山東界於樂陵。自樂陵而往。經德平臨邑至禹城。與津浦線相交。進至東昌范縣。於是渡黃河。至曹州。既過曹州。出山東界。入河南界。與海蘭線相交至睢州。由此進至太康。與玄線相交。經陳州及周家口。與黃線相交。又至項城新蔡光州及光山。既過光山。踰分界嶺。入湖北境。經黃安至漢口。此線長約七百英里。自北方大港以至中國中部之商業中心。

張　黃河港漢口線　此線自黃河港起。西南行。至於博興新城長山。乃與膠濟線相交。至博山。上至分水界。入於汶河谷地。至泰安。與津浦線相交。又至甯陽及濟甯。自濟甯而進。以一直線向西南至安徽之亳州。河南之新蔡。自新蔡起。與北方大港漢口線合。以至漢口。自黃河港至新蔡。約四百英里。

寒　芝罘漢口線　此線起與山東半島北邊之芝罘。即橫斷此半島。經過萊陽金家口。以至於其南邊之即墨。由即墨起。向西南。過膠州灣頂之雍泥地。作一直線。至於諸城。既過諸城。越分水界。以入沐河谷地。至莒州及沂州。進至徐州。與津浦海蘭線相會。自徐州起。即用津浦路軌。直至安徽之宿州。乃分路至蒙城穎州。過省界。入河南光州。即於此處與北方大港漢口線相會。由之以至漢口。此線自芝罘至光州長約五百五十里。

來　海州濟南線　此線發海州。循臨洪河。至歡墩埠。轉西向。至臨沂。由臨沂轉北向。次西北向。經蒙陰。新泰。至泰安。在泰安。與津浦線會合。取同一軌道。而至

中央鐵路系統

中央鐵路系統

濟南。此線自海州至泰安。長約一百八十英里。經過山東南部之煤鐵礦場。

署　海州漢口線　此線自海州出發。西南行。至沭陽。與宿遷。或與現在海蘭線之務定路線相同。自宿遷而往。經泗州懷遠。與東方大港庫倫線及烏里雅蘇台線相交。既過懷遠。向壽州及正陽關。卽循同一方向。橫過河南省之東南角。及湖北之分界嶺。過麻城至漢口。長約四百英里。

往　海州南京線　此線從海州向南至安東。稍南至淮安。既過淮安。渡寶應湖（此湖按第二計畫第四部整治淮河應施以填築）經天長六合。以至南京。全長一百八十英里。

秋　新洋港漢口線　此線自新洋港而起。至於鹽城。過大縱湖（此亦應填築）至淮安。自淮安轉向西南。渡過洪澤湖之東南角。（此湖仍應填築）至安徽之盱眙。既過盱眙。在明光附近。與津浦綫相交。又至定遠。與地玄兩線相會。過定遠後。進至六安霍山。踰湖北之分界嶺。過羅田。以至漢口。全長約四百二十英里。

收　呂四港南京線　此線由呂四港而起。呂四港者。將來於揚子江口北端茲處應建之北業港也。自呂四港起西行。至於通州。轉西北行。至如皋。又西行。至泰州揚州六合南京。全長約二百英里。

冬　海岸線　此線自北方大港起。循北方大港漢口線。至於岐口。始自開線路。密接岸海以行。過直隸界。至山東之黃河港。進至於萊州。自萊州離海岸。畫一直線、至招遠及芝罘。以避烟濰鐵路之計畫線。由芝罘轉而東南。經過甯海。及文登。自文登引一枝線至榮城。又一線至石島。其本線轉而西南。至海陽及金家口。與芝罘漢口線合。循之直至於膠濟灣之西端。折而南至靈山衛。自靈山衛。轉而西南。循海岸至日照。過山東界。入江蘇省。經贛榆至海州。於是向西南進至鹽城。東臺通州海門。以達於崇明島。此島以揚子江之治水堤之故。將與大陸聯為一氣矣。其自崇明赴上海。可用渡船載列車而過。此自岐口迄崇明之線。約長一千英里。

藏　霍山蕪湖蘇州嘉興線　此線自霍山起。至舒城及無為。乃過揚子江。至蕪湖。又過高淳溧陽宜興。過太湖之北端(將來填築)至蘇州。與滬甯線會。過蘇州後。轉而南至滬甯線上之嘉興。此線走過皖蘇兩省富庶之區。長三百英里。將成為上海港口間之直接路線之大部分。

中央鐵路系統

中央鐵路系統。各線全長統共約一萬六千六百英里。見總圖。

□東南鐵路系統

本系統縱橫布列於一不規則三角形之上。此三角形以東方大港與廣州間之海岸線爲底。以揚子江重慶至上海一段爲一邊。更以徑由湖南之廣州重慶甲線爲第二邊。而以重慶爲之頂點。此三角形全包有浙江。福建。江西。三省。並及江蘇。安徽。湖北。湖南。廣東。之各一部。此地富有農礦物產。而煤鐵尤多。隨在有之。且全區人口甚密。故建築鐵路。必獲大利。

以東方大港。南方大港。及其間之二三等港。爲此鐵路之終點。可建築左列之各線。

天　東方大港重慶線。

地　東方大港廣州線。

玄　福州鎮江線。

黃　福州武昌線。

東南鐵路系統

東南鐵路系統

宇　福州桂林線。

宙　溫州辰州線。

洪　廈門建昌線。

荒　廈門廣州線。

日　汕頭常德線。

月　南京韶州線。

盈　南京嘉應線。

昃　東方南方兩大港間海岸線。

辰　建昌沅州線。

天　東方大港重慶線　此線越揚子江以南。殆以一直線。聯結中國西方商業中心之重慶。與東方大港。此線起於東方大港。至杭州。經臨安。昌化。以至安徽省之徽州。（歙縣）由徽州進至休甯。祁門。於是越省界。入江西境。過湖口至九江。自九江起。循揚子江右岸。越湖北界。至興國州。又進至通山。崇陽。在崇陽踰界至湖南岳州。自岳州起。取一直線。貫洞庭湖。（此湖將來應行塡塞）至於常德。由常德。泝漵水谷地而上。過慈利。再踰省界。入湖北之鶴峯。於是及於施南與利川。在施南。應開一枝線。向東北界走。至宜昌。在利川。應另開一枝線。西北行。至萬縣。此宜昌萬縣兩地。均在長江左岸。自利川而後。入四川界。過石砫至涪州。遂過烏江。循揚子江右岸而上。至與廣州重慶乙線會而後已。此後以同一之橋渡江。至對岸之重慶。連枝線長約一千二百英里。

地　東方大港廣州線　此線由一頭等海港。以一直線。至他頭等海港。自東方大港起。至杭州折而西南行。遵錢塘江左岸。過富陽。桐廬。至嚴州。及衢州。更進過浙贛省界。至廣信（上饒）由廣信起。經上淸金谿。至建昌然後進。至南豐。廣昌。甯都。由甯都而往。至雩都。信豐龍南。過贛粵界嶺。至長甯（新豐。）於是經從化以至廣州。長約九百英里。

玄　福州鎭江線　此線起自福州。經羅源。甯德。以至福安。於是進而踰閩浙邊界。以至泰順。景甯。雲和．處州。於是進經武義。義烏。諸暨。以達杭州。杭州以後經

東南鐵路系統

德清。及湖州。踰浙江省界。以入江蘇。循宜興。金壇。丹陽之路而進。以至鎮江。此線長五百五十英里。

東南鐵路系統

黃　福州武昌線　此線自福州起。沿閩江左岸。過水口。及延平。至於邵武。邵武以後過福建界。入於江西。經建昌。及撫州。以至省城南昌。由南昌而入湖北之興國。過之。以至湖北省城武昌。全長約五百五十英里。

宇　福州桂林線　此線自福州起。渡過閩江。進而取永福（永泰）大田。甯洋。連城一路。以至汀州（長汀。）於是過閩贛省界。入於瑞金。由瑞金。入於雩都。贛州。又進至上猶。及崇義。崇義以後。過贛湘邊界。至桂陽縣。（汝城）及彬州。與粵漢線交於彬州。遂至桂陽州。又進之於新田。甯遠。道州。與廣州重慶甲乙兩線相遇。道州以後。轉而南。循道江谷地而上。至廣西邊界。直至桂林過界。此線長約七百五十英里。

宙　溫州辰州線　此線由溫州新港起。循甌江左岸而上。至於青田。由青田。進向處州及宣平。轉而西出浙江省界入江西之玉山。自玉山。經過德興。樂平。乃沿鄱陽湖之上岸。經餘干。至於南昌。由南昌。經過瑞州。（高安）上高。萬載。踰江西省界。入湖南之瀏陽遂至長沙。由長沙。經甯鄉安化。以至辰州。與廣州重慶甲線及沙市興義線會合。長約八百五十英里。

洪　廈門建昌線　此線自廈新港門起。至長泰。泝九龍江而上。至漳平甯洋。淸流及建甯縣。至建甯以後。過省界。至江西之建昌。與東方大港廣州線。福州武昌線。建昌沅州線相會。此線長約二百五十英里。

荒　廈門廣州線　此線自廈門新港起。進至漳州。南靖。下洋。於此出福建界。至廣東之大埔。由大埔過松口。嘉應。興甯。五華。於五華。過韓江及東江之分水界。至龍川。乃遵東江而下。至河源。又過一分水界。至於龍門增城以至廣州。長約四百英里。

日　汕頭常德線　此線自汕頭起。進至潮州嘉應。出廣東界。至江西之長甯（尋鄔）自長甯。越分水界。入貢江谷地。循之以下。至於會昌。贛州。由贛州。以至龍泉（遂川。）永甯（甯岡）蓮花。在蓮花。踰江西界。入湖南。於是進至洙州。及長沙。由長沙經過甯鄉。益陽。終於常德。與東方大港重慶線。及沙市興義線相會。此線長約六百五十英里。

東南鐵路系統

月　南京韶州線　此線自南京起　循揚子江右岸而上。至於太平。蕪湖。銅陵。池州。東流。東流以後。出安徽界。入江西之彭澤。遂至湖口。在湖口。與東方大港重慶線會。卽用該線之橋。以至鄱陽港。於是沿鄱陽湖之西岸。經過南康（星子）吳城。以至南昌。與溫州辰州線。及福州武昌線。會於南昌。由南昌泝贛江谷地而上。由臨江（江渡）至吉安。與建昌沅州之計畫線交於吉安。由吉安至於贛州。復與福州桂林線交焉。於是進向南康縣。及南安。南安以後過大庾嶺分界處。入廣東之南雄。於是經始興。至韶州。與粵漢線會。此線長約八百英里。

盈　南京嘉應線　此線自南京起進至溧水。高淳。於是出江蘇界。入安徽之宣城。自宣城。進至甯國及徽州。（歙）徽州以後。出安徽界。入浙江界、經開化。常山。及江山。出浙江界。入福建之浦城。自浦城由建甯。（建甌）以至延平。與福建武昌線交。更過沙縣。永安。以至甯洋。與福州桂林線及廈門建昌線會。自甯洋復進至龍巖。永定。至松口。與廈門廣州線合。迄嘉應而止。所經之路約七百五十英里。

戌　東方南方兩大港間海岸線　此線自南方大港廣州起。與廣九鐵路採同一方向。行至石龍。乃自擇路線。取東江沿岸一路。以至惠州。由惠州。經三多祝。海豐陸豐轉東北行。至揭陽。及潮州。潮州以後。經饒平。出廣東界。入福建之詔安。自詔安雲霄。漳浦漳州。及廈門。由廈門。以歷泉州。興化。而至福州省城。自福州以後。用與福州鎮江線同一之方向抵福建。乃轉而東。至福甯。又轉而北。至福鼎。過福鼎後。出福建界入浙江界。經平陽。至溫州。於溫州。渡甌江進至樂清。黃巖。台州。又進歷甯海。至於甯波。以爲終點。即用杭甬鐵路。經杭州。以與東方大港相接。此線自廣州至甯波。長約一千一百英里。

亥　建昌沅州線　此線自建昌起。行經宜黃。樂安。永豐。吉水。以至吉安。即於該地與南京韶州線相交。由吉安進而及永新。蓮花。與汕頭常德線會。於是出江西界。入湖南之茶陵。乃經安仁。至衡州。遇粵漢線。於是由衡州更進至寶慶。則與廣州重慶甲線交焉。由是西行。至於終點沅州。（芷江）與沙市興義線相遇。此線長約五百五十英里。

東南鐵路系統

東南鐵路系統各線全長統共約九千英里。見總圖。

□東北鐵路系統

此系統包括滿州之全部。與蒙古及直隸省之各一部分。占有面積約五十萬英方里。人口約二千五百萬。其地域三面爲山所圍繞。獨於南部則開放。直達至遼東海灣。在此三山脈之中。低落成爲一廣浩肥美之平原。並爲三河流所貫注。嫩江位於北。松花江位於東北。遼河位於南。此之境界。中國前時視之。等於荒漠。但自中東鐵路成立後。始知其爲中國最肥沃之地。此地能以其所產大豆。供給日本全國與中國一部分爲食料之用。此種大豆。爲奇美物品。在質物中含有最富蛋白質之物。早爲中國人所發明。經用以代肉品。不下數千年。由此種大豆。可以提出一種豆漿。其質等於牛奶。復由此種豆奶製成各種食品。此種食品爲近代化學家所證明。其涵肉質比肉類尤爲豐富。而中國人與日本人用之以當肉與奶用者。已不知其始自何時矣。近來歐美各國政府之糧食管理官。對於此項用以代肉之物品。甚爲注意。所以此種大豆之輸出於歐美者。亦日見增加。由此觀之。滿州平原。確可稱爲世界供給大豆之產地。除此大豆以外。此平原並產各種穀

東北鐵路系統

類極多。就麥一類言之。已足供西伯利亞東部需用。至於滿洲之山嶺。森林礦產。素稱最富。金礦之發見於各地者。亦稱最旺。

敷設鐵路於此境域。經已證明為最有利益之事業。現已成立之鐵路貫通於此富饒區域者。已有三幹線。如京奉線。為在中國之最旺鐵路。日本之南滿鐵路。亦為獲利最厚路線。中東鐵路又為西伯利亞系統之最旺部分。除此以外。尚有數線。為日本人所計畫經營。如欲依次發展此之富庶區域。即應敷設一網式鐵路。乃足敷用也。

在未論及此網式鐵路之各支線以前。吾意以為當先設立一鐵路中區。猶蜘蛛巢之於蜘蛛網也。吾且名此鐵路中區曰東鎮。此東鎮當設立於嫩江與松花江合流處之西南。約距哈爾濱之西南偏一百英里。將來必成為一最有利益之位置。此之新鎮。不獨可為鐵路系統之中心。至當遼河松花江間之運河成立後。且可成為水陸交通之要地。

既以此計畫之新市鎮東鎮為中區。吾擬建築如左之各線。

天　東鎮葫蘆島線。

地　東鎮北方大港線。

玄　東鎮多倫線。

黃　東鎮克魯倫線。

宇　東鎮漠河線。

宙　東鎮科爾芬線。

洪　東鎮饒河線。

荒　東鎮延吉線。

日　東鎮長白線。

月　葫蘆島熱河北京線。

盈　葫蘆島克魯倫線。

昃　葫蘆島呼倫線。

辰　葫蘆島安東線。

宿　漠河綏遠線。

列　呼瑪室韋線。

東北鐵路系統

東北鐵路系統

張 島蘇里圖門鴨綠沿海線。

塞 臨江多倫線。

來 節克多博依倫線。

暑 依蘭吉林線。

往 吉林多倫線。

天 東鎮葫蘆島線 此是由計畫中之滿洲鐵路中區分出之第一線。比較其他直達遼東直隸半島之不冰口岸之二線為短。路線與南滿鐵路平行。在兩線之北部末尾相距約八十英里。依據與俄前政府所定原約。不能在南滿鐵路百里以內建築並行路線。但當施行國際發展計畫。為共同利益起見。此等約束。必須廢除。此線起自東鎮。向南延進。經過徧州太平原。由長嶺雙山遼原康平而至新民。為成一直線。約有二百七十英里之長。過新民後。卽與京奉鐵路合軌。約行一百三十英里之長。卽至葫蘆島。

地 東鎮北方大港線 此是由鐵路中區直達不冰之深水港之第二線。起自東鎮。向西南方延進。經過廣安與東鎮於西遼河間之中道。在未到西遼河以前。先須經過無數小村落。當經過遼河之後。卽進入熱河區域之多山境界。經過一谷地至阜新縣城。再經過分水界。進入大凌河谷地。當經過大凌河過谷地之後。此線卽爲此河之支流　再經一分水界而入於灤河谷地。然後通萬里長城取道永平與樂亭而至北方大港。此線共長約五百五十英里。前半截所經過者是平地。後半截所經過者是山區。

玄　東鎮多倫線　此是鐵路中區分出之第三線。向西方直走經過平原。至洮南。由此橫過日本之計畫熱河線。並與長春洮南及鄭家屯洮南兩計畫路線之終點相合。經過洮南後。此線卽沿大興安嶺山脈東南方山脚轉向南走。在此一帶山脈發見有最盛之森林與富饒之礦產。然後經過上遼河谷地。此谷地卽由在北之大興安嶺與在南之熱河山所成。再通過林西與經棚等市鎮至多倫　於是由此處與西北鐵路系統之幹線相合。此線長約有四百八十英里。大半皆在平地。

黃　東鎮克魯倫線　此由東鎮鐵路中區分出之第四線。向西北方走。幾與中東路之哈爾濱滿州里線平行。兩線相隔之距離。由一百英里至一百三十英里不等。此線由嫩江與松花江合流處之東鎮北部起。復向西渡嫩江至大賚。轉西北向橫過平原。進入查勒河之北支流谷地。當進入此谷地後。即沿此河流直上至河源處。然後橫過大興安嶺分水界。進入蒙古平原。於是從哈爾哈河之右岸至貝爾池北之末端。由彼處轉向西走。至克魯倫河。即循克魯倫河南岸至克魯倫。此線約共長六百三十英里。

宇　東鎮漠河線　此是由鐵路中區發出之第五線。起自嫩江與松花江合流處之北部。向西北行。橫過滿州平原之北端至齊齊哈爾。在齊齊哈爾與計畫之錦瑷線相會。同向西北方。沿嫩江左岸走至嫩江。而後彼此分路。於是再向西北走進入嫩江上流谷地。至發源處再橫過大興安嶺山脈之北部末尾至漠河。在漠河與多倫漠河線之末站相會。此線約長六百英里。全線之首四分一行經平原。其次之四分一沿嫩江下流。第三之四分一行經上流谷地。第四之四分一截經山嶺。是為金礦產地。但天然險阻。亦意中事也。

宙　東鎮科爾芬線　此是由鐵路中區分出之第六線。起自嫩江與松花江合流處之北邊。向平原前行。經綏東青岡等城鎮。到青岡後。渡過肯河至海倫。然後上通肯河谷地橫過小興安嶺分水界。由此即向下進入科爾鐵路地。經東陸前行至科爾芬。即黑龍江之左岸也。此線共長約三百五十英里。三分二為平地。三分一為山地。此為由東鎮至黑龍江之最短線。黑龍江之對岸。卽俄境也。

洪　東鎭饒河線　此是由鐵路中區分出之第七線。起自嫩江松花江合流處之北邊。經肇州緣松花江左岸行經平原。而後再橫過中東鐵路。渡呼蘭河而至呼蘭。過呼蘭後。向巴彥。木蘭。通河等地方前進。再渡松花江至三姓。卽今名依蘭地方也。於是向前進入倭肯河谷地過分水界。經七星磖子與大鍋蓋等地方。進入饒河谷地。於是沿此河邊經過無數村落市鎭。始至饒河縣。以饒河與烏蘇里江合流處爲終點。此線之距離約有五百英里。所經之地皆爲肥美土地。

荒　東鎭延吉線　此是第八線。由鐵路中區分出。起自嫩江松花江分流處之東邊。循松花江右岸。向東南方前行至扶餘又名伯都訥。並經過此江邊之鎭甚多。至横過哈爾濱大連鐵路後。卽轉向東行至榆樹與五常等地方。到五常後。此線轉偏南行。向豐德棧前進。而後依同一方向至額穆。於是由額穆渡牡丹江。然後向涼水泉與石頭河前行。至此卽與日本會甯吉林線合軌。直達於延吉。此線約共長三百三十英里。經過各農產與礦產極豐富之地方。

東北鐵路系統

日 東鎮長白線 此是由鐵路中區分出之第九線。起自嫩江松花江相與會處之南部。向東南方走。橫過平原。至豐安。渡伊通河。相繼向同一方進行。經過此河之各支河。至九台站。復由此與長春吉林線合軌直行至吉林。迨至吉林後。則由其本路循松花江右岸。向東南行至拉法河合流處。即沿松花江河岸。轉南行至樺甸。即再由此溯流而上。至頭道溝直達撫松。即轉東南行進。入松香河谷地。再溯流前行經長白山分水界。繞天池湖邊南部。然後轉向循曖江至長日。即近高麗邊界地方也。此線之距離約共三百三十英里。最後之一部分。當經過長白分水界時。須歷許多困難崎嶇之地。

月 葫蘆島熱河北京線 由此吾將從而另爲計畫東北鐵路系統之一新組。此組以遼東半島之不冰口岸葫蘆島爲總站。如第一線起自葫蘆島向西方走進沙河谷地至新台邊開。於是行過海亭。犢牛營子。三十家子。之多山境界至平原。復依同一方向直達熱河又名承德。到熱河後。由舊官路至灤平。然後轉西南向至古北口。通過萬里長城。由彼處御通路經密雲與順義至北京。此線之距離約有二百七十英里。

盈 葫蘆島克魯倫線 此是由葫蘆島分出之第二線。起自葫蘆島口岸。向北直走。

經建平與赤峯。行過熱河之多山地域後。此線循通道而行。過遼河谷地上部至間場。西關。大金溝。與林西等地方。到林西卽進至陵家窩谷地。卽由甘珠廟右府跡經過大興安嶺極南之分水界。然後再進至巴原布拉克。烏尼克特。及歡布庫列。由此卽與多倫克魯倫線合軌直達克魯倫。此線以達至歡布庫列計之。約長四百五十英里。經過豐富之礦產木材農業等地方。

卯　葫蘆島呼倫線　此是由葫蘆島分出之第三線。取道錦州。循大凌河右邊直走至義州。由此渡大凌河至清河邊門與阜新。到阜新後。此線卽向北直行至綏東。由此渡西遼河至開魯。再由大魚湖與小魚湖之間直達合板與突泉。然後橫過大興安嶺。進入阿滿谷地。沿河流直達呼倫。此線長約六百英里。所經過地方。皆富於農產與礦業。並有未開發之森林。

辰　葫蘆島安東線　此是第四線。自葫蘆島起。向東北方走。循計畫中之遼河葫蘆島進邊河直上。而後轉東北行至牛莊與海城。由此再轉東南行至析木城。於是與安東奉天線合軌。直達近高麗境界之安東。此線約長二百二十英里。此線與葫蘆島熱河北京線

東北鐵路系統

連合。則成爲一由安東以外之高麗至北京之至直捷之線矣。

宿　漠河綏遠線　此是別一鐵路組系統中之第一線。吾且進而論之。此等爲環形線。以東鎮中區爲軸。成二半圓形。一內一外。此之漠河綏遠線。起自漠河。沿黑龍江邊前進至烏蘇里。額木爾嶺果。至庫塀。安羅。倭西門。等地。過彼處後。此後轉折南流。故此線亦循之至安幹。察哈顏。望安達、呼瑪等處。於是再由呼瑪前行至錫爾根奇。奇拉。滿州屯。黑河。瑷琿。在瑷琿乃與錦瑷線之終點相會。過瑷琿後、此線卽漸轉而東向。直達木爾霍勒津。奇克勒。與科爾芬等處。在科爾芬與東鎮科爾芬線相會。然後再進由彼處至烏雲。佛山。與羅北。由羅北直至同江。此卽松花江與黑龍江會流之點也。此線卽由此處渡松花江抵同江。再由此向街津口額圖前行至綏遠。卽黑龍江與烏蘇里河之合流處也。此線長約有九百英里。至所經之地方。皆係金礦產地。

列　呼瑪室葦線　此本是漠河綏遠線之支線。起自呼瑪。循庫瑪爾河經過大砬子與瓦巴拉溝等金礦然後溯庫瑪爾而上。向西行。又西南偏至此河之北源。遂由彼處分水界過。進入哈拉爾谷地。於是由此谷地上達室葦。此線約長三百二十英里。經過極豐富之金鎮地方。

張　烏蘇里圖門鴨綠沿海線　此是外半圓形之第二線。由綏遠起與第一線相續沿烏蘇里江前行。經過高蘭。富有民店等處至饒河。於是此線與東鎮饒河線之末站相會。由饒河起南行則與在烏蘇里江東邊之俄烏鐵路成平行線直達虎林而止。到虎林後即離俄羅斯線。轉向西方。循穆陵河至興凱湖之西北角之密山縣。由此再至平安鎮。轉南向循國界在小綏分東站橫過哈爾濱海參威線直至東甯。到東甯後。相繼南向循國界而行。至五道溝與四道溝間之交點。然後轉而西行至琿春。再西北走至延吉。於是與日本之會甯吉林線相會。由延吉循日本線至和龍。離日本線由圖們江左岸向西南走。經過分水界。進入鴨綠谷地。即在此處與東鎮長白線相會。過長白後。即轉西向。又西北偏。沿鴨綠江右岸至臨江。彼時又復西南偏。仍沿鴨綠江右岸前行至輯安縣。再相繼依同一方向沿鴨綠江右岸直達安東。由此即與安東奉天鐵路相會。過安東後。向鴨綠江口之大東溝前走。循此海岸線至大孤山與莊河等處。然後轉而西向。經平西屯房店至吳家屯與南滿鐵路相會。此線之距離。約有一千一百英里。自頭至尾。皆依滿洲東南之界而行也。

東北鐵路系統

寒　臨江多倫線　此是東鎮鐵路東區外半圓之第三線。與在中區南部分出之支線相接。此線起自臨江。即鴨綠江之西南轉灣處也。由此處向多山地域前進經過通化與京。與撫順等地方。至奉天。橫過南滿鐵路。於是此線由奉天與京奉線合軌。直達新民。由此橫過東鎮葫蘆島線。轉向西北走。經過新立屯至阜新。過阜新後。此線進入遼河谷地上部之山地。直向赤峯前行。經過無數小村落與帳幕地。皆大牧場也。此線由赤峯再前行經三座店。公主陵。大鰻子。等處。通過銀河谷地至發木谷。然後循吐根河至多倫諾爾。此線約長五百英里。

來　節克博依蘭線　此是內半圓形之第一線。與東鎮鐵路中區之東北方所分出之各支線相連。起自黑龍江上游之節克多博。向東前行。又東南偏。經過大興安嶺山脈之谷地山地數處。即至嫩江。過嫩江後。即轉南向至克山。由彼處再至海倫。然後渡松花江至三姑。即依蘭也。此線長約七百英里。經過農業與企礦地方。

暑　依蘭吉林線　此是內半圓之第二線。起自依蘭。向西南方。沿牡丹江右岸前行。經過頭站、二站。三站。四站。至城子。即由此處橫過哈爾濱海參威線。於是由牡丹江右岸渡至左岸。直往甯古塔。過甯古塔後。復向西方前行。經過魏城藍旗站搭拉站與鳳凰店至額穆。於此與日本之會甯吉林線相合。向西前行。至吉林。此線所行之長度。約二百英里。經過牡丹江之肥美谷地。

往吉林多倫線　此是在東鎮鐵路系統中內半圓形之第三線。起自吉林循伊通路西行至長春。於是在此與中東鐵路北來之線及日本南滿鐵路南來之線之兩末站相會。過長春後卽橫過平原至雙山。又在此與東鎮葫蘆島及日本之四平街鄭家屯洮南線相會。再由雙山渡遼河至遼源。復由彼處行經一大平原。經過東鎮北方大洮線。直達綏東。與葫蘆島呼倫線相會。過綏東後。循遼河谷地上行。先橫過葫蘆島至呼倫線。然後過分水界至多倫。是爲站。綜此線所經之遠度約有五百英里。由以上所舉、方能完成吾計畫中東北鐵路之蜘蛛網系統　就全系統路線之長言之。其總數約有九千英里。見總圖。

東北鐵路系統

□擴張西北鐵路系統

西北鐵路系統。包有蒙古新疆與甘肅之一部分地域。面積約有一百七十萬英方里。此幅土地。大於阿根廷共和國約六十萬英方里。阿根廷爲供給世界肉類之最大出產地。而蒙古牧塲尙未開發。因運輸之不便利也。以阿根廷既可代美國而以肉類供給世界。如蒙古地方能得鐵路利便。又能以科學之方法改良畜牧。將來必可取阿根廷之地位而代之。此所以在此最大食物之生產地方。建築鐵路爲最要之圖。亦可以救濟世界食物之竭乏也。在國際共同發展中國之第一計畫中。吾曾提議須敷設七千英里鐵路於此境域。以爲建築北方大港之目的。而後可以將中國東南部過密之人民。逐漸遷移。但此七千英里之鐵路。不過爲一開拓者。如欲從實際上發展此宏富之境域。鐵路必須增築。故在此擴張西北鐵路系統中之計畫。吾提議建築下列之各線。

天　多倫恰克圖線。

地　張家口庫倫烏梁海線。

擴張西北鐵路系統

擴張西北鐵路系統

玄 綏遠烏里雅蘇台科布多線。

黃 靜邊烏梁海線。

宇 肅州科布多線。

宙 西北邊界線。

洪 迪化烏蘭固穆線。

荒 焉什溫烏梁海線。

日 烏里雅蘇台恰克圖線。

月 鎮西庫倫線。

盈 肅州庫倫線。

昃 沙漠聯站克魯倫線。

辰 格合克魯倫節克多博線。

宿 五原洮南線。

列 五原多倫線。

張 焉耆伊犂線。

寒 伊犂和闐線。

冰 鎮西喀什噶爾線。

天 多倫恰克圖綫 此綫起自多倫。向西北方前行。循驛路橫過大牧場。至喀特爾呼。闊多。蘇蟲圖等處。過蘇蟲圖後。此綫即橫過界綫至外蒙古。依同一路綫至猴申屯。色庫車色．楊圖等地方。由彼處渡克色倫河至額都根錫勒圖入進山地。於是即橫過克色倫河分水界與亦奎河分水界。克色倫分水界之水則流入黑龍江而至太平洋。亦奎河分水界之水則流入貝加爾湖。再由彼處至北冰洋。過克奎河分水界後。此路即循亦奎河之支派。至恰克圖。其綫長約八百英里。

地 張家口庫倫烏梁海綫 此綫起自萬里長城之張家口。向西北進蒙高原。橫過山脈。進入蒙古大草場。走向明安。博羅里治。烏得。與格合。即橫過多倫迪化幹線。過格合後。此線前行經過穆布倫之廣大肥沃場。然後依直線再前行。經穆克岡那賴哈庫倫。由庫倫此線即進入山地。橫過巴楞格尔地。至一地點。在庫蘇古爾泊南部末端之對面

擴張西北鐵路系統

○然後再轉北向○橫過山脈○從庫蘇古爾之南岸之哈特呼爾○過哈特呼爾後○此線繞庫蘇古爾泊邊走○約一短距離○即再轉西北向○又西偏循烏魯克穆河島○至近國界之出口點○復轉西南向直上克牧赤克谷地○至其發源處○通過巴闊羅○直達中俄國境交界處而止○此線之距離○約有一千七百英里○

玄　綏遠烏里雅蘇台科布多線　此線起自綏遠○近於山西省之西北角地方○向西北方前進○經過山地進入蒙古牧場託里布拉克○於是橫過北方大港哈密線與北方大港庫倫線過託里布拉克後○此線由同一方向依直線前進○通過恒們蘇治至士謝圖省會○由彼處仍依直線向西北走至霍勒特○再循商路至鄂里得果勒○此線即轉西向○再西北向前進○通過河流谷地數處與小市鎮即至烏里雅蘇台○於是在烏里雅蘇台橫過北方大港○與烏魯木齊線之第二聯站邊界支線過烏里雅蘇台後○此線即依商路向西方前行○通過呼都克卒爾○巴爾淖爾與匝哈布魯等處至科布多○彼時此線轉西北向○至歡夏略圖與列蓋等處○即復西走至別留○以國界爲終點○此線長約一千五百英里○

黃　靖邊烏梁海線　此線起自靖邊○即在陝西北界與萬里長城相接地方也○此線向

鄂爾多斯鄉落前行。經波羅波勒格孫。鄂託。臣濁。等處。然後過黃河至三道河。由三道河再前行過哈那那林烏拉嶺。即入進在西北方之蒙古大草場。直至古爾班昔哈特。在此即經過北京哈密線。然後至烏尼格爾恩京。由恩京即經過北方大港烏魯木齊線。過恩京後。此線進入谷地與分水界地。向北前行至西庫倫。於是再轉西北行。經過色楞格河流域之各支流與谷地。即抵沙布克臺與粗里廟等處。至粗里廟後。再向同一方向前行。渡色楞格河。沿其支流帖里吉爾穆運河至發源處。經過流入帖里諄爾湖之分水界。然後沿此湖之出口。至烏魯克穆河。即與張家口烏梁庫倫海線相合。此即終點也。此線之長約有一千二百英里。

字　肅州科布多線　此線起自肅州。向西北方走。在尖牛貫通萬里長城　向蒙礦地方前行。即離肅州二百五十里地方也。由彼處即往哈果爾罕布魯克。與伊哈託里　離伊哈託里不遠。此線即經過北京哈密線。然後前行至伯勒臺。過此處後。經過一小塊沙漠即至底門赤魯。當進此多山與下隰之鄉落。再前行之克什溫。即橫過北方大港烏魯木齊幹線。過克什溫向倭呼都克。倫塔巴騰。與塔普圖。可由塔普圖與科城古布多通道相合

擴張西北鐵路系統

。於是循此路與伯多滾臺。蘇臺。前行至科布多。即此線之末站。約共長七百英里。

宙　西北邊界線　此線自伊犂。循烏魯木齊伊犂線至三臺。即賽里木湖之東邊也。此線由此處向東北自行。沿艾比湖西方至士斯賽。過士賽斯後。向託里前行。橫過中央幹線。即北方大港塔城線也。由彼處此線即往納木果臺與斯託羅蓋臺。經過最大之森林與最富之煤礦地方。再由斯託羅蓋臺依通道前行至承化寺。是阿爾泰省之省會。於是由彼處橫過山脈。經烏爾霍蓋圖山口入至科布多谷地。循科布多河源至別留。由此與綏遠科布多線直達烏列蓋。由烏列蓋依其本路取道烏松闊勒與烏蘭固穆行至塔布圖。於是與他線再合。同行至在唐努烏梁海境內之烏魯克穆河。然後轉東向沿河流而上。至別開穆與烏魯河之合流處。即再前行沿前流依東北方溯源直上至境界。是爲終點。此線所經之距離。約九百英里。

洪　迪化（又名烏魯木齊）烏蘭固穆線　此線起自迪化。係多倫迪化幹線至阜[illegible]。然後循其本路向北前行。經自闢川至濱爾楚臺。由此轉東北走。經過山地。至開車。然後至土耳扈特。於是橫過北方大港烏魯木齊線之支線第三交點。過士爾扈特後。轉北行。

經巴戛爾格力谷地。至斯和碩特。然後過站列克特山口。由彼處卽轉東北向。前行經過一新耕種地方。卽至科布多。再前行經過一肥沃草場。渡數河流。沿經數湖。卽至烏蘭固穆。在此卽與西北邊界線相會。此線長約五十英里。

荒 戛什溫烏梁海線 此線起自戛什溫向東北前行。橫過多山與隰地境界。經哈同呼克爾與達爾瀚律。博爾努魯。過博爾努魯後。此線通過仙盆谷地。經呼志爾圖與博爾霍爾烏里雅蘇臺。在此與綏遠科布多線及北方大港烏里雅蘇臺線相會。於是此線向北方前行於一新境地。先經過色楞格河之正源。然後經過帖斯河之正源。當在帖斯河谷地中。此線經過一極大未闢森林。過此森林後。卽轉向西北走。經過分水界。進入在唐努烏梁海地方之烏魯克穆谷地。與西北邊界線相會。是為末站。此線共長六百五十英里。

日 烏里雅蘇台恰克圖線 此線起自烏里雅蘇臺。依戛什溫烏梁海線前往至巴楞格河支流之鄂壘爾河止。然後轉而東向。由其本線循鄂壘爾河流域前行而下。橫過靖烏邊梁海線至鄂盤爾河與色楞格河合流處而止。於是與張家口庫倫烏梁海線合軌。向東方前行頗遠。待至彼線轉東南向而止。當此線轉東北向時卽循色楞格河下至恰克圖。此線包

擴張西北鐵路系統

有之距離約五百五十英里。經過一肥美谷地。

月 鎮西庫倫線 此線起自鎮西。向東北前行。橫過一種植地域。道經圖塔古察蒂爾格斜特。於是由烏爾格科特行過肅州科布多線。然後行經戈壁沙漠北邊之大草場至蘇治與達蘭圖魯。由彼處再向北走。橫過北方大港烏里雅蘇臺與多倫諾爾烏里雅蘇臺線至塔順呼圖克。過此處後。此線即在鄂羅蓋地方橫過綏遠烏里雅蘇臺線。前行過分水界。進入色楞格河谷地。於是在沙布克臺行過靖邊烏梁海線。從此即轉東向經過一多山水之境域至庫倫。此線所經之距離約八百英里。

癸 肅州庫倫線 此線起自肅州。前行經金塔至毛目。於是隨道河又名額經納河而行。此河可以之灌注沙漠中之沃地。然後乃沿河流域而至一湖。復由彼處行經戈壁沙漠。即與北京哈密線及北方大港烏里雅蘇臺線之相交處相會。或為一共同聯站。過此以後。此線向沙漠與草場前行。經過別一鐵路交點。此鐵路之交點即由綏遠科布多線與靖邊烏梁海線所成。於是此線在此處亦成為共同聯站。由彼處前行進入一大草地。經過哈蘇與爾里克至三音達賴。於此即橫過多倫諾爾烏魯木齊線。過三音達賴後。此線前行經烏爾和碩與許多市鎮營寨即至庫倫。此線包有之距離。約七百英里。三分一路經過沙漠。其餘三分之二。經過低濕草地。

卯　沙漠聯站克魯倫線　此線起自漠沙聯站。向東方前行。至一大草地。於是在鄂爾淖爾湖南方橫過靖邊烏蘭海線。由彼處前行至士謝圖汗都會。於此經過綏遠科布多線過土謝圖汗都會後。行逕大草場。至第一聯站。由第一聯站即前行至烏蘭呼圖克與尖頂車。然後橫過張家口烏梁海線。至車臣汗。由車臣汗此線向東北循河流域而下。直達克魯倫城。於此即橫過多倫克魯倫線並與克魯倫東鎮線相會。此線長約八百英里。

辰　格合克魯倫節克多博線　此線起自格合。此即多倫諾爾烏魯木齊張家口庫倫與烏梁二線之交點也。由彼處向東北前行。經過大草場。至甕中屯。於是橫過多倫恰克圖線。過甕中屯後。依同一方向前行。又經過一大草場。至克魯倫。即由此橫過呼倫克魯倫線。然後依克魯倫河右岸前行。再渡左岸。經過呼倫池之西北邊。過呼倫池後。此線橫過中東鐵路。渡額爾古納河。然後沿此河右岸。直達節克多博。於是與多倫諾爾漠河與節克多博依蘭二線相會。此即此線之末站也。此線包有之距離約六百英里。上半截經過旱地。下半經過濕地。

擴張西北鐵路系統

宿 五原洮南線 此線起自黃河西北邊之五原地方。向東北前行。橫過晒田烏拉山與大草地。即抵託里布拉克。於是與北京哈密線綏遠科布多線及北方大港線之三路庫倫交點相會。由託布里拉克此線再向同一方向前行。經過草地場。至格合。在此即與多倫烏魯木齊與北京庫倫二線相會。亦即格合克魯倫線之首站也。過克合後。此線漸漸轉東向。橫過多倫恰克圖之中部至歡布庫里。於是在方橫過多倫克魯倫與葫蘆島克魯倫之二線。由歡布庫里此線行經界線之南。即循之行至達克木蘇馬。於是與多倫漠河線相會。由彼處行向東方。橫過興安嶺至突泉。然後轉南東至洮南。此即終站也。此線長約九百英里。

列 五原多倫線 此線起自五原。向東北前行。橫過晒田烏拉嶺至茂名安旂。即在此經過北方大港庫倫線。然後向一大草場前行。經過綏遠科布多線至邦博圖。經過北京哈密線過邦博圖後。此線轉而東向。前行經過張家口庫倫烏梁海線。然後至多倫。與多倫奉天臨江線相合爲終點。此線由黃河上流谷地。成一直接線路至肥美之遼河谷地。包有距離約五百英里。

張　焉耆伊犂線　此線起自焉耆。又名喀喇沙。向西北前行。橫過山嶺。進入伊犂谷地。然後循空吉斯河向西下行。繞極肥美谷地至伊甯與綏定。即伊犂城等。此皆在伊犂地方近俄羅斯邊境之主要城鎮也。於是在伊犂與伊犂烏魯木齊線相合，此線長約四百英里。

寒　伊犂和闐線　此線起自伊犂。向南前行。渡伊犂河。然後東向沿此河左岸而行。初向東南。繼向南。行至博爾臺。由此即轉向西南。進入帖克谷斯地。然後溯帖克斯河而上至天橋。再上山道。過此山道後。此線轉東南向行繞過一極大煤礦地方、然後再轉西南至札木台。於此即經過土魯番喀什噶爾線由札木台即轉南向。行過塔里木谷地北邊之最肥美區域至巴斯爾搭格拉克。再向西南行至和闐河。此路經過無數小部落。皆在和闐河之肥沃區域中。此河即流入沙漠。此線在和闐與喀什噶爾於闐線相會。過和闐後。即向此城南方上行至高原。以國界爲終站。此線包有距離約七百英里。

來　鎮西喀什噶爾線與其支線　此線起自鎮西。向西南行。循天山草場。經延安堡

擴張西北鐵路系統

。薛家隴。與陶賴子至七個井。然後循天山森林。經過桐窩西鹽池與阿郎至鄯善。由此即經過中央幹線。過鄯善後。即循塔里木沙漠北邊而行。經魯克沁與石泉至河拉。於此橫過車城庫爾勒線。由河拉前行。循塔里木河流域。經過無數新村落肥美地方與未開闢之森林。即至巴斯捫塔格拉克。在此橫過伊犂和闐線。行經巴楚至喀什噶爾。在此與烏木魯齊于闐線相會。過喀什噶爾後，此線即向西北前行至國界。是爲終站。至與此線有連續關係者。約有二支線。第一支線。由河拉西南方前行。經沙漠中沃地數處至車城線。第二支線。跟由巴西楚南方循葉爾羌河至莎車。然後西南至蒲犂。即近國界地方也。此線與其各支線合計之。約共長一千六百英里。如就此系統全部言之。約共長一萬六千英里。見總圖。

高原鐵路系統

此是吾鐵路計畫之最後部分。其工程極爲煩難。其費用亦甚巨大。而以之比較其他在中國之一切鐵路事業。其報酬亦爲至微。故此鐵路之工程。當他部分未完全成立後。鐵路不能興築。但待至他部分鐵路完全成立。然後興築此高原境域之鐵路。即使其工程浩大。亦當有良好報酬也。

此高原之境域。包括西藏青海新疆之一部。與甘肅四川雲南等地方。面積約一百萬英方里。附近之土地。皆有最富之農產與最美之牧場。但此偉大之境域。外國多有未之知者。而中國人則目西藏爲西方寶藏。蓋因除產金豐富外。尚有他種金屬。黃銅尤其特產。故以寶藏之名。加於此世人罕知之境域。洵確當也。當世界貴金屬行將用盡時。吾等可於此廣大之鑛域中求之。故爲開鑛而建設鐵路。爲必要之圖。吾擬左之各線。

天　拉薩蘭州線。

地　拉薩成都線。

高原鐵路系統

玄　拉薩大理車里線。

黃　拉薩提郎宗線。

宇　拉薩亞東線。

宙　拉薩來吉雅令及其支線。

洪　拉薩諾和線。

荒　拉薩于闐線。

日　蘭州婼羌線。

月　成都宗札薩克線。

盈　甯遠車城線。

昃　成都門公線。

辰　成都元江線。

宿　敍府大理線。

列　敍府孟定線。

張　于闐噶爾渡線。

天　拉薩蘭州線　此線與西藏都會相連。爲彼境域之中央幹線。足稱爲此系統中之重要路線。沿此線之起點與終點。現已有少數居民。將來可成爲一大殖民地。故卽當開辦之始。或可成爲一有價值之路線也。此線起自拉薩。循舊官路。向北前行。經達隆至雅爾。卽騰格里池之東南方也。過雅爾後。此線暫轉東向。由藏布谷地過分水界。經雙竹山口至潞江谷地。然後轉而東向。渡潞江正源。經過數處谷地流河及山嶺而至揚子江。於是渡揚子江上流正源之金沙江。過苦苦鑿爾橋。過此橋後。轉東南向。又東向通過揚子江谷地。進入黃河谷地。於是由此經過數小村落與帳幕地。進至札陵湖與鄂陵湖間之星宿海。然後東北向。過柴塔本之東南谷地。再轉入黃河谷地。卽前進經過喀拉普及數小市鎮至丹噶爾。今名湟源。界於甘肅與青海之間。過丹噶爾後。此線卽轉東南循西甯河流之肥美谷地下行。經過西甯碾伯與數百小市鎮小村落至蘭州。此線行經之距離。約一千一百英里。

地　拉薩成都線　此線起自拉薩。東北向。依舊官路前行。經德慶。南摩。至墨竹

高原鐵路系統

工卡。然後轉東南向。又東北向。至江達。於是由江達轉北向。又轉東北向前行經過託拉山至拉里。過拉里後。此線向東行經邊壩碩督。與數小市鎮至洛龍宗。然後由嘉裕橋渡潞江。卽轉東北向至恩達與察木多。過察木多後。此線不循東南之官路至巴唐。乃向東北而循別一商路前行至四川省西北角之巴戎。由此前行過橋渡金沙江。卽札武三土司附近地方也。於是此線轉東南向。進入依柞谷地。沿鴉龍江下行至甘孜。再前進經長葛英溝至大金川之倍田。並至小金川之望安。過望安後。此線卽橫過斑爛山至灌縣。進入城都平原。由郫縣至城都。此線行經之距離。約一千英里。

玄　拉薩大理車里線　此線起自拉薩。與拉薩成都線同軌。直行至江達。於是由江達循其本路路軌西南向。沿藏布江支流至油魯。卽其河支流與正流會合之點也。過油魯後。卽沿藏布江口左岸。經公布噶什城至底穆昭。由底穆昭離藏布江向東前行。至底穆宗城。遺貢。巴谷。刷宗城。過刷宗城後。此線轉東行至力馬。再東南行至潞江之門公。於是由門公轉東向前行。由潞江右岸。經蔦蒲桶至丹鵰。然後渡潞蘇。由崖瓦村谷地過分水界。至瀾滄江。又名美江。乃渡江至小維西。過小維西後。卽沿河邊至誠心銅廠。然後離河前行。經河西洱源鄧州上關至大理。由大理南行至下關。鳳儀。蒙化。再行至保甸。與瀾滄江再會。於是南行。沿江之左岸至車里。爲此線之終點。其路線之長。約九百英里。

黃　拉薩提郎宗線　此線起自拉薩。向南行。道經德慶至藏布江。再由藏布江轉東向。沿河之左岸。至札噶爾總。渡藏布江至澤當。即南向前與經吹夾坡。郎滿楚納塔旺至提郎宗。再接續前行至印度之亞三邊界。此線長約二百英里。

宇　拉薩亞東線　此線起自拉薩。西南向。由札什循舊官路經偪里至曲水。由曲水過末力橋。渡藏布江南之査夏木。然後至塔馬隆。白地。達布隆。與浪噶子等地方。過浪噶子後。此線轉西向至翁古。拉隆。沙加等地。於是由沙加離官路再轉向西南行。道經孤拉。至亞東。是哲孟雄邊界。此線約長二百五十英里。

宙　拉薩來吉雅令及其支線　此線起自拉薩向西北行。由札什循舊官路前行至小德慶。再西行至桑駝洛池。轉西南行至那馬陵。與當多汎。即在拉古地方渡藏布江。過拉古後。此線即轉西向至日喀則城。是爲西藏之第二重要市鎮。由此依同一方向。沿藏布

高原鐵路系統

江邊右岸前行。經過札什岡朋錯嶺與拉子等地方。於是由拉子分一支線向西南行。取道脅噶爾。定日。至尼泊爾邊界之聶木。拉佴。其幹線則橫過藏布江之右邊。循官路行。取道那布林格喀至大屯。由此再分一支線向西南行。至尼泊爾邊界。而其幹線仍接續西北行。取道塔木扎卓山至噶爾渡。然後向西前行。至薩特來得河之來吉雅介。以印度邊界爲終點。此線與其二支線合計之。約共長八百五十英里。

洪　拉薩諾和線　此線起自拉薩。與宙線同軌。行至桑駝駱海。始循其本線向西北前行至德貞。桑札宗。及塔克東。於是由此處進入西藏之金鑛最富地方。而經過翁波。都拉克巴。光背。與于喀爾至諾和。爲此線之終點。其距離約長七百英里。

荒　拉薩于闐線　此線起自拉薩。循宙洪兩線之軌道至騰格里池之西南角。於是由其本軌向西北前行。經隆馬絨。特布直。託羅海。與四五處小地方。至薩里。過薩里後。此線即通過一大幅無人居之地。至巴喀爾與蘇格特。橫過山嶺。遂由高原而下。經索爾克至塔里木河流域之雅雅勒公。在此與西北鐵路系統之車爾城于闐線合軌。前行至于闐。此線共長約七百英里。

日　蘭州光緒線　此線起自蘭州。循拉薩蘭州線軌道同行至青海之東南角。於是由其本軌繞青海南岸至都蘭奇特。卽由此轉西南走至宗札薩克。由宗札薩克依柴達木低窪地之南邊。向西南行。經過屯月。哈羅里。與各爾莫至哈自格爾。過哈自格爾後。此線卽轉西北向。經拜把水泉。那林租哈。至阿爾善特水泉。然後暫轉北向前行。橫過山脈至緒光。卽與安西于闐線及緒光庫爾勒線聯合。是爲終站。此線約長七百英里。

月　成都宗札薩克線　此線起自成都。循拉薩成都軌道前行至灌縣。然後由其本軌向北前行。經汶川至茂州。於是循泯江河流向西北前行至松潘。過松潘後。卽入岷山谷地。經過東丕至上勒凹。卽由此處橫過揚子江與黃河間之分水界。再接續前行至鄂爾吉庫舍里。於是由黃河支源西北轉至其正流。沿河右邊。取道察漢津至布勒拉察布。渡黃河至舊官路。西北轉。與拉薩蘭州線合軌前行。直達拉尼把爾。再轉西北向。循其本軌前行。至宗薩克。與蘭州光光線相會。是爲終站。此線行經之距離。約六百五十英里。

盈　甯遠車城線　此線起自甯遠。向西北行。取道懷遠鎭。自雅江。橫過江之右

高原鐵路系統

岸。循舊驛路前行。至西俄落。即離江邊循驛路至里塘。由里塘。仍依同一方向。從別路前行至金沙江之左岸岡沱。再沿此河邊前行至札武三土司。橫過拉薩成都線。過札武三土司後。此線仍依同一方向前行。沿金沙江邊。取道闊登貢巴。至苦苦賽爾橋。即在此橫過拉薩州線。再循金沙江之北支源至其發源處。過分水界。循駱駝路前行。經沁司坎阿洛共至車城。是為終站。其距離約長一千三百五十英里。此線為此系統之最長路線。

戾 成都門公線 此線起自成都。向西南行。經雙流。新津。名山。至雅州。轉西北向。前行至天泉。復轉西行。至打箭爐。東俄落。裏塘等地方。過裏塘後。此線向西南行。經過巴塘。宴爾喀羅。至公門。共約長四百英里。所經過地方皆係山嶺。

辰 成都元江線 此線起自成都。循成都門公線路軌前行至雅州。然後由其本軌依同一方向。取道榮陽。經清溪。過清溪後。此線向南行。經越雋。至甯遠。即於此與甯遠車城線之首站相會。過甯遠後。即至會理。然後渡金沙江至雲南府。與廣州大理線相會。於是由雲南府循昆明池西邊至昆陽。經過新興。嶍峨。至沅江。與廣州思茅線相會。是爲終站。其距離約六百英里。

宿　敍府大理線　此線起自敍府。沿揚子江左岸。前行至屏山。雷波。過雷波後。即離此河向西南行。過大梁山。至甯遠。即於此橫過城都甯遠線。並與廣州甯遠縣及甯遠車城縣之首站相會。於是再接續依同一方向前行。橫過鴉龍江。至鹽源。永北。過永北後。此線暫轉南向。渡金沙江至賓川。然後至大理與東州大理線及拉薩大理線相會。是爲終站。共長約四百英里。

列　敍府孟定線　此線起自敍府。循敍府大理線路軌直行至雷波。即由揚子江上流名曰金沙江橫過。沿此江之上流左岸。至其灣南處。即橫過成都元江線至元煤。復由元煤前行至楚雄。橫過廣州大理線至景東。復向西南前行。橫過瀾滄江至雲州。然後轉西南向。循潞江支脈至孟定。以邊界爲終站。此線共長約五百英里。

張　於闐噶爾渡線　此線起自於闐。沿克利雅河。向南行至波魯。由波魯復轉西南行。取道阿拉什東郎至諾和。即與拉薩諾和線之終站相會。過諾和後。即繞諾和湖之東

高原鐵路系統

邊。至羅多克。復向西南行。沿印度河至碟木綽克。復由碟穆綽克東南向。沿印度河上行至噶爾渡。卽於此與拉薩來吉雅佘線相會。是爲終站。此線長約五百英里。此高原鐵路系統。全部共長一萬一千英里、

實行總理鐵路計畫芻議

劉世傚

我中華民貧國弱。政治杌隉。至近年爲極。厥故雖非一端。由來亦非一朝。而交通阻塞。識者咸認爲最大之原因。是以總理建國方略。首重發展交通。而尤以建築鐵路爲前提。蓋舉凡一切建設。若開闢商埠。發展農礦。普及教育。以及施政治國等等。苟無充量交通。決難望其實現。美利堅百年之前。一草昧之邦耳。今則文物政教。國富民力。足以俯視全球。此鐵路發達之助也。我國土地與彼相埒。而富藏且過之。設一旦總理計畫實行。奚止躋一國於富強。將爲全球開一新世界。總理計畫建造鐵道一十萬英里。較現有者約增十五倍。分中央西北西南東南東北高原六系統。凡廣遼之礦區。計畫中之商埠海港。皆貫通聯絡。洵是宏猷碩畫。顧時人或仍不免有咄爲空談者。不知有志竟成。衆擎易舉。觀夫美利堅鐵道如網。達二十五萬英里以上。則此區區十萬英里。當無所難。茲者國民政府。奄有全國大半。統一之業。已在指顧。今後政府國民自以實行總理政策爲唯一之責任。不揣謭陋。爰草斯編。略論概要。掛一漏萬。在所不免。倘祈海內賢達。進而教之。

實行總理鐵路計畫芻議

鞏固交通事業基礎

欲求鐵路計畫之實行。必須痛改歷年交通機關之惡習劣政。以鞏固基礎。而示中外以信仰。否則絕無希望。可以斷言。追溯以前交通事業失敗之最大原因有二。(一)軍人政客之摧殘也。中國之所謂交通事業者。實軍閥之戰利品耳。視交部爲金庫。盡力搜括。竭澤而漁。維持之不能。遑論發展。(二)當局之獻賢也。歷年主持交通者。都爲軍閥之爪牙。萬惡之政客。囊括席捲。爲虎作倀。日維趨附於軍人之間。何嘗一置念於交通事業。即有一二當局。蓄意整頓。亦屬孤掌難鳴。更有藉交通之名。立無數借款。喪權失利。均非所計。故今後欲實行鐵路新計劃。必須履行下列二端。以固基礎。然後百丈高閣。可拾級而築也。

(一)保障特別會計　鐵路與其他事業之性質不同。第一鐵路有一定資本。以供運用。與其他行政費之須仰給於國庫者懸殊。第二。鐵路事業。不當量入爲出。第三。鐵路系獨立業務。當隨機設施。第四。鐵路具公共性質。需要時雖蝕本亦所不計。綜觀上述。可知欲發達鐵路不可不用特別會計。欲杜絕軍人挪用準備借款之還本付息。保全商股利益。更不能不採此制度（特別會計之法。研究鐵路學者。類能道之茲不列）。

（二）確定交通機關之權限　歷年我國交通機關。全操諸軍人之手。截款扣車。已屬常事。恬不爲怪。軍人乘車。大都不購車票。且驕縱橫行。不守路規。更可恨者軍人包運商貨私帶違禁品。各路莫奈之何。損失不貲。至於戰爭之時。路局更無置喙餘地。是以行政既難自主。營業復無秩序。嗣後發展鐵路。非嚴尊權限。以維持行業秩序不可。

今後應採之鐵路政策

欲實行十萬英里之計劃。必須預定今後之鐵路政策。否則如航海無針。必入歧途。考世界各國之于鐵路。不主國有。即主民有。均預定政策。然後經營。我國則不然。事前並未通盤籌畫。築造純屬被動。以致名目錯亂。事權紛歧。前車覆轍。來者可追。今後各種建設。端賴人民合作。鐵路計劃至宏。需款至鉅。決非政府之財力精神。所獨能舉辦。故須分國有。民有。及官民合辦三種制度。庶能分道揚鑣。殊途同歸。或問以前

實行總理鐵路計畫芻議

國有既已失策。商辦亦未奏效。合辦又復無功。今子尚欲蹈其覆轍乎。斯則誤矣。以前國有之失敗者有三因焉。(一)劃省爲界之謬見。鐵路首貴聯絡。劃省爲界。即成死路。故各公司非趦趄觀望。即左右不聯。(二)股款混雜。以前商辦鐵路資本。除廣東外。均非有組織之投資。兼以瑣屑之雜款捐款。如米捐、畝捐。土藥捐。齊業捐。等等。識者早知爲非久遠計也。(三)辦理不得人。鐵路爲專門事業。非通家不辦。以前主辦商路者。都爲竊名之官紳。非才不能勝。即假公濟私。至於官商合辦。始于光緒十三年津沽公司續辦之閻莊至天津鐵路。其後齊愛。洮法。吉黑。新法。張熱。陝甘。吉長等路。亦採此制。均以辦理失當而至失敗。夫以我國歷年交通事業之風雨搖殘。任何制度。不能奏效。初無關其制度之本身也。至若外商承辦。華洋合辦之失策。自無用列爲問題。今後惟有熟察國內情形。通盤籌劃。預定政策。力矯前弊。則自能循軌而行。收其成效也。

准許民有應注意之要點

總擬國有。民有。及合辦三種制度。最應注意者。厥爲民有鐵路。失之毫厘，差以千里。不可不熟籌於事前者也。全國鐵路網線必須預先依總理大綱。詳細規定。並定孰必國營。孰可民有。人民具有法定資格。(公司辦理鐵路之資格。應訂法律規定之。)得呈請政府給予鐵路讓許權。建築經營。政府則負保護之責。如予以警察權。刑法保護。土地徵收等。一面有監督之權。下列數端。必須注意。(一)建築之路。須爲政府所規定。或認爲需要者。(二)維護公衆利益。確定運價。或規定最大限之運率。非經政府許可。不得超過。且遇必需時政府得命令減低。(三)確保交通統一。鐵軌之强弱。軌道之廣狹。以及車輛信號。路線之接續。皆須依照一律之規定。(四)讓許權規定年限。如政府需用。得於滿期時。估值收回。

促進民有鐵路政策

鐵路事業初起時需資至鉅。而營業無定。故人民往往不敢冒險舉辦。我國當此交通事業幼稚時代。而欲實行宏大之鐵路計劃。非採取補助獎勵政策。難使人民踴躍投資。茲擬獎勵政策數條於左。

(一)贈送土地　鐵路經過之土地。由政府收買贈送。或任其在公路敷設鐵道。我國

實行總理鐵路計畫芻議

西北諸省。地多曠野。此法極可適用。（查美國之大鐵路。多用此法促成。自一八五十年至一八七一年。美政府贈與鐵路公司之土地。共計達一萬五千五百萬英畝。）

（二）補助金錢　以確定數目。於創造鐵路時。或分年支付以補不足。并堅其信仰。此法北美及法國常用之。

（三）承受股票及借款　民有鐵路。國家亦可購其股票。或擔負借款。美法二國。常用此法。以促其民有鐵路之成立。

（四）擔保收入　國家對於鐵路事業補助其收入最大限不足之數。若鐵路公司　過收入不及此限時。則由國家補貼之。此制若能善用。頗有功效。蓋投於築路之資本既可安全。而國家之擔負。亦不多也。

（五）免除公費　於一定期間內。免除鐵路應負之稅款。或公費。此法於地方鐵路。極可適用。

財政之籌劃

實行總理鐵路計畫。最感困難者。厥惟財政。然若交通機關整頓鞏固。一切自能按步就軌。且信用一著。集款不難。總意財政來源。可於下列各途籌劃之。

(一)我國各種基業。均未發達。國內投資。無處運化應用。祇須有安全之保障。無論何業。人民皆樂於投資。鐵路爲目下之急務。一切建設之楷階。凡具愛國心者。當力助其發展。若有安全保障。具體計劃。則國民投資之踴躍。敢爲預言。吸收內資可分二法。一爲債款。卽舉行公債。如鐵路公債等由國家確實担保。一爲股款。卽人民購買官商合辦鐵路之股票。或人民集股自辦。

(二)凡工商國家。無不覓中國市場以爲銷納餘貨之地。惟歷年我國對外貿易。輸入超過輸出。年逾一萬萬美金。常此以往。金錢貨物。俱將枯竭。不久將不復能銷容大宗外貨。影響所及。不特中國蒙害。世界各國。均將起極大之恐慌。如中國發展鐵路。開發富源。卽爲全世界造無量幸福。故外人之樂於投資也。亦可斷言。吸收外資。不外借款。以前借款。類皆祕密包辦。藉名斂財。外人亦明知其蘊。藉此攫取主權。以後與外國借款訂約。務須完全公開。以不失主權爲前提。又須各國共同投資。以破勢力範圍。

(三)我國鐵路經營業。尙有贏餘。查民九以政治較靖。鐵路營業發達。淨盈計達四

實行總理鐵路計畫芻議

千萬元。若今後政治安靖。當可大增。倘以此發行短期公債。爲助亦非淺鮮。

(四)爲引起國民投資興趣。可將現在獲利之路。歸之商辦。政府則加以保障。及監督。而以所得資本。建築新路。依此術進。並可規定商辦鐵路。每年盈餘之若干。必須購買國家鐵路公債。若公債信用昭著。則爲極好之投資處所。人民自必樂爲。

(五)我國礦產豐富。鐵路所及。必能開辦。爲數定足驚人。國家可規定。凡賴築路開發之礦業。每年盈餘之若干。必須購買鐵路公債。對於礦公司並無損失。而於政府則大有裨益。

(六)鐵路建築後。地價必隨之騰漲。政府可規定。鐵路附近若干地所增之價。劃歸發展鐵路。或預將附近土地收買。以後獲利。定屬不貲。

以上所述各端。如能度情審用。則財政當不成問題也。

應有之準備

實行十萬英里鐵路之計畫。非舉手投足之易。亦非一旦一夕之事。必須預有準備。

(一)欲求實行。先有極精準詳細之規畫。千條萬理。動有毫厘千里之差。決非少數交通當局所能勝任。故當羅致熟練專家。分門詳規。以期完密。

(二)發展鐵路。雖有識者。僉知爲目下之急務。然大部分人民。恐尚漠然。現目觀歷年交通事業之失敗。咸存不可收拾之成見。故必須將今後計畫及對於中外人民之利益。竭力宣傳。使其曉喻。然後可望樂於投資。

(三)一種事業。必賴一種人才爲之發軔興辦。鐵路爲專門事業。非有專識者。不能主辦。吾國此等人才。雖年有造就。然欲實行偌大計畫。決不敷用。急須多設專門學校。造就人才。並設嚴厲考試制度。俾能選拔真才。爲國效用。實是急要之準備也。

(四)我國養兵最多。年費鉅萬。若以兵士築路。洵屬上策。惟路工必需專識。須於平日加以訓練。始能臨時勝任。

(五)我國鐵路所用材料。約十分之七。仰給於外國。損失不貲。故各種製材工廠。須速圖實現。以供應用。而塞漏巵。

上所云云。不過舉其大要。至詳細規畫。決非一人一時所能成就。深望政府勉力進行。人民共負仔肩。則知難行易。以前視爲不可能之空談者。必能於短期間內實現也。

國人知所與乎。

實行總理鐵路計劃芻議

□今後我國國有鐵路運價之使命

沈奏廷

如關稅然。鐵路運價足以左右工商。操縱貿易。一地之盛衰。一國之隆替。與鐵路運價政策。往往有關。是以運價如按距離而定。則遠道之物。不能與鄰近之物產相競。同距離同起運點之貨物。如往甲地之運費廉於乙地。則甲地必興。乙地必衰。又若前世紀奧大利與羅馬尼亞之鐵路運價戰爭。致後者之牧畜事業摧殘無餘。尤足見其有關國家經濟矣。曩者德意志以各地互分畛域。羣相嫉忌。始終採用距離運價。Dis ance tariff 以致全國富源。未能盡闢。水運代興。鐵路失其功用。國家損失不淺。他國類似之情形。亦比比皆是。即近如我國。外人承辦鐵路。其運價閒多有助洋貨抑華貨者。較諸操縱關稅。其害更隱而深也。今者民治聲中。建設爲倘。遵照孫總理之實業計畫。次第施行。則他日我國之鐵路。必有密如蛛網之一日。此所以有鐵路系統之稱也。鐵路旣有系統。鐵路運價。尤宜以系統爲重。按一定之目標。以制定運率。而隨時斟酌情形。修改以應需要。而後鐵路功用始能顯著。國民經濟。始得發展。否則路軌雖堅。設

今後我國國有鐵路運價之使命

備雖周。雖有鐵路。仍無用耳。愚謂我國國有鐵路之制定運價。當以下列之各項目標爲前提。茲特舉其原則。以供討論。至實地施行。自在斟酌當時當地之情形。更作進一步之探求而已。

(一)分佈實業中心 實業之麕集一地。爲近世經濟社會之詬病。蓋實業集中。其害有五。(甲)地價飛漲。工廠之成本加多。所出貨物。缺乏競爭能力。(乙)工人住所隘陋。妨害福利設施。(丙)一地人工有限。供少求多。工價必貴。實業之成本又增。(丁)他地低廉之人工。不能利用。必多失業之患。(戊)實業集中之地。運輸機關擁擠。每有交貨遲期之虞。故實業中心之分佈。爲免除此種危害之要圖。如遇甲地之工廠。已多如林立。則宜將新興事業。分佈于乙地。以資補救。然乙地之地位情形。或均較甲地爲劣。欲投資者舍甲就乙。勢或有所難能。故必賴鐵路運價之功用。以左右之。譬有甲地。距原料出產地與港口均近。故興辦實業。自以甲地爲宜。乙地距原料產地既遠。距港口又不近。物成之先。既須遠運原料。既成之後。又須遠送熟貨。較諸甲地。相差自多。欲人舍甲就乙。當非利用運價不可。鐵路在不虧其運輸成本範圍以內。將至乙地之原料運價。減爲與甲地同。（或且更減幾許）幷將自乙地至乙港口之運價。同時減低。務使自乙地出口之貨物。能與甲地出口之貨物並駕齊驅。如是乙地之情形。大致可與甲地之情形相埒。投資者自再無趨甲避乙之理矣。且以乙地之人工廉。地價低。人必有舍甲就乙者。可無疑也。或謂運價減低。鐵路必受大損。不知鐵路之收入。仍在運輸成本以上。所謂損失。非絕對之損失也。且以甲地實業已興。發展有限。乙地門戶未闢。進步無涯。振興乙地。卽所以培養他日之運輸營業。於鐵路仍有裨益也。近世財富分配之不均。已爲公認之事實。民生主義。亦以平均地權爲要圖。今能分佈實業中心。則地價飛漲之勢。必可消滅。分配問題。已可解決一半。此又鐵路運價之一新使命也。

（二）分佈貿易中心　貿易中心。指躉賣商會萃之區而言。貿易集中於一地。亦必釀成種種擁擠之患。近世鐵路運價。大都採行遞減制。Tadering rates 然遞減制之功用固多。其弊亦不可不一言者。遞減運價。足使躉賣貿易集中於製造地點。何以言之。譬有甲乙丙三地。皆爲零售地點。而非製造地點。製造地點。距離零售地點均較甲乙丙三地爲遠。故自製造中心直接運貨。至各零售地點。按遞減運價制。可得低廉之運價。因其

今後我國國有鐵路運價之使命

爲一完全長距離之運輸也。否則自製造中心運貨至甲乙丙三地。再由甲乙丙轉運零售各地。則一長距離運輸。分爲兩短距離運輸。按運價減遞制。運費必較貴。是以甲乙丙之躉賣商。斷不能與製造中心之躉賣商相競爭。貿易中心有不移向製造地點者乎。此於澳大利亞洲曾見之。今欲補救斯弊。厥惟破除遞減制之常例。將後者兩短距離間之運價總數。力爲減低。合與前者一長短距離之運價相等。然後甲乙丙三地。乃有維持其貿易地位之可能。而集中擠擁之弊。可以免除矣。美國所稱 BaSing Point System 者即類乎是。愚謂我國之國有鐵路。于採用遞減運價外。亦宜權宜變通。勿使全國貿易。集中于少數地點也。

(三)分佈輸出入港口　港口情形之各不相同。亦與實業中心貿易中心無殊。如甲港距海外市場較近。即可得較低廉之輸運。內地貨物。自皆集中於甲港。以求輸出。外貨輸入亦然。輸出入之貨物既集中於一埠。則儲藏需地。搬運需人。仍有地貴人滿之患。必要時自宜設法分佈。以杜斯弊。美國鐵路運價有所謂 Port Differential 者。目的在分配輸出入貿易于各埠。而不使集中於一埠而已。惟美國各港口因互相競爭營業。鐵路遂有差等運價之設施。我國各港口尚無競爭營業者。利用運價預爲分佈。蓋爲全國利益計也。例如孫先生所計畫之廣州重慶綫（西南鐵路系統）與東方大港重慶綫。（東南鐵路系統）一長九百英里。一長一千二百英里。以距離論。運費當不相上下。如上海至日本較近。則自重慶輸往之貨物。必取道上海以出口。若以滬地過於擁擠。欲分佈一部分貿易于廣州。則非將自重慶至廣州運價特別減低不可。此低減之運價。即所謂 Port Def erenfial 是也。惟低減運價。未必貨物即能取道廣州以出口也。故宜在貿易未甚發達之時。即已有運價差別之設施。令其徐徐發展。平均分配。而後得免臨渴掘井之虞。此宜注意者也。是亦爲我國有鐵路運價使命之一。

（四）獎勵輸出　將來借資築路。還本付息。均非取給於輸出不可。而立國大計。尤以獎勵國貨之輸出爲要圖。鐵路運價。對於輸出外洋之貨物。應特別低廉。以增進其競爭力。凡國貨之輸出者。准用直達提貨單。Exportrca Cargo Bill of Lading 由鐵路局代辦報關裝運諸手續。凡用此項提單者。均得適用低率之運價。故非輸出之貨。不能混淆圖利也。獎勵輸出。對於鐵路自身亦極有益。蓋輸出暢則生產衆。生產衆則運輸

今後我國國有鐵路運價之使命

繁。運價雖低而利在其中矣。鐵路局車務處營業課宜另設專員。從事調查國外商情。俾運價之高下得隨時適應需要。同時輸入之外貨。其有害或無益者。宜高其運價以抑之。如烟酒及其他奢侈品是。此於鐵路營業固有影響。然路既國營。固非專爲牟利而設也。外貨之與我競爭者。亦宜設差別之運價以抑之。如日本之綿貨是。此於鐵路營業可無影響。蓋抑外貨即所以興土貨。運輸業務或且有增無減也。惟尚有言者。此後糧食之輸出。不宜用運價獎勵之。否則生產者將舉以輸出爲目標。國中黎元。必有粒食維艱之苦。今日米貴已極。糧食外輸。必非得計。須候國內生產超過需要之時。鐵路運價始得獎勵糧食之輸出。如今日美加之小麥然。所謂以羨補不足。而後雙方並利是也。

（五）獎勵國內合作事業　合作事業不一而足。有生產合作。有消費合作。有販賣合作。有農業合作。有信用合作。其中除信用合作外。皆須運輸貨物。與鐵路有密切關係。考合作事業。爲中間人之勁敵。其所得利益不納於少數人之手。而由社員公攤之。或助公益事故業焉。獎勵合作。即所以提高平民生活。防止財富集中。并助成公衆善舉者也。國中合作事業尚不多見。然將來之發達。蓋可斷言。是在獎勵之如何而已。鐵路運價實爲獎勵合作之有力工具。凡合作社之貨物。得一律適用低率之運價。如消費合作社。得低廉之運價以運輸其所進之貨。則平民生活費卽因而減低。否則社中紅利增多。仍以爲社員之利。如販賣合作社之貨物運價低廉。則市場上易于競爭。中間人不攻自敗。而所增收之利益。盡爲社員所公有。非集中於少數中間人之手可比。與社會全體大有裨益也。如生產合作社之原料及熟貨得低廉之運價。以往來輸送。則工人的工廠必日益興盛。勞資糾紛之解決。此非一法乎。如農業合作社之農具肥料等運費低廉。則改良農作轉易着手。他日農產增殖。利益仍歸鐵路也。將來我政府頒行合作社法令之時。應責成鐵路以運價獎勵合作。而路局方面。亦宜誠意襄助。以盡厥責焉。

（十八）會集國內原料　國內原料應供己國工業之用。用尙有餘。則再輸出。此常道也。我國以交通梗阻。往往有舍己國之原料而用舶來品者。苟鐵路既徧國中。宜若可以無憂矣。不知運價苟不惬當。則仍有損己利人之虞。例如陜西之棉。運至上海。途程甚遠。若印棉豐收。輪運低廉。日人將販印棉以來滬。苟陜棉之運價太昂。必爲印棉所壓倒。國產不敵外貨。漏巵將莫塞矣。今日世界大通。地之遠近。不以距離計。而以運費

今後我國國有鐵路運價之使命

計。運費既昂。則十里之地。不及百里之近。比鄰之邑。且較邊陲爲遠矣。故吾國鐵路之制定運價也。必先考察何處爲原料生產地。何處爲原料消費地。產地之價格如何。外國同種原料之價格運費稅厘若何。然後訂定適宜之運價。務使國產原料。咸得會集于消費之地。不爲外貨所壓倒。運價之最低限度。爲鐵路運輸之成本。途程短長在所不計也。曩昔德國國有鐵路以不能利用遞減運價制。以致國中之煤。不能用以鎔國中之鐵。反使外貨侵入。損失纍纍。此僅十九世紀末葉之事。殷鑒誠非遠也。吾國國有鐵路。當不再蹈此轍耳。

（七）獎勵移殖　我國人口之分佈。至爲不均。如江蘇有每方里近百人。浙江省得六十九人。而西藏每方里僅一人。新疆每二方里始得一人。外蒙古須二〇七方里始得一人。即如吉林黑龍江兩省。人口亦極稀少。一僅每方里十二人。一僅三人而已。上項數字。雖非確切不移之統計。然亦可見其大要矣。故移民殖邊。久已公認爲要圖。而自邊陲達中原之鐵路。實爲獎勵移殖之必要媒介也。我國京奉津浦京綏三路。業已有關外小工票之發行。每年在春間出售。以利懇殖。今後國有鐵路。尚須更進一步。以全力獎勵移殖。除移居之民自身而外。對于種植肥料農具馬牛等之輸送。運價宜格外從廉。政府當局自宜統籌全局。備齊一切移墾所需之物料。整車輸送。至邊地後再用舟車分配。庶幾運價雖廉。可無重損鐵路之虞。此則兩全之道也。 孫中山先生嘗謂自人口密集之地達人口稀少之地之鐵路。營業最能得利。蓋有見夫鐵路能助移墾 而移墾能增生產。鐵路賴生產之盛而盛。故營業獨能得利也。吾願鐵路當局放大眼光。對于獎勵移殖。不惜犧牲。即使損失成本。亦宜勉成其美。誠以來日方長。大利正在將來也。

上列七項。吾嘗認爲我國國有鐵路運價之非常使命。亦爲我國廣設鐵路之最大目標。夫鐵路死物也。運價活物也。以此活物御死物。而後死物乃得其用。不然。效蘇歐美。路綫密如蛛網。亦徒無用之死物而已。惟欲達此目標。尚有應注意之處焉。

(一)釐訂運價。應完全依據經濟原則。不得牽入政治漩渦。

(二)宜廣聘專門人才。研究物價商情問題。以爲制訂運價之根據。

(三)運價之修改宜求便捷。以適應時勢之需要。

(四)最初應即釐訂差別合理之運價。以免將來各地之互相嫉視。

今後我國國有鐵路運價之使命

今後我國國有鐵路運價之使命

（五）運價有不合理處。得由運商提出抗議。必要時。由政府鐵路及運商三方聘請無關係之專門人員調查決定之。

國有鐵路之最大弱點。即（一）牽涉政治。（二）運價修改遲延。二者實爲各國國有鐵路之詬病。我能袪而除之。則收國有之利。而無國有之弊。國有民有之爭。亦可於此解決焉。

□對於我國勞動健康保險負擔問題之意見

若民

凡工人因工作所受之損害。均得向雇主要求賠償。此先進國之通例也。然非因工作而受損害時。工人生活之困難。無或少異。苟無相當之補救。則必窮而無告。苦而無訴矣。此勞動健康保險之所由起也。按英國健康保險法。工人之被保者。得享疾病救濟金。殘廢救濟金。產婦救濟金等諸權利。雖限制孔多。而受惠亦巨。惟權利義務。相因而生。勞動保險之權利。固由工人享有。而其義務則不能由工人單獨負擔。義務維何。保險費之支付是也。考各國保險費之負擔。有由雇主與工人兩方承受者。有由雇主工人與國庫三方承受者。茲據日本方面之調查。各國勞動健康保險負擔之分配。有如下列。

國別	雇主	被保險者	國庫
英國	男女工每週各五先令	男五先令 女四先令	有時國庫予以補助賠款九分之二
德國	三分之一	三分之二	—
義大利	三分之一	三分之二	—

對於我國勞動健康保險負擔問題之意見

瑞士	二分之一	三分之二	——
羅馬尼亞		全部	
拉特維亞	三分之一	三分之一	三分之一
捷克	三分之一	二分之一	
巨哥斯拉夫	二分之一	二分之一	
波蘭	六成	四成	
愛斯脫利亞	三分之一	三分之一	三分之一
俄國	公有企業負擔		

觀上列各國分配方法。以由雇主及工人分別負擔爲最多。其責由國庫補助者。僅拉特維亞愛斯脫利亞兩國。俄國經濟組織不同。故由公有企業負擔。至雇主與工人間之負擔分配。輕重不同。以雇主擔任三分之一。工人擔任三分之二爲較多。其次則雇主工人各擔二分之一。如波蘭雇主須負擔百分之六十。則各國之最重者矣。蓋各國分配之不同。皆隨國情而異耳。

我國今後舉辦勞動健康保險。其負擔究應出國庫分任與否。實爲亟宜解決之問題。竊謂解決之途徑。當以國情爲嚮導。離國情而立論。要皆無當於事也。考勞動保險。原不以工廠工人爲限　舉凡商店雇員。手工業工人。以及其他雇用人員。薪金在一定限度以下者。皆有保險之必要。我國人口從事農業者。約居百分之八十。農民被雇者少。即或被雇。亦多短工。故保險問題。可謂無涉於農民者。其餘百分二十之人口約八千萬人。都居城市。姑以其四分之一。(實際不止此數)約二千萬人。爲被雇而應保險者。則負擔之輕重。不難約計矣。考一九一一年頒布之英國健康保險法。凡工人每週工資在九先令以下者。國庫對於其健康保險費。每週補助一辨士。十二先令以下者補助亦同。惟前者雇主出六辨士。工人不出分文。後者雇主出五辨士。工人出一辨士。總以湊成每週七辨士爲度。工人遇有疾病。則每週可得十先令之救濟金。以二十六週爲限。按我國國情論之。每月薪工在二十元以下者。與英國每週工資在九先令以下者同。而國中雇員薪工在此數以下者。實占多數。今欲舉辦健康保險。使疾病工人每週得享有五元（十先令約合國幣五元至六元此數實不能再減）救濟金之權利。並其他殘廢救濟金產婦救濟金諸補助。則

對於我國勞動健康保險負擔問題之意見

每人每週。國庫并與以四分至五分之補助金不可。(一辦士約合華幣四分至五分)即使事屬初辦。僅有疾病救濟之規定。則國庫之所出。至少亦須二三分左右也。姑以二分計。則被保險人數既爲二千萬。國庫補助。每週約達四十萬元之巨數。每年以五十二週計。則須二千〇八十萬元矣。此必不可少之最低數也。

返觀國家在建設期内。所應積極興辦之事。則錯縱繁複。在在需款。舉其要者。則有(一)造林。(二)築港。(三)採礦。(四)築路。(五)治河。(六)移民。(七)整理幣政。(八)興辦航政。(九)奬勵實業等。皆非巨款莫辦。其中除一部分之路政(如鐵路)實業及航政。或能卽見盈餘外。其餘或不能直接生利。或生利之希望太遠。卽能廣募巨債。以經營之。然債款之利息。終必出自國庫也 且國家地方預算。雖經劃分。而各省有貧富之別。其貧者或須仰賴國庫之協助。始能從事種種之建設。否則進步後人。全國經濟。仍屬畸形發展已耳。然則將來國庫擔負之重。不待煩言而喻。而考其收入。則除地稅一項。或能增收數億元外。其餘稅源。皆非建設就緒以後。不能發達也。故在建設期内。國庫必無餘力 蓋卽有餘力。亦宜先事建設。例如上述之二千〇八十萬元。以之作爲基金。發行七厘公債。亦可得三萬萬元之巨數。用於建設。不無補益也。或曰。國家一面建設。一面補助勞動保險。並行不悖。不尤善乎。曰是不然。夫事有緩急。有輕重。經濟建設。民生大計也。勞動保險。社會政策也。茲比較其緩急如次。

經濟建設之功用	勞動保險之功用
(一)安插無業工人	(一)補助有業工人
(二)增進生產	(二)略能增進工人產力
(三)抵制外人經濟侵略	(三)無此功用
(四)無業工人皆大受其利	(四)有業工人向有儲蓄者得益不巨
(五)安甯社會	(五)安甯社會 然在無業之民未得安插以前社會仍難安謐
(六)全國民衆可得充分之衣食住行	(六)無此功用

孰輕孰重。孰緩孰急。觀上表可了然矣。蓋在生產不敷需求。遊民流爲盜匪之國。經濟建設。自較勞動保險爲尤要。反之在生產發達之國家。經濟建設。業稱美備。不可同日語也。況我國既受國內匱乏之苦。復多外人侵略之患。經濟建設。尤爲刻不容緩之

對於我國勞動健康保險負担問題之意見

要圖乎。故在建設期內。國庫有一分餘力。即應從事一分之建設。一俟建設大致完成。始能斟酌情形。補助勞動保險。此則舍緩就急。不容倒置也。

然謂建設期內國庫不宜補助勞動保險者。非勞動保險不必舉辦之意也。各國健康保險。由雇主工人分任負擔者。實占多數。故我國在建設期內。亦宜由政府提倡。以勞資分別負擔保險費爲原則。國家僅司指導督促之職責。而不與以補助。至勞資兩方負擔之分配。則似宜斟酌各業情形。少有區別。然大體言之。初創之際。似以兩方各負二分之一爲較宜。所以免爭執昭公允也。惟實施之前。僅僅頒布法令。實嫌未足。必須廣事宣傳。善爲指道。俾勞資雙方瞭然於勞動保險之真義。而樂於輸將。然後和衷共濟。推行盡利。否則荆棘橫生。障礙必多。不可不預爲之防也。

■英法兩國之工人損害賠償法

建

英國在一九〇六年以前。法國在一八九八年以前。均尚無完全之工人損害賠償法。當時工人因工作而受損害者。欲得賠償。非證明（一）工人眞受損害。（二）雇主確有疏忽不可。後者之證明。殊非易事。且法庭處理延遲。所費亦巨。卽得賠償。亦於工人無裨。雖有賠償之法令。實際具文而已矣。自機械之用愈繁。而工廠之危險愈多。工人因工作而傷亡者。指不勝屈　而傷亡之由來。屬於意外事故者。又居百分之六七十。乃知不欲保障工人之利益則已。否則因工作而受之損害。非經簡易之手續給以賠償不可。此損害賠償法之所由起也。英之賠償法。其頒行僅二十有一年。法則二十有九年。要皆新時代之產物耳。茲就兩國現行工人賠償法之內容。概括陳述。以供參考。

（甲）英國之工人損害賠償法

（一）應受賠償之工人　凡與雇主訂立服務或學徒之契約。從事於勞力勞心或他種工作者。均爲應受賠償之工人。

英法兩國之工人損害賠償法

(二)不應受賠償之工人　(甲)凡非從事勞力之工作。而其年薪在二百五十鎊以上者。(乙)凡營業範圍以外雇用無定之工人。(丙)警察。(丁)身居家中代人工作者。(戊)雇主同居之家屬。以上五種。皆非應受賠償者。

(三)應受賠償之損害　凡工人身體上之損害。因工作而起。且在工作期間內發生者。皆應給以賠償。一九一〇年英國法庭判詞(Hughes vs. Clover Clayton and Co.案)中有言曰。凡工作為事變起因之一。非工作則事變不至發生者。而事變又為損害起因之一。非有事變則損害不至隨以繼起者。此種損害。應給賠償。按此數語。精確扼要。足為解釋工作損害者之參考。

(四)不應受賠償之損害　(甲)工人受損期間不逾一星期者。(實際上須過二星期始有賠償)(乙)故意引起之損害。非致命或致永久無能者之二類之損害。雇主不負賠償之責。

(五)損害之種類及賠償　雇主對於受損之工人。除供給相當之醫藥外。其損害逾二星期以上者。則須酌給工資。以充賠償。而賠償之方法。須視損害之程度而異。英國大別損害爲兩種。其詳細情形列次。

(甲)非致命之損害。(子)全部無能　凡身體全部因損害以致無能。終身不能工作者。每星期須給以半數之工資。以充賠償。上述工資。按前十二個月間之平均計算。每星期賠償之數。不得過十鎊。(丑)局部無能。在工人未經恢復以前。賠償與全部無能相同。一俟工人恢復。即按其現時所得之工資。與受害以前所得之工資之差額。給以差額半數之賠償。(寅)凡受害之工人年在二十一歲以下。每星期工資不滿十先令者。應將工資全數給付。以充賠償。其工資不滿一鎊。在十先令以上者。每星期至少應給以十先令之賠償。前項賠償。至工人身死時停止。

(乙)致命之損害。工人受致命損害者。死後其妻或子。以及其他依以爲生者。生活必極感困難。法律責雇主以賠償之重負。亦人道也。英國分依賴者爲兩種。而分別賠償之。(子)完全依賴者。工人受損害而死。其完全依以爲生者。如父母妻孥之類。應由雇主給以整數之賠償。賠償數額。須等於過去三年工人所得工資之總數。如過去工作未滿三年者。則以平均每星期所得工資之一百五十六賠給之。(丑)非完全依賴者。

英法兩國之工人損害賠償法

英法兩國之工人損害賠償法

給以相當之賠償。不得超過(子)項之數目。賠額確數以公斷定之。(寅)無依賴者。其無依賴者。則除醫藥外。雇主應爲之埋葬。埋葬費不過十鎊之數。

(六)違反賠償法之契約　凡契約中有訂明不適用工人損害賠償法者。概爲無效。但雇主另有妥善之計畫。不亞於賠償法之規定者。不在此限。

(七)第二雇主之責任　凡雇主將工作轉讓與第二人者。如遇損害。須由原雇主負責賠償。但原雇主亦得向第二雇主要求賠償所需之款　如損害由機械發生。而機械爲第二雇主所供給者。則第二雇主應負賠償之責。

(八)雇主破產時之工人賠償　雇主破產。則賠償視同工資。應列於普通債權之前。儘先償付。

(乙)法國之工人損害賠償法

(一)應受賠償之工作　法國應受賠償之工人。用列舉法明定之。計分工業。商業。農業。林業。傭人。五類。茲分述如次。(甲)工業。凡建築工程。水陸運輸。裝卸業。堆棧業。鑛業。普通工場。及製造廠。爆發物製造廠。以及使用自動機各業。均適用賠償

法 公共工業。凡屬營業性質者。亦適用之 (乙)商業。除消費合作社外。凡商業雇員。因工受損時。皆由雇主賠償。(丙)農業。凡一切農業雇工及農僕。均適用損害賠償法 惟損害發生於機械者。由機械所有主負責賠償。(丁)林業。凡伐林。刷枝。揀材。造林。鋸木。堆木。剝皮。及造炭。諸林業。均適用此法。(戊)傭人。凡侍役門役等。均受賠償法之保護。

(二)不應受賠償之工作 (甲)教育人員。(乙)公務員(丙)醫院救護人員。(丁)監獄人員。(戊)消費合作社雇員。(己)家屬。(庚)海員。(另有保險規定)諸職務。均不適用償賠法。

(三)應受賠償之損害 凡工人身體上之損害。(一)由於工作之事實。(二)由於工作之機會者。均應受雇主之賠償。由於工作之事實者。即由於從事雇主所命令。或默許之工作是也。由於工作之機會者。即在工作時間以內之意也。

(四)不應受賠償之損害 (甲)凡工人受損後。停工不滿四日者。(乙)故意引起損害者。(丙)由於不可抗力者。皆在不應受賠償之列。惟丙類的損害。最近亦有賠償。良以賠償之本旨。在補救工人生活之困難。凡工作損害之原因。固在所不問者也。

英法兩國之工人損害賠償法

(五)損害之種類及賠償　法國賠償法分損害爲四種。玆分敘之。(甲)臨時無能。臨時無能至四日以上者。按日償其工資之半。以受害日之工資爲準。其工資高下無定者。應按上月份每日平均工資計算。(乙)局部永久無能。除得上項臨時賠償外。自工人痊愈之日起，按其工作減少價值之半。給以終身年金。即使將來完全復原。工作價值並無減少。年金仍應繼續給付。(丙)全部永久無能。除得臨時賠償外。按受害者上年所得之工資。給與三分之二之終身年金。(丁)死亡。工人因受損死亡者。除生前臨時賠償及死後埋葬費外。其子女未亡人及親屬三者。皆有要求賠償之權。其賠償之異點。請分述之。

(子)未亡人　凡損害發生時。與受害工人有婚嫁關係者。曰未亡人。應按該工人所得工資之二成。給以終身年金。如日後男再娶女再嫁時。則於嫁娶之年。給以三倍之年金。以後停止付給。

(丑)子女　不分嫡庶而以未滿十六歲者爲限。其父母尚存其一者。子女一人給以死者工資一成五分之年金。二人時。給以二成五分。三人時。給以三成五分。四人或四人以上時。給以四成。其父母俱亡者。每人給以百分之二十。(即二成)惟總數以六成爲限。前項年金。一俟子女年滿十六歲或未滿十六歲而死亡時。卽行停付。

（寅）親屬　親屬要求償賠。須具（甲）死者無未亡人亦無子女。（乙）該親屬素恃死者生活兩條件。如合上項條件者。每人給以工資之一成。總額以三成爲限。尊親屬（直系）給以終身年金。卑親屬之年金。至滿十六歲時爲止。

工人因工受損害時。雇主應給以醫藥費。或爲之療治。至痊愈爲止。因工死亡時。應給以埋葬費。以二百金法郎爲度。又學徒及未滿十六歲之工人。所得工銀必少。因工受害時。應按地方上健全工人最低之工資。給以相當之賠償。

（六）不可原諒之過失　凡事前知有危險而不預爲防範。致發生重大害損者。謂之不可原諒之過失。如過失在雇主。則賠償應照普通數目酌加。如過失在工人。則賠償應照普通數目酌減。然實際上殊難斷定過失之誰屬也。

（七）違反賠償法之契約　損害賠償。係公安性質。凡有與賠償法牴觸之契約。於法律爲無效。

（八）雇主破產時之工人賠償　臨時賠償。以雇主全部資產作擔保。破產時認爲第六

英法兩國之工人損害賠償法

英法兩國之工人損害賠償法

列債權。挨次付給。年金賠償數較巨。雇主應另謀保險。故破產時無不給之虞。此外又有雇主擔保聯合會。遇雇主無力賠償時。聯合會代負賠償之責。

綜觀上述各點。足見英法兩國之工人損害賠償律。大同小異。如出一轍。惟法國死亡賠償之規定。較爲周密。似頗足取。第實行上之困難。亦以法國之規定爲較多。在統計未臻完善之國。實施猶多流弊。如子女之人數年齡暨受賠償者之生活狀況。皆非有確切之調查不可。否則詐欺之風未泯。雇主之損無窮矣。至若不可原諒之過失。規定爲增減賠償之依據。似亦畫蛇添足。徒滋糾紛。蓋據法國之過去經驗。此種過失。實不多覯也。賠償之有保險。自較無保險爲愈。此則不可謂非優點耳。英國工人因工受損。須停工逾二星期者。始得要求賠償。爲期太遠。殊非他國所能取。以視法國四日之規定。利弊不言而喻矣。不可抗力所致之損害。英國未嘗以例外視之。法國則漸有承認賠償之傾向。夫賠償天然力所致之損害。於工人固多裨益。然雇主能力。似亦不可不顧及焉。如遇天災人禍。勞資皆受損失。即欲賠償。亦宜酌減。以昭公允。其不足之數。似不妨由政府另謀補濟。或逕由國庫補助之。若强使一方賠償。殊非勞資兼顧之道矣。

一九二六年中東鐵路概況

諸同吉

（遠東時報第念三卷第九期諸同吉譯意）

中東鐵路。為我國北滿運輸之要道。橫亘未曾充分發展及有人口一千四百萬廣漠區域。自一九〇三年開始營業以來。不久卽為北滿殖民之命脈。在昔地廣人稀之域。一躍而為農產豐富之區。其每年輸出之穀類。有一億五千萬布特之多。

該路在技術上地位　及經濟上活動能力。可由下列統計觀之：

路線及其建築　中東鐵路之路線。在一九二六年之初。為一千八百餘俄里。其中幹線占一千六百餘俄里。惟過半之鐵路。已用至二十五年之久。目下車輛載重量日漸增加。如所用之美國式平頂車已增至一八·五噸。機車之最高壓力亦為二一·八噸。故更罷現有之路軌。敷以較重之路軌。實為目今之急務也。依該路理事會議定之計畫。一九二六年後。將重鋪新路軌。計每英尺重三二·四三磅。或每米達重四三·五七公斤　長為六俄尺。在一九二六年中。該路東線之峽道及南線已鋪新軌一百二十四俄里。凡幹線上換

一九二六年中東鐵路概況

下之路軌。用以舖設車站之岔道。蓋此類岔道不能受美國式平頂車之重量也。再如貨車載重之遞增。列車車數之加多。與夫客車速率之增高。不得不使該路將原舖之石渣改爲碎石。以鞏固路基。但欲使路軌堅固。則凡相距十六個枕木之處。須再添置一枕木。因擴充及加强路線之故。在幹線及枝線上所調換之枕木。已有四十八萬根。經過松花江第一段第二段長三十五俄尺之橋梁。及腦尼河（譯音）上之橋梁。亦均加强。幹路之經過松花江第二段汎濫之處者。其路基之加强。工程已完竣。該路又增設枝線。及建築腳站。以增進運輸之能力。此外更改良揚旗制度。以求營業之安全。及行車之效率。

在一九二六年該路幹線之平面及斜坡。均經全部之考察。擬定路線　皆予以改正。並修改路線之外形。以合各地之氣候地形及營業狀況。養路及工廠之費用。已耗去三百五十萬羅布。因新哈爾濱及畢斯坦（譯音）間營業之發達。故於一九二六年已將原有之棧道改爲堅強之土敏土建築。並於此年十一月開始營業矣。

不特此也。一九二六年關於該路之改進及建築。亦費去二百八十四萬羅布。因之此路之建築物。爲數極多。計該路有熱氣設備之建築物占地二十萬方俄尺。無此種設備者占地一萬九千方俄尺。此路雖有極大之建築物。而員司及工人房屋之分配。尚覺不敷。一部分之待客室及機車員司之休息室以及其他辦公室之設備。頗不能與新增之營業相符合。學校及其他用爲教育及訓練之房屋。均不敷目下之需要。且乏良好之衞生設備。故於一九二六年新建有熱氣設備之房屋以應急切之需求焉。其中一千七百〇八方俄尺之房屋。在上次建築時期中。完全落成。其餘四千七百三十三方俄尺之建築。將於一九二七年竣工。一九二六年養路部份之費用爲二千二百九十萬羅布。(雜用在內)所有一九二六年預定之工作已完全實現。

車輛及機車能力　一九二七年一月一日。中東路所有之車輛如下。

機車五百十七輛。其中八十三輛爲運客機車。二百七十六輛爲運貨機車。八輪機車十三輛。十二輪機車一百二十四輛。煤水機車二十一輛。客車五百九十七輛。貨車一萬二千二百十七輛。

至於燃料之減省及機車最有效率之運用。均爲去年所實行者。抑亦今歲之大問題也。去歲應用客貨機車長距離拖運制度。已有完美之成績。其效果爲(一)減少運用之機

一九二六年中東鐵路概况

車。此爲一九二六年所特別需要者。蓋極大之運輸。於鐵路方面最爲費事者也。(二)減少分段貨棧之數目。自六減至四。(三)減少燃料。(四)減少修理費。此外列車之重量。可於該路某段上增加。且能利用一組織機車爲極大之工作。由下列統計。可見其所得之進步之一班。

	一九二四年	一九二五年	一九二六年
運用機車數	一三七	一三一	一一七
對現有機車總數之百分率	二五・五	二四・八	二二・五
每百萬布特俄里之燃料消費(單位金羅布)	二五・三	二四・四	二〇・八

欲得一正確之估計。我人不可不知該路一九一二年之工作。係最高之記錄。曾超過前年之貨運業務百分之二十强。其事之最堪注意者。即爲用較少之一組機車。及較少之燃料而反得較高之布特俄里數是也。例如一機車每拖一百俄里。則能得下列之布特俄里數，(單位百萬)

一九二四年	一九二五年	一九二六年

總數	二七三九	三〇一〇	三三一〇
淨數	一五〇五	一六八一	一九二三

修理車輛統年進行。關於烏蘇里鐵路之貨車六百輛。亦已修竣。車輛方面最重要之改進。爲添置司密脫式有高熱氣之機車六輛。有獨立的透平發電機之機車十一輛。有電燈之客車二十八輛。關於車輛載重之增加。則利用各組機車方法。現在普通車輛之載重能力。已自一千布特增至一千二百布特。尚有一百三十五輛兩軸式美國車。亦自一千二百布特增至一千五百布特。水塔之有電氣裝置者凡七。此外則多用水管以改進該路水量之供給焉。

材料之供給　與機務處之成績能相提並論者。厥惟材料處之對於燃料預備之改進。及購買材料方法之改良是也。據一九二五年該路燃料及其他材料貯藏之記錄。證明此路貯有多量之燃料。及陳舊之材料。與不生利之資本。此種資本已作有用之消費。而路上無用之材料。亦一律出售。一九二七年一月一日。該路之煤棧。祇貯上年所預備之燃料值三百八十萬金羅布。較去年此時所有者少一百六十萬羅布。舊料之存貯者。亦減百分

一九二六年中東鐵路概況

之五十。一九二六年採用購料新制度。即所有新料當在建築時期之初。即運至鐵路。非若往年之在秋季交貨也。一九二六年。總共消費之材料。値一千六百七十萬金羅布。

貨運之週轉及該路之工作　中東鐵路去年貨運週轉之高。爲年來所未有。共計三二七六百萬布特。較去年(二二六三八百萬布特)增多百分之二四・二。而去年超過前年之數。只有百分之十。布特俄里數亦較去年增加一六二七七百萬。計百分二一・一。較每年平均之增加實有非常之進步。至於貨物運輸之激增。爲最顯明之事實。其總數可由下表觀之。計分三大類。即(一)商品。(二)本路材料。(三)軍用品。以百萬布特爲單位。依百分率計算。

	一九二四年		一九二五年		一九二六年	
急行緩行及客運速率之商品	一八四・八	七六・八	二一〇・四	七九・八	二五六・〇	七八・二
本路材料	五三・三	二二・一	五一・九	一九・六	七〇・〇	二一・四
軍用品	二・六	一・一	一・五	〇・五	一・六	〇・四

在去年運此類貨物之車輛爲一千〇九輛。較一九二五年增一百另八輛。而車務處又能用極精密之方法。以增進拖運里程及運輸速率。故可用最少之運輸。能得特多之布特俄里數。

增進噸數之方法　此路車輛每車平均之載重。年來遞增不已。其增加之布特數如下。

一九二三年	一九二四年	一九二五年	一九二六年
四六六	四八八	五〇〇	五一九

因增加多數載重較高之車輛。故有上列之結果。如在一九二五年聯運列車爲四十四輛。均爲美國式之四軸箱車。及平頂車。在一千九百二十六年。此類貨車共有五十三輛。此外在一九二六年。有能載重一千二百布特之車一千三百三十九輛。係普通有載重能力一千布特之箱車所改造者。均加入運輸。尚有坎拿大式之車一百五十五輛。其載重亦由一千二百布特增至一千五百布特。

一九二六年之出口運輸較一九二五年增加　故空車之拖運。亦隨之而增。然因運送

一九二六年中東鐵路概況

本路材料之故。空車拖運。反能自百分之三二・二。一九二五年減至百分之三〇・六。（一九二六年）同時又能增加貨車（空車或實車）每軸之平均載重。此項增加。較之每一實車平均載重之增加。其效尤顯。可自下表各係數之變更。考察見之。

一九二三年	一九二四年	一九二五年	一九二六年
三〇〇	三二一	三三六	三五八

增進列車時間之方法　關於列車俄里數之節約方法。已如上述。至於列車時間之節約方法。在一九二六年。該路亦極注意。其所用方法。爲（一）車輛延遲之永久的取締。（二）所有運用之車輛。均需依照路上情形。以免有過剩之車輛。（三）將在分段地點列車中車輛之延遲。作成紀錄。此法行之未久。而有效時間。（Efficient Time）即行減少。車輛所行里數。有相對的增加。如下表。

	一九二三年	一九二四年	一九二五年	一九二六年
行車有效時間	六・六	五・七	四・八	四・〇
日行里數	六二・七	七一・二	八二・五	九〇・七

商運速率　近數年來之商運速率如下。

一九二三年	一九二四年	一九二五年	一九二六年
一四·六	一四·六	一五·四	一四·八

因營業之銳進。及該路西南兩線。亦有同樣之增加。其輸送能力。增至極點。故商運速率。自隨之而減矣。然一九二六年無顯著之減少者。由於統一行車。及減少停車。有種種手續耳。

改良行車方法以增進營業之安全　去年用揚旗新制度。(Block System)以增進營業之安全。至於行車之技術方面。亦有改良。如運貨列車之裝置。爲二百車軸。此乃理事會所定之行車條例而需依照者也。一凡列車之經過該路西南兩線之車站者。亦用種種方法使其迅速通過。並改定條例。以免列車在車站上作長時期之逗留。更用(Tandem System)以衡車輛之重量。此制雖在車輛動行時。亦可適用。凡裝載極大之貨物。如木材之類。則用特種之貨車。

客運業務　去年該路客運之盛。爲歷年所未有。故自一九一六年九月起。不得不在

一九二六年中東鐵路概況

南線上另添客車一列。並改訂行車時刻表。以節約車輛俄里數。去年該路引用一百五十八輛之四軸客車。及四百三十九輛之兩軸客車者。（此數包括膳車郵政車衛生車等）曾得下列之工作。

	一九二五年	一九二六年
客運車軸俄里數（單位一千）	五六四二六	六〇六二
載運旅客人數　延人俄里數（單位一千）	三二一〇一〇	三八八一〇六
軍事延人俄里數（單位一千）	四一九七六	三五〇〇〇
運輸罪犯及其押運人之延人俄里數（單位一千）	四五六	二一〇

由上表比較。可見一九一六年車軸俄里數。雖有百分之七之增加。而客運延人俄里一項之收入。較一九二五年增多百分之二十。

營業狀況

上列統計。係中東鐵路技術方面之能力表現。其主要目的。在採用種種方法。以表有最經濟而最有效率之工作。得減少該路之行車費用是也。商務方面。該路似處平穩之地位。貨物運輸量。有遞加之勢。因北滿經濟情形之複雜。欲知該路之商務較明者。不可不知其各地之特別情形焉。

北滿可稱爲模範之農業區。雖有極少的尚未發達之工業。故該路之輸出入能力。係該路本身及北滿之最要事務。因無直接通海港口。依地勢言之。中東鐵路自不得不賴他路之助。如烏蘇里鐵路。其南有海參威以資出口。南滿鐵路有大連可以出口。及貝加爾鐵路。諸路中最重要者。莫如東南兩線。蓋北滿之出口事業。競爭甚烈也。職是之故。中東鐵路不啻一種商業。其行車事務及特殊事業。應時時注意之。

去年之經濟狀況。於北滿甚爲有利。其主要農產如大荳高粱小麥玉蜀黍等類。收獲均豐。故鐵路之運輸。自隨之而增。一九二六年之商務轉運。較已前無論何年爲多。最高數目計達二五六百萬布特。超過一九一五年五千萬布特。五年來該路商品運輸增加情形。有如下表。

	一九二二年	一九二三年	一九二四年	一九二五年	一九二六年
運輸總數（百萬布特）	一五一·五	一七一·一	一八四·七	二〇六·七	二七五·〇

一九二六年中東鐵路概況

一九二六年中東鐵路概況

增加數(百萬布特)	一九・六	一三・六	二三	四九・三
增加之百分率	一二・九	八・〇	一一・九	二三・八

觀上表可知貨運之平均增加。爲百分之十一。在一九二六年。激增兩倍有餘。但在一九二五年。該路亦可稱爲非常有利之一年也。該路運輸之貨物。平常以穀類居第一位。計一千四百萬布特。占總數之七成。較一九二五年多三千四百萬布特。其次爲木材及燃薪。計二七一百萬布特。一九二五年爲一千九百五十萬布特。煤又次之。計一千九百七十萬布特。一九二五年爲一千四百七十萬布特。其進口之貨物。大都爲消費品。木材一項。在一九二六年。起極大之變化。建築木料之運輸減二百萬布特。增者爲燃薪。皆因一九二五年起。日本對於櫊江木之需要減少。蓋向來日本建築材料。實恃高麗及滿洲全部之木材也。至於貨物之分配。仍保持以前之比例。

	一九二二年	一九二三年	一九二四年	一九二五年	一九二六年
輸出	九七・四	一一二・三	一二〇・一	一四三・二	一六五・六
輸入	二三・八	二八・〇	三〇・七	三〇・〇	三五・七

本路運輸	二九・一	三〇・五	三三・一	三三・〇	五四・七

輸出之貨物。占貨物運輸總量百分之六十五。為該路經濟能力之基本。與輸入之貨物。有直接之關係。蓋豐足之年。人民購買力亦隨之而增。其結果。為增加消費品及製造品之需要。一九二六年中東鐵路本路運輸之盛。為歷年所未有。其增加之營業。可分為五穀。煤燃薪及建築材等轉運。其致此之因。可於本路運輸內研究云。

輸出

該路輸出總量中百分之十。為五穀及大荳。其中最可注意者。有五大類。即大荳荳餅小麥麵粉及荳油是也。因此類貨物之運輸。曾引起附近鐵路之劇烈競爭。迄一九二五年。始有特別規定。即在穀類運輸期完畢時。凡輸送中東鐵路輸出品之烏蘇里及南滿鐵路。即行總結帳目。規定烏蘇里鐵路為百分之四十五。南滿鐵路為百分之五十五。倘其中一路之運輸。超過此規定之比例時。則他路需給以相當之運價。中東鐵路常用種種方法。使其貨運有平均之分配。以期保持此規定之比例。在一九二四年十一月日。本郵船社會。對於自大連至神戶之荳餅。予以減價。使此類貨物。集於南路。於是中東鐵路

一九二六年中東鐵路概況

遂增加西路之運價。以恢復其原有之狀況。此種方法。在一九二六年施行以後。甚稱滿意。觀下列五年之比較可見。（單位百萬羅布）

東路之出口數

	一九二二年	一九二三年	一九二四年	一九二五年	一九二六年
大荳	二二·一	二三·四	三四·三	三二·一	三五·二
荳餅	九·八	一五·六	七·八	一一·一	二五·二
荳油	〇·八	一·一	二·〇	一·九	二·四
小麥	二·〇	一·九	〇·四	〇·八	…………
麩皮	〇·二	〇·四	〇·三	〇·二	〇·三
其他穀類	一·五	〇·五	〇·八	二·三	九·六
總計	三六·四	四二·九	四五·六	四八 四	七二·七

南路之出口數

一九二二年	一九二三年	一九二四年	一九二五年	一九二六年

大荳	三一·九	三六·六	三五·〇	五二·三	五九·一
荳餅	二·九	二·七	一六·七	一一·〇	〇·九
荳油	〇·二	〇·三	……	〇·一	……
小麥	三·八	五·九	〇·九	一·七	四·四
麵粉	二·三	三·四	〇·二	〇·六	〇·七
麩皮	一·三	一·九	〇·八	〇·八	〇·九
其他穀類	四·五	三·五	三·〇	一四·八	一七·九
總計	四六·九	五四·三	五六·六	八一·三	八四·〇

依上列數目比較之。可知一九二六年東路有例外之利益。與一九二五年相較。穀類輸出之增多。均在烏蘇里鐵路上。故輸出比例在一九二五年爲百分之三十七者。在一九二六年躍而爲百分之四十六。超過歷年之紀錄。此種增加當推大荳及高粱等製品。高粱運輸之數。自一千一百萬布特。增至五千八百萬布特。其出口。均自北滿經海參威而至上海。中由東鐵路新設之商務經理處辦理。此外內地穀類之市場。亦已擴大。大荳之運輸

方向。大都往南。因大半爲大連油廠所收買。或爲大連穀類交易所所吸收。此穀類交易所。在南北滿商業上。占重要位置。至于小麥麵粉及麩皮之運輸。亦有增加。因種植本地之五穀。荳類尤甚。較爲有利。而前兩年小麥之歉收。至減少麥田之耕種面積。而坎拿大及美國麥在外市之輸爭。使麵粉廠之輸出能力。幾乎消滅。同時。他種穀類之輸出。皆有顯著之增加。卽在表中所謂『其他穀類』一項是也。在過去兩年中。特別在一九一六年。此種『其他穀類』之運輸。在中東鐵路運輸總額中占重要地位。且有逐年增加之趨勢。木材之輸出。自一千另八十萬布特。減至八百萬布特。其理由已解釋如上。此種減少。均在南路。至東路。則以日本造紙廠需要輭木。（松杉之類）而因之增加。其他之輸出貨品。爲皮革牲畜之類。但爲數不多。

輸入

戰前北滿俄貨之輸入。均由東西兩方。而大宗之輸入。均來自南方。蓋此類貨品之消費者。——農夫——對於中國物品。有特別之需要。故一切統名之曰『雜貨』。其主要產地及貿易中心。多位置於中國及南滿。故多傾向於南滿鐵路。俄國及歐洲貨品。多經海參威而交貨。在一九一七年至一九二三年時期中。海參威之輸入能力。無大變動。惟蘇昌(Suchan)煤及漁業品之自東方至北滿者。減二百萬布特。

中東鐵路現正注意車輛之載貨。因貨物至東方輸出後。回來之車輛。均爲空車。故設法增加由烏蘇里鐵路輸入之物品。得其助力後。於是東方之輸入。逐漸增加。五年幾至四倍。

輸入貨品依下列方向分配(單位百萬布特)

	一九二二年	一九二三年	一九二四年	一九二五年	一九二六年
自南方輸入者	二一·六	二四·六	二五·八	二六·〇	三一·〇
自東方輸入者	一·三	〇·三	二·〇	三·一	四·七
總計	二三·九	二四·九	二七·八	二九·一	三五·七

主要之進口貨爲煤。一千一百五十萬布特。鹽。四百三十萬布特。穀類。一百萬布特。疋頭。一百六十萬布特。石油。一百五十萬布特。及果品。一百四十萬布特。茲將近年來北滿之輸入品比較如下。(單位百萬布特)

一九二六年中東鐵路概況

一九二六年中東鐵路概況

		一九二三年	一九二四年	一九二五年	一九二六年
煤	自烏蘇里鐵路輸入者	〇・九	一・三	一・九	二・六
	自南滿鐵路輸入者	一一・四	一〇・六	九・七	八・九
鹽	自烏蘇里鐵路輸入者 自南滿鐵路輸入者	三・二	三・二	三・九	四・三
其他	自烏蘇里鐵路輸入者	〇・四	〇・七	一・二	二・一
貨物	自南滿鐵路輸入者	一〇・〇	一三・〇	一二・四	一七・八

關於煤之輸入。因撫順煤礦出煤減少。故煤之輸入亦減少。蘇昌(Suchan)煤之輸入。對於中東鐵路及內地市場之需要。皆有遞增之勢。鹽之運輸。全賴南滿鐵路。因鹽為我國所專賣。而南滿鐵路。又為最近之路線。凡中東鐵路轉運之鹽。皆來自遼東及沿貝吉利海灣(Gulf of pechihli)兩岸之鹽場。煤鹽而外。在一九二六年經海參崴之主要輸入品。為麻布袋(計四十萬布特)及爪哇糖。(四十萬布特)此類貨物。自一九二五年。始由海參崴輸入。而內地遂有大量之消費品焉。至於蘇俄石油及石腦油之輸入。亦不可不注意者也。此種石油。在一九二四年始出現於遠東市場。現在進口數。已超過二十萬

布特。且蘇俄之石油。能與以前在北滿專利之美孚油及蘇門答臘石油相競爭。而有取而代之之勢。在一九二六年。由東方輸入之貨物。與戰前相比。祇及一九一三年之數。即四百三十萬布特。至於輸入品之價值。尚未及以前之數。因戰前蘇昌（S·chan）煤之輸入甚少。而煤則全由東方輸入者也。

南方輸入之貨物。或直接由中東及南滿鐵路聯運。或在長春車站為本路運輸之分配。如下表。（單位百萬布特）

	一九二三年	一九二四年	一九二五年	一九二六年
由南滿鐵路	二二·二	二二·二	二三·四	二六·七
由長春車站	二·四	二·四	二·七	四·三

至本路運輸方面。貨物之長春車站裝運者。去年特增。此種現象。一方由於本地銀元兌匯率之低落。使在本地交貨之貨物。有極大之便宜。他方由於對於輸入品。加以特別季節運價。於是大部之貨物。遂被吸引。若在一九二六年。此類貨物。均用大車由長春運至中東南線之最近商業中心。然後再行分配者也。

一九二六年中東鐵路概況

滿洲里車站所運送之貨物。因無聯運章程。其商務遂與貝加爾鐵路互相交換。此類貨物。因爲數不多，故在一九二六年無大重要。可由下表見之。(單位百萬布特)

	一九二二年	一九二三年	一九二四年	一九二五年	一九二六年
運至滿洲里之貨物	五·五	一·五	○·八	一·一	二·○
滿洲里運出之貨物	○·六	○·五	○·七	一·一	○·八

在一九二二年運輸較多之故。爲運輸穀類三百八十萬布特至烏蘇里鐵路。以救濟饑荒 其他數年之運輸 均無大更變。由烏蘇里鐵路運來之貨物。自一九二五年末。於木材煤炭而外。尚有疋頭烟草石油之類。

本路運輸

本路之貨物運輸量。爲三千三百萬布特。在過去數年中。均無甚變動。至一九二六年。激增至五千六百三十萬布特。其所以致此之由述之如次。

因欲發展本地之製油工業。對於哈爾濱油廠。加以特別運價。蓋大豆之運往彼處者年有增加也。

因本地煤礦事業之發達。已能與外來之煤相競爭。此乃極重要之現象。自一九二三年以來。煤價大率爲撫順產品所規定。於是本地工業及中東鐵路自身。不能不依賴南滿鐵路。而南滿鐵路之對於中東事務。更有直接之關係。在一九二五年中蘇昌(Sucoan)煤進口之增加。漸有規定煤價之影響。惟此煤祇運至哈爾濱。故煤價問題。尙未有全部之解決。自中東鐵路穆陵縣煤礦開辦以來。而中東鐵路自一九二五年後。復竭力經營札賚諾爾煤礦。故中東鐵路對於煤之供給。處於强固之地位。將來欲完全脫離外煤之供給。亦非難事也。

因此中東鐵路竭力謀本地煤量輸送之增加。並減低運價。使工業中心區域蒙其利。如自哈爾濱至富拉爾基(加甘南縣)一段中各車站。均有劃一之煤價。而於西線上作極大之競爭焉。

以上種種方法施行之結果。使本地之煤。追及撫順之記錄。各車站輸送之煤量如左。(單位百萬布特)

站名	一九二三年	一九二四年	一九二五年	一九二六年

一九二六年中東鐵路概況

滿洲里	○・一	○・三	○・七	○・五
札賚諾爾	二・四	二・○	一・三	三・○
沙金子(Sochingtss 聯站	—	—	○・九	四・二
其他車站	○・一	○・一	○・二	○・五
總計	二・六	二・四	三・一	八・二

在一九二三年前。米糧一項。均由南滿鐵路運入。現今中東鐵路。正從事種植。更開設碾米廠。故將來北滿米糧。或能自給也 自一九二五年末。更採用獎勵運價。以發展本區碾米事業。以致去年進口米糧。大都爲本地米糧所奪。此種傾向。可由下表之米糧運輸見之。(單位千布特)

	一九二四年	一九二五年	一九二六年
南滿鐵路及長春車站	四八二	三八八	一三五
本路運輸	一九二	二四五	五○二
總計	六七四	六三三	六三七

其他貨品中。以建築材料及鋼軌之運輸。增加最大。因興築呼海鐵路。及哈爾濱電車故也。燃薪之運輸亦有增加。（一九二六年爲六百九十萬布特。一九二五年爲三百六十萬布特）。因去年通航期中。哈爾濱運到木材極少。此固由於我國內河船隻噸數之不敷。且大都從事於裝載較爲有利之農產。往松花江下游也。總之。以貨運而言。一九二六年。可謂有非常完美之成績矣。

客運業務。因受外界之影響。故發展較遲。但一九二六年亦有明顯之進步。乘客數目與往年相較。有如左表。（單位千人）

	一九二二年	一九二三年	一九二四年	一九二五年	一九二六年
頭等	四	四	四	五	五
二等	三三	二四	二四	二四	二九
三等	九〇八	七七六	一一四一	一三一七	一八五八
四等	一一〇九	一五六三	一〇四一	一一一〇	一三七九
總計	一二五五	二三六七	二一八三	二四四五	三二七一

一九二六年中東鐵路概況

觀上表。可見乘客數目。時有增加。而中東鐵路之客運。端賴四等客車。在一九二三年曾有最高之數目。次年卽形銳減。雖以後年有增加。然不及三等客數目之增加遠甚。可見該路乘客。有由低級轉至高級之趨勢焉。戰前有一時頭二等乘客大增。此由於許多旅行家。由中國南部經烏蘇里鐵路而至南歐或由西歐至中國南部。欲吸引此種乘客。該路之商務經理處。曾設票房。爲該路出售烏蘇里鐵路客票。並大登廣告。以事招徠。此事與貝加爾鐵路。有協定者也。

改進工人及員司之生活及工作之方法　一九二六年中東鐵路對於技術上商務上之重要事務已略述如上矣。而關於工人及員司之生活狀況。亦不可不注意者也。其中最重要者爲日工。每日之最低工資。已由四角至五角增至六十金柯貝克。(Gold Kop)依現在兌匯率。約等於本地華幣一元。(一金羅布合一百二十五至一百三十分)欲改進工人及下級員司之生活。該路新造房屋多所。並改良原有之設備。此外工資及薪水。亦均有增加。最近該路理事會。又議定車上工人及員司之工作標準。計每月自三百三十六小時至二百四十小時。倘財政方面並無障礙。當卽採用之。

該路之財政

中東鐵路之客貨運輸。年有增加。於是營業進款。亦隨之而增。其增加之數。竟有出人意料之外者。玆錄其營業帳之大要如左。（單位百萬羅布）

進款	一九二二年	一九二三年	一九二四年	一九二五年	一九二六年
貨運	二五・三	二六・〇	二七・二	三三・三	三八・八
客運	八・六	八・四	七・六	七・九	八・八
營業進款數	三三・九	三四・四	三四・八	四一・八	四七・六
其他進款	三・五	一・七	二・八	四・六	五・〇
總計	三七・四	三六・一	三七・六	四六・四	五二・六

該路之技術處又力謀改進。以期減少費用。故雖建築新屋及增加工資及薪水。而該路之總收入。仍依比例而增加。故一九二五年之營業比例。（Operating Ratio）爲該路年來最佳之成績者。仍保持不變。至於該路收支統計。詳列如左。（單位百萬羅布）

一九二六年中東鐵路概況

	一九二二年	一九二三年	一九二四年	一九二五年	一九二六年
總收入	三七·四	三六·一	三七·六	三六·四	五二·六
支出	二六·三	二四·三	二一·九	二四·一	二七·六
淨利	一一·一	一一·八	一五·七	一二·三	二五·〇
對總收入之百分率	三〇	三三	四二	四八	四八

該路因有良好之營業成績。於是從事於需要之工作。其費用約五百五十萬羅布。此外該路特種事業之損失。（管理租讓地帶及供養護路兵士等等）計有三百三十萬羅布。故一九二六年該路之淨利爲一千五百八十萬金羅布。可謂鉅矣。

我國今後之鐵路政策論

在中

我國鐵路政策在總理實業計畫中。早有定爲國有之決議。至其所以定爲國有之理由。總理雖已發其大端。然社會大部份人士。或者仍未能完全洞其究竟。況當此二十世紀。世界上有二最富强之國家（英美）。方且以鐵路民有爲政策。在一般人觀之。我國何不亦採用鐵路民有政策。以與英美相媲。美此種見解。作者雖不能斷其爲必有。然亦不能斷其爲必無。玆篇之作。一方所以闡明總理國有政策之用意。一方所以消除一般人或有之誤解。惟是作者學識膚陋。所論各點。或仍不免有矛盾之處。尚希閱者諸君不吝指教。則幸甚。

一。緒言

二。鐵路政策之種類

三。我國建築鐵路應有之原則

四。我國採取鐵路國有政策之原因

我國今後之鐵路政策論

我國今後之鐵路政策論

(1)就原則上言

(2)就國內情形言

(3)就世界各國趨勢言

五。結論

(一)緒言

美國鐵路學專家約翰生（E. R. Johnson）之言曰「一國家辦理鐵路之經驗。不必卽爲他國人民辦理鐵路事業之準則。普魯士鐵路國有之成功。不能據此爲美國鐵路國有必能成功之理由。意大利鐵路民有之失敗。亦不能據此爲普魯士鐵路民有必歸失敗之根據。一國有一國之社會的。經濟的。政治的。特別情形。故一國各種問題之解決。必根據於一國之經驗與國情而定」。旨哉。約翰生之言也。本篇之作。蓋亦具約翰生之意云。

(二)鐵路政策之種類

鐵路政策。亦曰鐵路制度。鐵路制度有四。一曰民有民業。卽鐵路之所有權與營業權。皆握之於人民之手。英美之鐵路制度是也。二曰國有民業。即鐵道爲國有。而運輸事業則委託之於人民者是。二三十年前意法曾採用之。三曰民有官業。即民有鐵道而貸之政府行使運輸事業者是。德比曾行之。四曰國有國業。在此制度之下。操鐵路所有權者爲國家。操鐵路運輸權者亦爲國家。此爲最通行之制度。中國鐵路制度。即屬此類。

以上四種制度之採用。就現在各國情形論。民有官業與國有民業制度。已不可復見。至民有制度。則除特種情形尙能保持其制度之沿用外。亦已不復多見。現所最通行者。厥爲國有制度。

（二）我國建築鐵路應有之原則

吾國自有鐵路以來。自始即無所謂政策者。當光宣之間。國勢陵弱。處列强壓迫之下。鐵路之建設。幾莫不爲應付及結束外交失敗之工具。初未暇顧及國內政治。經濟。社會之須要。亦未暇深籌緩急善後之計劃也。誠如關氏賡麟之言。「我國應甲國之求。則施一線於東。應乙國之求。又施一線於西。故他國先有全局敷設之籌劃。而後有鐵路之經營。我國則先有不成片段之鐵路。而有遷就已成之線。進求全局之計劃。事理之顚倒如此。欲求鐵路事業之有造於國家。不亦難乎。待夫宣統末年。國家始奮發有爲。收買國內商路而歸之國有。然而計劃未就。滿清之祚先覆。民國以來。內受軍閥政客之蹂躪。外受列强經濟勢力之壓榨。鐵路雖屬國有。計劃卒難施行。旣往之失敗旣如此。則今後鐵路事業之建設。又不可不先定其根本原則。然後進而研究鐵路政策之採取。庶可於最短期時間之內。達到發展國家富源之目的。

就管見所及。論我國鐵路建設應有之原則。至少有下列數端。

一。鐵路建設。應使最多數國民。獲得最優美。最公平之鐵路職務也——鐵路旣屬公共運輸機關中之最有力者。則其直接的間接的影響及於全國人民之生計者。至重且大。故不論鐵路之爲民有國有。此「鐵路建設。應使最多數國民。獲得最優美。最公平之職務」一語。皆當奉此爲金科玉律者也。

二。鐵路建設。必應國家之所須要也。國家之須要。多於個人之須要。如天然富源之開發也。經濟事業之發展也。邊腹疆域之聯貫也。社會風氣之開通也。以及其他種種政治上。經濟上。社會上問題之解決。何莫不待鐵路而後成。故吾國鐵路之建設。當視國家各種須要之程度而定。不當拘拘於商業之繁盛區域。更不當因借款關係。或竟因外交關係而設也。

三。鐵路建設。應統一鐵路工程與鐵路管理也。鐵路工程之統一云者。乃軌間號誌等大小形式之劃一是。鐵路管理之統一云者。乃行車方法。會計制度等等之劃一是。鐵路工程之劃一與否。恆與國家立法監督之繁簡有關。而鐵路管理之一律與否。又與國家應用鐵路之便利效力有關。誠以鐵路工程與管理方面。全國既屬一致。則車輛四出。無往而不通。軍事徵調。尤得心而應手。此鐵路工程管理統一之益。吾人不可不於鐵路建設尚未開始之初。即加以審慎之考慮。

四。鐵路建設。應採取最經濟。最新式之技術也——近世工業技術日臻完善。一機械之革新也。其管理之簡便。開支之節省。每有出乎意料之外者。鐵路技術亦然。二三十年以前。各國局部運輸。每以鐵路枝線任之。所費多而管理繁。今則此種局部運輸。(Local Transportation) 已有被汽車起而代之之趨勢。此一端也。又自利用水力發電以來。電力大而價格廉。各國已有電化鐵道。以節省開支而節易管理者。他日電學之研究

我國今後之鐵路政策論

益精。鐵道電化。不難更臻完美而推行全球。吾國天然水動力。為數甚巨。苟能儘量運用。亦鐵路大革新之一端已。

（四）我國採用鐵路國有政策之原因

甲。就原則上言

上述四大原則。為我國鐵路建設之所必須遵守者。其一，三，四，三項。則不論國有民有。皆可達其目的。在國有制度之下。則國家依其預定之政策而篤行之可矣。其在民有政策之下。則國家可立法以嚴制之。雖其間監督繁簡。不無差異之處。而國家對於建設鐵道目的之能達到。則一也。至若第一項「鐵路建設。必應國家之所須要」者。則非鐵路國有政策莫屬矣。蓋國家與人民建設鐵路之動機不同。人民之建設鐵路。其主要目的為獲利。故非鐵路之必能獲利者。人民決不願投資焉。國家之建設鐵路。雖有時亦為獲利計。然猶非盡為獲利也。國家者。居人民之上。統籌全局。其於國家之產業。苟其有增於國家之財富。或有俾於人民之生計者。則雖利益甚微。或竟利益全無。而為一般人民之所不肯投資者。國家亦必造鐵路以開發之。此就有形之利益言之也。至於邊陲荒漠之區。物產之所不生。人跡之所罕至者。在人民則又必不願投資。而在國家。則以其有關於邊防。移民。軍事種種事業也。故雖明知鐵路建設之必不能獲利。而猶斷然投巨資以築之者。誠以國家之所獲者。蓋有出乎有形利益之外者也。

乙。就中國國內情形言

由鐵路建築之原則上言之。我國有採行國有政策之必要。今再就吾國國內情形一考察之。

一。惟鐵路國有。能於最短時間內。開發全國富源——中國天然富源之豐富。世界蓋尠能與之比擬者。山西一省之煤。足供世界二千年之用。滿直西南諸省之煤鐵。亦爲中國極大之富源。黑龍江流域之金礦。邊境各省之畜牧。滿洲湘閩之森林。以及國內其他一切天然之財源。誠能有鐵路以通貫之。則不難盡發其蘊藏。而致國家於富强。然而欲盡通之以鐵路。而尤欲於最短時期內促其成就者。則非國家出任其事不可。方美洲合衆國之初設也。地方政府。不惜耗巨大土地及資本以助鐵路之建造。澳大利。新西蘭諸國政府。亦勤以公款促鐵路之速成。之數國者。誠知開發富源。非鐵路交通發達不爲功。而大量鐵路之建設。有非國家之力不辦者也。且自國際貿易發展以來。歐西國家且有利用鐵路連接政策。以扶助及保護國內外商業之發展者。是則鐵路交通。又有抵抗外國商業競爭之能力者矣。我國若欲於最短時間內開發全國富源而振興實業。吾知其非由國家興辦鐵路不爲功矣。

二。惟鐵路國有。能以鐵路之費。轉造鐵路——商路盈餘。非不能造路也。謂商人之不欲以盈餘造路也。商人對於有利之路則造之。對於無利之路則置之。國家則不然。國家「以路造路」之政策決定後。卽可採用特別會計制度。以各路之所餘。補他路之不足。再有餘。則儘數以充建築新路之用。新築之路。不必限於必能獲利之路也。凡有益於軍事邊防殖民者。皆可築。雖然。余之所謂以路款築路者。非謂鐵路盈餘。卽能建築一切應築之路也。謂鐵路盈餘。若在鐵路特別會計制度之下。至少能建築一部份應築之鐵路。而促進鐵路計劃之速成也。

三。惟鐵路國有。能利用故有水陸交通。而統籌全國交通統系之聯接——吾國東南多水。西北多山。中部復多舊有驛道。故於建設鐵路之初。卽當詳察故有交通路線之分佈。於水道縱橫之區。則可利用之以運輸重滯不急用之貨物。于驛道未毀之區。則可修築之以作小量短距離之運送。而以鐵路幹脈其間。以總運輸之大成。如此。既可不必多設支線。收交通聯絡一氣之效。又可不必多恃計謀。殺水陸競爭激烈之弊。非國家之出任其事。曷克臻此。

四。惟鐵路國有。能籌得巨大資本。完成中國之鐵路建設——余於第一中節曾言之。欲開發富源而建設鐵路。非國家出任其事不可。然此祇從國民建設鐵路利益上言之耳。今若再從國民財力上觀察。則尤足使余信吾國鐵路建設。有非國有莫成者。請申其說。吾國國民。素以國內產業之不發達。重以外國經濟勢力之壓迫。以致實業無由發展而財力終於不增。以區區之財力。作巨大之事業。古今中外。未嘗有也。前清末葉。國人洞察乎利權喪失之足以亡國。於是羣起作挽回利權之運動。當時風起雲湧。一呼百應。所擬建築之商路以十數。曾不幾時。而向來轟轟烈烈之築路運動。幾莫不以籌款不足而失敗。今距清末幾時耳。國民財力之增加何如。謂遂足以建設全國之鐵路矣乎。

丙。就世界各國鐵路政策之趨勢言

我國今後之鐵路政策論

以上四項　爲我國之特別情形。亦爲我國採用鐵路國有政策之根本原因。茲再從各國鐵路之趨勢言之。自鐵路事業之本身言。則鐵路爲國家之命脈。有左右全國民生之勢力。惟其然也。故各國政府。對於民有鐵路事業之發展。莫不有嚴密之干預。以保障人民之利益。至於鐵路事業上種種困難問題之解決。又非有恃於國家之權力不可。故卽以民有鐵路而論國家之干涉。蓋以無所不至。若夫國家干涉之是否應至於鐵路國有之程度。則須視困難問題之深淺。以及社會上須要之限度以爲斷。間嘗攷之。近世各國對於鐵路之政策。不外(一)鐵路民有而政府加以嚴密之監督。與(二)鐵路國有之二種。然(一)者之中。除英美二國。因民有辦有成績。又因國民富於財力。又富於思想。而採取第一種政策外。其他各國。幾無不採用第二種鐵路政策者。卽以英美二國而論。英國亦漸有鐵路國有之趨勢。故以世界各國鐵路論。可謂已趨於國有化矣。抑不獨鐵路一端然也。各種公共事業。如水。電。等類。亦有採取國有政策之趨勢。造成此種趨勢之原因。一部份雖由於政治的。財政的關係。大部分則由於近來社會思想之發達。蓋社會本身。旣屬一種有力之組織。自當運用其固有之政治的權力。而操縱一切完全公共性質之事業。不應以此公共性質之事業。放織墮落於私人之手。而使其爲謀利之機關。此種社會觀念。早已爲一般經濟家與政治家所公認。歐美各國。且已多切實付之實行矣。我國在此鐵路建設尚未開始之先。自當順應潮流。爲未雨綢繆之計。此則又我國之所以採用鐵路國有政策之原因也已。

據一九一一至一九 二年之調查。五洲中各國國有鐵路與民有鐵路之比較表如下。

洲別	國有鐵路哩數	民有鐵路哩數	總哩數	國有鐵路百分比	民有鐵路百分比
歐	一〇七·六六三	九九·六三一	二〇七·二九五	五一·九	四八·一
美	一二·一九〇	三一四·六九三	三二六·八八三	三·七	九六·三
亞	三六·七二〇	六·五八一	六三·二九一	五八·〇	四二·〇
非	一一·四七八	一一·四一二	二二·八九〇	五〇·一	四九·九
澳	一八·〇二七	一·二三五	一九·二六二	九三·六	六·四
總計	一八六·〇六八	四五三·五五三	六三九·六二一	二九·一	七〇·九

我國今後之鐵路政策論

上表內民有鐵路百分比之所以大於國有者。因英美二國之鐵路。（幾占世界鐵路哩數二分之一）皆係民有故也。又據中外經濟週刊（一九二號）最近調査所得。世界現有鐵路七四一·二九五哩。其中國有鐵路居二七九·七二一哩。若分別各洲觀之。則有如下列。

	共有鐵路哩數	國有或民有哩數
歐洲	二二七·五四一	國有占一二三·三九八
美洲	三六九·八三九	大概均屬民有
亞洲	七八·六一〇	國有占五七·三五三
非洲	五三·七八三	大概均屬民有
澳洲	二九·五四〇	大概均屬國有

比較以上二次統計。可見十餘年來。歐亞澳三洲之國有鐵路。以及美非二洲之民有鐵路。均有甚大之增加。其中最足注意者即爲非洲民有鐵路之增加。因而該洲國有鐵路之百分率減低是也。然此不能視爲鐵路國有趨勢之消滅。吾人可以下表證明之。（註一）

（註二）

一採取鐵路國有政策之

國家數目　四四

鐵路哩數　二九七·六九四

二採取鐵路民有政策之（註三）

國家數目　二〇

鐵路哩數　三七四·四二九

由上表可知採取鐵路國有政策之國家。二倍於採取鐵路民有之國家。是世界有鐵路國有之趨勢也。至其哩數之所以不及民有鐵路者。則因。美。法。英。阿根廷等國之鐵路。皆係民有故也。（按一九二〇年時。美有鐵路二六〇·五四四哩。法有三三·二八一哩。阿根廷有二三·一五六哩。英有二四·三九六哩）下表又示世界各國所取鐵路國有政策之時期

比利時　一八七一　德意志　一八七六　意大利　一九〇五

匈牙利	一八七三	俄羅斯	一八八一	日本	一九〇六
澳大利	一八七六	瑞士	一九〇〇		

（註一）詳見七十八卷二十八期（一九二五年六月十三日）

（註二）所列國家。其鐵路哩數均在五〇〇哩以上。其在五〇〇哩以下闕焉。

（註三）德國鐵路三五・八二三哩。現爲準私有制度。故不列入絕對國有或絕對民有制度之內。

五 結論

余既述中國應採鐵路國有政策之原因矣。余不能不進述國有鐵路之弊。蓋嘗比較世界各國鐵路國有民有之成績。而覺國有鐵路成績之不如民有也。舉其大者。則國有鐵路政治勢力之影響太大。又因營業無競爭之故。設備不如民有。而管理效力。尤遠遜之。他如浪費公款。任用私人。加高工資。怠慢職務。又爲各國鐵路國有制度下所難免。雖然。此皆鐵路管理不良之結果耳。非制度自身不良之過也。夫既非由於制度自身之不良。則吾人仍不能不認鐵路國有政策之爲得計。且國有鐵路之流弊。又皆非不可革除者。

倘能加以嚴密之監督。輿夫國民道德之長進。則鐵路國有。未始不能爲完美之制度。況在我國國民政府之中。有監督致試之機關。雖慎而將事焉。人誰得而爲弊哉。人誰得而爲弊哉。

我國今後之鐵路政策論

我國今後之鐵路政策論

鐵路與銀行

謙初

鐵路爲交通之樞紐。銀行乃金融之重心。其相互間之關係。不一而足。然注意之者殊鮮。良可惜耳。茲舉其關係之犖犖大者。簡要言之。藉見鐵路興盛。銀行先受有形之利。鐵路窳敗。銀行亦被無形之損。提倡路事。改良路政。銀行界亦宜與路界合作。以謀互利之道也。

(一)鐵路貨運與銀行業務　有鐵路運輸之便利。則交易頻繁。各地向爲自足自給者　至是以運輸廉速。亦必進而分工。由分工而生交換。而生商業。銀行放款及匯兌之業務。既視商業之盛衰而消長。則鐵路直接促商業之繁榮。間接助銀行之發展。事至明。理至顯也。貨運與銀行之關係。以提單押匯一事爲最重要。鐵路苟能完成設備。負責運貨。(目下鐵路負責運貨較普通運價須貴一成似屬太高)則鐵路提單可用以抵借款項。商人既受其益。銀行亦蒙其利。滬寧滬杭甬兩路。業已見諸實行。民國十四年九月國有鐵路運輸會議(第六次)亦曾邀集銀行界代表。討論此事。以圖推廣。將來路線增多

○路政修明○則提單押匯事業○必能蒸蒸日上○銀業大利之所在○其必於此中求之乎○

（二）鐵路客運與銀行業務　國內外銀行現今多有旅行支票及旅客信用保證之發行○以便行旅○法至善也○然運輸不便○則旅行者少○而尤以長距離之路程爲最○今能廣修鐵路○使任長距離之運送○完成設備○盡力於廣告招徠之途○則國人遊興必因而勃發○名山大川○遊人如織○亦易致也○我國國有鐵路業有國內周遊票○來回遊覽票○團體票○回數票○定期票之發售○其嘉惠行旅○似已無微不至○然卒以國內未靖○廣告未遍○致難普及○殊爲憾事○第假以時日○路政發達○運輸進步○則客運必興○可無疑義○日本鐵路延長一萬另三百六十英里○（連朝鮮）而一九二六年旅客人數達七一六・四三〇・〇〇〇人○平均每哩約得七萬人○可知經濟發達至相當程度○多得一哩必需之鐵路○即可多得數萬人之旅行○況我國名勝之多○遠過他國乎○故直接提倡鐵路○即間接提倡銀行匯款之事業○所有旅行支票旅客信用保證以及其他匯款之業務○有不隨鐵路運輸營業以俱興者○吾不信也○

（三）鐵路債務與銀行投資　年來國中搶攘○商業銷沈○銀行苦無運用資金之路○或

從事於匯兌。或從事於公債。要皆非眞正之投資。將來大局底定。產業亦蓬勃焉而興。必俟運輸完備。而後生產交換始能發達。在此過渡期內。銀行資金。恐仍無充分運用之方。爾時購買路債。實爲最合時宜之投資。考鐵路債劵。美國保險公司儲蓄銀行律皆規定爲投資目的物之一。良以鐵路事業較任何產業爲穩固。其收入來源。錯縱複雜。卽有商業循環。亦不甚受影響也。或疑投資路債不宜於商業銀行。然今日商業銀行之投資。以內國公債佔重要部分。多則一二千萬元。少亦十餘萬元。(見支那金融界之危機)以鐵路債與公債較。必有能辨其優劣矣。現國內儲蓄銀行實業銀行等又不在小數乎。第鐵路會計務求獨立。鐵路債劵務使流通。鐵路營業務須健全。是在路業銀業兩方合力圖之。

(四)鐵路盈餘與銀行存款　我國國有鐵路淨利。十四年度已有一二·六四一·六四三元。俄國遠東銀行。以有東省鐵路之存款。營業蒸蒸日上。東三省銀行因起而力爭。可見鐵路存款足以助長銀行之勢力矣。今使鐵路發達。則盈餘必增。鐵路爲維持及擴張計。必提存準備金。以應他日之需。此種預備金。必將擇可靠之銀行而爲存儲。是則一反手間。資金之消費於旅行者。集中於銀行之手矣。今內國銀行力爭關鹽稅款之存放。

鐵路與銀行

關爲收回國權維護金融之要着。然果能助成鐵路之發展。則存款必有倍蓰於稅收者。利之所在。要爲金融界所不容忽視者也。

綜上所述。可知鐵路之發展與否。與銀行之存放業務。匯兌業務。有極密切之關係。鐵路與則銀行存款增加。放款增加。而匯款數量亦必增加。此就量而言也。鐵路興則工商亦興。銀行事業直接助成國民經濟之發展。而無絲毫政治的投機的危險。非特利厚。抑且安全。此就質而言也。然則鐵路之有益於銀行 可瞭然矣。今後鐵路界之所望於銀行者。自以籌集資本爲首要 考歐美銀團。多能收買實業債券股票。而以之轉售于公衆。鐵路債票亦然。竊以爲我國銀業。亦應有相似之組織。竭力吸收社會之儲蓄。而與路界合作。以儲款與修鐵路。在社會未信任鐵路證券之前。暫由銀行購買。對於顧主。仍存儲蓄存款之名可耳。至於國外借款。尤關重要。蓋鐵路材料以及機頭車輛。均須購自外國。自非籌有外款不可。今後內國銀行。應爲之居間。向海外推銷路債。以收外資。勿再任人代庖。而令利權旁落也可。凡此種種。應由路銀兩界協力籌謀。以期完善。尙望交通當局。銀業領袖。及早圖之。

鐵路運價之研究

劉時敍

(一) 緒言

言鐵路學者，莫不以運價問題爲最緊重，最難研究。蓋運價一端，一方面關係路局收入，一方面關係商民生計，稍有不愼，即有顧此失彼之虞。關係之重要既如此，而其內容又極紛繁錯雜，頭緒萬端。間嘗以爲運價之於鐵路學，適猶賦稅之於國家財政學，均係極繁複而又爲極關重要之問題也。一種稅也，有無形有形之分，直接間接之別；以及應稅品來源之如何，付稅人犧牲之多寡，均須顧及。一種稅則之施行，一種稅率之訂定，其影響於國內工商業之發展者幾何，其影響於國外貿易者幾何，凡此種種，均爲賦稅問題中極應注意之點；言鐵路運價者，其問題之錯綜繁複亦正復如是。

本年八月十日開幕之全國交通會議，路政組方面之提案，共九十件。其中關於運輸類之提案，共三十七件。其中關於運價者，凡五件。茲舉如次：

(一)重新釐訂客貨運價案　　漢平路局長提出

鐵路運價之研究

（二）組織鐵路運價委員會案　第一交通大學提出

（三）審訂鐵路運價大綱案　路政司長提出

（四）制定國貨運價案　北平總商會提出

（五）統一全國路政案第四項關於運價者　山東省政府提出

交通會議路政組審查報告書運輸類中有云：

『以上五案，性質相同，經併案審查，其結果如次。審訂鐵路運價一事，關係全國社會經濟暨工商業之盛衰，至爲密切。故世界各國，莫不特別重視……我國各路運價，近受軍事影響，混亂已極。自宜統籌改訂，應由大會請交通部迅行組織審訂鐵路運價委員會，詳細研究，以期適合。』

此審查報告書，業於八月十七日交通會議第三次通過。所冀者該審訂鐵路運價委員會，即日成立；按照我國實在情形，調查洋土貨集散形態，並參考各國通行之運價原則，詳細研討，庶可收實效也。

鐵路運價，大別之可分爲客運貨運兩項；而客運運價之訂定，比較容易，（理由詳下節）至貨運運價，頭緒紛繁，各方面關係極多，極不易訂定。玆篇之作，其目的在欲將此問題，作一條分縷晰之研究，不過關於此題，國外統計，不欲多引；國內統計，又尚多闕如。故篇內所述，每重於原理一方面，閱者諒諸。

（二） 客運貨運運價訂定上之區別

客運運價比貨運運價較易訂定，其理由有如下述五種：

1客運分類較簡 貨運之分類，極端複雜。鐵路所運貨物，各種俱備：有普通品，如農產森林工藝等；有貴重品，如珠玉皮貨等，有危險者，如軍火化學品等；有易腐敗者，如水果類；更有質輕而佔容積甚大者；如棉花草帽類；以及其他種類：此種種貨物之裝運，又多少不一，或以車運，或以噸稱，或以斤或磅計，或以容量計，支分類別，故訂價亦因之而繁。若客運則大率一人一票，雖有半票或團體票等之規定，然分之亦易。且客運大半分為頭二三等以至四等；分類既簡，訂價自以因之而簡。

2客運運價不常更改 貨運運價之規定，貨物之價值，為其中之一要素。故或有貨物價值更變，則前此該貨物在甲類，應改入乙類；或在丁類，應改入丙類。又或某種貨物，本列入危險品者；但因科學改良，使運載不生危險，則該貨物又應列入他類矣。至客運分頭二三四諸等，一旦規定，絕少更改，雖或依人民普通生活程度，稍有更易，然不多覯也。

3 客運運價之當否，容易試驗。一種運價定出，若一月或其他時期之內，平均每車乘客衆多，是運價不高；反之若人數稀少，是運價嫌貴。若貨運運價，欲試驗其當否，則較繁複；因貨運之增加或減少，或因出產多少所關，或因需要升降所致，或因他埠同業及他項運輸之競爭。故欲僅以貨運之漲落，測運價之當否，甚難能也。所以客運運價，因此容易試驗之故，其訂定亦不必經過十分嚴密的考察，如貨運運價然。

4 客運競爭力不強，普通購票，即定價或稍不當，而爲數常頗微。乘客鮮計較，若貨運則運貨商皆以謀利爲本，運價之高低，關係運貨商之成本甚鉅。故一有不當，雖錙銖必較也。

5 客運營業，在鐵路總營業項下，所佔僅一小部分。故運價訂定之高下，即稍有出入，於鐵路上亦無大影響。不比貨運佔鐵路營業之極重要部分，運價之高下，與鐵路收入大有關係也。

綜此五項理由：客運運價之構造，較簡單於貨運運價。而即使訂定稍不得其宜，於路局乘客及社會諸方面，均無若何影響。故茲篇以下所述，多偏重於貨運之運價。因客運方面原理與貨運大致相同，不過無貨運方面之過度繁複耳。

(三) 貨運運價與各方面之關係

關於此點，可分以下數方面言之。

1 鐵路方面

甲 對於鐵路運輸之關係　運價之高低等差，關係運輸極鉅；偶一不當，如失之過高，則運輸減少。如失之過低，則雖運輸增加，而平均收入或致減少。二者均足影響鐵路之營業。

乙 對於鐵路財政之關係　貨運佔鐵路營業之大部分，運價之高低關係貨運營業之盛衰，即影響鐵路之收入，而鐵路收入於鐵路財政上，自有莫大之關係。此運價之於鐵路財政，間接上實佔一極重要之位置也。

鐵路運價之研究

2商人方面　運貨商人以牟利爲本，而利之有無，恃乎成本者頗巨。運價即爲增其成本之一要素。故一種運價之訂定，於商人利益，實有莫大之影響。小之足使其營業停滯，大之足使其破產也。

社會方面　鐵路係一公共性質之營業，故常受政府束約或監督。誠以鐵路方面之一舉一動，關係於社會公共利益者至衆。特別是運價問題，須受政府監督；因運價問題，直接關係運輸，間接卽關係社會上經濟之交換及分配諸端　如運價訂定不當，可使商人失業；市場衰落；反之如運價得當，則極其量可振興新工藝，及發展新市場也。

（四）運價訂定應有之原則

由上觀之，一運價之施行，鐵路商人社會三方面，均受其影響。故訂定時不可不特別注意於一大原則。原則維何？曰，公允是也。公允之意義在此處有二：一爲取價之公允，二爲鐵路對待各顧客間之公允。世界各國鐵路運價，多取決於政府，或至少政府有監督之權；本公允之義，使一方面商人貨物成本加以注意，一方面鐵路營業亦加以考慮。再者，鐵路運價，對於各種客商，不可有所差別，有所厚薄，如有此等情形，則政府須出而干涉也。

（五）訂定貨運運價之前提……貨物分類

1分類之利

甲簡單　鐵路所運之貨物，至千百種，假定每一種定一價格，匪惟繁複太甚，即應用之時，尋找亦不易。此所以有分類之舉，分則可化繁爲簡也。

乙公允　各種貨物之中，有價值大者，亦有價值小者；即同類貨物之中，亦有優者，有劣者；若一律同科，未免不公；若分類訂價，則甚公平。

丙便利　分類既化繁爲簡，即能生便利之效。鐵路員司於貨物運輸核算運價之時，可免尋找之繁；即運物商亦因分類之故，苟知其欲運貨物在何類，即可預知其運價多少。又各路間聯運運價，因分類之故，易於核算，亦便利不少也。

2貨物分類應有之標準

據美國聯省商務委員會所述，關於分類注意之點，詳徵博舉，纖悉畢陳。茲舉其犖犖大者言之。

鐵路運價之研究

甲貨物之價值

乙鐵路業務之成本

丙貨物之危險性之成分

丁貨物易破碎否

戊貨物之重量及貨物佔貨車之容量

己需要普通車輛運輸抑係特別車輛

庚貨物易腐敗否

辛貨物包裝如何以及其他可注意之點

總之貨物分類之標準，與後節所述訂定運價之標準，大致相同。其所異者，在訂定運價時，尚有競爭情形極須注意。而在貨物分類時，雖不能完全置競爭情形於不顧，然實較不重要也。至以上甲乙各項，當於第七節訂定貨運運價之標準中詳述之。

3 我國鐵路貨運之分類

此次交通會議，關於運價一項，已決組織審訂鐵路運價委員會，對於所運行貨運價，當加以審定或重訂　或因連年各路所加之貨捐雜稅，須設法取消或改正；或因近年價値均有增高，故運價亦因有改變；或國貨須加提倡，另訂定運輸條例；或對外洋輸入原料，應予鼓勵，運價亦稍從寬。凡此種種，以及調查各貨物之分配，新工商業及新市場之振興，及各路之特殊情形等等，均當分門別類，加以研究，庶可便分類得其準，運價得其正，鐵路營業及國內工商業，均可蒸蒸日上矣。

前民國六年交部有聯運會議之設，迄九年乃將聯運會議貨物分等表，經貨物聯運審查會核定者，由會議決，是部核准施行。茲特將該貨物分等表摘要述之如次，或亦可作參考之一助歟。

甲普通貨物分等表　分礦產農產森林禽獸製造品五門

乙貴重物品分等表　如珠玉金銀綢緞皮貨物等

丙危險物品分等表　計　1爆炸品及軍火　2易着火之流質品　3危險腐蝕並毒性之化學品　4各項雜貨如火柴及油膩物品等

丁質輕體笨品分等表　如竹器草帽等

鐵路運價之研究

戊礦用材料名稱表　如鐵及機器

已貨車運輸牲畜價目表　另附規則

庚貨車運輸舟車轎靈柩等項價目表　另附規則

辛貨車運送元寶金銀塊銀行鈔票等項價目表　另附規則

壬．貨車運回頭空箱價目表

除上所述之分等外，又設有數種特類貨運，取價從廉。計有　1煤炭　2煤油　3洋灰　4土產　5賑濟品　6教育品　7電料　8官運物料

此外尚限於一路，特別減價運輸者。計有　1京漢之運贛磁運蘆鹽運蒙茶　2津浦之棉花京奉之輸等

此外又有關於禁品輸送另訂有規則

（十八）運價訂定之最高最低限制點

一運價，無論政府須加約束或監督，不能任意訂定。即使政府不加約束監督，亦有自然之限制。在鐵路方面，不能任意增高至某種限度；在商人方面，亦不能要求低過某

限度。即所謂一種貨運運價之最高點及最低點是也。

1 一種貨運價之最高點，在乎該種貨物運至目的地所增之價値。如某地之米價，每石為十元，在上海之價，每石為十二元，則每石運價，至多不得過二元。因若過二元，則每石米之成本及運價，已十二元餘，運米商當或改用他種運輸，（如水路汽車路等）或甚至於不運也

2 一種貨物運價之最低點，在於鐵路運該種貨物所需之添加行車費，……即非固定費。換言之，即鐵路若不運該種貨物，則不必用此種添加之行車費。故運價若低過於此限，則鐵路不欲運也。鐵路消費，大別之可分為二種：第一種為固定費，即不變之消費。此種與營業之大小，運輸之多少無關係。如債票之利息等是。此種消費，鐵路營業衰落之時不能減，營業驟增之時亦不須增，故曰固定費。第二種為行車費，又曰可變化之消費。即隨運輸之多少為轉移。如燃料等是。不過此種消費，雖因現在成本會計進步，然鐵路欲測之運某種貨物，需行車費幾何，究尙屬不可能之事，故此最低點之限制，實一理想上之限制也。

鐵路運價之研究

此運價中之最高最低限制點恰如國外匯兌中之有現金輸送點然。如高過某點，或低過某點，則匯兌者寧可直接運送現金銀，而不欲匯兌也。鐵路運價之最高最低點，亦具自然之限制，如超過最高點，則商人不欲運；如降過最低點，則路局不欲運也。

以上僅就平時言之，若有特別情形，則此二點，亦未嘗不可破。如某地某商欲運米至上海，該地米價，每石十元，上海時價，為十二元。若鐵路取運價至每石二元二角，則商人方面，自不願運；不過若某商以為米至上海 定須漲價至十三元，則仍欲運輸也。又凡鐵路運一種貨物，固定之費，並不增加，但須增加行車費 如某種運價所入，反不及此增加之費之數，則照理鐵路將不欲運，不過有時鐵路或互相競爭，致不惜稍受犧牲性，或雖無競爭，而鐵路抱振興新工藝之宗旨，亦肯運送也。此種特別情形，亦恰如國外匯兌中若遇戰爭或其他原因，現金輸送點亦失其效用也。

(七) 訂定貨運運價之標準

甲 業務之成本

凡言及訂定運價應有之標準者，莫不首述鐵路方面營業所需之成本，推原其故，約有三端：

1無論在何種工商業中，貨價格與成本，常有極密切之關係，一種商品價格之成立，第一要可包括成本及費用；第二要稍有利益或盈餘。商品價格如此，鐵路之運價亦何不如此。

2如一商人擬某某貨至鐵路局請運，路局方面准一欲先決之問題，即運此貨物，約需幾何費用。(至此種費用不易推算爲另一問題)換言之，即若不運此貨物，路局將減省若何費用也。可知路局方面，定奪運價，成本實爲最注意之點也。

3鐵路爲公共事業，須受政府監督。(此係就民有而言若爲國有則更無論)最緊要者，政府須視其訂定運價，是否合理，是否公允，路局方面，欲證明運價之合理之公允，其最大根據、亦在鐵路資本消費幾何，固定消費幾何、以及運輸某種貨物可以推測之行車費部分幾何。不然公允合理與否，從何而論？將謂鐵路成本不足恤，舍已以循人乎？決無是理也。

觀上三點，足知業務成本，爲訂定運價之一標準，顯或有人因此之故而謂鐵路運價

鐵路運價之研究

鐵路運價之研究

純取決於成本，以爲成本爲訂定運價之唯一基礎；此種論調，錯誤滋甚。業務成本，固爲訂定運價標準之一，然此外尚有其他要點，亦足爲標準，決不可置之不顧也。若純欲以業務成本爲運價唯一之基礎，既惟鐵路成本複雜，萬不可能，即屬可能，亦不合於公允之原則。試詳論之。

純以成本定運價之不可能　欲論成本，須先明成本之意義，在鐵路業務上，成本有三意義焉。

A成本作總消費之義意。此即包括鐵路一切費用也。如股票之利息，修養費，員工薪金，賦稅，行車費，及通常商業應有之利潤。質言之，此總消費約包括固定費及行車費而言也。

B成本作行車費解。

C成本作外加消費解……即爲運輸某種貨物之外加消費。

無論用以上何種意義，路局方面，欲以成本分配於各種貨運而定運價，實屬不可能之事。假使鐵路運輸，僅有一宗貨物，而該貨物又均係整車，則或可將鐵路各種有關係之消費分配於該貨物單位之上。無如鐵路貨運，種類太繁，且重量不等，有少至數十磅，有多至數車列者。欲將鐵路消費，分配於各種貨物之上，實不可能。尤甚者，鐵路消費，亦不易分別，貨即經濟學家所稱爲「聯費」者。如員司薪金購買路基資本等等費用，因不是特爲運輸某種貨物而設，然亦不能謂與該種貨物絕無關係。路局之內，一時期之中，千百事同時並舉。固不能謂路局之消費之某一部分，應分配於此千百事之某一事也。故曰，純以成本爲運價之標準爲不可能。

純以成本爲運價之標準之不公允　曷言乎不公允也？假使鐵路之總運費，平均分配於各種貨運之上，則無論何物應對鐵路消費作同樣之擔是賤負。則貨與貴貨同科；木材礦苗，將與綢緞珠玉在同一運價之下，且若純以業務成本爲標準，則價賤而質重體笨之物，反須分配成本多於價昂而攜帶便利之物；則前者將因運價太高，不能運輸，其不公允也孰甚。

由上二點，可知業務成本，雖屬運價中之重要原素，然決不能單獨決定運價，且即屬可能，亦不合乎公允原則，殊無可取也。

鐵路運價之研究

關於業務成本方面有二事不得不連帶述及者，則貨物之重量與路途之遠近是也。此二者，皆足影響成本。卽足影響運價也。鐵路事業爲成本遞減事業，運費之增加不與貨物重量或距離之增加成正比例。一列車行百里，平均每里消費，比一列車行十里平均每里消費較少；誠以鐵路之終點費，(Terminl Fxpenses) 無論車行十里，或百里，均無大變化。故若以之分配於短距離，則每單位（如每里）必較多，如以之分配於長距離，則每單位必較少，其理至明也。再者一列車所裝載，若關係一種貨物，或稱整列車貨運）比之整車輛貨物，則每單位(如噸數)消費較少，而整車輛貨運又比零車貨運消費爲少，蓋裝卸費有差別也。以此之故，鐵路貨運距離遠者，常較距離近者，每輛每里取價爲廉；而整列車貨運或整車輛貨運，每噸(或他其單位)常較零車貨運取價較少。此無他，合乎上述公允之原則也。此非有所歧視等別，(Discrimination) 蓋業務成本之差異之所致也。

乙商人擔負力

言鐵路運價者，莫不曰須公允；對於商人方面，恰如對待路局方面一樣，均須以公允原則待遇之，對於鐵路方面之公允，上文已言之，蓋須注意於業務成本也。至對於商人方面，果何所取决乎？曰，應注意商人之負擔力也。如所取出乎商人負擔力之外，則商人不欲運也 此第六節所言運價最高之限制點是也。

然則商人之擔負力，果何所推測乎？是不可不注意於下二點：一曰貨物之價值，二曰業務之價值。

1貨物之價值，爲測知商人擔負力之第一要素。貨物價值高者，其擔負力亦高，故可重科，貨物價值小者，其擔負力亦小，故宜從輕取價。此法極合乎公允原則，其理由有二。

A貨物價值之高低，可表現擔負力之大小。

B凡運貨物 路局須負保管運送諸責任。但路局責任之大小，則以貨物價值之大小爲標準 貨價愈高，則路局責任愈大，故應較加重價以償之也。

2業務之價值 爲測知商人擔負力之又一要素。業務價值云者，卽謂因鐵路運輸而生之價值也。如某內地米價，每石十元，運至上海，每石可值十二元，相差數爲二元。

鐵路運價之研究

此二元乃因鐵路之運送而生；故曰，因鐵路營業而生之價值，簡言之曰；業務之價值。

如上例因鐵路而生之價值爲二元，不過鐵路取價，應不到二元。蓋商人之成本，固須重，商人應有之利潤亦須維持。二元之價，商人雖能担負，然將不願擔負也。能擔負(Can bear)與願擔負，(Will bear)固有區別也。故雖商人之担負力，能至二元，而在鐵路方面，却不必竭澤而漁，必存一愛護之心，體恤之意，使商人亦有利可圖。此所以有所謂「擔負力之愛護」之說也。(Charging what the traffic will bear, and not charging what it can bear)擔負力之愛護云者，以擔負力之多寡，寓愛護客商之意，使客商得享運價外之餘利。換言之，凡運價不足以愛護客商者，則不定也。

擔負力之愛護，於鐵路亦實有莫大利益。蓋鐵路事業，爲成本遞減或利益遞增之營業，前已言之。低價多運，較之高價少運，反可予鐵路以較多之利益。故在鐵路方面，與其漲價減運不如減價多運；且鐵路不能僅顧目前之運貨狀況，必須顧及將來運貨之發達及增加。故曰擔負力之愛護之說，亦非鐵路純然寓愛護客商之意，實有附加條件。此附加條件惟何？曰使運輸繼長增高耳。蓋每貨運單位之運價雖略減，但若能使單位之數增高，於鐵路反較有大利益也。

由上觀之，可知定價時除業務成本外，商人之擔負力，亦爲一般重要素，二者應相輔而行也。

丙 競爭之影響

除上述之外，吾人須知競爭亦爲定運價中之一要素。無競爭成分之鐵路，自不能與有競爭成分之鐵路相提並論。故其訂定運價，亦有區別。前者較　由，後者較受限制也。

競爭種類，自鐵路運輸上觀之，可得四種：

1各鐵路間之競爭　我國滬甯鐵路由上海至南京只單獨一綫，因無所謂路綫競爭者。設將來自武昌至上海有鐵路之敷設，亦經過南京，則武滬路上海南京一段，與滬甯路將發生競爭，運價之訂定，亦必受競爭之影響。滬甯路之運價，亦必受武滬路上海南京段運價之限制，不能如以前之比較可任意也。因在南京上海之間，有二路運貨，人可自由選擇其較公允之運價，而定由何路運輸也。此各路間競爭之影響於運價也。以上所述，蓋爲一長路綫與短綫競爭，尙有同起終點並行之鐵路，其各路之運價，受競爭之限制亦同。

2鐵路與航運或其他運輸之爭 玆先就航運言之，以明其例，如我國滬甯綫及武昌長沙綫之起終點，非惟鐵路可達，輪航亦可駛行。故鐵路之運價，亦受航運之限制，不可過高於航運所收之價；如過高，則貨運多將入於航運之手，雖鐵路運輸較速於航運，然非商人之所最注意者也

3市場之競爭 一種貨運，爲鐵路與運貨商雙方之同意，運貨商不獨注意自己之成本如何，並須注意他同業商之成本如何，而定外運與否，然限在商業競爭，日趨劇烈，運貨商匪惟須注意於市場之同業商，並須注意於異市場之同業商。此市場之競爭，足以影響商人；間接言之，即足以影響鐵路之運價。因鐵路運價與客商成本，有密切之關係也。市場競爭，別之有以下三種：

A同路市場之競爭，如蘇州運至上海之絲與無錫運至上海之絲之競爭，因而影響滬甯路絲之運價。

B 異路市場之競爭　如蘇州運至上海之絲與杭州運至上海之絲之競爭，因而影響滬甯及滬杭路絲之運價。

C 國外市場之競爭　如由上海運至日本之棉花與由天津運至日本之棉花有競爭，因而影響滬甯平奉浦平各路之棉花運價。

可知市場之競爭，乃各商利用鐵路之競爭。鐵路方面於訂定運價上，亦須注意此點，否則運貨商因彼成本高過他人，致不能運送，而鐵路運輸亦將因之減少也。

4 商品之競爭　商品競爭，亦足影響運價。不過不如上數項之重要耳。現在製造發達，替代品日繁，米與豆麥，蔴與棉花，均可互相替代；即用具等，亦有替代品。故一種商品，與其替代品，時有競爭。因之鐵路運價上，亦須注意此點也。

丁 政府之監督

我國現有鐵路，多係國有；民有鐵路，極不發達。故政府對於鐵路之監督，不大顯著。其實鐵路事業，關係社會極巨，其應受政府監督，自無諱言。在美國凡鐵路運價，(客運及貨運)均須受省政府及中央政府之限制；而聯省商務委員會對於鐵路運價有更改之權。可見政府監督，對於鐵路訂定運價上之重要矣。

（八）結論

綜上所述，可知欲求公允之運價，非一種勢力或一種標準所能解決，必也，各方面均須顧到，茲本以前之分析，併爲一圖以明之，如下：

- 運價（貨運）
  - 原則——公允
    - 對於鐵路
    - 對於商人
    - 對於社會
  - 分等貨物
    - 普通品
      - 包裝如何
      - 易腐敗否
      - 容積如何
      - 是否需要特別車輛
      - 其他可注意之點
    - 貴重品
    - 危險品
    - 質輕體笨物
  - 特等貨物
    - 振興新工藝
    - 限於一路特別情形
  - 業務之成本
    - 路途遠近
    - 貨物重量
  - 商人担負力
    - 業務之價值—担負力之愛護
    - 貨物之價值
  - 競爭之影響
    - 各鐵路間之競爭
    - 鐵路與航運或其他運輸之競爭
    - 市場之競爭
    - 商品之競爭
  - 政府之監督

世界交通事業之鳥瞰

陳汝善

交通爲國家之急務。凡百事業之命脈。我國處此訓政時期。各項建設次第興辦。鐵路之展綫與敷設也。內河航行之開濬與整理也。國道省道之修築也。航空運輸之創始也。兼施并舉。日不遑及。俱見國人矢志交通發展之一般。爰草此篇，以獻本集。作建設之參攷云耳。本文根據世界交通發達之重要。分爲鐵路。海運。公路。航空四章。一一論列。所取材料。及最近參考書籍。擇其要者附於篇末。以資佐證。至于鐵路海運二章。係以 (Ec nomic forces of the world 1929) 爲藍本。其餘二章。則參攷甚多材料而成者。

一 鐵路

晚近鐵路交通。幷不因道路運輸及航空事業等之發達。而滯窒無進展。據一九二七年之調查。五大洲中路線最長者。以美洲。(六〇〇・一〇〇公里)爲第一。歐洲次之。亞非又次之。海洋洲爲最少。若以國家作單位計。則世界之最長者。首推美國。即以一九

世界交通事業之鳥瞰

二五年論。已達四〇三·九〇〇公里。機車六八〇九二輛。貨車二·四一四·四八三輛。客車約五六八一四輛。其鐵路之長。車輛之富。亦足以稱雄世界。而復益以汽車。海運。空運三者輔之翼之。無怪其握世界之財富。挽政治之中心也。蘇俄者。當今之奇國也。鐵路之長。聯歐亞二部總計。約有七六〇〇〇公里。除美國外。無復有能與之頡頏者。其在一九一八至一九二〇年間。舉國烽烟。百事俱廢。三分之一之路綫棄置無用。百分之二三之車輛。頹廢淩夷。沿路荊棘。貨運至爲危險。管理乏專才。客車靡不誤時。厥情厥景。方之我國。未嘗少異。雖然。近年政體稍入正軌。交通恢復。路務井然運輸價率削減。因之營業大進。莫斯科及(Charkov)間。每日行駛特別快車。竟有六次之多。車行速度。每時約五五公里至六〇公里。鐵路材料已多不仰及外國。百分之五十之機車。及百分之八十之普通車輛。均由該國之聯合機器託辣斯(Gonosa)承造。其建設工作若斯之巨且速也。吾國處茲訓政時期。能有所取法乎。歐洲列强之鐵路交通。僅比大戰之前。少有出入。而日本則猛進。其路長二一〇〇〇公里。較戰前增加百分之九十有奇。路綱密者以比利時爲第一。每千平方公里內。即有鐵道三七〇公里。次乎彼。

為英、德、荷蘭諸邦。今為明晰計，將歐戰以前與一九二五年各國鐵路里數一比較之。

	一九一三年單位一千公里	一九二五年單位同上	與一九一三年之比較	每千平方公里所有路線里數	每一萬人所有路線里數
德	六三、七	五八、〇	九一	二三、一	九、一
英（一）	三八、一	三九、三	一〇三	二五、五	八、三
法	五一、二	五三、六	一〇五	九七、三	一三、一
俄（歐洲）	五八、四	五七、五	九八	一三、七	五、一
比	八、八	一一、一	一二六	三七〇、〇	一四、一
荷蘭	三、三	三、六	一〇九	一〇五、九	四、九
意	一七、六	二〇、七	一一八	六六、六	五、一
其他	一〇五、六	一三八、七	一三一	三七、〇	八、八
歐洲總計	三四六、七	三八二、五	一一〇	三九、〇	八、〇
美	四〇七、九	四〇三、九	九九	五一、五	一四、七
坎拿大	四七、二	六四、五	一三六	六、五	六八、六

世界交通事業之鳥瞰

其他	二一、九	一三一、七	一一七	五、五	一三、六
美洲總計	五六七	六〇〇、一	一〇六	一四、五	二六、九
英屬印度	五五、八	六一、三	一一〇	一三、一	一、九
日本(二)	一一、〇	一二、一	一九二	三二、六	二、五
中國	九、八	一一、五	一一七	一、〇	〇、三
其他	三一、四	三六、九	一一八	一、四	二、〇
亞洲總計	一〇八、〇	三〇、八	一二一	三、一	一、三
非洲	四四、三	五八、六	一三二	二、〇	四、一
海洋洲	三五、六	四八、三	一三六	五、六	五四、九
世界總計		一一三〇、三	一一一	九、一	六、五

註：(一)包括不列顛及愛爾蘭。大不列顛則獨佔三二五八三公里。(二)台灣關東半島等均在內。

鐵路里數。爾以美國爲最長。而各國路運客貨數量之最大者。亦非美國英屬。日德之客運增加率。亦甚顯著。一九二五年德之所有。比一九一三年增四分之一。日本則一倍又四分之三强。客運密度。(Density of passenger traffic) 以英國爲首（九八七・〇〇〇延人公里）日德次之。貨運密度以美國爲最大，德英次之。下表乃戰前與一九二五年各國客貨運輸之比較。

	一九一三年（單位一百萬）延人公里	延噸公里	一九二五年（單位一百萬）延人公里	延噸公里
德	一八七〇八	六〇二二五	四八四三四	五五九〇五
英	缺		三二一六〇	二七八〇七
法	一九二〇九	二五五五九	二七七一七	三四〇八四
俄（歐亞）	二九三一三	七二九〇〇	一九〇四〇	四七八〇〇
比	六二四二	五七二九	六〇四九	七〇三七
意	七〇七〇	缺		一二九一〇
美	五六八八九	三九一一五三	五八 四五	五六四七五七
坎拿大	五二五六	三二一九八	四六八四	四六六四九

世界交通事業之鳥瞰

英屬印度	二六七三二	三五五四一	三三七一三	三三五三一
日本	六三九二	五〇〇五	一八一〇六	一〇五八四
澳大利亞		缺	五五三七	五二五八

我國路政。因內爭頻仍。破壞不堪。遑論路線之擴充。卽原有之綫恢復數年前之完整。猶不可得。日本蕞爾三島。面積不及我什之一。而鐵路之長。反超過我十倍以上。興念及此。爲之痛心。雖然。革命完成。建設時至。國人其急起直追。桑榆之收。未爲晚也。

二　海運

歐戰以還。世界商船。比戰前增到百分之三十二。美國一國卽佔其中之百分之五十八。同時在世界商船噸數中。美日意諸邦年有增長。美國由百分之一〇、九增至百分之二二、五。日本以兩倍前數。亦一躍而居船隻最多國家中之第三位。意大利以第四位資格仍努力擴充。英國爲國際貿易最盛之邦。商輪之多。固無論矣。惟近年來反由佔世界總噸額百分之四二、九之地位。降落至百分之三十四。德國於大戰之後。力圖恢復。然

注：该刊影印底本此页页码有误，页码应为246。

商輪一項。仍不過昔日百分之六十二耳。

各國商輪總噸數（單位一千噸）

	一九一四年	百分比	一九二七年	百分比	與一九一四年百分率之比較
英及其屬地	二一，〇四五	四二、九	二二，一七四	三四、〇	一〇五
德	五，四五九	一一、一	三，三六三	五、二	六一
美菲（律濱在內）	五，三六八	一〇、九	一四，六七〇	二二、五	二七三
法	二，三一九	四、七	三，四七〇	五、三	一五〇
丹麥	八，一〇	一、七	一，〇六〇	一、六	一二九
日本	一，七〇八	三、五	四，〇三三	六、二	二三六
希臘	八三七	一、七	一，〇二八	一、六	一二三
荷蘭	一，四九六	三、〇	二，六五四	四、一	一七七
意	一，六六八	三、四	三，四八三	五、三	二〇九

世界交通事業之鳥瞰

腦威	二，四〇五	五、一	二，八二四	四、三	一一三
俄	九九六	二、〇	三〇九	〇、五	三一
瑞典	一，一一八	二、三	一，三六五	二、一	一二三
西班牙	八九九	一、八	一，一六一	一、八	一二九
其他諸國	二，八五二	五、九	三，五九八	五、五	一二六
總計	四九，〇九二	一〇〇	六五，一九二	一〇〇	一三三

戰後各國造船趨勢。至爲活動。一九一九年所造之成績。已比一九一三年加二倍有奇。但一九二二年至一九二六年之間。就汽艇一項。出產數目反爲減少。平均不過一九一三年之百分之六十一。試觀下表即了然矣。

各國汽艇總產額（單位一千噸）

	一九一三	百分比	一九二二至一九二六	百分比	與一九一三年百分率之比較
英及其屬地	一九八一	五九、四	一〇一四	四九、六	五一

國別					
德	四六五	一三、九	三三六	一五、九	七〇
美	二七六	八、三	一四二	六、九	五一
法	一七六	五、三	一一一	五、四	六三
丹麥	四一	一、二	六〇	三、〇	一四六
荷蘭	一〇四	三、一	九三	四、五	八九
意	五〇	一、五	一二二	六、〇	二四四
日本	六五	一、九	六七	三、三	一〇三
腦威	五一	一、六	二八	一、四	五五
瑞典	一九	〇、六	三八	一、八	二〇〇
西班牙	八	〇、二	八	〇、四	一〇〇
其他諸國	九七	三、〇	三六	一、八	三七
總計	三三三三	一〇〇	二〇四五	一〇〇	六一

英國現在造船事業。幾佔世界總額之半數。以前所居環球造船國之第一席。將不忠

世界交通事業之鳥瞰

世界交通事業之鳥瞰

不能保持矣。德國戰後重整旗鼓。曾幾何時。復佔第二位。意大利懸於國內航業之澎湃。亦感覺振興是項實業之必要。美日二國。在大戰期內所獲得之船塢。現已喪失一部分之地位矣。

各國一九二七上半年造船成績之一般(單位一千噸)

	噸數	百分比
英	一四一四	四九、八
德 Donsig在內	四五四	一五、九
美	一四七	五、二
法	一三六	四、八
丹麥	七八	二、七
荷蘭	一七二	六、一
意大利	二三七	八、〇
日本	二二	〇、八

挪威	五	〇、二
俄	七五	二、六
瑞典	五四	一、九
西班牙	三七	一、三
其他諸國	一九	〇、七
總計	二四〇	一〇〇

世界各國之造船能力。與時代需要。已不能協調。今日船塢。已有可造一千萬噸之能力。美國在大戰前後所建築之船塢。因久無大宗出品。已不復能收其全部效用。雖然。列强之是項能力。並無少減。年造六百萬噸不難也。一九二七年前半年所成者。約二八四〇五四五噸。可見各國至少尚有建造三百萬噸以上之能力。一九一八年至一九二〇年船隻產額驟增。因之其剩餘噸數。影響國際間造船事業殊不淺鮮。近代海洋競爭。與日俱進。各大輪船公司不得不去舊迎新。冀有以保持其營業上之地位。為乎此。十餘年來世界商船數量之澎漲。不可不察也。

世界交通事業之鳥瞰

世界交通事業之鳥瞰

十餘年來世界商船數量之比較

年代	船數	噸數	平均噸數
一九一四年	二四，四四四	四五，四〇三，八七七	一，八五七
一九二六年	二九，〇九二	六二，六七一，九三七	二，一五四
一九二七年	二八，九六七	六三，二六七，三〇二	二，一八四

除上列數量上之進步外。原動力之變遷亦有足述者

	一九一四年		一九二七年	
	單位百萬噸	百分比	單位百萬噸	百分比
煤機汽船	四四、一	八九、八三	四〇、八	六二、五八
油機汽船	一、三	二、六五	一八、五	二八、三七
電動汽船(一)	〇、二三	〇、四七	四、〇	六、一四
帆船	三、四六	七、〇五	一、九	二、九一

(一)帆船之[illegible]有電動機者包括在內

油之消耗。有增無已。因之油池商輪（Oil tank fleet）產量加大。一九一四年不過一百四十八萬噸。而一九二六年已超過五百六十七萬噸。根據（Lioyd's）之報告至一九二七年七月止。世界各大船塢正在建造中之噸數如左。

普通汽船　一三六六八〇九佔建造中總額百分之四八、一

電動汽船　一四五九七九五佔建造中總額百分之五一、四

國際航行。計量以淨噸（Net register tennose）為單位。一九一三年以來。列強均有進展。英國以九千零八十萬噸。仍居首席。美國之七千八百萬噸　比戰前增加百分之四十六。在國際航業上。幾與英倫相頡頏。日本及荷蘭俱有極顯明之進步。為簡明計。列表以彰之。

列強海洋航行之狀況（表內各噸數係進出口二者之平均數單位為一千淨噸）

	一九一三年	一九二五年	一九二六年	與一九一三年百分率之比較
英	八二,四〇五	九三,四八三	九〇,七八八	一一〇
德	二七,一一八	二六,三一八	三〇,〇〇〇	一一一

世界交通事業之鳥瞰

世界交通事業之鳥瞰

法	三〇，六〇〇(一)	四〇，四四(一)	四〇，九四四(一)	一三五
俄	一二一二五	四，三九五	四，四三〇	三六
比	一三，八八五	二〇，〇四九	二二，九〇四	一六五
荷蘭	一八，一一二	二四，六一八	三二，七二〇	一八一
意	一八，八三〇	一六，九三四	一七，七〇〇	九四
瑞典	一三，七六四	一三，三九三	三，六八三	九九
西班牙	二四，八九三	二三，一一七	二三，一一七(二)	九三
美	五三，二八七	六九，八〇三	七七，九八三	一四六
加拿大	一四，七八四	二〇，四九一(四)	二〇，四九( )	一三九
巴西	二九，一八七	三三，四五〇(四)	三三，四五〇(四)	一一五
中國	四六，六六七(四)	六四，一〇(四)	六四，一〇一(四)	一三七
	(五)	(五)	(五)	
日本	二四，八〇九	四三，〇四九	四四，三四〇	一七九

英屬印度	八，六三〇（五）	七，五八七（五）	七，五〇〇（五）	八七
埃及	五，三九六	六，三〇二	六，五〇〇	一二〇
亞幾利亞	四，二一八	六，六九〇	六，三四〇	一五〇
南非諸國	五，三一六	五，二九七	四，九四四	九三
澳大利聯邦	五，三〇一	五，三三四	五，二八二	一〇〇
新西蘭	一，七二〇	二，一三一	二，二六〇	一三一

註：（一）包括船貨噸數　（二）一九二五年之數目　（三）一九二四年之數目

（四）總航行之噸數　（五）專指歐洲所造之船而言

重要商埠之航行密度。比國際航行為尤著。此實航運集中之所致。紐約自一九一三年。號稱世界各埠航運最密之處。現仍以二千一百五十萬淨噸居首。惟可注意者。安德威伯(Antwerp)及鹿特丹(Rotterdam)二埠。進步神速。一以一千九百餘萬噸。居第四位。一以二千餘萬噸。居第二位。倫敦列為第三。而漢堡則降居第五矣。但澤(Danzig)

世界交通事業之鳥瞰

自九十餘萬噸。增及三百三十萬。比一九一三年竟超過二又四十七倍。其商務之興隆可想而知。歷年例外航行退步之埠。間亦有之。列甯格那．及垂利雅斯德(Trieste)是也。

重要商埠進出口航行平均噸數表（單位一千噸）

	一九一三年至一九一四年	一九二四年至一九二五年	一九二五年至一九二六年	與一九一三年百分率之比較
紐約	一五，五九五	一〇，〇二二	二一，五〇〇	一三八
鹿特丹 Rotterdam	一二，二四九	一六，〇五九	二〇，五六二	一六八
倫敦	一二，五六五	一七，一六一	二〇，四七二	一六三
安特威伯 Antwerp	一二，〇一七	一七，〇一七	一九，三二七	一六一
漢堡及 Cuxhaven	一四二一六	一五，七九二	一六，五四五	一一六
上海	九，三二一	一五，一四二	一六，四八二	一七七
利勿浦	一一，六三二	一三，二七三	一三，六六六	一一七
Buenos aires	六，九九五	一二，三〇六	一二，二一九	一七五
日爾布格 Cherburg	四，五八七	一〇，九三三	一〇，五〇〇	二二九

馬賽	八,二三三	九,三四六	九,九〇五	一二三
蘇常波敦 Southampton	六,六六三	九,二六一	九,六六一	一四五
垂利稚斯德 Trieste	四,七三三	[illegible],七六〇	[illegible],九一四	四〇
熱拿亞 Genoa	五,八一七	六,六六四	六,六八〇	一一五
但澤 Danzig	九三六	一,八五八	三,二六八	三四九
列甯格那	二,〇三三	七四一	五八八	二九
亞摩斯登 Amsterdam	二,四〇五	三,五五一	三,七二五	一五五
不來梅及 Bremanhaven	三,五二八	四,四三三	九,三三一	一五一
哈佛耳 Le havre	三,五〇二	四,二四七	五,一五〇	一四七
紐俄連 New orleans	二,九七七	五,二〇九	五,二〇〇	一七五

（五）公路

汽車之供給增加。則公路之需要愈大。此必然之趨勢也。晚近各國公路運動之狂熱。實超過他種交通事業而上之。觀本篇各國公路之哩數可了然矣。有國際道路會議者。

世界交通事業之鳥瞰

International road congress of the word 將於一九三〇年在美國舉行。參加者四十七國。代表千餘人。關於國際公路。國道之建設問題。將有詳密之討論。國際新交通利器之發靱。吾人其於是會卜之。

各國公路狀況。値得吾人注意者。厥爲美國。正在計劃中之美洲縱貫南北大公路。及意大利最安全之汽車道曰安圖斯託達 Antostrada 者是。美國汽車聯合會。極力主張新建一路。自坎拿大南境縱貫美國東方之各大城市。經墨西哥及南美諸國。至開普航Cape horn 爲終點。此路若成。共長一萬二千五百哩。工程之難。資本之大。恐非短時間所能蕆事也。

意大利新築之路。名安圖斯託達 Antostrada 者。其超然公路 Super-highway 也。不惟爲歐洲之行車最安全之道路。卽全球亦無復出其右者。自威尼斯至米蘭。四十呎寬。二百哩長。汽車行駛。可任性加其速率。毫無危險。良以斜坡極少。兩邊豎高鐵柵欄。免除車輛橫闖而過。有以致之。凡未付通行稅 Ton者。不得駛入。故此稅之收入。亦足抵償建築費額之半數。聞此路將延長七百哩。經瑞士而達德之漢堡。成功歐洲國際公路之一云。

非洲有貝勒男爵Sir AB bailey者。發表一公路計劃。擬自好望角至納耳河口。修一公路。長四千哩。若展長支線 可通全洲。貝勒氏富於資產。上述計劃。由其個人投資。恐不難於實現。非洲已成路線。請觀本文下列之統計。

我國公路。漸有進展。詳細情形。可觀本書于君之「訓政時期中之全國道路建設問題」一文。茲不復贅。

下表為各國公路之長度。每哩路所包之面積。乃表示公路之密度。汽車數目乃示其與公路修短之比較者也。至於各城市商埠區內之公路。（即可駛汽車之馬路）非專為汽車交通而敷設者。不在此文範圍之內。故不計入。

一、五大洲之統計總表（下之統計均為一九二八年美國國內外商務局所發表）

洲別	公路哩數	每哩所包之面積	汽車數	每哩路之汽車數	每汽車對人口之比率
美洲	三五七四七三一	四、四	二五〇〇一六二五	七	九、二
歐洲	一九七六〇三七	五、二	五二四四六九五	二〇、七	一〇〇、四

世界交通事業之鳥瞰

亞洲	四一八四五七	二四八、八	三七五九一〇	、八九	二六四二、三
非洲	二〇五九〇二	四八、一	二七七八〇〇	一、三五	四九三、二
澳洲	四〇六八七四	八、一	七一七五八五	一、七六	一二、八
總數	六五八二〇〇一	七、六九	三二六一七六五	四、八一	五九、九一

二、美洲各國公路統計

國別	公路哩數	每哩所包之面積	汽車數	每哩路之汽車數	每汽車對人口之比率
合衆國	三，〇〇五，六一四	一，〇〇一	三，三八六，五四二	七，七八	五
坎拿大	四二四，〇一四	九	九五七，一〇八	二，三	九
墨西哥	一，五二八	五〇二	五七，六八七	三七，七	二六八
巴拿馬（包括運河地帶）	三四六	九二	四，九〇四	一四，二	九五
阿根廷	一九，〇六五	六一	二六八，〇四七	一四	三七
巴西	四六，九三三	七〇	一三六，八〇〇	一，九	二三三
英屬西印度	一〇，七〇二	一，一一二	一四，四九七	一，三五	一一七

智利	二四,八四六	一一、七	一九;四七一	、七八	二〇二
祕魯	一二,八五四	四四、一	一〇,七二五	、八三	五三
阿拉斯加	[illegible],五[illegible]九	三八八	一,九四九	、二八	二八
玻利非亞	二,九八六	二〇六	二,二四九	、七五	一,二一
哥倫比亞	一,〇六四	四六六	一〇,二八三	九、七	六七三
古斯德利加	二,一七五	一〇,六	一,四八〇	、六八	三一八
古巴	一,六六〇	二七	四五,二五四	二七、三	七八
危地馬拉	一,三六七	三一	二,六〇三	一、九	七七〇
尼加拉瓦	一,一七七	四二	五七六	、四九	一一二
巴拉圭	一,一八一	八三	一,〇一九	、八六	九八一
波多利各	二,二五五	一、五二	一三,八三〇	六、一	九八
烏路圭	五,一七二	一三,九五	三四,七二五	六、七	四八
委納瑞辣	二,七九六	一四一	一三,四〇〇	四、八	二二五

其他諸國	五,八二三		二三,四八〇		
總數	三,三五七四,七三一	四、四	二五,〇〇一,六二五	七	九、二

三、歐洲各國公路統計

奧	二一,一九一	一、五三	五一,六七九	二、四四	一二六
比	六,三二八	一、八六	一三九,〇〇〇	二二	五六
布加利亞	八,六九九	四、六	二,一〇五	、二四	二六〇四
塞普督斯	二,八八八	一、二四	一,三九四	、四八	二二三
捷克	四四,六〇〇	一、二	六三,四九〇	一、四	二二六
丹麥	三二,〇五三	、五二	一〇五,九一二	三、三	三二
愛斯多尼亞	一三,八〇八	三一、三	一,九五三	、一四一	五七二
芬蘭	二八,三三六	五、三	二九,八九四	一、〇五	一一九
法	四四〇,〇八五	、四八	一,一一四,〇〇〇	二、五	三六
德	一二八,二四二	一,四二	八六一,〇〇〇	六、八	七三

希臘	六,四〇三	七、七	一四,三六〇	二、二	四一六
匈牙利	三〇,七六三	一、一七	一七,九〇六	、五八	四七二
愛爾自由邦	四六,七〇〇	、五七	四四,五八七	、九五	三八一
意	一一三,五八一	一、〇五	二二二,一〇〇	一、八七	一九一
納地威亞	一五,五一八	一、六四	二三,八三三	、一五	七七四
立都安立亞	二七,一二五	、七九	一,三〇五	、〇四八	一,七二七
羅森堡	二,五四五	、三九	七,〇〇六	二、八	三七
荷蘭	一〇,八七五	一、二	一〇二,八五九	九、五	七三
北愛爾蘭	一二,九七一	、四	三〇,八四八	二、三八	一〇八
腦威	二二,五二五	五、六	三八,〇五〇	一、七	七三
波蘭	一一六,一七四	一、二八	二五,六五六	、二三	一,一五三
葡萄牙	一〇,六八八	三、三	二四,〇二〇	二、二五	二五一
羅馬尼亞	五四,六八〇	二、〇九	二一,七一六	、三九	七八九

世界交通事業之鳥瞰

歐亞蘇俄	四三〇，二六五	一九、二	二五，八三三	、〇六	五，六九〇
西班牙	五〇〇，〇〇〇	三、一	一九四，二〇〇	三，九	一，二二一
瑞典	八〇，七七八	二、一四	一四七，八六二	一、八三	四二
瑞士	八，四八二	一、八	八五，〇〇〇	一〇	四六
英	一七八，七三七	、四九	一，八五六，七〇〇	一，〇四	二三
郁哥斯拉威亞	二七，七〇六	三、五	一三，五〇五	、四八	八八九
其他諸國	三，二九一		六，四〇六		
總數	一，九七六，〇三七	五、二	五，二四四，六九五	二〇七	一〇〇、四

四、亞洲各國公路統計

中國	一七，七四六	二九七、一	二三，八〇四	一、三四	一八七四四
日本	七二，八一七	二，四	七二，五四一	、九九	八八一
俄	見上歐洲蘇俄之統計				
阿富汗	一，〇〇〇	二五七	二〇二	、二	三九，六〇五

英屬馬來	五,九九二	八、七	三四,五七七	五、八	九九
錫蘭	一五,八〇一	一、六	一七,三四〇	一、〇九	二八八、
高麗	六,〇〇〇	一四、三	三,〇八四	、五一	六,三三〇
法屬印度印那	一九,三七七	一四、六	一五,六三四	、八〇	一,二七九
印度	二二一,〇六八	八、六	一〇九,九七八	、五二	二,九〇〇
荷屬東印度	二七,三五三	二六、八	三五,〇二八	一、二八	一,四五六
巴勒司登	一,二三二	七、三	二,四五二	一、九	三六一
波斯	六,五八七	九五、三	七,〇六〇	一、〇七	一,四一六
菲律賓	六,七八〇	一七	二九,五七七	四、三六	三四八
暹羅	六五四	三〇六	七,三〇八	一一、二	一,三四五
敍利亞	四,九九八	一二	五,三八四	一、〇八	三八〇
土耳其(連歐洲)	一三,八三九	二六、三	七,四〇〇	、三九	一,八四四
其他諸國	一,五六八		三,二七三		

世界交通事業之鳥瞰

總數	四一八,四五七	二四八、八	三七五,九一〇	、八九	二,六四二

五、非洲各國公路統計

O'geyia	一二,九七五	六五、三	三一,五五〇	二、四	一九二
安哥拉	一五,一七〇	三二	一,七五四	、一一	二,三四八
比屬剛果	八,〇〇〇	一一四、八	五,〇〇〇	、六三	一,七〇三
英屬東非洲	一六,四八七	四四、四	一四,〇八三	、八五	八三一
英屬西非洲	一一,八六九	四四、六	一三,三八四	一、一二	一,七九一
埃及	三,三四六	一一四、五	二五,一三五	七、五	五六三
法屬西非洲	二一,三七五	五八、三	六,〇一五	、三	二,二五一
馬達加斯加	二,一五三	一一二	三,一三〇	一、四五	一、七四〇
摩洛哥	三,六二九	六〇、三	一六,〇三七	四、四二	三三一
葡領東非洲	一,五五五	二〇二、八	一二,六〇一	、〇八	二,九〇二
南非（同盟不在內）	七,七七五	九三、八	七,五八四	、九六	三六六

南非洲同盟	六三,〇三八	六、三	一三三,二〇〇	一、九六	五三
Tunsia	六,九八八	大、九	六,〇五〇	、八七	三五七
其他諸國	一二,八四七		一三,六六四		
總計	二〇五,九〇二	四八、一	二七七,八〇〇	一、三五	四九三、二

六、澳洲紐西蘭及太平洋羣島公路統計

澳大利亞	三六〇,〇〇〇	八、三	五〇八,二〇四	一、四一	一二
英屬太平洋諸島	一五〇	一一六、三	一九四	一、二九	一,四〇三
法屬海洋地	三二二	三一、二	四三三	一、三四	二一三
夏威夷羣島	一,六〇〇	四	二七,三五六	二三、五	七
紐錫蘭	四四,三〇七	二三、六	一六九,三九〇	三、六	八
其他諸國	四九五		一,七一二		
總計	四〇六,八七四	八、一	七一七,五八五	一、七六	一二

世界交通事業之鳥瞰

(四) 航空

十餘年來。航空不僅爲戰船之工具。且亦成交通之利器。大戰以還。各國積極發展。政府提倡於前。民間踴躍於後。曾幾何時而航空事業已臻極盛時期。去歲林柏氏Colinbury 飛渡大西洋。結果之佳。足以預示吾人將來人類交通進步至何種程度。全以航空發展前途爲正比例。故今日各國幾無不以開辦航空爲當務之急者。本篇所言航空。乃專指空中交通而論。空中交通。民用航空之一部也。民用航空以主辦之性質言之。有國有及民業之分。以用途言之。有下列三種之別。

甲、空中運輸 Air transpart 如規定路線。及時間之運載旅客。貨物。及郵件者。是也。

乙、事務航空 Air service operation 如

一、公共服務

二、空中攝影

三、水陸之測量

四、科學上之觀測及探險

五、森林及沿海之調查或監視

六、傳達緊急報告

七、魚業之指導

八、農業事務

九、救火事務

十、稅關事務等是也

丙、私人飛行 Privrle flying 如廣告宣傳。游覽飛行等是也。

各國現有民用飛機數及政府之補助金額

世界專供之民用飛機爲數甚夥。但可考者。爲下列日本所發表之統計（一九二七年）。

國名	機數	國名	機數

世界交通事業之鳥瞰

美	一二〇〇	日本	九〇
德	四〇〇	比	六二
英	二四四	荷蘭	二三
澳	六九	坎拿大	五七
法	八六〇	波蘭	一九
意	三一七	印度	五

航空事業。雖然重要。然危險性之大。亦非他項事業所能及。故各國政府。慮人民之投縮也。乃補助鉅款以獎勵之。其每年用於此宗款項。至少有如下之數目。

德	一〇、〇〇〇、〇〇〇元
法	六、五〇〇、〇〇〇元
美	四、〇〇〇、〇〇〇元
意	三、七〇〇、〇〇〇元
英	二、五〇〇、〇〇〇

日	三七一、八〇〇
澳大利亞	四〇〇、〇〇〇

美國民用航空。以十年前之郵件運輸爲嚆矢。迄至一九二六年始開辦旅客運輸。當時已有規定航線。一一〇六七哩。各國航線長度。當以此爲第一。其一九二六年與一九二七年之成績。約爲同時全歐之半。下表所記可資參證。

一九二六年	美國	歐洲
飛行路程	四、四二八、七七二哩	八、八五二、五五二哩
郵件重量	八一〇、八五五磅	二、八五三、五五〇磅
一九二七年	美國	歐洲
飛行路程	五、八〇九、九九九哩	一二、六一六、七五二哩
郵件重量	二、二六一、五〇七磅	七、七一三、八四一磅

美國航空首辦郵線。時在一九一八年。適因大戰之後。軍用飛機供過於求。郵政部乃利用此項剩餘之機。輸送郵件於紐約華盛頓間。旋展至支加哥。不四年即自備飛機。

世界交通事業之鳥瞰

開紐約舊金山路線之航行。顧以草創之際。僅具雛形。遂同鐵路連合。日用空航。夜用路運。一九二三年八月。建築支加哥至 X Ch yenne長一千哩之夜間航線。開世界日夜航空之先聲。斯時。商業航空仍在黑暗之中。該部復積極求進。無何而橫渡大陸（紐約舊金山間）日夜航空聞於世矣。該線直達郵運至多祇須三十小時。業務之佳。效率之大。迥非昔比。茲後已開之線。亦可日夜通航。消息傳遞之便捷。孰甚於此。一九二六年初。商辦航空。漸俱規模。郵政部得國會之授命。招商承辦航空側線。與幹線相銜接。果爾成效卓著。人民稱便焉。該部復將其橫渡大陸航線。發交商辦。當此之時。全國各處已有十三線。交錯航行。日運郵件超過數萬哩。比年以來。如雨後春筍。此起彼興。據今年五月之調查。已有郵線二十二。長度萬餘哩。平均每日飛行二三一一〇哩。郵件五七〇〇〇磅。至於郵費一項。已有削減。曩之每半盎斯。收費十分。今卽減爲一盎斯。收五分。以後遞加每盎司加徵十分。此種改訂。將使營業增加三倍。必毫無疑義也。

美國郵政航空既如是之發達。而辦理客貨運輸需附帶郵件之航空公司。爲數亦不下二十。飛行路線如亦之。其往日開辦經過。及公司名稱。毋容一一贅述。惟有三者。或為最近組織。規模宏巨。不能不為讀者告也：

一、橫渡大陸空運公司 (Transcontinental air transport Co. inc)

二、西方空中捷運公司 (Western air express)

三、環球航空公司 (Universal Aviation Corporadlion)

橫渡大陸空運公司。乃由六商業團體組織而成。其中包括鐵路公司。汽車公司。銀行團等。為辦理美國東西岸之唯一航空機關。西方空運公司。乃辦理西北部最大航空機關之一。至於環球公司。乃由運輸公司。及飛機製造家。九團體結合而成。目的有二。一為接辦一飛機製造廠。(Fokker corporation of america) 一即開辦北美中美南美之空中交通。首開航線四千哩。以後再展長七千哩。

近年美國水陸交通。因航空競爭。影響營業。欲悉與航空公司聯和運輸。鐵路與汽車同航空聯和已有成效。截至最近與航空聯運之鐵路。已有八線：

一、本雪文尼亞鐵路

二、北太平洋鐵路

世界交通事業之鳥瞰

世界交通事業之鳥瞰

三、大北鐵路

四、大西洋沿岸鐵路

五、Chicago, Milwankee. St. paul

六、Atchison. Topeka and Santae fe

七、Baltimore and Ohio

八、Florida wast coast line

如波梯莫與黑阿鐵路之與西北航空線大西洋沿岸鐵路及 Florida E. C. L. 二鐵路之與汎美洲航空線等是。

美政府商務部於一九二六年頒佈一商業航空律。俾民間航空事業有所準繩。幷于該部另設一航空局掌其職權有四：

甲、審查飛機

乙、審查駕駛人員

丙、規劃航線設備

丁、釐訂航空法規

本此職權。該局內部分爲四科。各科之任務如次。

甲、監理組 (Air regulations division)

一、考驗駕駛人員

二、飛機登記發給牌照

三、實施航空法規

四、調查意外預防危險等事宜

乙、路線組 (Airways division)

一、計劃航線

二、建設航路標幟

三、修築停機場所

四、保護線內設備事宜

丙、實驗組 (Experimental division)

一、察驗飛機

二、支配飛機及駕駛員

三、巡勘線路

四、規劃發展事宜

丁、情報組（Air information division）

一、報告氣象

二、發表航空消息

三、分佈規章地圖

四、發表營業統計

除此四科外。近復在商務部內。設一專局。名曰航空意外調查局（Air accident investigation board）司調查意外危險之原因。及預防危險之設施。航空條例因時勢之需要。陸續頒佈。各州之飛機。不合標準者。不得領取Federal license，即絕對不許飛越州境。美國政府對航空之監督。既若是其嚴。民間之熱中是業者亦方興未艾。兩年前之航空全部價值僅五百萬元。現在已超過一萬萬七千五百萬元矣。其新總統胡佛氏有言。『合衆國商業航空之進展。一年內定可駕全歐洲所有而過之。』(Commercial aviation in the U. S. A. will, within 12 months Certainly reach a point of development greater than that of all Europe put together",信哉斯言。

墨西哥。該政府積極提倡民用航空。不待數年。進步必大有可觀。已開辦之線。為墨西哥至 Tampico 一線。每月運客約三百人。郵件三萬件。今年該國交通部在墨西哥城購地基一處。約二百五十餘英畝。建一最近世之飛機場。集中將開之航線終點於一處。俾易監督。而省經費。又於五月頒佈其關於航空之 New Customs Law 分別航空交通為三種。由政府與人民另辦之。三種為。

一、國際空運 (International air traffic)

二、國內空運 (Interior air traffic)

三、國際空運假道 (International air transit)

歐洲航空。較美洲為早。惟多限於國境以內。進步又不若美國之神速耳。歐陸國際

世界交通事業之鳥瞰

間航空之權。正在萌芽。鵬程萬里。亦意中事。歐洲航綫不下三萬五千哩。德之所有約一萬。法國純用空運聯絡殖民地。航線之長。不遜於德。英國之二千五百哩。乃英帝國航空公司所創辦。洲洲各國航空狀況。擇其要者略述之。茲將一九二七年之歐洲總成績。先表之於次。

一九二七年歐洲航空之紀錄

	飛行路程（單位英里）	郵件重量
德	五、七一三二、〇〇	一、〇五七、七八二磅
法（一）	三、二四一、九八三	一、三一一、五六七、
英（一）	八四〇、〇〇〇	
意（一）	三二四、八五九	三、四六三
荷蘭	八一三、五一〇	七七、五九七
波蘭	六五四、八七三	二九、〇六三
奧	二四五、〇四三	三、七四五

丹麥	一一六、七九八	一三、一八一
瑞典	二〇六、七六六	
瑞士	四五九、七二〇·	一〇三、五八八

	客運人數	載貨磅數
法(一)	一八、八六一	二、三五四、二六九
德	一〇二、六八〇	一、六四一、一二四
英(一)	二〇、三六七	一、五二〇、九六〇(二)
意(一)	三、九九一	九〇、一八三
荷蘭	一二、八一六	八八六、一一四
波蘭	八、一六〇	五九九、二一〇
奧	四、二七四	一三四、一一七
丹麥	一、六三〇	八四、一四三
瑞典	一四、〇六九	一六七、八九三

世界交通事業之鳥瞰

瑞士　一〇、八二三　二三五、八二八

註(一)一九二六之統計

註(二)過重之行李及郵件在內

德國空中運輸。歐洲之巨擘也。其飛艇Zepelin之巨大。談航空者。無不知之。現在境內航空綫。多如蛛網。緊密幾與其鐵路相埒。其所以有此驚人之發展者。實因數航空公司規模甚大之故也Dutche Luft Hansa即其中之最大公司。辦理德意志鄰國之各大都會。及城市間之空中運輸。Deruluft為德俄公司。航行于柏林與莫斯科間。尚有數大公司。有為德人經營者。有與鄰國合辦者。若Luft Hanna為德奧合組之公司。辦德奧間之航空。捷克斯洛伐克State air line之飛機。則行駛柏林。維也納。及Prague之間。及德西條約告成。德。西班牙。瑞士。三國之航空公司。訂立合同。經營Madrid與Fudapest及馬賽。日內瓦。維也納。Munich等地之航空。一九二七年。德國民用飛機。共航路六百表英里。載客十萬人。載貨一六三三公噸。郵件及新聞紙四四九公噸云。

英國民間航空。多蒙政府之庇助。而獲今日之良好成績。一九二七年政府及商政要捐助於各航空公司。不下二千萬金元。蓋彼等深知國內航運之振興。與將來本國謀發展越渡海洋之空中運輸。有深切之關係焉。英吉利帝國航空公司者。一該國唯一之大空運機關也。開辦二千五百英里之航綫。飛行倫敦與歐陸諸大都會及商埠之間。不列顛之計劃。欲以空中航綫聯絡其殖民地。而以航行英倫與印度為斯計之初步。然後再由印度以達澳洲。最近由埃及開羅至好望角之飛行試驗之成功。即實行上項計劃之先聲也。

法國於歐戰之後。積極謀空中交通發展。往來巴黎倫敦間之定期飛行。即於一九一九年肇其端。最近之發達。已打破前此之紀錄。平均每星期運送旅客三千餘人。輸送貨物亦激增不已。邇者法政府從事籌劃極速之空中運輸。專載旅客及郵件。往來巴黎與其殖民地。以及友邦重要城市。其津貼各航空公司。一九二七年之數。已達一萬一千五百萬佛郎。今年又有增加。因獎勵從 Dakar 至南美東岸各重要城市之航空事業故。法之航空綫不及德國之長。然均屬國際性質。將來發達。與德國僅限於境內者。其影響正有不同。

世界交通事業之鳥瞰

蘇俄　本年二月間。蘇聯政府製定一發展民用航空計劃。現正在籌備中。烏金克斯至庫倫間。及伊爾庫次克至耶古斯克間之旅客郵件運輸之航空綫。伊爾庫次克與莫斯科間之客郵航空綫。業已正式開工。明年即可用航行。後年以伊爾庫次克爲中心。再組織兩大幹綫。一由伊爾庫次克經過海參威。而往日本。一由伊爾庫次克經過庫倫。而到中國。此外更擬組兩大水面飛行綫沿。一沿葉尼塞河。由克拉斯怒亞斯克往土魯汗新克。一沿阿華河。由鄂木斯克經託保斯克往阿布多爾斯。此不過亞比利亞航網之一部分。至于遠東及蘇俄北部之間。於原定計劃外。擬增築甚長之預備綫。爲發展亞比利亞之交通文化之用。大部工程將由伊爾庫次克動工。因是該處成爲航空運路之中心點。四年內。將有四綫通過此地。在政治上及交通上。實有重大之意義。

荷蘭航空。由海牙皇家航空公司主辦。一九二七年。航綫發展自亞姆斯特丹。洛特丹姆。至巴黎。漢堡。普魯士。倫敦。以及哥本墨井。布利門。等處。該年營業。與一九二六年之比較。已大有進益焉。

意大利之航空綫。祇在國境之內。雖已同奧國合辦維也納。雅典。與君士坦丁。等處之空中交通。然亦不甚發達。歐洲各大國航空現狀。大致如此。他若那威。丹麥。芬蘭。匈牙利諸邦。亦積極促進斯業。特規模較小。不煩枚舉。德國。及瑞士。已辦到空運與鐵路合作交換營業一步。但不敵美國範圍之大耳。

澳大利亞之航空事業。在澳洲。堪稱獨步。實因該國天然環境優美。有以致之。Sir Alan Cobban有言。「澳大利亞之天空。乃世界上之最宜於飛行者。」信乎彼邦朝野矢志航業之如醉如狂也。去歲以來。商辦之航綫有三。均由政府年助巨貲以促其成。第一綫爲。

西澳航綫。此綫之長曾爲世界各綫之冠。由Perth至Derby長一四六七哩。乃西澳航空公司所經營。并受政府資助年約一二七五〇〇元。第二航綫爲。Queensland and N. Territory aerial Service Ltd. 所辦。連接Charleville, Longreach及Cloncurry三處。長八二五哩。近又延至Comooweal幹綫之長。當不下千哩也。政府津貼年約八萬五千元。第三綫則航行人口稠密之地。由Adelaide, Sydney至Brisbane長一三四

世界交通事業之鳥瞰

〇哩。支線亦在四五百哩之間。此外尚有一國際航路。正在籌備期間者。名Empire Service 為與英倫傳遞緊急郵件之用 全程分二段。首段由英國飛至蘇彝士濟之Kantara 由此直飛印度之Karachi 次段至北澳之Darwin 再展至新金山。計程二六二八餘哩。澳大利亞航空如是之急進。期年之間。沿海岸之空中運輸必不難實現也。

日本民用航空。一九二〇年時屬于軍政署之航空局。至一九二三年。此局改隸交通部。內分技術。監理二科。掌管全國關于飛機及駕駛人員諸事項。在其監督下之重要航線有三。

一、日本航空株式會社之。

大阪 Fukuoka 航線。長五百公里。每星期來往三次。

大阪上海航線。長一千三百公里。每年來回三次。

大阪大連航線。長一千六百公里。每年來回三次。

二、託則可窺開公司 Tozai Koku Kai 之。

東京大阪航線。每星期飛行來回三次。

東京仙台航線。長三百五十公里。每週來回一次。

三、日本空運機關。(一公司之名)之。

大阪 Oita 航線。長四百公里。每週來回三次。

上項各國內航線。雖爲規定之飛行。然猶未達日日空運之目的。現有官商界。籌設一大規模之空中運輸公司。資本一千萬元。開闢路線三條。爲每日二次來往東京大坂間者。一爲每日一來往了大坂 Fukuoka 間者。第三綫則供 Fuku ka 大連間之運輸。每星期來往二次。逆料該公司成立後。各舊公司必大受影響也。

我國此項交通。僅有籌劃。遲遲未見實行。蓋戰後財政困難所致。然朝野之努力。未可漠視。粵省飛行家。飛行全國之成功。足見航空猛進。方興未艾。國府于本年四月。通令各省政府。着各省區於二十一年三月以前。一律設立飛機場。其預定全國航空交通幹線分期進行程序於次。

第一期　京迪線。由南京至蘭州爲第一段。蘭州至迪化爲第二段。京庫線由南京至歸綏爲第一線。歸綏至庫倫爲第二線。京粵線。由南京至廣州。京滇線。由南京至長沙

世界交通事業之鳥瞰

爲第一段。長沙至雲南爲第二段。

第二期　京哈線。由南京至哈爾濱。京安線。由南京至安東。京拉線。由南京至成都。爲第一段。成都至沙安爲第二段。巴安至拉薩爲第三段。京張線。由南京至張家口。京齊線。由南京至齊齊哈爾。

第三期　京桂線。由南京至桂林。京閩線。由南京至福州。京滬線。由南京至上海。

世界各國鉄路。海運。公路。及航空。各項業如上述。惟時間有限。未能作再詳細之敍述與批評。深爲遺憾。至於誤謬之處。勢所難免。諸希見諒爲幸。

完成東南鐵路系統與收回航權問題

沈奏廷

有清之時。我國興修鐵路。一以外人利權爲依歸。不以國民經濟爲前提。以故東補西缺。絕無系統可言。降至民國。以築路爲名。有同成。欽渝。補信。沙興。寧湘。吉會。諸借款。徒供政治之用。更不足以言鐵路系統矣。獨我孫中山先生所見。有異常人。其言鐵路也。以系統爲前提。考其建國方略一書。有西北鐵路系統。中央鐵路系統。東南鐵路系統。東北鐵路系統。擴張西北鐵路系統。及高原鐵路系統諸計畫。共長六萬八千九百英里。完成以後。全國經濟之發達。自無待言。此篇所欲論者。爲東南鐵路系統與外人在華航業之關係。藉見興修鐵路。非特足啓發天然之利。抑且足以收回已失之權。而鐵路有系統。尤爲根本要圖。否則零亂殘缺。徒自擾而已矣。

(一) 東南鐵路系統之詳細情形

東南鐵路系統。代表長江以南之全部鐵路計劃。共長九千英里。縱橫江蘇。浙江。安徽。江西。湖北。湖南。四川。廣西。廣東。福建十省。路綫凡十有三。玆將其經過完成東南鐵路系統與收回航權問題。

各地詳細敍述。并圖表之。

（甲）東方大港重慶綫（經江蘇浙江安徽湖南湖北四川六省長一二〇〇哩）

東方大港（江蘇上海）杭州　臨安　昌化（以上浙江）徽州　休寧　祁門（以上安徽）湖口　九江（以上江西）興國州　通山　崇陽（以上湖北）岳州貫洞庭　常德　慈利（以上湖南）鶴峯　施南　利川（以上湖北）石柱　涪州渡江　重慶（以上四川）

枝綫（一）施南至宜昌　（二）利川至萬縣

（乙）東方大港廣州綫（經蘇浙贛粵四省長九〇〇哩）

東方大港（江蘇）杭州　富陽　桐廬　嚴州　衢州（以上浙江）廣信　上清　金谿　建昌　南豐　廣昌　寧都　雲都　信豐　龍南（以上江西）長甯　從化　廣州

（丙）福州鎮江綫（經閩浙蘇三省長五五〇哩）

福州　羅源　甯德　福安（以上福建）泰順　景甯　雲和　處州　武義　義烏　諸暨　杭州　德清　湖州（以上浙江）宜興　金壇　丹陽　鎮江（以上江蘇）

（丁）福州武昌綫（經閩贛鄂三省長五五〇哩）

福州　水口　延平　邵武（以上福建）建昌　撫州　南昌（以上江西）興國　武昌（以上湖北）

（戊）福州桂林綫（經閩贛湘桂四省長七五〇哩）

福州　永福　大田　甯洋　連城　汀州（以上福建）瑞金　雲都　贛州　上猶　崇義（以上江西）桂陽　彬州（與粵漢線交）桂陽州　新田　甯遠　道州（以上湖南）桂林（廣西）

（已）溫州辰州（經浙贛湘三省長八五〇哩）

溫州　靑田　處州　宿平（以上浙江）玉山　德興　樂平　餘干　南昌　瑞州　高安　萬載（以上江西）瀏陽　長沙　甯鄉　安化　辰州（以上湖南）

（庚）廈門建昌綫（經閩贛二省長二五〇哩）

廈門　漳平　甯洋　淸流　建甯（以上福建）建昌（江西）

（辛）廈門廣州綫（經閩粵二省長四〇〇哩）

廈門　漳州　南靖　下洋（以上福建）大埔　松口　嘉應　興甯　五華　龍川　河

源　龍門　增城　廣州

（壬）汕頭常德綫（經粵贛湘三省長六五〇哩）

汕頭　潮州　嘉應（以上廣東）長甯　會昌　贛州　龍泉　永甯　蓮花（以上江西）洙州　長沙　甯鄉　益陽　常德

（癸）南京韶州線（長八〇〇哩）

南京（江蘇）太平　蕪湖　銅陵　池州　東流（以上安徽）彭澤　湖口（與甲線會）（用甲線橋）南康　吳城　南昌（與己線丁線會）臨江　吉安　贛州（與戊線會）南安（以上江西）（過大庾領）南雄　始興　韶州（以上廣東）

（子）南京嘉應線（經蘇皖浙閩粵五省長七五〇哩）

南京　溧水　高淳（以上江蘇）宣城　甯國　徽州（以上安徽）開化　常山　江山（以上浙江）浦城　建甯　延平（與丁線會）沙縣　永安　甯洋（與戊線及庚線會）龍巖　永定（以上福建）松口（利用辛線）嘉應（以上廣東）

（丑）東方南方兩大港海岸線（經粵閩浙蘇四省長一一〇〇哩）

廣州（走廣九路）石龍　惠州　三多祝　海豐　陸豐　揭陽　潮州　饒平（以上廣東）詔安　雲霄　漳浦　漳州　廈門　泉州　興化　福州（走丙線）福安　福甯　福鼎（以上福建）平陽　溫州　樂清　黃巖　台州　甯海　甯波（走滬杭甬路）（以上浙江）上海

（寅）建昌沅州線（經贛湘二省長五五〇哩）

建昌　宜黃　樂安　永豐　吉水　吉安（與癸線會）永新　蓮花（與壬線會）（以上江西）茶陵　衡州（與粵漢線會）寶慶　沅州（以上湖南）

（二）東南鐵路系統之觀察

各線中之重要者。如東方大港重慶線。是線所經之地。有上海·杭州·徽州·湖口·九江·岳州·常德，重慶諸大埠。復由兩枝線以通宜昌萬縣。因南京韶州線以通蕪湖。因南潯線以通南昌。藉福武線以達武昌。由粵漢線以通長沙。由滬杭甬線以通甯波。·因福鎮線以通湖州宜興。足見各大都市。咸得縱橫連貫。平時四方物產無不集中於通商大埠。如湘省之米。萃於岳州。長沙安徽之米。萃於蕪湖。長江上游之土貨。萃於漢口。兩浙及皖西產物。如絲茶之類。則必經行杭州。今既聯爲一氣。則各埠間之貨物交換。必較頻繁。曩之積聚一地往往貶價求售之貨物。今得運銷各地。暢行無阻。以故鐵路營業。必不蕭條。且因貨物暢銷。生產必增。他日鐵路運輸之物。較諸今日航輪所吸收者。必且倍蓰。例如徽州之茶。如能藉鐵路之力暢銷於九江。則聚於九江之物產。如萬載之夏布。景德鎮之瓷器。亦可行銷於徽州。以爲交換。此種運輸。決非今日航輪所能吸引者。此則鐵路之優點也。有此優點。其競爭力必較航業爲强。與之角逐於運輸市場。孰勝孰負。蓋判然矣。雖鐵路之資本較巨。負擔較重。然工商業如積極發展。則負擔有限。而營業無窮。仍可操必勝之左券也。再觀東方南方兩大港間海岸線。其所經之地。有惠州·潮州·漳州·廈門·泉州·興化·福州·温州·台州·甯波·杭州·上海諸重要地點。又可因温處線以通處州。藉福武線以通延平。藉汕常線以通汕頭。藉廣九路以通九龍。其他間接聯絡之地。尤屬不勝枚舉。返觀沿岸航線。則所過之處。不外上海·甯波·温州·福州·廈門·汕頭·九龍·廣州·數處而已。例加鐵路成後。則温處兩州之交易較繁。温地人民之購買力必增。因此温人之來杭州購物者必多。温杭間之運輸因而亦增。是該路獨享其利。非航輪所能垂涎。鐵路之優勝。於此益彰矣。其他類如上述之事例甚多。愈多則鐵路愈發達。若佐以省道。以汽車補鐵路之不足。則鐵路運輸將愈見興盛。雖有偉大龐碩之航運機關。恐亦難與競爭也。

(三) 鐵路運輸與航運之比較

既知鐵路之優勝點。即知鐵路運價較航輪運價可以伸縮自由。將來各路編訂運價。於參酌貨物性質。地方情形。及運輸費用之外。自必以國民經濟原則為前提。例如日用品工藝原料以及一切應行獎勵輸出之物。運價必求低廉。如鐵路營業隆盛。則運價雖低。仍能獲利。且或因價低之故。利至倍蓰者有之。彼外國在華航業公司。必不願以己國之資本。供助長我國民經濟之用。即不得已而出此。其獲利減少。必較鐵路為難堪。因其運輸業務。必不能如鐵路之萬方兼收也。此其一。鐵路之客運。必較航運迅速。例如自上海至廣州。乘海輪須四日半可到。若循行上海廣州海岸線。(即丑線)則該線之長為一千一百英里。乘快車約三十小時可到。凡一切頭等客運業務盡能吸收無餘矣。即二三等旅客。亦必有大部分改行鐵路者。航業所受之影響。必非甚淺也。此其二。考各國鐵路運貨。無不負責賠償。法律且明定公共運輸事業。對於所運貨物。須負保險之責。是以由鐵路運輸貨物。運貨商無須另行保險。其便利可知。我國鐵路現有鐵路負責貨主負責二法。前者與各國之規定同。將來路政統一。自當推行鐵路負責之一法。以利商賈。輪運往往無負責之規定。貨主仍須另行保險。將來貨商何去何從。不待言而自明矣。此其三。三者有其一。成敗即可判然。有其三。則鐵路之致勝更易矣。

(四)東南外人航業現狀

外人在華航業。自以英日居首。英之太古公司有船四十七艘。六萬四百九十五噸。所行航線。有滬漢線。漢宜線。漢口湘潭線。粵津線。滬甬線上海安東線。上海牛莊線。滬津線。上海青島廣州線。滬粵線。香港大連線。宜昌重慶線。總計凡十有二。除安東線。牛莊線。滬津線外。皆與東南鐵路系統不無關係也。英之怡和公司有船五十二艘。總量五萬八千八百餘噸。所行有滬漢線。漢宜線。漢口湘潭線。上海青島線。滬津線。滬粵線。廣州香港天津線。除第三第四線外。皆與東南鐵路有關。日之日清公司。有船三十餘艘。總量未詳。所行有漢口常德線。漢宜線。漢口湘潭線。鄱陽線。大阪漢口線。滬粵線。宜重線。則各航皆於東南鐵路有關矣。又據駐滬日領海事官下村所調查。航行長江之日輪。計日清公司三十六隻。戴生昌三十一隻。神戶棧橋七隻。日本郵船四隻。延海郵船五隻。三井三隻。三菱二隻。鈴木一隻。森恪一隻。大阪一隻。內外棉一隻。大南一隻，合計九十七隻。可謂多矣。復觀沿岸貿易各國航運之比率。則尤見喧賓奪主之概。列之以供參考。(百分率)

•英國	日本	美國	法國	中國	其他	合計
三四、二八	一七、一二	二、四三	一、六三	三四、六一	一、八三	一〇〇

招商停航後。我國三四、六一之比率。已不能維持。

(五)收回航權之困難

沿岸及內河航行。原應由己國航業獨佔。此多數國家之通例也。我國以不平等條約之訂立。內國航權喪失盡淨。及時收回。固獨立國家之所有事。徒以己國航業。既未發達。復多窳敗。卽有強固之政府。毅然收回外人在華之航權。亦徒人己兩傷。有害無益。蓋目下土貨洋貨之輸送。與夫商旅之運載。有賴於外船者頗多。一日停航。則國內商業金融必受極大影響。例如漢口重慶之間。洋土兩貨之來往頻繁。僅賴已國少數商輪。必有停滯擁擠之虞。所得之小。不償所失之大。非上策也。此收回航權之根本困難也。

(六)東南鐵路系統與航權

東南鐵路系統完成後。則東南之運輸機關足用有餘。屏除外輪。始可無損於我。且按鐵路之優點以觀。外輪決難與我鐵路競爭。如宜重航線。將由上海重慶鐵路及施南宜昌枝路代之。滬漢線航運。則可由上海重慶及福州武昌(自興國州至武昌一段)兩路代之。漢口常德航線。可由甲線岳常段及粵漢路代之。滬粵航線。則有乙線丑線兩幹路。皆自上海直達廣州。足以抵制而有餘。他如滬甬航線。如曹杭段一旦銜接。亦蒙其影響。惟該路(滬杭甬)較杭線迂遠。運價恐難低廉耳。漢宜之間。亦宜完成一線。庶得聯爲一氣。並以代漢宜航線。漢口湘潭航線。現已有粵漢路並行至長沙。惟鐵路不能逕湘潭。他日由長沙築枝線至湘潭。所費不巨。而可以與航線競爭。未始非一策也。可見外人經營之東南航線。將在在爲我鐵路所制服。收回航權。當以此爲上策矣。

(七)系統與合作

或謂欲抵制航線。則築一上海重慶線。南京九江線。及上海廣州線足矣。何必舉十三線以立論乎。曰僅有路線而無系統。則鐵路之競爭力仍弱也。系統云者。聯重要地點爲一氣。增加其相互間之貿易。與運送。而又無衝突重複之謂也。如僅築滬粵一線。而不與他線聯絡。則其營業必較小。營業小則獲利不多。雖欲減低運價。增進設施。亦必爲事實所不許。遑言競爭哉。故必有系統。而後各路互相爲用。根基自固。否則徒有一二路線。於事無補也。鐵路既爲國營事業。則各線之合作。不難實行。如甲線所經皆高山大川。建築與行車所費。均較乙線爲大。或不能低減運價。以利工商。則政府可用他線餘利。補助甲線。務使甲線亦必按國民經濟原則。厘訂最低之運價。所謂合作者此也。有系統矣。能合作矣。而後東南鐵路有與外航競爭之可能。此孫總理言鐵路所以首重系統也。

（八）東南鐵路與己國航業

夫吾非謂東南不宜有航運也。惟鐵路系統完成以後。航運所蒙之影響。必有如以上所述者。然則己國航業。同在淘汰之列乎。曰不然。一國之運輸。必不至爲鐵路所獨占

完成東南鐵路系統與收回航權問題

。其無鐵路競爭之區。內國航輪。仍可設法吸收運輸。卽如滬甬一線。航運似仍有保持地位之可能。是在國家統籌全局。設法指導。務使於可能區域。己國航業仍得充分發展。彼外輪航線。限於指定各埠。不若己國航輪可以改駛他道。此又外人在華航業之弱點也。況鐵路勢在必築。若先興己國航業。(且振興亦難)而後興修鐵路。則他日航業必蒙競爭之影響。不若在航業未發達之時。先修鐵路。一面指定航運區域。使鐵路。航業分道揚鑣。不相侵犯而相輔佐。庶幾兩蒙其利。各得相當之發展。此又我國航業未興之利。宜利用之以免後日之糾紛者也。

結論

收回內國航權之困難。可以完成東南鐵路系統解決之。如政府能用外交方式。收回航權。亦非完成東南鐵路。不足以抵補運輸機關之缺乏。否則利用鐵路之競爭力。以抵制英日在華之航業。尤非完成東南鐵路。幷使之互相聯絡互相合作不可。是以東南鐵路系統。與業航爲特別之關係。揭而出之。以見其重要而已。

滇越鐵路之研究

何鴻棻

(一)路線概況——(二)鐵路起源——(三)滇越鐵路公司——(四)路線工程及設備——(五)車輛——(六)客貨運狀況及其收入——(七)營業開支與利益——(八)本線輸出入品——(九)沿線各站概況——(十)其他

(一)路線概況

滇越鐵路。亦稱雲南鐵路。發端於安南之海防。北達我國雲南省城。(簡稱雲南府即昆明縣)。全線長五三一英里。因國界關係。可分為兩段。南段自海防經河內至老開。長二四二英里。完全在安南境內。該段地勢平坦。可再分為兩區。第一區為東京三角洲。人烟稠密。出產以米為大宗。第二區為紅河流域。人口較稀。出產亦少。北段自河口經阿迷。宜良至雲南。完全我國境內。此段地勢多山。高下懸殊。亦可分為兩區。第一區為南盤江流域。在下雲南高原之北。坡度斜急。山高澗深。自河口至芷村。軌道自紅河流域。上昇至拔海五千七百英尺處。自芷村北趨。又降至三千五百英尺之谷地。此

滇越鐵路之研究

區人口稀少。物產不多。第二區爲雲南高原。自南盤江谷地至宜良。上昇至拔海六千四百英尺處。自此至雲南。地勢平坦。民富戶稠。爲客貨運輸之要區。北段沿線。榛莽未辟。瘴癘襲人。又山嶺重複。雨霧極多。鐵路建築時。工人死者五千餘人。工作之困難。數倍於正太鐵路。

(二)滇越鐵路之起源

一八九五年六月法人挾三國索還遼東之功。與清廷訂立陸地通商條約。修改國界。並獲得展長安南鐵路至我國境內之權。一八九八年四月。法人强租廣州灣。並奪取雲南鐵路之敷設權。一九零三年十二月。中法雲南鐵路敷設條約。正式成立。其主要條款有六。(一)中政府允擔保鐵路獨立。供給地段。及其附屬品。(二)軌間一公尺。(三)本路竣工後。經地方最高官長。法國公使。及外交部間之協議。認爲便利時。得延長本線或建築支線。(四)鐵路建築及其營業上所需要之一切器械。材料等。得免納關稅。(五)他國戰爭開始。本鐵路不能維持其中立時。中政府得任意運輸管理之。(六)本條約自調印日起。十八年後。中政府得出資贖回本鐵路一切財產。並償付該路債款之本金及其利息。本鐵路特許期間爲八十年。期滿後。無償歸中政府所有。

(三)滇越鐵路公司

滇越鐵路公司創立於一九三年六月。係印度支那銀行及越南銀行所合組者。在名義上爲中法合辦。但股東盡屬法人。故公司一切設施。國人無置喙餘地。總公司在巴黎。總局在安南之河內。原定資本金一二、五〇〇、〇〇〇法郎。旋因鐵路全線敷設豫算。需九二、〇〇〇、〇〇〇法郎。乃發優先股票五、〇〇〇、〇〇〇法郎。募債八六、五〇〇、〇〇〇法郎。法國及安南政府給與補助金一、五〇〇、〇〇〇法郎。工事乃得告竣。本鐵路公司雖係私人組織。實含有半官半民之色彩。自一九一九年十二月。至一九二五年十二月。安南殖民地政府。給與本公司之補助金額。達七六六八八。五八二、三七法郎。茲將法國政府及安南殖民地政府與鐵路公司之關係。摘要分列於後。

(甲)法國政府與滇越鐵路公司之關係

(一)政府得監督鐵路公司之財政。

(二)殖民地政府。保證鐵路公司每年營業利益額三百萬法郎。法國政府。對此保證。允為殖民地政府之後盾。

(三)職員薪金之修改。須經法國政府之許可。

(四)在可能範圍內。殖民地建設及事業上必要之材料。以法國製造品。或法籍船舶所裝載者為限。

(五)鐵路公司之組織。須根據法國條例。員役取締。由法國人執行之。

(乙)殖民地政府與滇越鐵路公司之關係

(一)殖民地政府得監督鐵路公司之財政。

鐵路公司投資於他種企業時。須經殖民地政府之許可。

薪金及時間表之改正。須經殖民地政府之許可。

(二)鐵路公司有發行公債之必要時。須經殖民地政府許可。

(三)殖民地政府。保證鐵路公司於十七五年間。每年營業利益額為三百萬法郎。但事實上營業利益超過額定數目時。剩餘利益。由殖民地政府。與鐵路公司照規定之比例分收。

(四)殖民地政府將海防老開間鐵路。讓與鐵路公司。

(五)滇越鐵路公司之列車有在河內加甯(譯音　開官有鐵路上運轉權利。

(四)路線工程及設備

本路係單軌式。海防老開段。開工於一九零一年。竣工於一九零三年。建築費七一·五八〇·一八八法郎。每英里建造費爲二九五·七八六法郎。河口雲甯開工於一九〇四年。竣工於一九一〇年。建築費一六五·四六六·八六六法郎。每英里需七五二·五五〇法郎。一九一〇年四月一日。始全線通車。較豫定期遲一年有半。坡度以每四〇英尺一尺爲最大限度。曲線半徑以一〇〇公尺爲最小限度。隧道一五八個。總長六〇·六八〇英尺。佔北段鐵路長度二十五分之一。老開至蒙自一一三英里間。有隧道一二八個。爲全線工程最困難處。橋梁總延長達一六·七二八英尺。以紅河橋爲最大。長五·五一〇英尺。費金六·〇〇〇·〇〇〇法郎。路面均鋪石子。厚達一九又八分之三英寸。頂寬八英尺又二英寸半。路軌重量。每碼自四〇·至五四磅。長度自二六英尺又三英寸至三九英尺又四英寸。軌枕鐵製。保用年數。尚不可逆料。魚板屬普通式。每列有釘四個。揚旗式極簡單。小站僅備幹線及岔道各一。附有月臺。客貨運均集於一建築內。大站設備較周。柵欄障礙物。僅限於各城鎮及車站附近。橫過鐵路各大路。客貨運均少。故看守柵欄人之住房亦少。農事人住宅。以國籍爲別。各站岔道。共長一五〇英里。

(五)車輛

車輛及器械。均法國式。機車六四輛。其中二〇輛爲二十八噸之四—四—〇 煤水車式。三一輛爲三十八噸之四—六—〇 煤水車式。一〇輛爲五十六噸之二—八—二水櫃車式。一輛爲十四噸之〇—四—〇 水櫃車式。二輛爲十五噸之〇—四—〇 水櫃車式。水之供給。隨地皆有。燃料純用烟煤炭。阿迷以北所用之煤。皆仰給於雲南本省。大部爲鴻基之無烟煤。彭迷(譯音)及普羅關(譯音)之烟煤亦多。客車均四輪式。計客堂車一輛。公事車一輛。頭二三等混合車二四輛。三等車一一輛。四等車九三輛。客坐。行旅。郵包混合車二二輛。其他車一輛共一五五輛。貨車共七三五輛。容量十噸者六四九輛。二十噸者七五輛。救急車八輛。起重車三輛。機廠在河內北之加甯(譯音)站。老開。阿迷。雲南。均有分廠。各種車輛。器械。均在法國造就運來。機廠僅司裝修之職而已。貨車每列八輛。客車每列八輛。另附行旅郵包車一輛。海防雲南間客車列車及貨物列車。每日上下行各一次。須三日方能開到。碧風寨。阿迷州間。及宜良。呈貢。雲南間。每日各開區間混合列車一次。自海防至老開。最快車行十三點二十九分鐘。自老開至阿迷。行十一點三十四分鐘。自阿迷至雲南。行十點十六分鐘。全線工事。頗欠完善。自六月至十一月間。爲雨季。山嶺斷面。時常崩圮。故各車夜間。均不行駛。

（六）客貨運狀況及其收入。

本路收入。近年頗有進步。爲法國殖民地各路之冠。但在我國各鐵路中。則爲最不旺盛。蓋沿線居民。安於故土。無進取心。作工力農。既不發奮。出外經商。又非所喜。各地實業。均未發達。沿線乘客貨運。數量微小。里程短促。加以工事繁重。債款年利。需銀三百五十萬元。致運價高貴不堪。自雲南至河口。貨物運價。速者每一〇〇公斤。需銀十三元七角五分。普通需九元二角六分。又東京稅關。手續繁複。通過稅稅率極高。國人感外人剝奪痛苦。時作收回論調。致公司營業。受重大影響。歐戰後。物價高昂。雲南省貨物。出口較昔年爲盛。故營業大見起色。貨運以棉織物及金屬品爲最多

滇越鐵路之研究

。一九二〇年。棉織物運價達二三七・〇〇〇元。金屬品運價達二四八〇〇〇元。兩者合計。居總收入五分之一。運價收入。在滇省以當地銀元爲本位。在安南以披亞士脫爲本位。茲將近年該路客貨數量。及各種收入。列表於後。

名稱	一九二三年	一九二二年
旅客收入	一二、二一九、四三九法郎	一〇、二九三、六四五法郎
載客人數	三、八〇六、一〇九八	三、六〇四、六六四八
運貨收入	二二、七七六、九五二法郎	一七、九四七、九八〇法郎
運貨重量	四二五、五九四噸	三六五、三九八噸
其他收入	九七、三二六法郎	
總收入	三五、〇三、七一七法郎	二八、二四一、六二五法郎

（七）營業開支與利益

公司開支。在昔年有定額。自歐戰發生。物價激增。營業日旺。各項開銷。與年俱增。一九二〇年。乃廢此制。與安南政府訂立條約。殖民政府。允擔負一切改良建設之

費用。以五年爲期。現已滿期。是否繼續舊制。不得而知。茲將近年開支及損益。列表於後。(單位法郎)

名稱	一九二二年（法郎）	一九二三年（法郎）
收入	二八、二四一、六二五	三五、〇九三、七一七
支出	二一、二一〇、七八五	二六、四七八、二六五
利益	七、〇八〇、八四〇	八、六一五、四五二

(八)本線輸出入品

本路貿易範圍。北至昭通及四川之會理。東至貴州之興義。貨物之運轉。以雲南省內爲最旺。安南雲南間之運轉較少。茲將貨運狀況列表於後。(單位公噸)

種類	一九一八年	一九一九年	一九二〇年
東京對雲南輸出	二、四〇三	三、四六四	三、五九二
雲南經東京輸入	一四、七三三	一五、一九七	一四、二五五
雲南輸出東京	九、五三九	二、二六九	五、一二九

雲南經東京輸出	一二、四八七	一一、六八八	一三、五二六
省內輸送	八五、八一七	八〇、一六四	六九、七〇九
合計	一二四、九七九	一一二、七八一	一〇六、二一一

(九)沿線各站概況

沿線各地。以海防。河內。蒙自。雲南等埠爲較大。海防爲安南之重要海口。自滇越鐵路完成後。該市爲滇省商務上之吞吐港。故商務日漸發達。一九二〇年。該站乘車客數約八十萬人。客票收入銀十萬六千元。貨物約十七萬五千噸。運價收入銀三十五萬二千元。河內亦稱東京。爲安南首邑。鐵路中樞。一九二〇年。該站乘客約二百六十六萬人。客票收入四十二萬八千元。蒙自距滇越幹線極近。爲陸路商埠。戶口約八萬一千四百人。一九二三年關稅收入。計關銀七五九六一一兩。居全國之第十一位。貿易以船來品爲主。是年直接入口貿易。値關銀二二七〇一八八一兩。此等貨物。幾全由滇越鐵路運輸。雲南人口約二十七萬五千。客貨運均盛。一九二三年。該站乘客約五十九萬三千人。客票收入銀七萬五千元。貨物四萬九千噸。運價收入銀二十九萬五千一百七十二

元。自老開至雲南。大小站共三十有四。茲將各站名稱及里程。列表於後。(單位英里)

站名	區間哩	延長哩
老開	—	—
河口	二、四八	二、四八
南溪	九、三一	一一、七九
馬街	八、七〇	二〇、四九
老范寨	八、六九	二九、一八
大樹塘	八、〇八	三七、二六
臘哈地	九、三一	四六、五七
白寨	七、四五	五四、〇二
灣塘	七、四五	六一、四七
波波菁	七、四六	六八、九三
倮姑寨	八、六九	七七、六二

弋姑	六、二一	八三、八三
落水洞	八、〇七	九一、九〇
花村	五、五九	九七、四九
黑龍潭	七、四五	一〇四、九四
壁風寨	八、〇八	一一三、〇二
大莊	九、九三	一二三、九五
大塔	一九、二五	一四二、二〇
阿迷州	六、八四	一四九、〇四
小龍潭	一四、九〇	一六三、九四
巡檢司	九、九四	一七三、八八
西址邑	—	—
熱水塘	八、〇七	一八一、九五
婆兮	六、八三	一八八、七八

西洱	二三、九八	二一一、七六
綠豐村	七、四五	二一九、二一
徐落渡	八、六九	二二七、九〇
滴水	六、二一	二三四、一一
狗街子	九、三二	二四三、八三
宜良	九、三一	二五二、七四
可保村	九、九四	二六二、六八
水塘	一〇、五六	二七三、二四
呈貢	一一、一七	二八四、四一
雲南	四、三五	二八八、七六

(十)其他

滇越鐵路沿線駐有法兵防守。在軍事交通上。均有相當之價值。近年營業日盛。前途極可樂觀。清末法人曾擬延長軌道至蜀省。以吸收川中物產。革命後。其議遂寢。

滇越鐵路之研究

☆ ★ ★ × ※

關於滇越鐵路各項統計。外間頗鮮紀載。茲據北京經濟討論處出版之英文「中國經濟公報」第八卷第二五四。二六〇兩期。轉錄下列各表。以資與上文相參證。

表一 營業總收入

表二 每公里進款

表三 客貨運輸

表四 雲南省主要出入口貨物

表五 雲南省之內外商業

表六 雲南省主要鐵路貨運類別

營業總收入（一九一四—一九二四）

年份	印度支那銀元數	法郎數
一九一四	三、二〇六、八六九、五五	七、六〇五、四三四、四八
一九一五	二、八三四、三〇八、五七	六、七四二、〇一九、三八

一九一六	二、九五三、四〇八、五一	八、六一六、四三三、四三	
一九一七	二、七一四、九〇六、〇三	九、一三九、六七八、九五	
一九一八	二、七九一、九七八、二四	二、九四五、七七七、八三	
一九一九	三、〇三〇、六三一、八八	一六、七一七、〇九四、〇三	
一九二〇	二、六三三、六七三、三五	二四、九八四、九三八、七九	
一九二一	三、九二五、二〇五、二五	二四、二七〇、八五〇、五五（內包括雲南銀元數）	（每一雲南元合印度支那元數）
一九二二	四、〇九一、三三八、六三	二八、三三三、七一六、三三	二、六五八、八三三、八七	〇、七七
一九二三	四、〇六七、三八、八一	三五、二四三、二九八、九一	二、六六〇、一二一、八〇	〇、七九
一九二四	四、一七四、三七七、六九	四一、一六七、九三二、三五	二、八七一、四一四、八五	〇、六三〇

一九二二年以前雲南銀元與印度支那銀元以平價互相兌換一九二二年後雲南貨幣跌價故其對印度支那元銀之兌換率亦因而減低

每公里進款（一九二〇—一九二四）

年份	老開海防段（三九三公里）印度支那元	河口雲南段（四六五公里）雲南銀元
一九二〇	一、七二七、三八	九九七、八二
一九二一	二、二五二、五一	一、三一六、九九

一九二二	二、二四一、三五	一、八二六、六〇
一九二三	二、三二五、八九	一、五六三、八五
一九二四	二、五〇二、〇〇	一、七二〇、六二

客貨運輸（一九一五—一九二四）

年份	載客人數	載貨噸數（僅係商品）
一九一五	一、九六七、一八八	一一五、五八七
一九一六	二、三三三、一二六	二二四、二一二
一九一七	二、六九三、三〇六	二三五、一二〇
一九一八	三、三八八、四〇一	一五四、八〇九
一九一九	四、三六七、六七三	一七五、六五五
一九二〇	六、二二五、八四六	一七〇、七六一
一九二一	三、三〇二、九五三	一六九、八九八
一九二二	三、六〇四、六六四	二〇五、九四二

一九二三	三、八〇六、一〇九	二五〇、二七四
一九二四	四、〇〇一、〇四二	二五四、四七三

雲南省主要出入口貨物（一九一五—一九二四）（單位公噸）

年份	入口貨			出口貨				
	煤油	棉紗	烟草	CUNAO	獸皮	錫	茶葉	猪鬃
一九一五				五二一	二六三	七、九一八	二二三	
一九一六				三五三	六二四	七、〇一〇	三六二	
一九一七	一、五九三	五、六五〇	四〇七	一、一四八	五六八	二、五一九	一六九	
一九一八	一、七六〇	四、九八五	六二一	三六六	六九六	七、九四八	一〇五	
一九一九	三、七三〇	五、五七七	五八九	一六七	六、四五〇	八、三六九	二二〇	
一九二〇	三、一六〇	五、四七六	六四五	二五六	六二〇	一〇、七八〇	一二五	六
一九二一	二、七一九	八、八二五	六二一	三三三	八五四	六、一九九	二〇八	四一
一九二二	四、九三七	九、三九八	一、二四八	六三八	二九一	八、八六八	二〇四	一三

滇越鐵路之研究

一九二三	四、七八三	八、一九七	一、一七三	四八七	五七六	七、七七〇	二三六	一九
一九二四	五、二八一	七、四〇四	七四	三〇三	七五二	七、一八一	二二九	一三六

雲南省之內外商業（一九二五—一九二四）（依據鐵路統計單位公噸）

年份	自海防碼頭至雲南	自雲南至海防碼頭	自東京至雲南	自雲南至東京	雲南本地商業
一九一五	二、八〇〇	三、〇八一	二、六二五	一三〇	四三、七六九
一九一六	一〇、三一五	一一、五七九	二、一九八	四六八	五九、二七六
一九一七	一〇、九九六	一九、七一九	一、八〇二	一、八六八	六一、三二三
一九一八	一四、七三三	一三、四八八	二、三八八	七三三	八五、八一七
一九一九	一五、一九七	一一、六八八	三、四六三	二、四二九	八〇、一六四
一九二〇	一四、二五五	一三、五二六	三、五九二	六、一二九	六九、七〇八
一九二一	一六、四七七	九、〇六七	三、二七〇	一、七八一	八三、四二四
一九二二	一四、二九四	一〇、七一四	三、二九八	七九九	九一、七〇六
一九二三	三、三八〇	九、九九五	三、五〇四	六二三	三、八七三

一九二四	三、〇三四	九、三七七	三、七五一	六四二	一〇八、三六五
總計	一六三、四七一	一三〇、三三四	四八、九〇一	一四、五九一	七九六、四三四
每年平均	一六、三四七	一三、〇三三	四、八九〇	一、四五九	七九、六四三
百分數	一四、二九四	一〇、五三三	四、二七五	一、二七五	六九、六九四

雲南省內主要鐵路貨運類別（一九一六—一九二四）（單位公噸）

貨別	一九二四	一九二三	一九二二	一九二一	一九二〇	一九一九	一九一八	一九一七	一九一六
甘蔗	一、一三三	二、一七九	一、一三四	二、〇〇七	一、八六三	五三	九五	二六八	二七一
荳類	二、六八七	一、六八七	七七一	八三三	六二九	一、八八一	四、一一二	二、二四四	五、〇一四
米	八、五六三	九、一四三	六、八五二	六、三五七	六、六八八	二、三三七	三、六〇八	一九、五三五	一七、四五三
鹽	五、三一八	八、五三九	八、〇六九	九、〇五七	七、八五〇	九、六〇四	一〇、四七七	七、三一四	八、〇〇四
杜糖	一、六四八	二、一三三	二、六二九	二、四六七	一、六一三	六九八	七五七	一、一九六	五一四
杜烟	六五六	八七六	七六七	八九二	一、一二八	一、一二七	一、三六四	五四八	二六三
柴薪	一三、四六八	一五、一一〇	九、三二九	五、一八三	二、四五一	一、三六一	一、〇八六	一〇五	一三

滇越鐵路之研究

木炭	一九、五四〇	一六、九五五	一七、九七六	一六、九四九	一三、四八九	一五、六二〇	八、四〇九	四九七	五九〇
煤	一四、八八九	一六、四〇〇	一三、五六七	一三、四〇二	九、〇三七	五、六七六	三、八七一	三、六五〇	三、四四三
焦煤	二、九四九	三、七二五	三、一二〇	四、五二三	四、八三三	五、四二九	四、六八五	六、三九三	四、六七一
褐煤	一〇、三〇四	一一、九〇七	九、九六五	五、一三一	二、〇〇九	一、七八〇	一、五六二	一、三三〇	七三一
建築材料									
木材	九、五三一	八、七三〇	六、一三七	七、八四二	九、四六七	一三、七〇九	一三、三三九	八、一九三	五、七六八
磚	六三一	一、三三三	八四三	一九	三	五三	六	—	—
石	四、八〇五	一、八四三	—	—	—	—	—	—	—
瓦	一七六	八〇	六三	三一	一八八	二五三	七八	七二	六一
棉紗	一、九七一	二、九七五	二、六六一	一、五六九	一一、五五	一、二九一	三、三〇三	二、〇一四	二、三三

日本帝國主義統治下之南滿鐵路

孟昭强

緒言

自日俄戰(光緒三十一年西歷一九〇五年)後。關外三省。脫俄人數十年之羈絆。而陷於日帝國主義鐵蹄之下。二十年來。日人努力經營。不遺餘力。迄於今日。舉凡路礦林權。幾盡入日人之掌握。經濟實業。受其操縱。政治軍事。被其把持。奉吉三省。實不啻爲朝鮮之第二矣。查日人在東省勢力之發展。所以能如此之速而大者。固由於吾國人智力之幼稚。與夫中日疆界之毗連。然窮本追源。實因日人攫取南滿鐵路後。得有侵略唯一利器。而使之然。方今日本對於魯省駐兵。有加無撤。對於奉吉五路築路權。强攫竊取。吾人際此對日交涉緊張。反日工作風起雲湧之時。對此日人侵略滿蒙之獨一無二工具南滿鐵路。尤宜加意研究。作者不揣鄙陋。將該路之歷史。該株式會社之組織。及其附屬營業之範圍。詳爲調查。以供國人之參考焉。

(一)南滿鐵路之沿革

南滿鐵路。爲俄人所經營東清鐵路(現名中東鐵路歸我國管理)之支線。於光緒二

日本帝國主義統治下之南滿鐵路

十八年開始營業。三十一年。俄敗於日。遂於是年八月初七日（西一九〇五年日本明治三十八年）所訂之博資茅斯年和約中。將東清支線。自長春寬城子以南各路鑛山及大連旅順等港灣碼頭等。割讓諸日。十一月二十六日。經清廷正式承認。於是此路及路帶內一切事業全權。遂落日人之掌握矣。日政府以爲由政府直接經營此路。不如用商公司作前驅。由政府嚴厲監督爲佳。於光緒三十二年五月。乃頒布設立南滿鐵路株式會社之令。次年四月一日。該社正式成立。接收鐵路及礦山。開始經營。廣集資金。擴大範圍。將海運港灣電氣瓦斯教育衞生市政及一切地方行政事業。悉隸於該社之下。其經營之廣。權力之大。實儼然一殖民地政府也。是年六月二十六日。又將前年與俄戰時。所擅築之安奉輕便行軍鐵路。及一切附屬品。賣與該社。以便與朝鮮鐵路接連。於三十一年十二月與清廷訂滿洲善後條約。以二年爲改築安奉之期。十二年後由我國備價贖回。迄民國四年。日本向我提出二十一條要求。將南滿安奉二路管理權。均展期爲九十九年。並取消南滿之無價歸還條件。於是安奉之所謂十二年後贖回。及南滿之所謂自行車日起。三十六年後備價贖回。及八十年後無條件歸還者。均成夢想矣。

(二)南滿鐵路株式會社之性質及業務

該社雖名爲鐵路會社。而其性質及業務。與其他普通鐵路公司殊異。該社完全一變相之政府。爲殖民地之行政機關。負侵略滿蒙。併吞三省之唯一重大使命。故該社受日政府直接管理。凡該計之重要權利財產。及各項擔保等。非經政府允許。不得自由處置。日政府對於該會社有以下等權。(一)頒佈必要命令。(二)施行國內鐵路法規。(三)取消違背日本帝國法命。監督官廳命令。會社目的。及妨害公益之事項。(四)革除有犯有三項內行爲之職員。(五)預先批准會社之會計。營業規定。(六)准可會社每營業年度事之業計劃。畢業費及營業收支之預算決算。及利益分配之比較。該社受日政府命令。兼營礦產電氣水運港灣及鐵道附屬帶內之土木教育等一切事項。其耽耽之心固昭然若揭也。

(三)南滿鐵路株式會社之組織

南滿鐵路株式會社所負之責任既如此之大。其所經營事業之範圍。又若是之廣。則其組織之複雜。自在意中。概要言之。全社可分爲本社。東京支店。撫順煤礦。鞍山製

日本帝國主義統治下之南滿鐵路

鐵所。及哈爾濱事務所。五大部。其上置社長副社長各一人。理事四人以上。監事五人。總理全社一切事務。名曰重役。正副社長由日府政任命之。任期五年。爲該社對外代表。並總理及督促社內一切事務。理事有五十股以上之股東中。由政府命之。其任期爲四年。監事由股東中於股東大會選任之。任期三年。茲將該社現行之組織制度。列表如左。示其梗概。

- 社長室
  - 文書課
  - 人事課—育成學校
  - 審查役
  - 監察員
  - 祕書役
  - 能率係
- 庶務部
  - 庶務課
  - 社會課
  - 調查課
  - 各事務所（紐約上海）
  - 各公所（北京奉天鄭家屯吉林洮南）

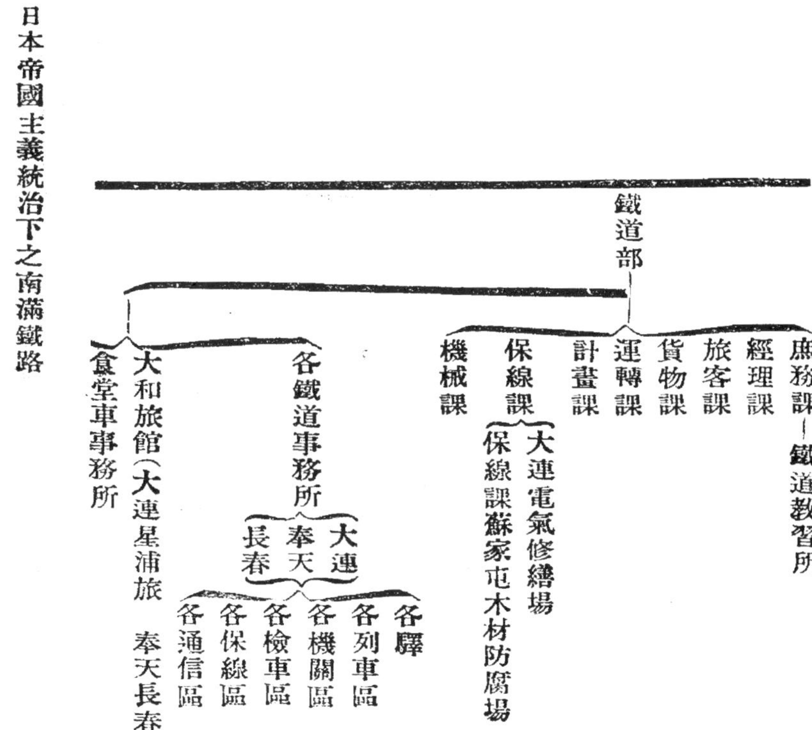
鐵道部
庶務課—鐵道教習所
經理課
旅客課
貨物課
運轉課
計畫課
保線課
大連電氣修繕場
保線課蘇家屯木材防腐場
機械課
各鐵道事務所
大連
奉天
長春
各驛
各列車區
各機關區
各檢車區
各保線區
各通信區
大和旅館（大連星浦旅 奉天長春）
食堂車事務所

日本帝國主義統治下之南滿鐵路

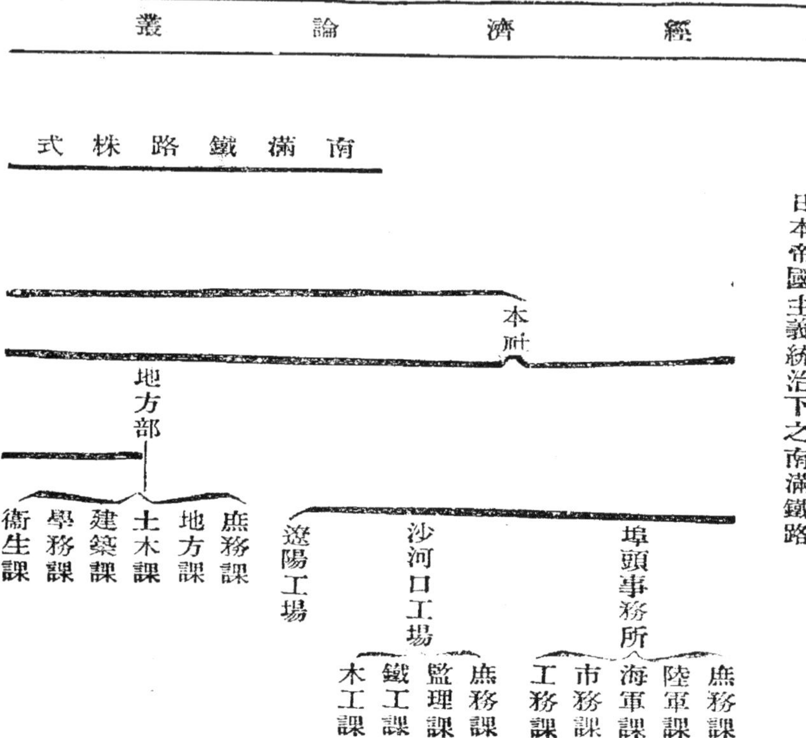

會社組織一覽表（昭和二年三月訂）

理事
社長
副社長
監事

興業部
- 庶務課
- 商工課
- 農務課
- 販賣課——販賣所

- 各地方事務所（瓦房店・大石橋・營口・鞍山・遼陽・奉天鐵嶺開原・四平街・公主嶺・長春・安東・本溪湖）
- 滿州醫科大學
- 醫院
- 專門學校
  - 教育專門學校——教育研究所
  - 南滿洲工業專校——職業教育部
- 中等學校
- 各圖書館（大連・奉天）
- 大連工務事務所
- 衛生研究所（大連）

日本帝國主義統治下之南滿鐵路

- 農事試驗場（公主嶺）——分場（熊岳城）
- 獸醫研究所（奉天）
- 地質調查所（大連）
- 滿蒙物質參考館（大連）
- 中央試驗所
  - 試驗課
  - 研究課
- 經理部
  - 主計課
  - 會計課
  - 購買貴
  - 倉庫課支庫（奉天長春安東）
- 東京支社
  - 庶務課
  - 運輸課——鮮滿案內所（東京·大阪·下關）
  - 經理課
- 東亞經濟調查局
  - 庶務課
  - 經理課
  - 運輸課

撫順煤礦——機械課、工業課、土木課、礦務課、各採炭所——（古城子・大山・東鄉・東岡・老虎台・龍鳳・烟台）、研究所

鞍山製鐵所——庶務課、製造課、工務課、研究室

哈爾濱事務所——庶務課、運輸課、調查課

技術委員會——技術研究所

該社辦事人員。分重役職員。囑託。傭員。四級。凡三萬五千餘人。其傭員中。華

日本帝國主義統治下之南滿鐵路

人現有一萬四千三百餘人。蓋利其工價低廉。勞力充足故也。其對於服務人員待遇。極為注意。每人除額定薪金外加與津貼住房及獎金等。又設經濟組合社。使社員緩急可通有無。設教化慰藉系。用種種方法。以安慰員司心身。訓練勤勞服務精神。其重視員司之待遇。有如是者。現其社長山本條太郎稟承田中侵略滿蒙之野心。兼辦附屬地警政。以一事權。其內部之組織。或不免稍有出入。

（四）南滿鐵路株式會社之監督機關

該社之監督機關。有關東州（即旅順大連租借地）長官。及南滿鐵路之株式會社監理官。關東州長官。由內閣總理大臣奏請日皇任命之。執行監督該社職權。關於路政及航務事項。取決於鐵道大臣。關於外交事項。取決於外務大臣。關於其餘設施及計劃。請示於內閣總理大臣。及拓殖局。拓殖局直隸於內閣總理大臣。為指導該社經營滿蒙之重要機關。監理官由內閣總理大臣任命之。其職權為（一）出席股東大會及其他會議。（二）監督會社設施。（三）檢查倉庫賬簿及文書。（四）報告營業狀況。茲將其系統。列表如左。

內閣總理大臣——南滿鐵道株式會社監理官
　　　　　　　拓殖局
外務大臣
鐵道大臣——關東長官——南滿鐵路株式會社

(五)南滿鐵路株式會社之資本

該社資金。原定日金二萬萬元。其中一萬萬元。屬於政府。卽以戰勝所得之已成路線炭礦碼頭等充之。餘一萬萬元則向中日人民募集。政府保證年利六厘。在當時淸廷反對認股。而吾人民方面又無認購股票者。故全數皆歸日人。至民國八年四月。該社以事業日臻發達。遂議決增加資本至四萬萬四萬千元。所加額數。亦由政府及民間各認半數。至十二月一日。該社在倫敦募得外債一千一百萬磅。其本利支付之責。由政府擔負。以應繳股金一萬萬一千七百十五萬六千元日金充之。至民國十年止。總額四萬萬五千萬元。已籌得三萬萬八千萬元。未繳者僅六千萬元耳。近幾載。南滿鐵社又在倫敦募款二千萬。爲實現在東三省五路築路權之用。其野心之勃勃。可概見矣。

(六)南滿鐵路之路線里程

日本帝國主義統治下之南滿鐵路

日本帝國主義統治下之南滿鐵路

南滿鐵路支線。歷經增築。至大正十五年（卽民國十五年）九月止。其幹支線之數如下。

（甲）幹線

（一）自長春。昌圖。開原。鐵嶺。奉天。蘇家屯。遼陽。蓋平。金洲。大連。計四十九站。凡四百三十八英里五。全係雙軌。

（二）自安東經鳳凰城。橋頭。至蘇家屯。單軌二十四站。凡一百六十一英里七。

以上兩線。合計爲六百英里二。

（乙）支線

（一）周水子至旅順一段。凡五站計三十一英里六。

（二）蘇家屯至撫順一段。凡兩六站計一十三英里九。

（三）營口至大石橋一段。凡兩站計九英里七。

（四）烟台至烟台煤礦一段。凡兩站計九英里七。

（五）運河至楡樹台一段。計二英里五。

（六）瓢兒屯至千金寨一段。計四英里。

（七）大房身至柳樹屯一段之未開業線。計三英里六。

以上諸支線合計爲九十八英里二。

幹支線合計凡六百九十八英里四。

（七）滿鐵路現有之車輛及倉庫

該路車輛及其他設備等。隨時改新式樣。增加數量。截至民國五年止。該路所有車輛及倉庫之種類及數目如左。

（甲）車輛

（一）機車共四百二十七輛

（二）客車共四百二十四輛

（三）貨車共六千六百零三輛

（四）車隊長車共二百三十四輛

以上四種合其計總數爲七千六百八十八輛

（乙）倉庫　此種倉庫係修理及停放車輛之所。其數如左。

日本帝國主義統治下之南滿鐵路

(一)機車庫十二所

(二)客車庫三所

(三)倉庫營業車站三十所

(四)停車廠一百五十所

(五)貨倉一百七十七所

以上五種合計凡三百七十二所

(八)南滿鐵路株式會社近年來之鐵路運輸營業狀況

鐵路事業。爲滿鐵會社之主要營業。近年來之因該社對於沿路設備之整頓 及運輸之改良。故收入之增益。大有春筍經雷。蒸蒸日上之勢。茲將其運輸營業之收支及純益。列表如左。(單位日金百萬元。)

年別	收入	支出	純益	支收比差
民國十年	七八、二	三三、二	四五、〇	四二
十一年	八七、八	三四、二	五三、六	三九

十二年	九二、三	三五、八	五六、五	三九
十三年	九二、六	三六、六	五六、〇	三九
十四年	九七、四	三八、八	五八、六	四〇
十五年	一〇七、九	四五、九	六二、〇	四三

自上表觀之。該路直接營業。於近六七年來。頗稱順利。其收入之增進。逐年毫無間歇。且其增加率亦遠勝開支之數。其運輸狀況。則如下表。(以百萬計)

年別	搭客數	貨物數	客票英里	噸量	總收入之百分比例		
					客票	貨儎	其他收入
民國十年	六、九	一〇、四	四四二、三	二三七二、五	一六	七六	八
十一年	七、六	一〇、〇	四五四、九	二七七一、五	一四	七八	八
十二年	八、八	一三、四	四九七、六	二九六三、二	一五	七九	六
十三年	八、八	一四、六	五〇六、三	三二五一、四	一五	八三	二
十四年	九、一	一五、〇	五五四、五	三三一六、一	一五	八三	二

十五年　八、三　一六、五　六〇二、九　三六四四、八　一四　八三　三

再將以上各年內該路之進款。分別列表於下。(以日金一百元爲單位)

年別	搭客項下	貨運項下	貨棧	附加費等	合計
民國十年	一二、二	五九、六	〇、二	六、二	七八、二
十一年	一二、四	六九、五	〇、一	五、八	八七、八
十二年	一三、四	七二、六	〇、二	六、一	九二、三
十三年	一三、七	七七、〇	〇、二	一、七	九二、六
十四年	一四、五	八〇、六	〇、一	二、二	九七、四
十五年	一五、二	八九、五	〇、三	二、九	一〇七、五

由此可知。該路運輸量。近六年來。約增白分之十。客運收入僅佔全數百分之十五。而貨運收入。竟佔全數百分之八十五。查該路貨物運輸量。以撫順煤增加率爲最大。於民國元年。此煤之運輸量。僅佔貨運三分之一。及至十五年度。竟增加至佔貨運百分之四十五。至關於此煤運輸之收入。於民元僅佔貨運收入百分之二十五。及至十五年。

竟增至百分之三十七。茲再將該路關於糧石（大豆及豆餅）之運輸。列表於下。

年別	糧石運輸品 百萬噸	百萬噸半里	對運輸總量之百分比例	糧石收入以日金百萬元爲單位	對全運輸物收入之百分比例
民國十年	二、二	七七九	三三、三	一九、七	三三、一
十一年	二、一	七四七	二七、〇	二一、五	三〇、四
十二年	二、四	八七九	二九、六	二五、四	三五、〇
十三年	二、四	九一七	二九、六	二四、五	三一、八
十四年	二、二	八二九	二五、〇	二五、〇	二二、四
十五年	二、五	九四四	二五、九	二五、一	二八、〇

綜觀上列各表。則該路目下運輸。首惟撫順煤。次爲糧石。客運僅佔少數耳。近一二年來滿洲人口激增。歲入豐稔。農產驟增。遠行者亦衆。客運貨動。俱有突飛之增進。關於此兩者詳細數目。俟於末段『南滿鐵路株式會社之最近營業狀況』中。再列表述之。

日本帝國主義統治下之南滿鐵路

(九)南鐵路株式會社之附屬營業事項

南滿鐵路株式會社之營業範圍甚廣。權利極大。遠非其他一般普通鐵路公司所能望其項背。鐵路運輸營業。固為該社重要事業。而其所稱為最可驚人者。則為其附屬各項營業。蓋以該社係代表政府以施行其侵略之方策。而達其囊括三省之野心者也。茲就該社附屬營業中 擇其重要者。略述於下。

(甲)海運業

該社為謀壟斷我國沿海航權。發達鐵路營業。及溝通歐亞交通故。將大連。青島。上海、香港。南洋。及長江之各航路線均歸其經辦。後以營業日臻發達。乃於民國元年。另組一大連汽船株式會社。專辦海運事項。所需資本。全部由滿鐵會社擔認。歷年增加資本。添造船舶。截至民國十三年止。該汽船會社資本。已達三百萬元。每年收入。亦將及千萬元之鉅矣。

乙)臺灣及碼頭

(一)港灣 大連港灣。在俄時尚未及半。該社年來幷力趕築。現已竣工。現在港內同時可傍三千噸船三十七艘。分爲三十七區。以傍船身。可出入七百萬噸之貨物。其他更有專停帆船之小港數處。並容一千石之帆船三百艘。關於此項築港費用。全由滿鐵會社出資。至民國十三年止。該社對於此項築港投金。共達六千五百四十六萬一千九百六十七元。其十四年度收入竟達九百十六萬口千五百餘元。

（二）碼頭　除大連碼頭之外。該會社又經營安東。營口。上海三碼頭。茲將此三碼頭民國十四年度輸入輸出貨物之噸數列表於後。

碼頭	輸入貨物噸數	輸出貨物噸數
安東	一一七、八八一	二六、九七六
營口	五三、三六二	四四六、八七九
上海	一七八、一九〇	七二、四八九

以上三埠每年收入共達數百萬元。

（丙）鑛山

撫順及烟台二煤鑛。日可出煤萬噸，均係該社自辦。其租與人。者則有炸子窯　及石碑嶺陶家屯三處。撫順煤鑛。更有以下附加營業機關。電車路長。五八。五哩。電燈廠有三萬燭。能供給奉天遼陽。各站之燃用。瓦斯工廠。阿莫尼亞工廠。滓煤工廠。嗅油工廠。硫酸工廠。阿里夫油工廠。火鋸廠。火藥廠。製焦工廠等。茲將該廠最近之產煤量列表如下（以百萬噸爲單位）

年別	產煤量	收入	支出	純益
民國十一年	三、九	五三、一	四六、六	六、五
民國十二年	五、〇	六三、九	五九、八	四、一
民國十三年	五、六	六八、七	六〇、六	八、一
民國十四年	五、八	六八、五	六二、〇	六、五
民國十五年	六、三	七六、二	七〇、七	五、五

據上表以觀。撫順煤產量。大有逐年增加之勢。惟其銷售量之多少。及煤價之低昂。則視外埠之煤產及市價爲轉移。據現在調查。煤斤行市。以日本國內最昂。故該鑛煤斤出口運往日本銷售者最多。其次則爲中國南部。若中國北部及太平洋各地。其銷售量

較少。至運往高麗銷售者。亦有可觀。茲將民國十六年該礦煤斤出口數量。列表於下。

(以千噸爲單位)

運往日本者	一四四七
運往中國南部者	九二一
運往中國北部者	一二〇
運往高麗者	三七六
運往太平洋羣島者	二二六
合計	三一九〇

鑛區爲增加煤斤銷售量計。對於產煤量。力事擴大。並設選煤廠專司分別煤質之良否。其較劣者。則歸該鑛區各工廠自用。每年約用六萬噸以上云。

(丁)鞍山冶鐵工廠

查鞍山冶鐵工廠。建於民國六年。建築費共四五、九百萬日金。至民國八年。該廠始行開工。然迄未得純益。茲將該廠近年來工作成績。列表如下。(以千噸爲單位)

日本帝國主義統治下之南滿鐵路

年別	生鐵	焦炸	嗅油	阿莫尼亞
民國八年	三一、六	七三、一	三、二	|
九年	七五、三	一〇七、〇	四、六	一、五
十年	五七、二	八六、二	三、八	一、四
十一年	六六、五	七八、九	四、二	一、六
十二年	七二、三	一〇一、四	五、四	一、八
十三年	九四、五	一四一、五	七、二	七、二
十四年	八八、三	一一六、六	四、二	一、三
十五年	一六二、五	一二七、一	八、三	三、二

查滿鐵會社所以不惜巨款。而極力投資經營該鑛者　蓋實日本所罕有之鑛層。若能盡力開發。則將來不在漢冶萍之下也。並聞將於鞍山建設製賓進油廠。定建築費爲日金五十萬元。每年可產油三萬噸。惟此刻尚未成諸事實耳。據最近調查。南滿公司理事會。曾決定於該廠內。發設空素製造廠。及瓦斯冶鑪。將其所得之鎔化品。運往日本作肥

田之用。以代滿洲所出產之豆餅。是此種辦法。一旦施行。則滿洲豆餅之出口量。當益少矣。

(戊)電氣

大連。奉天。長春。安東。及撫順煤鑛。鞍山製鐵所。均設有電氣廠。爲供給電力及電燈之營業。此項投資。截至民國十六年止。共計一千五百萬元。該時電氣事業範圍漸大。滿鐵會社乃出資另組南滿電氣公司以經營之。現在歲收五百餘萬元。

(己)瓦斯

該社所經營之瓦斯事業。有大連 鞍山。奉天。安東。撫順煤鑛五處。歷年經營。出產量逐年增加。用戶亦隨時有加無已。民國十一年度收入爲九十一萬九千五百六十五元。至十四年秋。滿鐵會社以此項營業日臻發達。逐出資另組公司專營之。

(庚)旅館

南滿鐵路株式會社。於大連。旅順。奉天。長春及大連郊外之星浦海岸。旅順之黃金台。及沿線大站等。開辦旅館。及別墅。規模宏大。設備完全。其附屬事業。則有火

上海交通大学百年报刊集成·第一辑（1896—1949）·学术学科

車中之飯車。洗衣房。及汽車部等。所有一切事務。歸旅館事務所管理之。此項營業。現歲收達一百餘萬元云。

(辛)地方事業

南滿鐵路株式會社。負有殖民之特殊使命。對於地方事業。如土地。建築。街市。教育。衛生。警備。等設備。皆不惜糜費鉅金。以從事經營。務使來住者。精神上物質上。均得滿足。故年來日僑激增。大有一日千里之勢。查宣統二年閏二月。東省日僑。僅五萬七千四百七十八人。至民國十四年十二月。竟增至七萬六千九百五十六人。其增加之速。令人悚慄。關於地方事務。由該社之地方部經營之。設地方事務所十一所。支所十三處。分任管理之。附屬地面積。共一萬零五百九十五萬砰。沿線均設新街市。公園。醫院。學校。市場。圖書館。衛生研究所。等頗稱完善。截至民國十五年止。計有醫院二十二院。幼稚園三十三。中小及補習學校一百〇八。專門學校三。通俗圖書館二十。其建設之多亦可驚矣。

(壬)試驗所

該社又設三試驗所。專司研究改良商工農業一切事務。中央試驗所。在大連。掌管滿洲殖產營業。及衛生上之試驗研究。農事試驗場。在公主嶺（分場在熊岳城）。以植物苗木之養成。及牧草花卉疏菜試作農產養蠶。畜牧。及林產之改良發達爲目的。地質調查所在奉天。以調查滿蒙之地質鑛物。及應用地質諸原料爲其主要之目的。

該社附屬營業尚多。上列數種。不過其犖犖大者耳。卽此數端。吾人可知該社資金。除投於鐵路直接事業外。其他附屬營業建設之投資。爲數實不鮮。茲特將該社最近之直接資產。及附屬營業資產之估定價額。比例於下。（以百萬爲單位）

資產名稱	估定價額	百分比例
鐵路	二二五、〇	三七、九
工場（總材料廠亦在內）	一二、〇	二、〇
輪船	四、三	〇、七
水碼頭	四九、八	八、四
煤鑛	一二九、一	二一、七

鞍山鐵工場	四五、九	七、七
荒原	二、八	〇、五
鐵路佔用土地	七五、四	一二、七
其他各種	四九、七	八、四
合計	五九四、〇	一〇〇、〇

約計之。該鐵路直接資產。與工場資產。合計約佔全部資產五分之二。而其各附屬營業之資產額。竟佔全數之五分之三。吾人於此。對於該社殖民之特殊性質。不難知矣。

(十)南滿鐵路株式會社之最近營業狀況

該社設備完善。經營得法。收入之增。有加無已。僅就鐵路一項而言。光緒三十三年。僅有淨利三百餘萬元者。至今竟達六千八百餘萬元。二十二年間。增至二十一倍有奇。實我國各路。所未能望其項背者也。茲據今年六月二十日該社報告。言自民國十六年至十七年五月底止。該社營業總額達二三〇、五五八、〇〇〇元。支出費用計一九四、二四八、〇〇〇元。總純利三六、二七四、〇〇〇元。其中以鐵路營業最爲發達。計

此項營業。淨利較之上年。增加五三五、〇〇〇元。茲將該年份鐵路營業收入數目。與上年份收入數目。比較於左。(單位日元)

項目	上年份	本年份	增益
客運	一五、二一六、〇〇〇元	一六、一〇二、〇〇〇元	八八六、〇〇〇元
貨運	七九、七一三、〇〇〇元	八四、〇四〇、〇〇〇元	四、三二七、〇〇〇元

茲更將該本年份各項營業收支數目總額列表於下(單位日元)

項目	收入	支出	贏虧
經常費		二、四八二、九三五、七五	二、四八二、九三五、七五
鐵路	一三、一四四、一八〇、一五	四五、一三〇、八三四、九三	六八、〇〇八、三四五、一三
碼頭	一〇、二七五、九四二、五六	九、三〇五、七八二、四二	九七〇、一六〇、一五
鑛業	八二、七六七、四一九、八九	七四、〇三九、一六、七	九、七四八、三〇〇、二三
鐵業	九、二二三、一一四、〇〇	九、三八〇、六五六、三一	一五七、五四二、三一
各項	收入	支出	贏虧

日本帝國主義統治下之南滿鐵路

旅館	一、〇〇〇、八九九、五二	一、二六四、九四三、六九	二六四、〇八四、一七
鐵路範圍內之管理	六、〇九八、二三三、六七	九、一〇四、四四四、三五	三、〇〇六、二一〇、六八
收息	五、四四五、七三五、三六		五、四四五、七三五、三六
還欠		一六、六三二、八二六、六八	一六、六三二、八二六、六八
付利		三、九三五、六七六、二〇	三、九三五、六七六、二〇
雜項餘利	二、四八三、〇三九、三四		二、四八三、〇三九、三四
雜項損失			二、八三九、四二八、一七
債票損失			二、〇六三、五四二、九七
總計	一三〇、五五八、五三三、九一	一九四、二八四、二〇〇、八三	三六、二七四、三三三、〇八
民國十五年總數	一二五、六一五、九四三、八二	一八一、四五七、〇五九、六二	三四、一五七、八八四、二〇
計增	四、九四三、五八〇、九〇	一三、八二七、一四一、二一	二、一一六、四二八、八八

按上表觀之。足見該社之經濟狀況。及其營業發達之一般。此種進步。實由於該社管理得法所致。反觀吾國國有各路。年來因軍事擾攘。運輸阻滯。入不敷出。幾將破產

。兩者比較。相去何可以道里計也。

結論

總上以觀。滿鐵會社組織之大。業務之繁。均非僅屬於商業而已也。上則受政府之協助與監督。下則代表之而經營殖民一切事宜。勢力之伸張。計劃之遠大。處心積慮。不難一覩而知。夫印度之亡。亡於東印度公司。今滿鐵會社。之東三省東印度公司也。以莫大經濟之力。加以日帝國主義之積極壓迫。若不設法禦之。後患何堪設想。際茲國民政府百廢俱興。交涉取消一切不平等條約正積極進行之際。故特臚列之。觸目驚心。吾國人其有以處之乎。

日本帝國主義統治下之南滿鐵路

鐵路用人問題之研究

沈孝明

鐵路爲交通之利器，一線綿延，恆數百里。開車以後，舉凡營業之擴展，車輛之調撥，會計制度之確立，盈餘及其他附業之運用，沿路民生文化之調查，器械車輛之修製，國內國際聯運之聯絡，無不需專才爲之擘劃一切。則人的問題自屬重要。凡欲振興鐵路之營業，及完成鐵路應有之使命，對於用人問題必須有一通盤之籌劃。庶使人無棄才，才無異用，則可收事半功倍之效矣。茲將用人問題分(一)用人問題不解決之損失，及(二)解決用人問題之辦法討論之。

一　用人問題不解決之損失

在未入本題之先，吾人究欲知鐵路用人等類有若干種，及每類之居百分之多少。我國鐵路對於此項統計素不注重，今將美國聯邦商務委員會關於該國最長鐵路用人百分比之調查表列左，想以之衡吾國情形，當亦不甚逕庭也。

第一類　支配人及其助手　○・七六%

第二類	文書及專門學者顧問	一八·〇〇%
第三類	車務會計營業及貨倉經理人員	三四·二二%
第四類	機務工務養路員工	一二·〇二%
第五類	運伕役工	三五·〇〇%
共		一〇〇·〇〇%

觀上表，則知鐵路本身最要之職務為如何發展其營業，及防止種種弊政，與不正當費用之發生。在乘客方面則求行車之安全，與車行時間之準確而已。故以車務，會計，營業，及貨倉管理人員居最重要之地位，而此部份人員之任用得當與否。與鐵路營業之盈虧大有相關。故坎拿大太平洋鐵路（Canadian Pacific）局長克蘭氏在該路之營業報告書中，曾有其日記之一段。錄譯如左：

『以余二十年來在鐵路無一日輟息之經驗與考查，深知在鐵路諸項工作中以行車，營業，稽核，為鐵路之靈魂與主腦。他如機務工務不過供驅使之責。故本路以後用人方面，應參照歐洲大陸及鄰邦美國制度，極力對於行車營業稽核三者，加以培植及厚遇。則他日之盈餘，必能倍於今日，可斷言者也。」

但各國鐵路對於用人問題，仍未能得到一滿意之解决者，其故有三；

(一)勞方常易新手，致貽鐵路莫大之損失。

(二)鐵路方面無能力以養成大批員工以備急用。

(三)對於任用安插調撥員工之研究，尚未臻科學化。

故鐵路時感員工，過剩或太少之苦。而遇時令之需要，如秋收，農夫須以穀移運各城市求售時，則車運擁擠，將致路塞。加以員工之多非熟手，手續方面，類多停滯。故用人問題不解决之損失甚大，玆可將各方面觀察之。

(一)鐵路方面所受之損失。

(甲)鐵路之採購，因服務人員之常易，必致吃虧。

(乙)鐵路支出之員役薪水，因人員常易，必有增無減。

(丙)貨運客運，因人員常易，必致遲緩，甚或誤事。

(丁)人員因地位不定，常存五日京兆之心，其狡黠者作違法之事，如包運私貨

鐵路用人問題之研究

鐵路用人問題之研究

，私攬客運，串同盜匪刼車，偷竊轉運公司寶貴行李等事。

(二)服務鐵路員工所受之損失。

(甲)因自身職業之無保障，常引起生活之恐慌。

(乙)人員服役精神，因地位不定，必呈衰敗之象。處處以敷衍了事。鐵路前途必無發展，而個人方面毫無所得。

(三)客人方面所受之損失。

(甲)因鐵路公役之非熟手，則貨運客運，必致遲緩。或竟至有貨無車運之現象。

(乙)因鐵路公役深慮其地位之動搖，而無實心擁護鐵路利益，貨運客運欲求迅速，不致失事，勢必須賄賂運動。此種損失，惟客人方面負之。

(四)羣衆所受之損失。——凡以上所云各方面所受鐵路用人問題不解决之損失，羣衆自亦間接受之。其最要者爲：

(一)鐵路採買之變動。

(二)鐵路服務員工採購力之變動。

以上二種之變動，自與羣衆及一般商業不良之打擊也。

(二)解決用人問題之辦法

關於用人問題不解決之損失，吾人既知其究竟矣。然鐵路勞資雙方所互求者，雖與普通商業機關不甚出入。(即資方之求勞方之黽勉從公，勤慎忠實。勞方之求資方能與以相當職業之保障，疾病傷亡之賑恤，及有秩序之升轉與待遇等。)；然其最關重要者爲（一）如何訓練鐵路人員使成專才。與（二）如何得使鐵路服務人員認鐵路職責爲其一生之生活。換言之；即鐵路最好不能輕易一人，而服務人員須興趣時加，各盡其心力以謀鐵路之發達而已。故關於解決用人問題之辦法，可分兩點研究之；

(甲)消極的—職業保險

近年來英美各國對於職業保險，均主官辦，蓋以其規模大而流弊多也。職業保險公司之基金或由資方傾助，或勞資雙方各居一份，或將未來之紅利押借巨款於銀行，或竟由資方獨辦。各有其長處與短處。茲略不論，不過可歸納之於二大類；

鐵路用人問題之研究

（一）完全由資方創辦，一切政策不容勞方參加者。

（二）勞資雙方合辦，一切政策須由雙方同意方能進行者。

鐵路對於職工職業保險，玆可舉一例以概其餘。美國德萊爾及赫孫鐵路(Delaware and Hudson)關於職業保險規定路局有全權處置保險事宜。職工之具有二年服務時間，及保有壽險或意外險者，方能投保職業保險。其賠償費則由鐵路總收入內支付之，並無基金之徵集。凡每年薪金在一千元以上之職務祇務兩年以上者，若被停職（無論何故），公司償其每星期之十五元生活費，以六星期爲度。其在一千元薪水以下者，則祇有十元矣。至職工方面所付之保險費，各鐵路不一其法。或由資方代付，或勞資平均分配云。

（乙）積極的——教育

鐵路教育者，所以訓練鐵路職工得使其本身適合鐵路之需要，而得升轉機會發展其才能者也。按美國八小時工作委員會之報告；『訓練』二字之定義，爲『使能服從車務之規則及公務人員之須知條例，及對於鐵路及同事間應有之同情與合作。』其訓練方法，或用白郞氏制度，卽對於職工工作之優劣，加以記過以資獎斥也。（凡年在六十以上上者即有被斥退之可能。）其主張和平者，則主採用家庭訓練法，即以勸誘引導為法。然此祇可行之於短線方能收效也。美國奧耳根鐵路副長苦辣氏之言曰，『訓練所以希望其任用，其升轉，然除不能以私情買賣賄賂為則外，用人之標準，應以其智識，判斷力，責任心，服從規則性，合作力。品質嗜好等等為斷也。』在鐵路中每有以資格可矜者，其實若雙方能力效率均同，然後再談資格。否則後起之秀，或不讓前賢。此在歐美為習見之事。然均為鐵路人員，其在機務處人員欲入事務處，必須自練習生做起，反之亦然。故鐵路教育為分工合作式之教育。吾人可舉聖他菲鐵路之方針而觀，即知其大概矣。按聖他菲(Sante Fe)之教育，分為兩種（一）學校教育。（二）實習教育。關於學校教育方面，由大與教授主之。實習方面，由本路有經驗之各員工主之。練習生多為大學畢業生。凡練習生之成績佳者，一年即可卒業。每星期祇上課二三小時，而注重於實習方面。蓋鐵路方面時與學校接洽畢業生入該路服務之數目，及學校所應授該生等之課程。故凡為練習生，固卓有成竹也。練習生練習期滿後即授補實缺。在先數年多派赴外勤俟後數年即多調內任整頓擘劃之責。其於鐵路舊職工亦時加指導及講課。且援照美國

鐵路用人問題之研究

德律風電報公司之章程，將人員時加調換，俾不成畸形人才。是可足多也。

吾人今可返觀我國情形爲何如矣。鐵路用人，在平常卽素乏保障，及局長一有更動，則大批人員卽隨之而去。是豈鐵路之福耶？國家曾糜巨款以培植鐵路人才矣。然歷屆畢業生之派遣各路實習，類多成具文。練習期限，漫無標準。任用程序，所差極大。遂致學習鐵路事業之畢業生，無處安插。而鐵鐵中之人才，又皆自外求。才非所用，用非其才。鐵路前途，不想可知。玆者鐵道部新創，對玆路政，當有澈底改良之辦法，吾人拭目俟之。

訓政時期中之全國道路建設問題

於德綸

五十年前，美國鄉村新興馬路，尙未發達時，無論客運或貨運，均須經濟滑之馬路，以達附近車站。此種不方便之交通，其阻礙商業之發展，自不待言，於是居民改良道路之議起。熱心人士，紛紛成立各種團體，積極進行改良道路之運動。省市政府感於社會之需要，修造馬路，不遺餘力，今日美國五十萬里之新式馬路，遍及於各鄉各鎭，使美國成爲一名副其實之聯合國家，彼邦人士，莫不以此自豪。

中國今日道路改良之需要，殆較五十年前之美國爲尤切。中國內地幾無交通可言。舊式道路僅能供極笨重之騾車通行。一般人士，亦無旅行之興趣。各省互爲獨立；卽在同一省治之下，亦無道路可言；以故各城鎭雖相距極近，而交通至不方便；卽有所謂石路，類皆寬不越四英尺，僅備初民時代交通之方法。

近今全國各階級，已漸識改良道路之重要。各處新修道路，均能努力進行；大半得力於商民農民之覺悟爲多。數年前，上海卽有中華全國道路建設協會之成立。敎會團體

訓政時期中之全國道路建設問題

，政府機關，均廣爲宣傳，不遺餘力。目下此種影響，已遍而及於全國。

此中國道路建設之新趨勢也。試再就實際之情形而觀察之：據各方面報告，中國現在約有二萬七千華里之汽車道路；現在建築中者，約有一萬七千里。此種新路，大部份限於通商口岸，然亦有與內地城鎮聯絡者。四川省內成都重慶間馬之路建築，約相距二百五十哩，即其一例。關於四川道路之建設，有某重慶通信員，曾如左列之敘述：

三年前省長楊森，曾在成都附近開始建築新路；但當時無人能識其重要。

四川境內，僅有石路，可通過舊式輪車，輿轎，或驢馬；搬運貨件，均須人力，既耗金錢，復費時間。

自新路開始建築，即漸有汽車之輸入；今日全省，似已漸覺此種需要。成都重慶間已開始修築。將來結果，可使成都與全國各埠聯絡，而重慶可爲全省輸出貨物之總匯所。

重慶約有居民八十萬，舊式街道，寬不及八英尺。刻新式街道均在建設，公園亦已計畫設立，公共衛生事業，亦漸知注意。

全國道路建設，近年受戰爭影響，進行不免停滯。各省成績最佳者，首推河北。尤以北平附近一帶爲甚。北平天津間八十英里之汽車道，最爲繁盛。以北平爲中心，各方面可及二百英里，最遠者可及數千英里。其與北平直接間接可相聯絡者，有奉天熱河，察哈爾，張家口，西安，蘭州，加克託，拉薩，漢口，桂林，衡州，鎮江，福州等處。張家口與庫倫七百英里之間，亦有汽車道可通。通常由交通部之（Northe stern Motor Service）經營，亦有私人設立之公司。

成都經漢口與南京，可與北平相聯絡，由漢口北行可直達(Zeisan)，在俄國邊境，計途程二千八百五十英里；然此僅可備緊急之用，有俄國旅行團初出發時，四汽車二大車，結果除二汽車尚可使用外，其餘機件均損壞，不能復用。

山東濟南與烟台有汽車道可達。由濟南至周村，威海衞，青島，濰縣，大部份可通行輕便汽車；青島附近，經德人日人修築之馬路不少；本省境內道路，八九年前，成功於美國紅十字會者亦甚多。

以上所舉，爲比較重要之路，茲復就各省已成之路，在建築中或在計畫中之路，分

訓政時期中之全國道路建設問題

別調查於下：

東三省合奉天吉林黑龍江三省而言，面積約三十六萬三千方哩，人口約一百七十八萬三百零八人。道路最不發達，僅有由奉天至遼陽二百零八里之馬路。在北滿一帶，連內蒙古在內，約有四千一百九十三里之馬路。

河北省現有汽車道約五千零八十二里。茲將其通行地點列舉於下：

北平西山線	三十里
北平湯山線	九十里
北平清華大學線	十五里
北平通州線	四十里
北平海甸線	十里
北平遵化線	二十里
北平固安線	一百里
北平密雲線	一百五十五里

密雲古北口線	一百里
古北口熱河線	二百六十三里
平泉州熱河線	一百八十里
昌黎豐縣線	四十里
北平天津線	二百四十里
天津保定線	四百五十里
張家口庫倫線 蒙古）	二千七百里
大名邯鄲線	一百三十九里
邯鄲武安線	六十里
天津（Hsian Chan）線	八十八里
順德南宮線	一百七十里
南宮德州線	一百九十里

以上總共五千零八十二里。其尚在建築或計畫中者，列舉於下：

訓政時期中之全國道路建設問題

北平至四郊分六路，共七百五十九里。

通州祁縣(Kihsien)線　一百五十里

(Tiaochan)大沽線　四十里

北戴河山海關線　四十里

山海關秦皇島線　七十里

石家莊滄州線　四百六十里

金州衡水線　五十里

總計一千五百六十九里。

近年因軍事運輸關係，平泉一帶，道路頗見進步。軍用汽車，可由平泉達熱河東山(Tungshan)兩地。一爲一百八十里，一爲四百三十里。東山係離平泉最近之火車站，此路僅有三分之一較壞，其餘俱通過平地，軍事終了，商人擬加修理，以資商運。

山西省夙有所謂模範省之名。境內道路，最爲進步。本省面積約八萬一千方哩，人口約一千一百萬。美國紅十字會開始修有一千二百里之汽車道。其後本國人士繼續與修。刻下通行之路，共三千四百六十二里，分列如下：

太原運城線	九百五十七里
太原柳林線	四百五十五里
太原大同線	五百四十里
忻州五台線	一百四十五里
太原汾州府線	二百二十五里
汾州府永甯州線	一百七十里
汾州府平遙線	八十里
平遙太谷線	一百里
太谷太原線	一百一十里
太谷榆次線	三百四十里
平遙柳林線	三百四十里

其在建築中者，共一千二百一十三里；分列如下：

太谷潞安府線	四百里
太谷遼州線	二百一十里
遼州平定線	二百二十五里
永城濮州府線	一百八十里
濮州東關鎮線	七十五里
永城猗氏縣線	五十三里
溪口(Pinlin)線	七十里

總計一千二百十三里。

此種新興道路，便利商業，節省時間，至爲明顯。方今太原與洪洞間之交通，坐汽車一日或二日可達；昔時交通，至少需六日以上。

陝西省面積約七萬五千二百九十方哩，人口約九百萬，共有汽車道三百里。西安至潼關，計程二百九十里，汽車可達。西安與蘭州間，亦已測量：計分兩路；一經雁洋，醴泉，永壽，平縣，長武，以達蘭州；一經雁洋，武功，扶風，岐山，鳳山，鳳翔等地以入甘肅。

甘肅省面積約十二萬五千四百八十三方哩，人口約一千萬。重要之路，僅有由蘭州至甯夏之一段，計共一千零一十里。刻下省當局正力謀新建設，將來必有猛晉之發展。馮玉祥氏近語某新聞記者：謂開發西北，以消容東南過剩之人口，爲改良民生之重要辦法。吾人以爲必須先投資發展西北之交通，然後種種計畫始可推行無阻耳。

山東省面積約五萬五千七百六十二方哩，人口約四千萬，汽車道共二千七百六十一里，其分配如下：

沂州府嶧縣線	一百五十里
平原臨淸綫	二百零五里
高唐武城線	一百二十里
烟台濰縣線	六百六十里
諸城高密線	一百二十里
即墨金家口線	一百二十里

訓政時期中之全國道路建設問題

禹城東昌線	二百里
濟南歷口線	十二里
恩縣臨城線	一百八十里
恩縣武城線	一百里
恩縣德城線	七十五里
曹莊 H sinhsih 線	五十里
濟甯趙城線	一百九十里
周村 Chin Chen 線	一百一十里
Wxanh:ya_szemuimiao 線	二十五里
Tung Chhong	十里
東昌 Kwongtao 線	一百三十里
麻灣周村線	二百二十里
古治濟甯線	九十里

河南省面積約六萬七千九百四十方哩，人口約三千萬，全省共有二千五百七十九里汽車道。其在建築或計畫中者，有二百八十五里。其已通行之道，分配如下：

開封周家口線	三百十二里
周家口偃城線	一百二十里
信陽光州線	二百四十里
歸德亳州線	一百二十里
許州太康線	二百四十七里
許州禹州線	九十里
許州商城線	九十里
商城臨穎線	一百二十里
禹州商城線	一百五十五里
坊鎮商城線	二百里
坊鎮 Shaekichèn 線	五十里

訓政時期中之全國道路建設問題

南陽 Shaekich n 線	一百里
登封密縣線	七十里
孟縣（huntien 線	三十四里
寶豐 Kaishen 線	四十里
鹿邑	三十六里
魯山	二十二里
禹州汝甯線	三十四里
葉縣	二十三里
新安	四十一里
確山正陽線	一百里
信陽	四十五里
南召	二十里
上蔡（分六路）	三十里

溫縣東關線　八十里

陝州溫縣線　一百六十里

其在計畫中者

陝州 wang Chow 線　一百二十里

陝州固始縣　一百六十五里

江蘇省面積，約三萬六千六百一十方哩，人口約三千萬，全省共有汽車道千二里；其在建築中者，亦相當此數。茲先將上海及其近郊之汽車道，分列如下：

上海南匯周浦線　五十四里

上海川沙線　三十六里

上海劉河線　七十二里

上海閔行線　九十五里

上海吳淞寶山線　五十里

計共三百零七里。上海以外其餘各地分配如下：

訓政時期中之全國道路建設問題

南通州	一百五十里
南通如臯線	一百二十里
南通海門線	一百二十里
南京	一百里
揚州鎮江線	二十九里
清江浦海州線	二百四十里
海州 Sukeo 線	一百二十里
清江浦淮安線	三十里
清江浦邵伯線	二百四十六里
清江浦宿遷線	一百八十八里
清江浦徐州線	三百里
清江浦安東線	六十里
Funing鹽城線	一百二十五里

以下爲計畫中者，其一部已開始建築：

沙頭鎮清江浦線	一百里
響水口如皋線	四百里
黃渡 Kunyu 線	六十里
清江浦瓜州線	三百五十里
南京宜興線	三百五十里
鎮江 Nan'angshan 線	一百五十里
無錫江陰線	六十里

計共一千四百七十里

此外則南京上海間汽車道亦在進行，並擬由此路再分各支路以聯絡全省各大城市。

安徽省面積，約爲五萬四千八百二十六方哩，人口爲一千九百八十三萬二千六百六十五。全省汽車道共一千一百三十里，然大半爲泥路，雨天即不易通行。其分配如下：

蚌埠懷遠線	二十五里

訓政時期中之全國道路建設問題

懷遠蒙城線	一百四十五里
蒙城亳州線	二百一十里
蒙城南宿州線	一百三十里
古鎭泗州線	一百六十里
泗州五河線	九十里
南宿州靈璧線	一百里
靈璧泗州線	七十里
南宿州渦陽線	一百八十里
渦陽亳州線	一百二十里

其在建築中者如下列，共一千五百七十里：

安慶臨淮關線	六百七十里
廬州巢縣線	一百八十里
廬州正陽關線	二百七十里

蕪湖甯國線　二百六十里
太平縣石埭線　六十五里
石埭青陽線　八十五里
青陽大通線　四十里

浙江省面積，約然三萬六千方哩，人口約爲二千二百萬，密度僅次於江蘇，約每方哩有人口六百零一。其通行之道路，分列於下：

杭州及近郊　二十五里
杭州餘杭線　四十五里
餘杭臨安線　四十五里
餘杭武功線（莫干山）　五十里
蕭山紹興線　九十里
杭州富陽線　四十五里
杭州筧橋線　五十里

線	里
黃岩 Tsekueh 線	四十一里
Hwangyehkiao-Tiaoyukao線	三十里
杉口 Hsilingljon 線	三十二里
溫州 Chwangyuankiao 線	二十二里
平遙黃湖線	三十三里
新昌嵊縣線	四十里

（編者按：杭至海甯一線似缺）

計共五百四十八里。其在建築或計畫中者則有如下：

線	里
武功湖州線	一百里
湖州泗安線	一百二十五里
湖州南潯線	六十里
甯波鎮海線	四十里
天台台州線	一百二十里

天台新昌線　一百二十里

計共五百六十五里。

福建省居浙江之南，正對台灣海峽。其已通行及在建築中之道路，約爲一千五百里。其已通行者，約爲一千里。計畫中之最重要者　首推福州至廈門之路，其一部已成功。其已通行之路如下列：

福州	十五里
仙遊永春線	一百二十里
泉州溪尾線	四十里
泉州 Hunghai 線	五十五里
Hunghai-Yungchun 線	七十里
泉州惠安線	五十七里
泉州安海線	五十里
仙遊 Chikow 線	二十里

仙遊賽岐線	四十一里
賽岐惠安線	四十二里
賽岐涵江線	七十里
涵江法石線	四十里
浮宮白水洋線	二十里
漳州漳浦線	九十里
漳浦雲霄線	七十里
小溪南靖線	六十里

以上共八百六十里。其在計畫及建築中者，計共一千六百里，茲分列於下：

興化 Humlai	一百里
興化福州線	三百里
龍岩漳州線	二百里
延平福州線	四百里

漳州廈門線　　六百里

廣東省面積，約爲十萬方里，人口約爲三千七百萬。通行之路，約爲一千三百六十三里。其在計畫中者，約爲六百八十五里。汕頭有四里之汽車路，湖州府至廣州之汽車道，亦已測量，兩端均已有一部成功。此外則揭陽與汕頭，潮州與汕頭，均有建築汽車道之說；然均爲短程，一約三十里內，一約四十里內。外則海南島有六百里之汽車道。

玆將本省已成之路分列於下：

廣州及近郊	八十一里
海豐公平線	三十里
海豐祿豐線	三十里
澳門衛山線	六十里
北海廉州線	五十五里
惠州	二十里
汕頭	七里

新會　十里

鶴山沓口線　十里

Hoiping-Ch ngshato g線　十里

瓊州金江線　一百二十里

金江 Limko 線　一百四十里

瓊州 Wenchang 線　一百四十里

瓊州嘉積線　二百五十里

Limko-Madoa線　一百六十里

金江 M doa 線　一百四十里

嘉積 Liamui 線　一百里

其在計畫中者如下：

石碘澳門線　一百八十里

廉州 Shihkan 線　四十五里

北海南港線　一百一十里

石龍惠州線　一百二十里

揭陽潮州線　五十里

揭陽汕頭線　九十里

佛山樂昌線　三十里

揭陽武功府線　六十里

廣西道路建設運動，頗爲顯著；已成之路，約有二百四十四里。在計畫中者，有擬由本省築路直通三水，聯絡廣三鐵路。龍州白水（Poshui）線，計程一百一十哩，亦在籌開。龍州與交趾支那之交通，聞已闢有馬路，經過本省邊境各大城市。龍州與沿山一帶，亦均有馬路聯絡，惟尚難通行汽車；數年之後，本省交通必蔚然可觀，可爲斷言。

茲將已成之線，分列如下：

龍州Nankwan線　五十四里（似係南關編者註）

龍州Shuikan線　八十里

武甯南甯線　一百一十里

湖南省面積約八萬三千方里，人口約二千八百四十四萬三千。已成之汽車道，約四百四十五里，進步比較遲緩。近年官商各界，深知交通不便之阻礙發達，其計畫建設之道路甚多。長沙湘潭線，已延至寶慶。長沙常德線，經甯湘益陽等處，聞亦在籌畫進行。茲將已成之道，分列如下；

長沙湘潭線　九十里

湘潭湘鄉線　七十五里

湘鄉永豐鎮線　一百一十里

衡州瀏陽線　一百七十里

其在計畫中者，約一千五百四十五線。

灃州津市 Tsingshih 線　二十五里

常德 Tselihsicn 線　一百八十里

常德桃源線　五十五里

瀏陽株州線	一百三十五里
株州宜章線	四十里
宜章永州線	三百七十里
澧州 Tsel hsien 線	一百八十里
安鄉清溪線	七十里
永豐鎮寶慶線	一百八十里
瀏陽安屯 Anteng 線	八十里
永州瀏陽線	二百三十里

江西省面積約六十九萬方哩，人口約二千四百萬。現有汽車道，僅有由九江至牯嶺之四十二里。景德鎮與九江，南昌，及安慶之聯絡線，均在籌畫。南昌贛州線，經撫州，建昌，南豐，廣昌，甯都等地，亦在進行。茲將計畫之路線，分列如下：

南昌九江線	九十里
南昌贛州線	八百八十五里

南昌撫州線　二百里

南昌景德鎮線　三百四十里

南昌高安縣線　一百二十里

景德鎮安慶線　三百五十里

計共一千九百八十五哩。

貴州面積　約六萬七千一百八十二方哩，人口約一千一百萬。地最貧瘠，故交通亦最不發達。由貴陽通本省內，有馬路六十五哩。貴陽至重慶之線，曾一度提議　然因時局不靖，亦無人注意。吾人殊盼今後之當局，能努力建設，無使本省長落全國之後也。

四川省較為進步。其在計畫及建築中之馬路，約二千六百四十里　分列如下：

成都全州 Chienchow 線　一百六十里

成都潼川線　三百里

金州 Chinchow 資中線　二百八十里

嘉定資中線　三百七十里

資中重慶線 七百里

資中 Tselintsing 線 一百七十里

重慶萬縣線 六百六十五里

湖北省面積，約七十一萬方哩，人口約二千七百萬。其已成之路約三百七十里；計畫建築中之路，約一千九百里。本省交通，以漢口為中心，漢口沙洋線，大部已成功。茲將已成之路，分列於下：

河口樊城線 一百八十里

樊城棗陽線 一百三十里

漢口 Haitien 線 六十里

未成之路如下：

施南宜章線 五百里

河溶沙市線 一百里

沙市新堤線 二百八十里

沙市 Totsin shin 線　二百五十里

沙洋漢口線　五百二十里

八里灣 Shunpu 線　三十里

新州 Shunpu 線　五十里

Shunpu 陽邏 Yonglu 線　一百三十里

武昌荊州線　六十里

本篇材料搜集，飽經困難，其間不完備之處，自所難免。其原來根據之件，多有互相出入，經種種比較選擇，勉得如上所述。本文所謂在計畫或建築中者，在現時或已通行亦未可知。中國交通，較往時自有進步。然比之全國面積，交通事業，仍極幼稚。今後建設方針，仍以交通問題為最重要且最迫切。

在目前交通狀態之下，欲發達人民之社會生活，共同意識，絕不可能。蓋便利之交通，為一切合作之基礎。美公使館參贊亞諾爾 Julian Arnold ，於其所著之"Some Bigger Issues in Ceina's Problems" 書中，曾論及中國交通之不便，各省互為獨立，互相戰爭，農民深受壓迫。上海麵粉商，可以在美國 Dakota 購買大麥，經七千里之行程，其成本較往陝西購麥之運費反低；麥價尚未列入，此眞怪事！中國根本問題，在發展交通；交通事業進展至相當程度，然後實業方可振興，國家方可富强。舍此不圖，別無着手之可能。吾人敬祝今後建設之程序，以推廣汽車道及鐵道入手，則來日之國利民福，至無限矣！

（譯者註　篇中地名，無法可譯者，只將英文地名寫出；其可譯而有疑竇者，在中文之下，附註英文。簡陋之處，尚希讀者指教。）

經濟論叢

訓政時期中之全國道路建設問題

民用航空與中國

楊燮廷

（一）航空交通爲現今急切之需要

吾國地大物博。民庶產饒。惟以交通不便。人口分佈不均。民情隔膜甚深。因之民智未開。習俗固陋。良政無從設施。進步尤不可期。國人對於本國情形。轉多鄙視。滿蒙新疆青藏。人跡罕至。而各國探險遊歷。頻頻偕來。任人越俎代謀。言之汗顏。思之痛心。滇蜀通電到滬。匝月半年。前年執教桂中。滬報最快須十餘日可到。到則二三份合併。閱報心理。每喜新而厭舊。因之報紙之效能損失大半。際此分崩錯亂。創鉅痛深之後。欲統一之健全。行政之完整。軍備之整飭。教育之普及。實業之發達。以及商業之遷。荒地之墾闢。亂源之止塞。[illegible]之消弭。均惟交通之發展是賴。國有鐵路七千里。破壞及半。此後建築整理。需款至鉅。惟航空事業。成本既不甚大。設備亦較輕而易舉。故民用航空。實交通救國之先鋒。經濟建設之正軌也。

（二）交通爲經濟之中心

民用航空與中國

一國經濟之繁榮。每持經濟原素之協調。社會全體之努力合作。而交通之發達。實爲經濟之中心。蓋資本勞力天然三生產元素之盡量適合的支配與運用。金融財貨之流通與調劑。供需情形之相衡與相濟。生產消費之相契爲用。支配之適度。經營之努力。人才之合作。管理之周密與有效率。組織之完備。技術之精良。民智之開通。教育之普及。需要欲望之加多。購買能力之增進。職業之普遍。均直接間接。影響於生產消費者也。而交通運輸之便利與迅速。實能以地位利用之功能。調濟其經濟要素之不濟。且交通與時間。尤有密切之關係。交通便利。則時間節省。交通不便利。則時間靡費。而時間對於交通。乃生產上無限價值之消費項目。爲歷代所公認。時間短則消費減少。時間延長則消費增加。故交通之迅速。直接縮短距離。節省旅行時間。增加生產工作時間。間接則促進社會各方而之活動與進步。且運輸便利。商貨銷售乃速。製造者成貨易於推銷。不致有盲目生產。或生產過賸之虞。古時交通。全持車馬。故其進步極緩。自瓦特發明蒸氣機後。輪船火車相繼出現。交通猛進。產業革命之結果。乃有近世之文明。是則交通對於經濟之重要。證之近史。益可信矣。

(三)飛機之功能與中國之影響

晚近飛機運送之速度。每小時可自三百里至八百里。火車之速度。僅及十一。對於交通當有突然猛進之效。國內大量之生產。固有恃水陸之交通。至小件與輕物之捷運。消息之傳遞。察訪邊陲之情勢。及國內政治經濟軍事發生重要事項。須迅速處置者。則非民用飛航不爲功。海陸無阻。千里一室。消息靈通。文化普及。智識新穎。學術進步。舉凡政治經濟之經營。莫不依時活動。精神物質之生活。每隨潮流而繼長增高。產業組合之擴大。製造技能之改良。生活方式之進步。經營規模之宏敞。銀行匯兌之激增。商業票據之通行。社會事業之勃興。皆可預期者也。至若國防之充實。協助農業播種。滅蟲。報災。救火。及視察歲收之豐歉。尤其餘事。邊疆僻隅。學術幼稚。社會人士。熱心辦學與學子之刻意研究。不亞通邑。乃博學之士。每以交通不便。不克蒞止。或以經濟不充。無力敦聘。如民航成功。舉國信仰。專家飽學。不難兼職數十里之外。其影響於國力文化。裨益於青年者。豈淺鮮哉。

(四)提倡民航之必要條件

民用航空與中國

民用航空與中國

社會各種事業。莫不相生相依。一事之興廢。每連帶及其他事業之隆替。故一國事業之榮悴。關係民生者至鉅。近民衆對於航空。既有相當之認識與興趣。則此後當有種種設施。以應民衆之需要。

(甲)凡百事業。莫不以學術爲基礎。航空事業在各國。雖屬新興。尙多研究。我國則共研究而無門。關於航空書籍雜誌。在國內各處圖書館中。眞如鳳毛麟角。以此提倡。無異緣木求魚。故第一須設置較完備之航空圖書館。搜集各國關於航空之書籍雜誌。使有科學根底而長於外國文者。可自由研究。同時由該館編譯西洋航空學術及採擇我國航空設施之適切國情者。廣播國內。使有志研求而無西文程度者。亦有探討之機會。此須籌設航空圖書館。以灌輸航空之學術思想者一也。

(乙)航空爲輕便物品之捷運。而無線電則爲信息傳遞之利器。二者相依爲用。航空之實施。同時須擴充無線電於各城市。輔助飛機傳達便捷之消息。我國前雖由軍事委員會提倡無線電。應用漸廣。惟尙未普徧。此後當力圖推廣無線電台之設立者。此其二也。

(丙)天空為極流動之氣體所成。易受外界影響。故氣象每以物理作用而頃刻萬變。如欲在定期內作定距離之飛航。則必須有極準確的氣象之測定。以為航行之指南。庶可謀航行之安全。故各地均須設天文氣象台。逐日報告溫度濕度氣壓等於總台。並測定當地露點雲霧雨雪之傾向。因此總台可預測颶風旋風之地域與風之方向。然後再用無線電報告各地。於是此千里一室之飛行運輸。可藉此而駕駛順利矣。吾國北平有一觀象台。設備未週。無足稱述。徐家匯天文台又為法天主教所有。故此後我國。一方應由大學院通令國內大學注意天文研究。一方預備廣設天文台以利航空。此其三也。

(丁)今日中國之飛機。類皆購自英法德美意諸國者。式樣既異。構造亦殊。有時飛機損壞。竟無法修理。頗感不便。且過去留學生類多重形式與具文。不知實習製造之重要。此中國數十年來之所以少進步也。故以後當自設飛機廠。以便大量的製造各種飛機。並奠定飛機工業之基礎。便修理而挽利權。此宜籌設飛機製造廠者四也。

(戊)學術既富。經驗既宏。製機既眾。風雨既占。飛航勃興。則航空人才之需要。亦相繼而起。故除急切需要時。派國內著名大學工程科學生赴航空署學習駕駛以應急需外。一則須籌設規模較大之航空學校一所。分辦基本學術。工程駕駛。天文無線電。及軍用駕駛等科。俾資造就專門人材。此須籌設航空學校以植人才者五也。

各國民航事業。皆有長足之進步。自英倫經柏林至莫斯科。僅需時二天。實飛二十餘小時。每人票價。爲二百五十元之譜。而隨身行李可帶三十磅之多。其舒適暢快。且勝過普通之汽車。橫過大西洋之郵航。亦在積極進行中。吾國航空正在萌芽。一切須賴政府之維護協進。方易發展。上述數端。均有賴政府之積極倡導。非民力所能獨辦也。

（五）青年對於新興事業之責任

自文明日進。人事日繁。機械之應用亦日廣。社會事業。將莫不以科學爲依歸。新興事業。尤須以科學爲基礎。具試驗之態度。有奮鬥之精神。始克有成。而新興事業之完成。則青年當負其全責。然近來青年努力政治之結果。不鑽營政界。即侈談革命。此後欲完成青年之責任。則當虛心靜氣。屏絕物誘。以冷靜之頭腦。客觀之態度。專心研究實用科學。則二三年後。出身應世。從事建設。必有得心應手之效也。且航空交通。爲公用事業之一。與民衆有密切關係。必賴民衆之信仰互助。才能發展。在三民主義領導下之新建設。不僅在使服務爲民衆所滿意。尤須謙恕爲懷。一矯以前帝國主義領導下之鐵路郵政。以驕世鄙俗。離開民衆之惡習慣。庶乎可實現總理民有民治民享之理想。願吾儕共勉之。

民用航空與中國

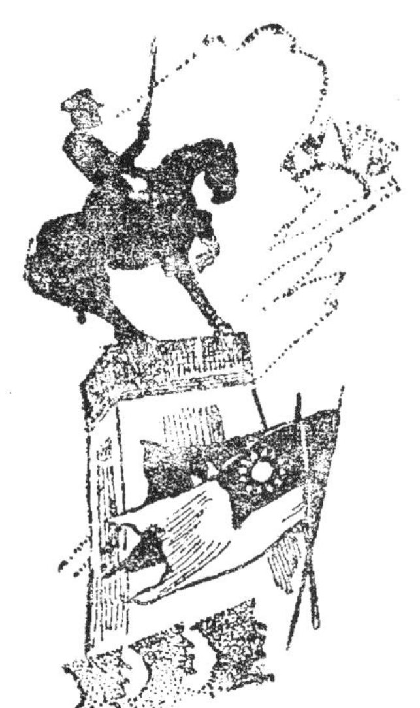

中國田場之大小狀況

劉時敍

此項調查。包括省凡七。農區凡十七。田場凡二千八百六十六。雖於茲所得之結果。不能作爲全國之指數。然在現國內調查工作極端缺乏之時。此舉亦不無少補。且所調查省分。爲直隸山西河南安徽江蘇浙江福建七省。其中南北幾各半。故由此所得之平均統計。或亦饒有參考之價值焉。再我國各省度量衡多不一致。甚或相差極鉅。此文內中所述。係已經過一度之計算與劃一。而使至於同一之標準。以使統計而較明瞭云耳。

(一)田場大小之測算法

測算田場大小之法。計有多種。茲述其數種如下。

一。田場之面積。(包括房屋及耕種地之面積)在此調查區域內平均數。每田場爲七英畝。或約四十二中畝。(全中國之平均數則爲六英畝)

註 爲避免繁複起見以後凡稱每田場平均概係指在此調查區域之內

二。耕種地之面積。(此項不包括房屋)平均數每田場五英畝。或約三十英畝。

中國田場之大小狀況

中國田場之大小狀況

三。耕種地之畝數。此項每田場。平均數爲十英畝。或五十九中畝。

註 此係指每年有二次收成而言。故有此結果。但可注意者。山西五台每年亦有一次收成。

四。每田場資本之數。此項平均數爲一千八百元。

五。每田場牲畜之數。所以平均數爲一·六頭。此項澳美多用之。但在中國甚不適用。因我國農人有牲畜者不多。所得之平均數不足以言代表也。

六。每田場工作之時間數。此項所得之結果。以平均每日作十點鐘計。得每年一百六十七日之平均數。此法極好。因結果甚準確也。

七。每田場家庭之人數。此項所得之平均數爲五·七八。

(二)田場大小最適宜之標準

關於田場之大小之標準。極不易定。大者優乎。抑小者優乎。此一點也。工作效率在大者是否可以較大。在小者是否可以較小。此又一點也。就統計所得。以大者爲較優。且效率亦較大。茲就一般田場之統計及此次調查區田場之統計分論以明之。

一。一般田場之大小與效率之關係表。

田場類別	每農夫能耕之數	每農夫及一畜能耕之數
大	一四、八中畝	三○、○中畝
小	三一、五中畝	五三、二中畝

上表係指一切田場而言。可知田場較大。效率亦較大也。

二。此次調查所得之統計。

第一表　田場之大小與農夫所能種之關係

田場類別	每農夫能種之中畝數
十中畝以下	八、九
十一至二十中畝	一二、三
二十一至三十中畝	一五、九
三十一中畝以上	二一、五

上表係就直隸鹽山試驗所得。可見田場較大。農夫效率亦較大。

中國田場之大小狀況

中國田場之大小狀況

第二表　田場大小與每頭工作家畜所能種之畝數。

田場數別	每頭工作家畜所能種之中畝數
十中畝以下	一〇、九
十一至二十中畝	一六、四
二十一至三十中畝	二三、三
三十一中畝以上	二七、一

上表亦係就鹽山試驗所得。可見田場較大牲畜效率亦較大。

第三表　田場大小與農具使用效率之關係

田場類別	每二十元農具所能種的中畝數
十中畝以下	四、〇
十一至二十中畝	五、二
二十一至三十中畝	六、二
三十一中畝以上	七、二

上表係就蕪湖試驗所得。可知田場較大。農具之效率亦較大

三 田場大小與收入之關係

據此次調查。每田場之工作所入。在小田場爲五十一元。在大田場爲一百六十元。此種差別。乃由於大田場效率較好。規模較大之故。工作所入云者。卽田場出產所值之總數。減去一概用費。如田租利息肥料僱工工食等等。在此調查區域內。一切田場之平均所入數爲九十八元。而城中之平均每家收入數爲二百七十九元。此極可資比較。而知提高農民生活之不可緩。不然鄉村荒而城市慌矣。

資本之大小與田場工作之所入。自有關係。在此調查內。田場在小資本項下之收入爲五十三元。而在大資本項下之收入。則一百五十元。不過小資本大資本之名。極嫌籠統。未說明其界限。致吾人不能得一切實之觀念。甚可惜也。

又工作單位在小田場爲一百〇四。在大田場爲一百三十四。此亦極可注意。以明田場大小與收入之關係。卽田場較大。收入亦較大也。

(四)田場大小與家庭大小之關係

中國田場之大小狀況

中國田場之大小狀況

此類關係可於下表明之

田場類別	家庭中成年男子之數
小田場	三、〇
中小田場	三、八
中田場	四、二
中大田場	四、九
大田場	五、九

由上可知田場增大。家庭亦增大。在上表中。家庭成年男子逐漸增加之數。平均爲〇七三。此宗增加情形。在我國極可注意。因我國現在除邊省外已有人口過密之患矣。

(五)增大田場之方法

我國因人口甚密。故田場甚小。但從經濟學的眼光看來。小田場有一極不利之處。卽效率甚小。而致出產收入等等均受影響。且在我國卽此小田場。亦未極力工作。以得完全之效率。故改良及增大田場之舉。誠刻不容緩。增大及改良田場之法。計有種種。

茲舉其主要者 次。

一。移民殖邊　我國東南及中部各省。患人口過密。而邊境各地。反苦人口太稀。致富源未闢。反起列强之覬覦。故既應亟將人民或兵士移於東三省蒙古新疆西藏青海等處。一方面邊地田場得以開闢。一方面因移民之故。內部各行省田場亦可增大。

二。開墾荒地　據日本井村薰雄氏之說。現在二十二行省。既墾農田有十五億畝。有可耕未墾地八億畝。民國四年北京農商部所編農田統計表。合各省之官有及民有荒地。共有三八二四八四六六四畝。觀此則開墾荒地。實為增大田場之一法。不過此種上述殖邊二種工作。比較繁重。一時不易收很大效果耳。

三。禁種罌粟　罌粟之為害。無待多述。且栽種罌粟。所耗人工資本。較栽種食粮者多十餘倍。而栽種罌粟之地。又非肥田不可。故種罌粟對於田場之影響極大。我國各省均受其害。四川湖南雲南貴州河南陝西甘肅福建廣東廣西諸省尤甚。故亟應嚴禁絕之。匪惟可改善國民健康。如以之改種食糧。且增大田場。因各省烟稅總額之鉅。（民國十三年甘肅一省烟稅達二千萬元。湖北為千五百萬元。陝西一千萬元。福建在一千五百

中國田場之大小狀況

萬元以上）及各處吸烟者之多。可斷定栽種罌粟之畝數必甚多也。

四。深耕　此項可分下列各端言之。

甲。增大資本如無錫常州各處。多用機器以代人工。而增效率。但此又須牽涉低利貸款及農業銀行諸問題。此姑從略。

乙。用肥料。

丙。注意選種及循環種植。

丁。改善灌漑方法如用機器等。

戊。田場管理上之經濟及效率——須能注意心手並用。

約而言之。農民生活程度。與田場大小極有關係。我國田場甚小。故農民生活之苦况。可想而知。我國農民。佔全國百分之八十五以上。現值國民革命尚須努力。而建設卽將伊始之時。此佔全國大多數之農民生活。當須加以極大之注意。而田場之增大與改良。更爲玆問題之中心焉。

附註　此篇之取材。大半根據於金陵大教學授 Lossing Buck 氏在第一交大經濟學會之演講。經一度將筆記譯出。再整理其次序。分別其段落。復將末節加以補充而成是篇 特此附識。

中國田場之大小狀況

一九二七年之世界農業狀況

宦鄉

國際五穀的供給。全靠下列六大區域。

美國與加拿大。阿根廷。澳大利亞。歐州俄羅斯。印度和羅馬尼亞。

關於戰後的農業情況。有幾點可以值得特別注意。

第一。歐州的蘇俄。羅馬尼亞塞比亞等國。因贊成均田的主張。目下正積極地將土地重新分配。以利農民。這一種變更。一方面足以減少各該國食糧的生產量而影響及其對外貿易。另一方面足以使歐州更需要外來食糧的供給。

第二。均田制度下五穀價格之低賤及非歐洲各農業國之欲擴張其控制力。使得農業方面有一種新的企圖。就是想集中食糧之供給以握得左右世界食粮價格的權柄。

第三。小麥的消費量日益增加。

因此。食糧中稱爲人生最重要食品的小麥的狀況。在生產方面以及國際貿易方面。都起了劇烈變化。戰前。歐洲——工業歐洲的麵包全靠俄國。羅馬尼亞等國供給。戰後。因上述第一二兩種原因。建築在資本主義制度上的北美及加拿大農產品——尤其是加大拿——居然取得了世界農業市場的領導權。同時食糧的製造也發生了很大的變化。原來海外各國（卽非歐洲各國）現在差不多各有自己麵粉製造廠。歐洲的國家。在努力於農產品競爭之外。也正在努力於保存他們麵粉工業的競爭力。

此外。我們還要注意到一點。在各種食糧中。大麥與黑麥（後者一九二五年不在內）在戰後這幾年中。並沒有恢復到一九〇九——一三時的狀態。其原因大概是。（一）德國和斯干地那維亞等國的人民。目下對於大麥的消費量小。小麥的消費量大。（二）生產大麥最多的俄國。現因種種關係。生產力非常薄弱。因而生產額漸漸減少。因此。歐洲目下大有以玉蜀黍代大麥的趨勢。所以歐洲玉蜀黍的生產額和番薯的生產額都在蒸蒸日上。

還有一層。歐洲各國現在都非常注意牲畜的飼養。這些國家雖然至今尚未恢復完全。然而牲畜的數量確在漸漸增加。原來注意於五穀的培植的。今亦轉而注意於牲畜的培植。這種變遷。也大可以說明農業的危機了。危機之起。不由說。是一因於戰爭和濫發紙幣以致減低各國的購買力。和(二)世界的五穀出口額漸就衰頹。同時世界的五穀產額反增加。

左列幾個統計。全是根據一九二六—二七的調查而得。茲特錄下。以供參考。

第一表 產地產額及出口額總計表

項目	年份	產地面積(一)	產額(二)	出口額(三)
大麥	一九〇九—一三	三五六三〇	四四、〇	五、一
	一九二四—二五	三一六〇〇	三五、一	三、九
	一九二五—二六	三二八九二	四二、三	三、九
	一九二六—二七	三二八〇〇	四〇、二	三、二
小麥	一九〇九—一三	一一二三四二	一二三	一七、四
	一九二四—二五	一〇五九四八	一一一	二二、九
	一九二五—二六	一一三二二九	一二五	一九、五
	一九二六—二七	一一九七〇〇	一三〇	二〇、五

一九二七年之世界農業狀況

黑麥	一九〇九—一三	四四八三三	四五、二	一、四七
	一九二四—二五	四四〇〇〇	三六、二	二、二七
	一九二五—二六	四六二〇三	四六、六	一、二五
	一九二六—二七	四五七〇〇	四三、四	一、三五
雀麥	一九〇九一一三	五七九六四	六五、八	二、三
	一九二四—二五	五五六〇〇	六一、一	一、六
	一九二五—二六	五七三七八	六七、五	一、七
	一九二六—二七	五八五〇〇	六八、〇	一、三
玉蜀黍	一九〇九—一三	七〇七〇〇	一〇九	六、三
	一九二四—二五	七二二〇〇	一〇〇	六、九
	一九二五—二六	七六一八九	一二〇	六、四
	一九二六—二七	—	一一四	八、〇
番薯	一九〇九—一三	一五五〇〇	一四九	〇、八

一九二四—二五	一六八五〇	一六三	一、三
一九二五—二六	一七〇〇〇	一八七	一、一
一九二六—二七	一七〇〇〇	一七一	一、五

註一：面積以一千爲單位約合一千英畝

註二：產額及出口額以百萬噸爲單位

第二表 五穀世界產額比較表(每一英畝約一一二磅)

項目	年份	歐洲	美洲	亞洲	非洲	澳洲
大麥	一九一三	一一、四	一一、九	一二、三	—	一二
	一九二四	一〇、二	一二、三	一一、七	—	二、八
	一九一六	一三、三	一三、六	一一、一	—	—
小麥	一九二三	九、七	九、四	九、四	八、〇	八、四
	一九二四	一一、〇	九、六	七、四	六、九	九、四
	一九二六	一一、二	九、一	七、一	七、四	七、四

一九二七年之世界農業狀況

黑麥	一九一三	一〇、一	一〇、〇	一三、三	三、六	八、八
	一九二四	七、九	八、八	九、〇	三、三	一〇
	一九二六	一〇、二	七、七	九、八	三、二	
雀麥	一九一三	一一、四	一一、四	一六、四	七、〇	二、四
	一九二四	一〇、五	二、三	一一、三	五、一	八、二
	一九二六	一二、二	一二、一	二、九	六、五	七、一
玉蜀黍	一九一三	一、四	—	八、二	—	一八
	一九二四	一一、六	—	八、五	—	一七
	一九二六	一四、三	—	—	—	—
番薯	一九一三	九九、九	七一、六	—	四一	八〇
	一九二四	一〇二	七六、一	—	三四	七六
	一九二六	一一六	七二、七	—	四四	七六

第三表 世界牲畜產額統計表(單位百萬頭)

項目	年份	歐洲	美洲	亞洲	非洲	澳洲
馬	一九一三	四四、七	四五、八	一六、七	一、七	三、〇
	一九二五	四〇、九	四四、四	一六、四	二、〇	二、六
牛	一九一三	一二九	一六五	一九一	六、一	二、六
	一九二五	一三九	一八八	一八八	八、〇	二、九
豬	一九一三	七八、二	八九、八	八九、〇	二、二	一、二
	一九二五	七五、九	九〇、一	六三、二	一、八	一、五
羊	一九一三	一七八	一五六	九二、〇	七四	一〇九
	一九二五	一八九	一二三	九五、三	七六	一一三

一九二七年之世界農業狀況

東三省之產金地

何鴻棻

(一)奉天省產金地

我國東三省素以產金著。而吉黑二省邊境。金之蘊藏。往往隨泉水流出。冲積於各河源之沿岸。土人私行淘掘。爲時已久。徒以資本不大。督責乏人。致出產未能增加。良可慨惜。茲以平日參考所得。將該三省產金地點。列舉於後。謬誤之處。尚希閱者糾正。奉天省之產金地。在三省中爲最少。金皆含於片麻岩及變質岩中。每年總產金額約一五〇〇兩(民國五年調查)。礦區總面積一八一一六方里(民國八年調查)礦區凡二十。著名者有(一)通化之大廟溝。報馬川。大廟溝金礦在縣南十五里處。金質尚好。惟蘊藏不多。由英國某商會採掘。報馬川金礦在縣東南一百零二里處。金質尚佳。惟鑛量亦不多。有華昌公司以舊法開採。(二)臨江之金廠距帽兒山六里。金質尚佳。礦量亦豐。與英人某商會有關係。(三)海龍之香爐椀子金鑛在北山子東南三十五里處。有興國公司以土法開採。少發展希望。(四)鐵嶺之柴河堡金鑛在縣東三百七十里處。金質尚好。蘊藏亦豐。民國三年有華人試採。旋卽停止。（五）日本租借地（日人稱關東州）之老鐵山。梅家屯。衣家屯。勝水寺。破車溝。老鐵山金鑛在旅順西。鑛量甚少。而金質尚佳。大正四年。（民國六年）日政府派人試採。又有日人强內良弼亦在該處試採。規模甚大。梅家屯以下四金鑛。清末曾在華人及俄人採取。未幾停止。

（二）吉林省之產金

本省地質多屬太古界或元古界之變質岩及花崗岩。長白山。圖們江間大部份爲片麻岩。故金鑛之蘊藏極豐。其鑛量實不亞於黑龍江省。惟採法陳舊。出金日少。又胡匪如毛。採者須向匪納稅。故無利可圖。松花江上游各地山深林密。行旅困難。甚至有因途而餓斃者。官辦各礦營業均佳。但多中飽。亦難以發展。其已經發見或登記者。有下列各鑛區。（一）吉林縣之樣子溝。三道霍倫。駝佛別。八道河。樺樹林子。平拉山。門窩爪地。當石河。扇子山。牆絳。新塘。衙門溝口。富太河。五家哨。五家哨金鑛在吉林樺甸交界處松花江口西。尙未採掘。富太河砂金礦在縣東南境富太河灣曲處。金礦埋藏甚深。施工不易。現已停採。（二）樺甸之夾皮溝（又名三道溝）金鑛距吉林省城三百八十里。鑛床長一百五十里。爲日人二十一條要求中九礦之一。計分頭道溝。二道溝。王八脖子（現已採盡）老金溝夾皮溝五區。老金溝頭道溝金礦在夾皮溝下流一十五里處。尚未開採。韓江溝砂金礦在官街東一百三十餘里處。含金率百分之四十。尚未開採。沙河子砂金礦 官街東七十餘里處。尚未開採。八道河子砂金礦在官街東一百五十里處。尚未開採。（三）磐石之帽兒山金礦在縣之東南三十五里處。礦區廣千畝。含金率百分之五十。大泉眼脈金鑛在縣東北五十里處、礦區廣袤一三六八畝。含金率不定。（四）濛江之東北岔砂金礦在縣東北一百四十里處。含金率百分之四十。清末曾經採過。新開河砂金礦在縣東北六十五里處。含金率百分之四十。尚未採取。黃泥溝砂金地礦區廣十餘里。含金率百分之四十。掘地二丈可見金粒。溜河砂金礦礦區廣二五里。含金率百分之四十以下。刁窩摺子情形未悉。（五）額穆之北大洋砂金礦在縣西北七十里處。礦床約七里。含金率百分之四十以上。現未開採。胡家店金礦在張廣才嶺西六十里處。含金率百分之四十以上。有土人採取。熿木條子金礦在縣東北六十五里處。含金率百分之四十以上。有土人採取。（六）舒蘭之三河岔金礦在簡陵山西南一百二十里處。含金率百分之四十以

東三省之產金地

上。尚未採掘。（七）依蘭（亦名三姓）之東溝金礦。又名駝腰溝。在縣東一百里。礦床長百餘里。廣一萬一千方里。黑背子金礦在東南境。背山下。距縣一百八十里。礦區長六百一十里。爲吉林最大金礦。礦床距地面極近。掘土數寸至五六尺即見金砂。含金率百分之六十至八十。此兩礦均由三姓金礦局採掘。該局成立於民國四年。係官商合辦性質。有資本金八〇〇〇〇元。礦場分布於太平溝。四間房一道河子。南淺毛。石門子。小北溝。廟嶺。雙岔頭。亂泥溝。老淺毛。南溝。梨樹溝。新溝。唐疙疸營。石頭河。楊翦子溝。小南溝。牛樣子。廟嶺東。三糞溝等處。就中以甬溝及小北溝產金最多。年約二千餘兩。其出產百分之七、十用於工金。百分之一二、五報効與政府。百分之一二、五爲公司辦事費。（八）方正縣東南境牡丹江沿岸有砂金礦。但無正式調查。（九）勃利之秋皮溝金礦在河之南境。由吉林省官商合辦稜川金礦有限公司採掘。有工人千名。興隆溝金礦在縣之東境。與穆陵縣之涼水泉同由官礦局採取。該局成立於民國四年。係官督商辦性質。官商各納股金小洋一〇〇〇〇〇元。（十）穆陵之涼水泉金鑛距縣五十六里，亮子河金鑛亦由吉林省官商合辦稜川金礦有限公司採掘。小水河砂金礦在縣東南六十里處。由官礦局採取。（十一）樺川之太平嶺。柳毛河。大沿溝。樺安溝。青咀子。匯樹河。秋皮溝。小青背。大青背。太平溝及柳毛河兩金礦亦由稜川公司採掘。大沿溝金壙亦有商人領照採取。餘礦有土人私採（十二）富安之黃泥河。馬家塘淺水溝。淺水溝金礦由官商合採。餘礦有土人私採。（十三）東甯之萬鹿溝。大綏芬河。跨溝水。交界坎子。萬鹿溝金礦由官商合採。大綏芬河金礦區廣二八〇□畝。蘊藏極豐。謂之金廠。由官商合採。小綏溝河金產亦富。（十四）虎林之五虎林沙金礦在虎林河中流。由商人領照採取。（十五）同江之楊木崗金礦在縣東境百餘里處。居哈爾布蘭山南面。寒葱溝金礦在縣東五六十里處。居哈爾布蘭山北面。（十六）延吉。（亦名局子街 之烟芝江金礦在布特哈河。朝陽川。八道溝北。有鑛脈六條。含於花崗岩中。厚者達五寸。七道溝砂金鑛在縣西北三十餘里處。金鑛在朝陽川中流鷄鴨石子東方山中。其東北山麓有砂金鑛。鑛量甚豐而施工不易。現有土人開採。（十七）渾春之砂金鑛。柳樹河。瓦岡寨。一鬼子石。馬滴塔。香房溝。葫蘆島。西北岔溝。三道溝。四道溝。五道溝。六道溝。西北岔溝在縣東北境紅旗河谷地。光緒二十六年曾有俄人調查。結果未詳。（十八）和龍之二道溝。三道溝。蜜蜂溝。蜂蜜溝。東口溝砂金地。五道溝砂金礦在三道溝河流沿岸。礦區約二〇〇〇公尺。有工人二千。蜜蜂溝金鑛在頭道溝南十五里處。含金率甚低。蜂蜜溝砂金鑛在二道溝蜂蜜溝合流處。礦量甚豐。現已停採。本縣所附。各縣月產金□千五六百兩。故採金爲居民重要職業之一。採金者以山東人居多數。餘爲直隸。廣東及朝鮮人。(十九)汪清之梨樹溝。水葫蘆溝大汪清砂金鑛。小百草溝。火燒溝。王八脖子。咸口溝砂金地。托盤溝。託盤溝砂金鑛在白草溝東十五里處。鑛量甚豐。但交通不便。胡匪猖獗。雖由官鑛局採掘。尚無進步可言。

(三)黑龍江省之產金地

本省爲世界著名金產地之一。黑龍江上下游四千里陵谷雜列。大部份爲古代片麻岩及花崗岩。故金鑛隨地皆是。土人之潛行淘取。私相授受者。其數量實不亞於官鑛之產額。黑河縣內有金商無數。俄境之違禁金產。多由此等金商經手買賣。在歐戰前及歐戰中此等違禁交易約七萬五千兩。足徵土人私採之盛。惟私人採金者。方法幼稚。出產日少。資本微小。無力改良。每每羣趨一鑛。爭相淘洗。迨鑛層上面金粒採取淨盡。地下餘若干施工不易時。而又羣趨他礦。所採得之金。又復以低値售與鄰封。致採者無利可圖。後來者無以爲繼。徒竭盡富源。供他人牟利之具。民國四五年間北京財政部有鑒於此。主張收該省各礦爲國有。禁止人民私採。但亦無成效可覩。本省設有金稅徵稽局。每純金一錢八分五厘徵稅銀五角。玆述其著名產金地於下。（一）嫩江之金廠在縣西七十公里處。居畢拉爾河北巴克達山南麓。由官礦局採取。年產金一二〇〇兩。（二）羅北之火燒營。阿爾沁河。都魯河。觀音山。太平溝等。礦區總面積五千六百方里。由官商合辦之觀都金局開採。有工人數百。新溝數處。金苗甚旺。太平溝金礦在縣北黑龍江右岸哈克桑河北岸。礦區南北長四十里。東西廣一百三十里。樺皮溝包括在內。火燒營金礦在太平溝西一百三十里火燒營溝中流北岸處。亦屬於太平溝礦區。觀音山金鑛在太平溝北一百四十里處。有小市金礦總局在焉。山之東麓伊哈達河黑龍江合流處亦有金廠。都魯河金礦在縣西南七十里處。距太平溝一百里。（三）湯原之梧桐河金礦。礦場有二。皆在梧桐河牝岸孫家油房之西南。現由商採。有資本金四萬元。圖勒河北岸佛思口山南麓。居魚房之北。（四）黑河之畢拉山夫子廟。一道溝。二道溝。三道溝 四

東三省之產金地

道溝。五道溝。六道溝。七道溝。豬肚子河。一道溝至七道溝及豬肚子河八金礦距縣約二三百里。金質甚佳。蘊藏亦豐。每一錢八分五厘純金定價值國幣三元。民國十三年產金值國幣三千萬元。為罕有盛況。工人約四萬。出產以五六兩溝為最盛。有工人三萬。估總數四分之三。由逢源公司從事採取。最近已與英人訂立合同。惟北京農商部尚未批准。(五)呼瑪之庫瑪。高力屯。寬河。瓦巴利營。大粒子。南婚婚溝。興隆溝。交布列邪溝。餘慶溝。餘慶溝金礦在縣北呼瑪爾河流域。有官商合辦之呼瑪金礦局。呼瑪以北各礦區如呼瑪爾河沿岸之高力屯。庫瑪。瓦巴利營。大粒子等礦皆屬之。礦區面積約三四四六〇〇畝。有資本金十餘萬元。年產金二萬五千五百百兩。(六)漠河金礦區為世界著名產金地之一。東西長四百里。南北廣二百里。包括漠河。察爾巴奇河。神仙洞河。烏瑪河等流域。現劃分為漠河。奇乾兩縣。光緒十五年李鴻章組織官商合辦之漠河金礦局。有礦區二千八百畝。最盛時年產金值銀四百萬兩。漠河縣較著之礦場。漠河口。在縣西漠河。黑龍江合流處西岸。漠河總金廠在漠河河源南岸。金礦在縣西南境元寶山北部。察爾巴奇河東源處(七)奇乾之奇乾河。神仙洞。烏瑪河。一間房。一間房廠台。依里底斯查河等礦區。由奇乾河金礦局開採。年產金二五〇〇〇兩。神仙洞河金礦在縣東境。距奇漠入道極近。礦場有二。一在河源一在中流西岸。礦量甚豐。(八)室韋縣之各河源均產金。總產額年約六千兩。吉拉林河砂金礦在縣東南二十公里處。礦床屬沖積層。金粒甚小。成色欠佳。光緒二十七年清廷准俄人上黑龍江公司在興安嶺。額爾古納河。大來湖。及而拉爾河二七四〇〇〇方里間自由開採。該公司設局於縣東十五公里處。不惜鉅資。通盤籌畫 故規模極爲雄壯。年產金三千兩。皆自石穴中及倭利河。雅祿石河採得者。民國九年黑省政府勒令停採。現由華人某公司繼辦。

吉黑二省地曠人稀。頗多人跡罕到之處。黑龍江與安嶺間金產最豐。森林亦最茂。枝葉繁密處白晝爲暗。往往亘數十百里不見天日。未經發見之金礦極多。且金礦礦床之廣狹頗難估定。有此溝產金而鄰溝一無所產者。有此岸產金而彼岸不產金者。甚或金砂厚集於數十方尺間。過此區卽無金礦者。國人採取方法復笨拙不可靠。遺漏委棄之弊。勢不能免。當局如能澈底整頓。一面採採新鑛。一面改良工作。則因東省金產之增加引起財政界之注意。亦意中事耳。

東三省之產金地

交通建設中之煤炭問題

李紀雲

北伐成功。訓政開始。革命程序亦由破壞而轉入建設。在此建設之時期中。最重要而不容或緩者。其惟交通建設乎。蓋交通者。一國之命脈也。必先有暢達之交通焉 然後國防始固實業始興而眞正之統一可期也。是以去夏交通部有交通會議之招集。碩學名流。萃於一堂。將我國千頭萬緒之交通事業。精細討論。切實規畫。使其得有準繩可循。全國民衆莫不拭目而觀之矣。但交通建設乃物質之建設。非空言所能爲功。其最需要之物質。爲煤炭鋼鐵及木材。此三者。皆我國之所富有。惜未能廣爲開採。以致我國現有交通事業所需要之材料。尚須仰給於外人。言之痛心。爰僅就我國煤業略爲陳述以供國人之參考焉。

（一）煤之蘊藏

我國版圖廣埏。而西北諸省。高山聯綿。尤爲人跡罕至之處。其地下之寶藏。無從得知。故煤鑛之總蘊藏量。至今尚無確實調查。然其爲數之巨。已爲世人所公認。據外國地質學家之估計。謂我國煤鑛之蘊藏量。至少在五百萬萬噸以上。但此等想像估計於事實必有不符。未可深信也。

(二)煤之分佈

據最近調查。我國產煤面積共三百八十餘萬方英里。雖各省皆有煤鑛發現。但廣大豐富之煤田。多在長江之北。其最著者。厥爲山西之大煤田。地質學家曾據調查之所得云山西一省之煤。可供全世界兩千年之用。則其蘊藏之富。可想而知。長江之南。除江西之萍鄉煤鑛外。無甚大者。至於西北部荒山僻嶺之中。或尙有較山西省更大更富之煤田。正未可知也。

(三)煤之開採

我國煤礦蘊藏之富。分佈之廣。旣如上述。然一考其每年之出產量。則爲數甚微。其故何也。無大規模之公司以開採之也。據最近之調查。直隸奉天之量最大。每年亦僅一千萬噸左右。山西河南約二百萬噸。山東約一百八十萬噸。江西約七十萬噸。其他各省則泰半用舊法開採。不知改良。故每年產額。共計亦不過六百餘萬噸。若以長江爲界。則江北每年產額在二千萬噸左右。而江南則僅二三百萬噸。以是之故。江南交通事業所用之煤一部分不得不仰給於東鄰日本。良可浩嘆。再就各礦之生產量而言。而最多者爲撫順開平萍鄉三礦。但此三者。非與日帝國主義有關係。卽與英帝國主義相聯屬。故所產之煤。大部出口。以關係我國民命最要之大煤礦而操諸外人之手。可怕孰甚。吾人豈可袖手旁觀而不想有以挽救之乎。玆將我國各大煤礦每年之大約產量。以多寡爲序。列成下表。

（礦名）	（省別）	（每年所產噸數）
撫順	奉天	五、〇〇〇、〇〇〇
開平	直隸	四、五〇〇、〇〇〇
萍鄉	江西	九〇〇、〇〇〇
中興	山東	七五〇、〇〇〇
福公司	河南	七〇〇、〇〇〇
井陘	直隸	六〇〇、〇〇〇

坨里	直隸	五八〇、〇〇〇
中原	河南	五六〇、〇〇〇
淄川	山東	五五〇、〇〇〇
博山	山東	五〇〇、〇〇〇
六河溝	河南	四五〇、〇〇〇
本溪湖	奉天	四〇〇、〇〇〇
賈汪	江蘇	二五〇、〇〇〇
臨城	直隸	二二〇、〇〇〇
保晉	山西	二〇〇、〇〇〇
大同	山西	二〇〇、〇〇〇
坊子	山東	一七〇、〇〇〇
柳江	直隸	一六〇、〇〇〇
門頭溝	直隸	一五〇、〇〇〇

札賚諾爾　黑龍江　一五〇、〇〇〇

四）煤之種類

煤。約可分爲三種。曰無烟煤。曰烟煤。曰柴煤。以質而言。則無烟煤最佳。烟煤次之。柴煤又次之。我國無烟煤之產地。爲直隸河南山西三省。每年產量。僅二百二十餘萬噸。因其產量少而開採難。故其價値稍昂。且燃燒較慢。熱力之發生。不如烟煤之快。是以在交通事業下。不甚用之。柴煤之產地。僅黑龍江省札賚諾爾一礦。每年產量亦僅十八萬噸左右。且其質甚劣。在交通上。亦無重大價値。然則交通事業之主要燃料。厥爲烟煤一種。我國烟煤之蘊藏量最富。產地亦最廣。交通事業之發達。實深賴之。

茲將各種煤之出產地。及開煤公司。列表於下。

種類	省別	開煤公司
無烟煤	直隸	柳江。門頭溝。坨里。
	河南	福公司。中原。
	山西	保晉。

交通建設中之煤炭問題

烟煤
直隸——開平。臨城。井陘。
奉天——撫順。本溪湖。
江西——萍鄉。
河南——六河溝。
山西——大同。
山東——中興。坊子。淄川。博山。
江蘇——賈汪。

柴煤——黑龍江　札賚諾爾。

（五）煤之成分

煤之成分。大部爲炭索。其次爲炭灰。發揮雜質。硫黃。及少量之水分。煤之佳劣。卽由其所含之成分而定。炭素多而炭灰少者其質佳。炭素少而炭灰多者其質劣。蓋炭素之多寡與火力之强弱有直接關係。欲求火力强。非用含炭素較多之煤不可也。吾人常見火車正在駛行之際。爐內殘火不斷落於枕木上而使之燃燒。此卽炭灰之成分太高。以致剩下渣滓過多之故。煤質之優劣關係交通之安全。如是之甚。司其事者。可不愼爲選擇乎。

我國各大礦所產煤之成分。可於下表比較之。

礦名	成分（以百分率計算）				
	炭素	炭灰	硫黃	發揮雜質	水分
開平	六六、八一	一〇、五二	〇、九六	一二、〇三	〇、六八
臨城	五五、二八	一一、六〇	一、二七	三〇、七三	一、一二
井陘	六〇、〇五	九、六四	一、四五	二七、九七	〇、八九
撫順	五三、二二	一、九二	〇、四三	三七、八五	六、五八
本溪湖	六八、五一	七、〇七	〇、四八	二三、三八	〇、五六
淄川及博山	七七、四五	七、三一	〇、八九	一三、四七	〇、八八
中興	六二、七八	九、八二	〇、五〇	二六、八〇	〇、一〇
六河溝	七三、九一	一〇、三五	一、〇六	一三、三五	一、三三
萍鄉	六一、五六	一三、九二	〇、四五	二三、七二	一、三五

大同	七四、五〇	六、二〇	——	二五、五一	三、七八

（六）煤之需要

煤爲交通事業之主要燃料。當茲交通建設期中。其需要更有加無已。我國現有鐵路共計九千餘英里。（國有民有及外國承辦諸路皆在內）據鐵路家之審查。一英里之營業鐵路。每日需煤一噸。則我國現有鐵路。每日至少需煤九千萬噸。由此推算。一年卽需四百餘萬噸。總理之實業計劃。規定我國至少尙需修築十萬英里之鐵路。若此計畫逐漸實行後。則每日需煤十餘萬噸。每年需煤三千八百餘萬噸。此單就鐵路一項而言也。其需煤之多。已足驚人。他如電政航政無一不需要多量之煤。爲其燃料。故開掘煤礦以供此逐漸增加之需要。實當今之急務也。

（七）煤之將來

煤之出產及需要。旣已略述於前。最後不得不一談其將來。夫我國藏煤之富。世罕其匹。環列之帝國主義者。莫不張牙舞爪。虎視眈眈。開平。萍鄉。撫順。諸大礦。旣爲彼等所襲斷。山西之大煤田。又復垂涎三尺。相機攫取。當茲經濟侵略最猛烈之時。

若不積極自行開採。危險孰甚。但自行開採。非有資本雄厚之大公司不易奏效。大公司之組織法有二。一由政府經營。一由人民經營。政府有發號施令之權。辦理此等大事業。較易着手。然不如人民自行經營集股之易。但人民經營。易生流弊。是以政府之監督。亦必不可少。倘辦理得當。此二法可同時並行而不相妨礙　如此則埋沒地下之煤礦得以取出。交通得以發展。而總理之實業計畫得以實現矣。我國人士。其共起圖之。

經濟論叢

交通建設中之煤炭問題

□列强在華投資之概觀

樊正渠

外人在華投資。或假利我交通爲名。修築鐵路。私營航業。或投資我各公私實業團體。或代我管理關稅鹽稅諸項。其實壟斷我之交通。掌握我之經濟命脈。旣食我肉。復吸我髓。而我同胞尙冥然不知。其爲害之大。實遠過於武力侵略也。蓋經濟侵略。恆能於不知不覺之中。獲取種種利益。而不遭我之絲毫反感。至武力侵略。爲直接以壓迫我國家。或敗我軍隊。或佔我土地。人咸覺其橫暴。皆知所痛恨。故謂經濟侵略較武力侵略更可畏也。列强向我投資之方法。一爲貸款投資。一爲出資投資。貸款是間接吸收我國之利息者。出資是直接取得事業發展之利益與其餘潤者。可列表於次。

列强向我投資之方法
- 貸款
  - 政治貸款
  - 經濟貸款
    - 鐵路
    - 礦山
    - 其他企業
- 出資
  - 外人單獨出資
  - 中外合同出資

列强在華投資之概觀

列强在華投資之概觀

外人之所以厲行經濟侵略者。[illegible]欲掠奪我國之金錢用以自肥。並鞏固其在我國之地位。用以增加其勢力。以爲壓迫我同胞之工具。總之。外人在我國以其雄厚之資本。猛力向我進攻。如虎如狼。使我國今日貧弱不堪。舉凡今日種種頹敗萎靡之情形。皆其壟斷經濟之所致。玆將其用以掠奪我國經濟勢力之各項工具大別爲六。

一曰國際投資——借款。

二曰壟斷交通——掌握。鐵路。航路。郵電。以及各交通機關。

三曰掌握關稅——管理我國海關與鹽稅。

四曰開設工廠——在我領土內。私自設立工廠。

五曰辦理銀行——設立銀行。操縱經濟。

六曰採掘礦物——掠奪我國礦山。私自採掘。

外人以此六大工具。向我猛攻。以我外交軟弱。生產落後之國家。何堪與之相抗。故外人之入我境。幾無孔而不入。橫覽外人在我國投資之概況。如火。如荼。不寒而慄。是以略爲調查。示其大概。蓋所以喚醒同胞知外人經濟侵略之可畏。進而謀所以抵禦之方也。

茲將列强在華投資之概況。錄其重要數國。如英。日。美。法。俄等是。

第一節

英國之部

(一)政治借款—英國債權共十萬。計共英金

一九四五〇二七七、銀洋$一二〇〇〇〇〇鎊。

(二)鐵路借款

起債期	名稱	起債額	現在額	償清期	備考
一八九八	京奉	二、三〇〇、〇〇〇鎊	一、三八〇、〇〇〇鎊	一九四四	
一九〇三	滬甯	二、二五〇、〇〇〇	二五〇、〇〇〇	一九五三	
一九〇五	道清	八〇〇、〇〇〇	六四三、〇〇〇	一九三五	
一九〇七	廣九	一、五〇〇、〇〇〇	一、五〇〇、〇〇〇	一九二七	
一九〇八	滬杭甬	一、五〇〇、〇〇〇	一、三五〇、〇〇〇	一九三八	

列强在華投資之概觀

一九〇八	津浦一次	五、〇〇〇、〇〇〇	四、八〇〇、〇〇〇	一九四〇	英德
一九〇八	郵傳部	五、〇〇〇、〇〇〇	四、七五〇、〇〇〇	一九四八	英德
一九〇九	贖路	六四四、四〇〇	六四四、〇〇〇	一九三〇	兩次
一九一一	津浦二次	四、八〇〇、〇〇〇	三、〇〇〇、〇〇〇	一九四〇	英德
一九一一	粵漢川	六、〇〇〇、〇〇〇	六、〇〇〇、〇〇〇	一九五二	英德法美
一九一三	滬甯二次	一五〇、〇〇〇	一三五、〇〇〇	一九二三	
一九一三	浦信	三、〇〇〇、〇〇〇未發行	二〇〇、〇〇〇前貸	一九五三	
一九一四	甯湘	八、〇〇〇、〇〇〇又	五〇〇、〇〇〇又	一九六〇	
一九一四	沙興	一〇、〇〇〇、〇〇〇又	五〇〇、〇〇〇又	一九五四	
一九一九	道淸二次	三五〇、〇〇〇	三五〇、〇〇〇	未定	
一九一九	交通部	一〇〇、〇〇〇	一〇〇、〇〇〇	未定	

(三)電政借款

名稱	訂借期	年限	原有債額	現欠額	債權者	利率

滬煙沽正水線	一九〇〇	三十年	二一〇、〇〇〇鎊	一〇一、七七〇鎊	英大東丹抹大北兩公司	五%
滬烟沽副水線	一九〇〇	三十年	四八、〇〇〇鎊	二三、〇〇〇鎊	大東大北公司	五%
大東北公司	一九一一	二十年	五〇〇、〇〇〇鎊	三一四、八五五鎊	英丹抹	五%
馬可尼公司	一九一八	四年半	一〇〇、〇〇〇鎊	二〇〇、〇〇〇鎊	英	八%
合計			九五八、〇〇〇鎊	六三九、六二五鎊		

（四）地方團體借款

名稱	訂借期	數目	年利	償還期	債權者
湖北滙豐銀行	一九〇九	五〇〇、〇〇〇兩	七%	十年	英
維持上海市面	一九一〇	三、五〇〇、〇〇〇兩	四%	五年	英•俄•德•比•日•法•美
湖北四國	一九一一	二、〇〇〇、〇〇〇兩	七%	十年	英•法•德•美
山西防疫經費	一九一八	七二〇、〇〇〇元	七%	二年	四國財團
維持江南市面	一九一〇	三、〇〇〇、〇〇〇兩	七%	一年	英•德•法

（五）銀行投資

列强在華投資之概觀

名稱	創立年	資本金	（銀）紙幣發行數
麥加利銀行	一八五四	二、〇〇〇、〇〇〇鎊	九、〇〇〇、〇〇〇元
滙豐銀行	一八六四	一五、〇〇〇、〇〇〇	二四、五三九、一九一元
有利銀行	一八九七	一、五〇〇、〇〇〇	
北京銀公司	一八九八	一、五四〇、〇〇〇	
香港銀公司	一八九七	二、〇〇〇、〇〇〇	
中英銀行	一八九八	一、五二〇、〇〇〇	

（六）實業投資

礦質	地點	性質	礦權者	資本	成立年月	產額
金	熱河建平一帶	中英合辦	平遠金礦公司	中英各四十萬兩	宣統三年	
煤	直隸開平灤州	中英合辦	開灤礦務局	中英各二百萬鎊	宣統三十二月	四、四一六、〇一〇噸
煤	河南修武沁陽焦作	中英合辦	福中公司	福公司一百二十四萬鎊中原公司五百萬元	民四合併	福—五六一、八三四噸 中—七三四、八九五噸
鐵煤	四川省	中英合辦	會同公司	一〇、〇〇〇、〇〇〇兩	光緒念五年	

煤	四川省	中英合辦	江北片煤公司	一七、〇〇〇、〇〇〇元	光緒三十年
煤	直隸省	中英合辦	門頭溝煤礦局	一〇、〇〇〇、〇〇〇元	不詳
煤	直隸省宛平縣	中英合辦	通興公司		
煤	直隸省宛平縣	中英合辦	裕懋公司		
煤	吉林額穆縣		邢哲臣與李穎		

（七）航業投資

名稱	資本	船隻	噸數	創立年
怡和公司	一、二〇〇、〇〇〇鎊	五二	五八、八四七	一八七五
太古公司	一、〇〇〇、〇〇〇鎊	四七	六〇、四九五	一八七五

（八）工業投資

A紗布廠

廠名	所在地	創立年	資本	錠數	備考
怡和	上海	光緒二十一年		七六、〇〇〇	民九三廠

楊樹浦	同	民國二年	六、〇〇〇、〇〇〇兩	五〇、〇〇〇	合併改稱
公益	同	光緒三十三年		二五、六七六	新怡和

B 麵粉公司

和豐麵粉公司創於光緒三十一年係中英合辦月出四百袋

C 烟草工廠

英美烟公司——規模大極總廠在上海資本二、〇〇〇、〇〇〇兩有分廠設在天津。漢口。奉天。坊子。哈爾濱等埠每年營業達一萬萬元之巨

D 糖廠

廠名	所在地	創立年	資本	每日出數	備考
怡和	香港	光緒四年	$二、〇〇〇、〇〇〇	四〇〇〇擔	即中華火車糖局目下出數僅四分之一目下僅出
太古	同	光緒二十年	鎊二〇〇、〇〇〇	一二五〇〇擔	三五〇〇擔

E 電氣廠

廠名	所在地	創立年	資本

北京電燈	北京	一九〇三	二六〇、〇〇〇兩
天津電燈	天津	一九〇五	二五〇、〇〇〇兩
漢口電燈	漢口	一九〇六	五〇〇、〇〇〇兩
租界電燈	鼓浪嶼	一九一二	三七、〇〇〇元
香港電燈	香港	一八九〇	六〇〇、〇〇〇元
中華電燈	九龍	一九〇一	三〇〇、〇〇〇元
保興電燈	北海	一九一四	未詳

F 淞滬行棧

行棧牌號	營業種類	亞細亞	煤油
太和洋棧	疋頭雜貨	太古棧	洋務貨棧
大英烟公司	紙烟	開灤棧	煤
祥生鐵廠	製造輪船	和豐	製造修理輪船機
隆茂洋棧	打包堆棧	謀得利	洋琴製造

列强在華投資之概觀

新太古洋棧　雜糧堆棧　電縷銀廠　電鍍銅器
華通洋棧　同　隆茂廠　樟腦
怡和洋行　造船　冠球　修造機車
公和祥洋棧　起卸貨物洋堆棧　亞細亞　鐵桶廠
安利洋棧　牛羊皮雜貨

G肥料——卜內門公司近來銷路甚大並出肥皂

第二節

日本之部

日本對華投資方法有二。一曰直接投資。一曰間接投資。直接投資者，卽日人利用日本資本引用日人管理。而經營在中國之工商實業也。間接投資者。卽日人將日本資本。投入中國人所經營之事業。而不連之以日人之管理權也。前者之例如礦山。銀行。鐵路。航業。製造工廠。及其他企業機關等是。後者之例。如購買公債。政府或地方或私人團體之貸款等是。借款之性質。可分政治。鐵路。電政。工商業等等。茲將日本對華經濟侵略及其投資情形。分別表列如下。掛一漏萬。知所不免。倘蒙閱者諸君加以指正。無任感禱。

直接投資者有五。

(1)銀行投資

名稱	創立年	資本金
正金銀行	一八八〇	一〇〇、〇〇〇、〇〇〇日元
台灣銀行	一八九六	六〇、〇〇〇、〇〇〇又
朝鮮銀行	一九〇九	八〇、〇〇〇、〇〇〇又
住友銀行		七〇、〇〇〇、〇〇〇又
三井銀行		一〇〇、〇〇〇、〇〇〇又
三菱銀行		五〇、〇〇〇、〇〇〇又
日本興業銀行	一九〇二	一七、〇〇〇、〇〇〇又
東洋拓植會社	一九〇八	二〇、〇〇〇、〇〇〇又

列強在華投資之概觀

東亞興業會社	一九〇九	二〇、〇〇〇、〇〇〇又
中日實業會社	一九一三	五、〇〇〇、〇〇〇又
正隆銀行（中日）	一九〇六	二〇、〇〇〇、〇〇〇又
日本特種銀團	一九一七	？
中華匯業銀行	一九一八	一〇、〇〇〇、〇〇〇又
海外投資銀行	一九一八	？

以上各銀行所在地以上海一埠占最多數。其總行則多半在日本國內。

（2）礦業投資

A 完全日貨

礦別	地點	礦權者	最近產額
煤	奉天撫順縣千台山	南滿鐵道會社	三、〇六四、九五八噸
又	奉天遼陽縣烟台	又	同上
又	吉林寬城子	又	

又	山東濰縣坊子村	日本政府	一三〇、〇〇〇噸
又	山東淄川縣黌山	又	五〇四、二五〇噸
鐵	山東益都金嶺鎮	又	一二四、一六五噸

按山東煤鐵礦已由華盛頓會議議決由中國政府承辦。其資本中日各半。茲以歷史關係。暫列上表。

B中日合資

I有特別契約者

礦別	地點	礦權者	資本	成立年	原因	最近產額
煤	奉天本溪	本溪湖煤鐵有限公司	中日各一百萬元	宣統二年	日俄戰後	四〇九、七二九噸
鐵	奉天本溪湖廟兒溝	同上	五百萬元	宣統二年	同上	四八、八〇〇噸
煤	熱河	大興公司		民四	賠償入倉	尙未出煤
銀銅	吉林延長	天寶山公司	中日各五十萬元	民五		銅一〇〇噸
鐵	奉天遼陽	張嶺鐵礦公司	一百萬日元	民八	政府特許	未採

列强在華投資之概觀

II—二十一條件所要求之九礦

礦別	地點	礦權者	產額
鐵	奉天海城蓋平遼陽鞍山站	振興公司	一六三、五九六噸
煤	又 本溪湖田什付溝	孟陵云與淺田歸吉	
又	又 又 牛心台	彩合公司	六五、二四四噸
又	又 錫縣暖池塘		
又	又 海龍鎮杉松關		
又	又 通化縣鐵廠山		
又	吉林省附近		
煤鐵	又 和龍縣杉松關		
金	又 甸夾皮溝		

III—遵照礦章領照者

礦別	地點	礦權者	發照年	面積	產額

煤	安徽懷甯縣	中日實業公司	民五	八四六七畝	一八四三噸
又	直隸宛平	楊家宅煤礦公司	民六	五六〇畝	三〇、〇〇〇噸
銅	鳳城青城子小邊溝	劉鼎臣	民七	一八二八	
煤	撫順縣東五十里	張順堂	民八	九一三	
又	撫順東四十里	姚銘勳	又	一五九八	
又	撫順四鄉	大興公司	民五	九二一	
又	西安縣北五里	鄒立賢	民八	四二九七	
又	又	楊魁元	民九	一七一一	
又	西安北十里	梁兆璠	又	三六七二	
又	錦西縣東北	陳應南	民七	五三七八	
又	錦西縣正北	李潤生	民八	二九三一	
磁土	復縣南	孫以萍	民五	一六二〇	
鉛	開源縣	馮竹初	民八	四五七	

又　本溪吉祥山谷　　又　六八一

(3)航業投資

名稱	船數	航綫	資本
日本郵船公司	八一	中歐・中美・中印・中澳・日滬・	
大阪公司	八一	中歐—美—澳・—台—日・南洋印度	
三井公司	二七	中美—日・近海	
東洋汽船會社	一〇	中美(大西洋・太平洋)日	
日清輪船公司	一三	中日	一六、二〇〇、〇〇〇日金
南滿及大連公司	八	上海青島大連	
天華洋行	六	中日	一、二〇〇、〇〇〇日金
三菱公司		中日	

(4)鐵路投資

路名	投下資本	投資機關	路長

南滿鐵路 四四〇、〇〇〇、〇〇〇日金 南滿鐵路公司 幹線四三六里支線八六里

安奉鐵路 屬於上項 又 一六二里

(5)工業投資

A 紗布業

廠名	所在地	設立年	資本	錠數	備考
內外棉株式會社 第三	上海	宣統三年	五〇、〇〇〇、〇〇〇	二三、〇四〇	總公司在日本
四	又	民二		四〇、〇〇〇	
五	又	民四		六五、四四〇	
七	又	民八		不詳	
八	又	又		三一、六九〇	
九	又	又		二八九三六	
上海紡織有限公司 第一	又	光緒念二年	四、〇〇〇、〇〇〇	二〇三九二	三井洋行經理
二	又	光緒念一年		二五四八〇	
三	又	又		五〇〇〇〇	

列強在華投資之概觀

日華紡第一	又	民七		四二〇〇〇	
織株式二	又	又	一〇、〇〇〇、〇〇〇	一一〇五六	
會社三	又	又		未詳	
豐田	又	民九		一五三一二	
東華	又	又	二〇、〇〇〇、〇〇〇	一〇、〇〇〇	擬添至五萬錠
內外棉第六	青島	民七		二〇、〇〇〇	
業株式十	又	民九		又	
會社十一	又	又		又	
大日本紡織公司	又	又		二五〇〇〇	
同興	又			七〇〇〇〇	
鐘淵紡績	又			四〇〇〇〇	
大日本紡績	又			五〇〇〇〇	
日支	漢口			二〇〇〇〇	

山本	上海	
公平	又	七〇、〇〇〇、〇〇〇
大康	又	五〇、〇〇〇、〇〇〇
裕豐	又	一〇、〇〇〇、〇〇〇
日支	天津	
富士	又	三〇〇〇〇
天津	又	一〇〇〇〇
奉天	奉天	二〇〇〇〇
南滿紡績	又	
日清紡績	青島	三〇〇〇〇
豐田	又	二〇〇〇〇
中華	又	二〇〇〇〇
東洋	又	二〇〇〇〇

南海	又	二〇〇〇〇
山本	又	三〇〇〇〇

B 麵粉業

廠名	所在地	設立年	每日出數	商標	備考
東亞麵粉火磨公司	哈爾濱	民二	八五〇袋		
北滿製紛會社	又	民二	二八二〇普約	象・獅・虎	有支店在東京
滿州製粉會社	鐵嶺	光緒卅二年	一八〇〇袋		
又	長春	民三	二四〇〇袋		
立大麵粉公司	上海	光緒卅四年			資本二〇〇、〇〇〇元中日合辦
福田製粉所	撫順	光緒卅四年	五〇袋		
滿洲製粉濟南分工廠	濟南	民七	二八〇〇袋		
青島製粉工廠	青島	民七	一二〇〇袋		
三井製粉工廠			一八〇〇袋	三馬・金久	舊爲英商增裕廠

裕順製粉公司		光緒卅三年	六〇〇袋	水月	舊爲華商民七售與日本
壽星麵粉公司	天津	民五	三〇〇〇袋	三桃	中日合辦

C 榨豆業

廠名	所在地	設立年	資本	豆粕	豆油
日清豆粕製造株式會社	大連	光緒卅年	七五〇、〇〇〇日金	一、〇〇〇、〇〇〇枚	四、四九六、〇〇〇斤
小寺油坊	大連	宣統二年	二〇〇、〇〇〇日金	七八二、〇〇〇	三、二七三、〇〇〇
齋藤油坊	大連	宣統三年	一〇〇、〇〇〇日金	四三九、〇〇〇	一、八七七、〇〇〇
三太油房（中日合辦）	大連		三〇、〇〇〇兩	五〇、〇〇〇	二五、〇〇〇
鈴木油房	大連		五〇、〇〇〇兩		
大連製油會社	大連		三、〇〇〇、〇〇〇兩		
合資會社日興油房	安東	宣統元年	八〇、〇〇〇日金	二五〇、〇〇〇	一、二〇〇、〇〇〇
小寺油房	牛莊	光卅一年	一、〇〇〇、〇〇〇日金	一、三五〇、〇〇〇	六、七五〇、〇〇〇
日信（日棉老會社）	漢口	宣統三年		棉餅四五、六〇〇	棉油一〇、八〇〇斤

在大連日本尚有油坊十餘處。惟其資本皆僅數萬元。故未列入上表。此外日人吉原次郎發起設立上海製油株式會社。亦未列入。

D肥皂業

廠名	所在地	資本	創立年	備考
鳥合石鹹製造所	奉天	五〇〇日金	宣統三年	出品年值一二、〇〇〇元
萬玉洋行	大連	五、五〇〇日金	光卅二年	出品年值三〇、〇〇〇元
滿洲石鹹製造所	大連	二、八〇〇〇日金	宣統二年	出品年值四七、〇〇〇元
烟中製造所	大連	二、五〇〇日金	宣統元年	出品年值一二、〇〇〇元
東洋石鹼製造所	大連	五〇〇、〇〇〇日金	民四	
瑞寶洋行	上海	一五〇、〇〇〇元	宣統元年	月出化妝品三萬打
倫敦肥皂廠	上海		民元	興業洋行經理
金昌洋行	漢口			

E電氣事業

事業者名	所在地	創立年	資本	備考
東京建物	天津	一九〇八	二〇〇、〇〇〇元	
青島發電所	青島	一九一四		日本官營
大正電氣廠	漢口	又	五〇、〇〇〇	
滿洲發電所	大連	一九〇六	二、〇〇〇、〇〇〇	
營口水電	營口	一九〇七	二、〇〇〇、〇〇〇	中日合辦
滿鐵發電所	安東	一九一〇	四〇〇、〇〇〇	
都督府發電所	旅順	一九〇八		日本官營
鐵嶺電燈	鐵嶺	一九一〇	一九〇、〇〇〇	中日
遼陽電燈	遼陽	一九一一	一二〇、〇〇〇	又
滿洲電燈	開原	一九一四	一五〇、〇〇〇	
公主嶺電燈	公主嶺	一九一七		中日
瓦房店電燈	瓦房店	一九一一	一五、〇〇〇	中日

大石橋電燈	大石橋	一九一八	
金州電燈所	金州	又	日本官營
西平街電燈	奉天	又	中日

F 玻璃業

廠名	所在地	出品
穗積玻璃廠	奉天	燈罩·瓶類
三五　又		又
玉置分工廠	長春	又
硝子株式會社	營口	又
玉置硝子工廠	大連	又
三合玻璃廠	漢口	燈·燈罩
同上	長沙	
雲田玻璃廠	上海	燈罩

永豐	又	又
美華	又	又
寶山	又	燈泡、瓶類（規模甚大）
三公	又	燈罩
合豐	又	又
三野玻璃製造所	福州	燈罩、杯、盂
南滿硝子工廠	大連	燈罩、瓶類

G 火柴業

廠名	所在地	資本	創立年	種類	備攷
吉林燐寸株式會社	吉林省城		民三	黃燐	
吉林燐寸株式會社分工廠	吉林西關	一八〇、〇〇〇元	民八	又	
同上	長春		民四	又	
日清燐寸會社	又	三〇〇、〇〇〇	光卅二	又	中日合辦

列強在華投資之概觀

東亞燐寸會社分廠	奉天	一〇〇、〇〇〇	民六	又	現已售與吉林會社
大連燐寸會社	大連		民十	又	日產一九〇小箱
東亞分廠	又	一〇〇、〇〇〇	民六	黃燐安全	總廠在神戶
又	濟南				

日淞滬行棧雜業

牌號	營業	牌號	營業
川崎洋棧	堆棧	田中良之助	染坊
岡太福棧	輪埠	東麟棉廠	洋線
大倉洋棧	又	橋本襪店	襪
日清洋棧	又	山浦漆店	漆店
海洋社	貨棧	井川估人	雜貨店
三井	煤	淺田	又
菱花公司	煤棧	村木敬太郎	裁縫

松文洋行	出口絲繭	中山水木店	木匠
三友洋行	又	魚野吉居	皮鞋店
日龍洋行	又	淵上政一	鞋店
東亞	餅乾	八木與助湯四	囗店
日本鷄蛋會社	雞蛋	林雄吉	營造廠
上海坩堝公司	鐵鍋	片山	洋服店
松茂棉花廠	棉花	野川勇關	又
德造政太郎	染坊	中井德次	木匠店
山崎萬七	又	日華紡織會社	棉紗布疋

（2）其他各業

業別	廠名	所在地	創立年	資本	備考
烟草	東亞烟草會社	營口	宣元	三、〇〇〇、〇〇〇日金	每日製造四五百萬枝
烟草	三林烟草公司	奉天	光卅二	二〇、〇〇〇〇日金	每日製造十二三萬枝

列强在華投資之概觀

烟草	大安烟公司	奉天	民十	五〇〇、〇〇〇日金	
製革	褒河製革公司	漢口	民六		每日出革二千餘枝
製革	江南製革公司	上海	光卅二	一〇〇、〇〇〇兩	日皮革會社經理
製革	裕津製革公司	天津	民七	一、〇〇〇、〇〇〇元	中日合辦日商大倉等投資
造紙	興林造紙公司	吉林	民十	五、〇〇〇、〇〇〇日金	又
糖	南滿糖廠	奉天	民五	一〇、〇〇〇、〇〇〇日金	每日能出一百噸甜菜糖
蛋白	哥倫比亞會社	山東	宣三		產額約四、〇〇〇擔
罐頭	青島罐頭製造會社	山東	民四	五〇、〇〇〇日金	中日合辦
麥酒	哈爾濱麥酒會社	哈爾濱	光廿六	一〇〇、〇〇〇留	
水泥	小野田製造會社	關東州	光卅五	一、〇〇〇、〇〇〇兩	每年出二〇〇、〇〇〇桶
採木	鴨綠江採木公司	東三省	光卅四	三、〇〇〇、〇〇〇元	中日合辦
製絲	上海絹絲製造公司	上海		一、〇〇〇、〇〇〇	又
馬車	瀋陽馬車公司	瀋陽	光卅二	一、九〇〇、〇〇〇	又

製材	鴨綠江製材無限公司		民四	五〇〇、〇〇〇	又
交易所	大連交易所	大連	民二	一、〇〇〇、〇〇〇	又
交易所	開原交易所	開原	民五	五〇〇 〇〇〇	又
交易所	長春交易所	長春	民五	五〇〇、〇〇〇	又
信用	瀋陽保信公司	瀋陽	民五	五〇、〇〇〇	又
鐵	公興鐵廠		民六	二〇〇、〇〇〇	又
鐵	安川製造所		民五	二、五〇〇、〇〇〇	又

間接投資者有四

(1)政治借款

日本債權共二十八款。計英幣七六八八八六七鎊。日幣一六二四八二一〇三元。銀洋一、五〇〇、〇〇〇元。

(2)鐵路借款

起債期 路名	起債額	現在額	償還期

列强在華投資之概觀

一九〇八	新奉	三二、〇〇〇元	一五、〇〇〇元	一九二七
一九〇九	吉長一次	二一五、〇〇〇	一五一、〇〇〇	一九二四
一九〇九	贖路	二三〇、〇〇〇	二三〇、〇〇〇	一九三〇
一九一一	整理鐵路	一、〇〇〇、〇〇〇	一、〇〇〇、〇〇〇	一九三六
一九一六	四鄭	五〇〇、〇〇〇	五〇〇、〇〇〇	一九五六
一九一七	吉長二次	四二五、〇〇〇	四二五、〇〇〇	未定
一九一八	吉會	一、〇〇〇、〇〇〇	一、〇〇〇、〇〇〇	未定
一九一八	濟順高徐	未定	二、〇〇〇、〇〇〇	未定
一九一八	滿蒙四道	未定	二、〇〇〇、〇〇〇	未定
一九一八	四鄭二次	二六〇、〇〇〇	二六〇、〇〇〇	未定

（3）電政借款

名稱	訂借期	年限	原有欠額	現在欠額	利率
中日實業公司（電話借款）	一九一八	三年	10、000、000日金	10、000、000日金	八%七〇

中華匯業電線借款	一九一八	五年	二〇、〇〇〇、〇〇〇	二〇、〇〇〇、〇〇〇	又
興亞公司電報借款	一九二〇	十三年	一五、〇〇〇、〇〇〇	一五、〇〇〇、〇〇〇	九%七〇
三井海軍無線電借款	一九一八	四十年	五三六、二六七鎊	五三六、二六七鎊	八%七〇

（4）地方團體借款

名稱	訂借期	數目	年利	償期	債權者
廣東市面借款	一九一一	六〇〇、〇〇〇元	六%七〇	一年	台灣銀行
同上	又	一、〇〇〇、〇〇〇	六%七〇	二年	又
京畿水災借款	一九一七	五、〇〇〇、〇〇〇	七%七〇	一年	興業銀行
一次	又	一、〇〇〇、〇〇〇	六%七〇	二年	朝鮮銀行
奉天借款二次	又	二、〇〇〇、〇〇〇	又	三年	又
三次	又	三、〇〇〇、〇〇〇	又	五年	又
湖北實業借款	一九一八	一、〇〇〇、〇〇〇	——	——	正金銀行
山西防疫借款	又	七二〇、〇〇〇	七%七〇	二年	正金三菱銀行

列强在華投資之概觀

維持上海市面　一九一六　三、五〇〇、〇〇〇兩　四%七〇　五年　日英法美俄德比

觀以上各表。可知日本經濟侵略我國之工具。第一爲掌握我之工業。次爲操縱我東三省之商業。再次爲採掘礦山。國際投資。開設銀行及壟斷交通。據最近報告。日本投資滿洲方面達六億元。以銀行及工業爲主。投資中國本部約一億五千萬元。以紗廠業爲主云。

第三節

美國之部

(一)政治借款—美國債權九款共美金一一二三三八六九八元。英金二五七七三五九鎊、銀洋八、三〇、〇〇〇元。

其他美國單獨對我債權甚少。故不分述。

(二)銀行投資

行名	資本	創立年	總行分行所在地
花旗銀行	法八、五〇〇、〇〇〇$ 實八、五〇〇、〇〇〇$	一九〇一	總行紐約分行北京上海

友華銀行	四、〇〇〇、〇〇〇$		總行上海分行北京天津等
大通銀行	一四、八七八、六八五美元	一九二三	總行紐約分行上海
運(動)通行	三三、〇一八、七六八美元	一九二一	總行紐約分行上海
美豐銀行	一一、五八〇、二一五美元	約一九一八	總行重慶分行上海
博益公司	五〇、〇〇〇、〇〇〇	一九一五	
中華懋業銀行	一〇、〇〇〇、〇〇〇	一九二〇	總行在北京分行上海
亞細亞銀行			
裕中公司			
華美啓興公司			
匯興銀行			分行上海中美合辦
菲律濱國立銀行			

(三)航業投資

公司	期數	航線

列强在華投資之概觀

提督東方輪船公司	一四	中美(太平洋)
大來洋行	一〇	中美(太平洋)
花旗公司	五	中美(太平洋)
中美郵船公司	四	中美
福來洋行		中美(太平洋)
太平洋郵船公司	五	中美
美國鋼鐵公司	一〇	中美
華洋公司		中美

(四)工業投資

a其異電燈泡廠開設上海曹家渡路其電燈泡銷路極廣

b久成絲廠開設上海日暉橋

c大來洋行開設蓮上海白涇經營五金雜貨木頭

d茂生洋行亦在上海出售肥皂

e 美孚煤油公司總棧在上海內地各大埠皆有分公司耑售煤油汽車油銷場極廣

第四節

法國之部

(一)政治借款——法國債權三十三款共法金一六五、二九一、三二五佛郎。英金鎊一五七二六二二八。銀洋六三四一〇〇元。銀八六〇〇六三兩

(二)鐵路借款

起債期	名稱	起債額	現在額	償清期	備考
一九一四	欽渝	二四、〇〇〇、〇〇〇鎊 未發行	一、二八四、六三四鎊 前貸	一九六四	
一九〇二	正太	一、六〇〇、〇〇〇鎊	八〇〇、〇〇〇鎊	一九三二	俄法比三國
一八九八	京漢	五、〇〇〇、〇〇〇鎊	償清	一九三〇	俄法比三國
一九一一	粵漢川	六、〇〇〇、〇〇〇鎊	六、〇〇〇、〇〇〇鎊	一九五二	英德法美四國

(三)銀行投資

列強在華投資之概觀

行名	創立年	資本	
東方匯理銀行	一九七五	七二、〇〇〇、〇〇〇佛郎	
中法實業銀行	一九一五	一五〇、〇〇〇、〇〇〇佛郎	
義品放款銀行		一〇、〇〇〇、〇〇〇佛郎	
義興銀公司			
中法銀行	一九一八	七七、〇〇〇、〇〇〇佛郎	
振華銀行	一九二一		中法合辦

（四）礦業投資

公司名	礦質	所在地	成立年	資本	組織
福公司	煤油鐵	山西	光廿四	一〇、〇〇〇、〇〇〇兩	中英法
福公司	煤油礦	河南	光廿四	一〇、〇〇〇、〇〇〇兩	中英法
福安公司	煤	四川	光廿五	一〇、〇〇〇、〇〇〇兩	中法
和成公司	煤	四川	光廿八	不詳	中法

元亨公司	鉛	廣西	民十三	二、〇〇〇、〇〇〇	中法
來福公司	鉛	貴州	民十三	二、〇〇〇、〇〇〇	中法
亨利公司	銻	貴州	民十三	六〇〇、〇〇〇	中法
大東公司	各種	福建	光廿八	七、四八〇、〇〇〇元	中法
隆興公司	各種	雲南	光廿七	五〇〇、〇〇〇兩	中英法
大羅公司	雲母銻	貴州	光卅二	二、〇〇〇、〇〇〇元	中法
福中公司	鐵	河南	民國三	一、〇〇〇、〇〇〇元	中英法

（五）其他投資

業別	名稱	所在地	備考
航	法國郵船公司	上海	有船二三隻。航線為華法比
航	彙成公司	上海	有船一隻。航線為中法
航	立興公司	上海	有船一隻。航線為中法
電氣	法國租界發電所	天津	創於一九〇五年

列强在華投資之概觀

電氣 法國電燈電車 上海 資本八、〇〇〇、〇〇〇佛郎創於一九〇八年

行棧 自來水廠 上海

行棧 永興祥棧 上海 機器打包堆貨堆棧

(二)侵下元中國 P，四三〇—四(四)P．四四五—九(三)醒獅 N·〇一五九 五）年鑑 P·一〇五二—一五三六

第五節

俄國之部

(一)政治借款—俄國債權九款共英金鎊二七〇一九四六七銀洋八八七九〇四元

(二)鐵路投資

俄路已築成之鐵道。有下列一線。

(一)東清路此爲西伯利亞之支線計長一一五四、〇七俄里

(二)正太路全長五百里係借俄款資本所建築者其合同云。「此項借款四千萬佛郎自一九〇一年起分二十年抽號拔還」

尙有中東鐵路公司經營之中東路長一千七萬餘哩計投資本鎊六六二三九八〇〇後割五百哩與南滿路

(三)銀行投資

華俄道勝銀行—爲中俄合辦之銀行中國出銀五百萬兩俄出五千五百萬留(?)該行創於一九一〇年總行彼得洛具得分行上海爲各國在我國創辦銀行之最早者惟現已閉歇正從事淸理也

(四)礦業投資

質	地點	性質	礦權者	面積	備考
金	外蒙圖車兩盟	俄			光緒廿九年俄人呈請試辦民元被逐近又與美商訂立合同業尙未了
褐炭	滿洲里扎賚諾爾	俄	中東鐵路公司	近產三〇〇、〇〇〇噸	光緒廿八年中俄協約
金	吉林東甯縣	中俄合辦	綏芬金礦公司	二八〇〇畝	
煤	吉林縣火石嶺	中俄合辦	裕吉公司	六七〇〇畝	合同未批准
煤	克山西鄉政字廿八號	中俄合辦	馬薰卿	五〇四〇畝	

煤　同上二十四號　中俄合辦　馬薰卿　五一七五畝

(五)工業投資

A 麵粉廠

廠名	所在地	設立年	每日出數	商標
俄國麵粉公司	哈爾濱	宣統三	四二〇〇普得	麥穗明
俄國麵粉公司	哈爾濱	宣統三	五六〇〇普得	麥穗明
I kantsk Mill	哈爾濱	宣統元	三一五〇普得	麥人星
Hactkin Mill	哈爾濱	民國二	八四〇普得	麥人星
Jman P. Mill	一面坡	光緒卅四	二一〇〇普得	麥人星
Moch'tsnky M.		民國元	八四〇普得	麥人星

B 電氣業

事業者名稱	所在地	資本
東清鐵路電燈	哈爾濱	三〇〇、〇〇〇盧布

杜林(會)商會	哈爾濱	四八、〇〇〇盧布
依納爾奇選商會	哈爾濱	四〇、〇〇〇盧布
木起考夫發電所	哈爾濱	一一〇、〇〇〇盧布
馬家溝發電所	哈爾濱	一〇、〇〇〇盧布

C 其他投資

糖廠—阿什河糖廠設於吉林省創於宣統元年資本金俄幣一、〇〇〇、〇〇〇盧布年產約一萬二千七百餘擔

玻璃廠—一面玻璃廠設於一面坡地方製造玻璃片

油坊—北滿州哈爾濱一帶俄國開設油坊有十餘處之多資本概在五十萬盧布以下者

附則

俄人經濟侵略我國之工具。第一爲壟斷我西北之交通。次爲開設銀行。再次爲採掘鑛山及國際投資。

其他如德•意。比。等國比較不大重要。故從略。

列強在華投資之概觀

列强在華投資之概觀

結論

總觀列强投資情形。英國惟一工具爲國際投資。日本則操縱我國工業。美國壟斷我之航業。以及開設銀行。俄國掌握我西北之交通。法國略侵無甚顯著者。德國自歐戰後。所有在我之權利。悉被日本取而代之矣。

由是觀之。弱我中國者。資本帝國主義也。致我於危亡者。由此產生之不平等條約也。資本帝國主義實爲蠶食我之封豕長蛇。不平等條約。實爲束縛我之桎梏陷阱。國人如欲坐以待亡則已。否則排除此資本帝國主義之侵略。取消此種不平等之條約。時乎不再。匪伊異人任也。惟排除之必有其道。取消之必有其法。斷非空言所能了事。亦非徒唱高調所能竟功也。撮要言之。第一須明我受病之所在。第二須析其及於我之關係。第三須研究其補救之方策。綜合三者而熟察之。然後於事有濟而收良效矣。

□反日聲中日本一九二八年之對華貿易

孫照南

五三案起。舉國若狂。反日呼聲。東發西應。際此倉皇無主羣情憤激之時。「經濟絕交」政策遂於無可奈何中採用於赤手空拳之中國矣。在當時嚴重情形之下。以勢論。以情論。經濟絕交。實爲吾國對日之唯一方法。然五三迄今。將一年矣。數月來熱血同胞奔走呼號之結果。究以何種影響加諸日人。固有心人所亟欲知者。茲篇目的。首在述明去年日人對華各種交易之大概情形。次則根據事實述明日人實際上所受之影響。末再將去歲國內各地華日交易情形略舉一二。以爲上述影響之證而作一結束。

(一)日本出口之增加

吾國既採用「經濟絕交」政策。第一步辦法即爲抵制日貨。蓋日人以吾國爲其低廉貨物之尾閭。亦即恃吾國爲其金錢之策源地。抵運制動如告成功。彼惟有仰屋興嗟。坐以待亡。固夫人而知之矣。雖然。五卅迄今之抵貨運動。其影響究竟何如乎。在政治及社會立場上觀之。吾人不能不認爲極端嚴重。然以言經濟上之影響。則吾人認爲尚未足

反日聲中日本一九二八年之對華貿易

以云嚴重。蓋日人去歲之對華貿易。大體較一九二七年爲滿意也。茲爲鳥瞰計。將日本對華進出口貿易一九二八年份與上二年份之比較。錄列於後。以資參考。（每月貿易額以一·〇〇〇日金爲單位）

（一）出口（連廣東）

	一九二八年	一九二七年	一九二六年
一月	三二、五〇七	三一、三八四	四一、四八二
二月	四〇、六六七	二九、〇五五	四八、五〇一
三月	四〇、三四〇	三二、九八七	五六、六七三
四月	四三、八六九	三〇·三六五	四九、九八九
五月	四四、一七四	三六、一四五	四五、六四七
六月	三三、五六〇	四〇、八四四	三九、三九三
七月	三七、八三一	三三、五八八	四一、四三三
八月	四三、三五〇	四一、五五二	四四 〇一九
九月	四三、六四六	三七、三二九	四四 七一四
十月	四七、〇二二	四一、〇六八	四三、二二二
十一月	三四、五八七	三八、三一四	三八、七四一
十二月	三四、二八九	三三 九九五	二七 六五五
總計	四八三、三三二	四二九、四五四	五三一、四六九

（二）入口（連廣東）

	一九二八年	一九二七年	一九二六年
一月	四二、七七一	三四、四九四	四一、一七八
二月	三三、七九二	三〇、六二二	四二、六三四
三月	四〇、四八一	三八、一九九	三六、九七二
四月	三八、五九四	三四、三三二	三七、六二一
五月	四四、五八八	三七、六〇八	四〇、八二四
六月	二九、七四〇	三五、六二九	三六、五二九
七月	一九、七一二	二一、六四四	三一、三八一
八月	一八、六〇〇	一六、一四二	二一、二〇一
九月	二〇、九五二	一九、一三一	二一、六九五
十月	三〇、五三〇	二六、二六四	二三、三九七
十一月	三一、一五七	三〇、〇八〇	二九、〇一一
十二月	三四、〇七〇	三四、三三九	三三、九一二
總計	三八四、九八七	三五八、四八四	三九六、三五五

反日聲中日本一九二八年之對華貿易

自上列之表觀之。日本一九二八年對華貿易總額為八六八、三一九、〇〇〇日元（下同）其中三八四、九八七、〇〇〇元為輸入總額。四八三、三三二、〇〇〇元為輸出總額。至九八、三四五、〇〇〇元則其出超額也。在此種嚴重情形之下。彼之輸出乃達四八三、三三二、〇〇〇元。較之一九二七之四二九、四五四、〇〇〇元及一九二六之五二一、四六九、〇〇〇元則一九二八之輸出額。除六、十二兩月外。大致不能不認為日人之滿意紀錄。此種顯著增加。卽在五卅案後。仍在繼續之中。此種現象。吾國一般敗類商人不得不尸其咎。蓋彼等恐日貨因抵制而高漲。乃趁機大進日貨以冀善價也。至一九二八日本之出口額。較之一九二六年者。則瞠乎其後。無可隱諱耳。

以上係就貿易總額觀察而得之結果也。設吾人自他一方面觀察。一九二八與一九二七之日本輸出比較—輸出品之運銷地—吾等可得相同之結論。卽除華南華北之貿易額外。日本出口貿易一九二八較一九二七顯有普遍之進步。試將日本一九二八年進出口額照運銷地分配之。以與以上二年相較。則可得下列之分析。（單位一、〇〇〇元）

(一)

輸出

	一九二六	一九二七	一九二八
滿洲	六五、七〇三	五一、七三二	六五、四二二
華北	九六、二六八	九八、七五六	九七、一四五
華中	二一三、七八二	一四九、九七一	一八〇、六九一
華南	二〇、七四九	五、〇一五	一、四二〇
廣東	九二、四〇三	八二、〇三九	九九、一〇一
總計	四八八、九〇五	三八七、五一三	四四三、七七九
香港	四五、七四五	六一、九一三	五二、五七三

(二)

輸入

	一九二六	一九二七	一九二八
滿洲	三二、〇五八	四一、〇九一	五八、六五六
華北	六四、六〇六	六七、七三六	六〇、五二二
華中	九〇、八五七	六三、七五五	八三、九八〇
華南	七、一四六	六、八二三	九、七二三
廣東	一四六、一七〇	一二五、二六四	一三七、四三九
總計	三四〇、八三七	三〇四、六六九	三五〇、三二〇
香港	一、二五八	一、四八七	一、〇九〇

反日聲中日本一九二八年之對華貿易

（註）以上數目。乃十一月三十日以前之十一個月者。

日本對滿洲。廣東及華中輸出之特增，同時對華南輸出之特減。與對華北輸出之暴減。均可於上表看出。此種表示。極足明示吾人以日貨在華南所對打擊之重也。至溝通日本與華南各地之香港。日貨去年之輸往者。較之一九二七及一九二六兩年。亦有極大之削減。（其損失額較一九二七爲九、三四〇、〇〇〇元）蓋一九二六年總額爲四五、七四五、〇〇〇元。一九二七爲六一、九一三、〇〇〇元。而去年僅爲五二、五七三、〇〇〇元也。

日本對華貿易之大概情形。及分配狀況。已如上述。其主要物品之輸入中國增減情形。亦大有研究之價值。爲參考起見。茲再將去年日本主要物產之輸入中國者（廣東省在內）與以前二年者之比較。臚舉於次。

		一九二八	一九二七	一九二六
棉織物	一——四月	六四、三五四	三八、二六六	八一、二一三
	全　年	一七二、五七二	一三六、三四四	一九五、六五五

	五—十二月	一〇九、二一八	九八、〇七八	一一四、四四一
	一—四月	一三、七四四	七、八〇〇	七、九〇二
糖	全年	三三、三三〇	二七、〇七八	三三、二四一
	五—十二月	二一、五八六	一九、二七八	二五、三三九
	一—四月	六、二八〇	五、一七二	五、一六七
紙	全年	一九、七三三	一四、四七三	一四、六三一
	五—十二月	一三、四五二	九、三〇一	九、四六四
	一—四月	六、六六二	五、四五〇	七、四〇六
煤	全年	一九、〇七二	一九、五六六	二三、四五七
	五—十二月	一二、四三〇	一四、一一六	一六、〇五一
	一—四月	三、一三一	四、五〇四	一一、二四一
棉紗	全年	八、八八一	一〇、〇七二	二六、八九六
	五—十二月	五、七五〇	五、五六八	一五、六五五

反日聲中日本一九二八年之對華貿易

類別	期間			
機器及零件	一——四月	二、〇七三	三、一九一	二、五四三
	全　年	八、八八八	九、六二七	七、四一六
	五—十二月	六、八一五	六、四三六	四、八七三
海產	一——四月	二、一九三	一、七〇九	四、四二九
	全　年	七、九七〇	九、六五一	一四、四八九
	五—十二月	五、七七七	七、九四二	一〇、〇六〇
木料	一——四月	一、七五二	一、三九六	一、七五四
	全　年	六、四二七	五、一五六	五、九八八
	五—十二月	四、六七五	三、七六〇	四、二三四
鐵器	一——四月	二、一五八	一、六〇〇	三、三四四
	全　年	五、九三九	五、〇七三	六、四三三
	五—十二月	三、七八一	三、四三七	三、〇八九

據以上分析。吾等可知日本各種對華輸出物品。除煤及海產外。在一九二八年間。

均較上一年增加者干。居第一位之棉紗仍無變動。較之上年。且增加八、二五二、〇〇〇元。糖居第二位。較上年增加約三七、二二八、〇〇〇元。再次則爲紙。超過上年之額。亦達五、二五九、〇〇〇元焉。日煤之輸入中國。一九二八年較上年約減一〇、六八六、〇〇〇元。但此種減少。係受兩國煤價之影響。非關抵制也。惟海產輸出額之減低二、一六五、〇〇〇元。則完全受抵制影響。無可疑也。

(二)日本貨物之屯積狀況

日本一九二八之對華貿易。較上年反佔優勢。既如上述。然同時種種難題亦於是發生。蓋華人業進口者。積貨過多。分配遲緩。因而中途毀約者。比比皆是。彼日人殊未聞有何適當解決之方法也。試以上海一埠而論。據上海日本工商總會之調查。去歲五月至十二月間。上海積存棉織日貨件數。較之一九二七同時所存者。約如下表。

	四月	五月	六月	七月	八月	九月	十月	十一月	十二月
一九二八	539,000	654,000	773,000	887,000	906,000	834,000	8[illegible]6,000	9[illegible]2,000	830,000

一九二七
625,000
547,000
377,000
458,000
680,000
420,000
[illegible]87,000
435,000
369,000

一九二八純糖堆積之袋數。較之一九二七及一九二六兩年者。其情況如下。

	一月	二月	三月	四月	五月	六月	七月	八月	九月	十月	十一月	十二月
一九二八	49	137	81	93	104	45	65	77	138	191	253	117
一九二七	219	285	187	137	128	95	141	152	128	135	105	67
一九二六	85	87	58	23	133	128	128	103	105	84	(缺	(缺)

以上兩表。至足顯明上海屯積之日貨。實以一九二八爲最多。常此以往。殊非日人

之福。然值此特殊情形之下。有五點不容忽視者。

(一)冷貨堆集。固半由抵制之故。然半亦由吾國輸入增加。運輸遲滯所致。

(二)因價目之飛漲。及內地之急需。堆存日貨。又有漸減之勢。

(三)長江上游各地與日本間直達運輸。近已組織成功。

(四)南方各埠輸入日貨。多以上海爲轉運地點。

(五)反日工作雖極緊張。而必需之日貨。仍能源源乘隙而入。

總之。一九二八年日本之對華貿易。大體上受抵制影響尙微。尤以對華輸出超過上年。爲最足刺人心目之事實。言念及此。不勝浩歎。雖然。抵制果毫無效果乎。表面如此。實際則未必盡然。請更進而觀之。

(三)反日運動所給予日人之影響

日本一九二八對華輸出增加。固矣。然吾等觀察所及。不能僅限於一年間輸出之普通現狀。地域情形亦應顧及。就事實之明示。日人去歲對華貿易。表面雖可樂觀。而實際所受抵貨之影響。實甚重大。日人雖百計掩飾。亦徒見其捉襟見肘耳。請就下列數點證之。

反日聲中日本一九二八年之對華貿易

第一。吾等欲知此次運動之結果。不能僅以一九二八之日本輸華數目與一九二七之比較爲準。蓋彼時中國內亂方殷。而日人又出兵山東。引起抵貨運動。中日交易。幾於完全停頓也。

第二。去夏抵制日貨最烈之時。日本各轉運公司所有在滬貨棧。幾全供堆存各種困貨之用。數量之多。爲近數年所僅見。

第三。中國去年購買力漸復原狀。使無抵制運動。則日本對華輸出。當有極大之增加。然去年結果。則僅較不堪回首之一九二七年略增。

第四。日本有多種銷華貨品。已因抵制之故。被華人自製貨品。取而代之。

總以上數點而言。日本去歲對華貿易。因抵制而實際上大受損失。殆已爲不可掩之事實。此外對華北華南輸出之大減。及上海長江一帶交易之失敗。均爲該國去歲所受之致命傷痕。雖總額輸出尚差强人意。實不過外强中乾耳。茲將去年上海。天津。漢口三大埠日貨受抵制之損失情形。略述於次以爲留心此事者之參考。兼作本篇之結束焉。

（一）上海　上海爲吾國輸入。分配。及銷耗日貨之主要商埠。上海情形如何。頗足爲吾國全部之代表。據上海日本工商總會之調査。去年日本輸入上海之主要貨物。其增減情形如下。

『在十一月三十日以前五月中。上海輸入之日本棉布。共爲一〇、一五四、五一七件。較之一九二七同時間輸入日布件數（一一、八三八、一三二）減少百分之十五。同時英布輸入共二、四五二、四五五件。較之去歲。增加百分之七十五。美布共輸入三三、〇〇三件。增加百分之三百九十。德布輸入六三、七三六件。較上年竟增百分之四百八十。

日本羊毛及人造絲織品。去年同時間內。較上年同時輸滬者減百分之九十九。輸入數量。僅達九三、一一九碼。但同時英貨輸入較前增加百分之二百八十七。德增百分之三百四十。

日糖之輸入上海。去年在此期內。幾於完全停止。計共輸入一五、八九四擔。較上年之五九二、七〇九擔。共減百分之九十七。香港糖共輸入二〇二、二〇七擔。較上年

反日聲中日本一九二八年之對華貿易

之二二一、二二四擔。亦爲略減。但爪哇糖輸入上海。達二、三〇九、〇一五擔。較上年增加百分之三十。新加坡亦較上年增百分之四十八。

印刷紙之輸自日本者。以需要加多之故。增加百分之二百九十。但同時自別國輸入者。亦較前增加百分之八十三。別項日本紙類之輸入。減則少百分之二十。而同時自別國輸入者。增加百分之十。

海產物之輸入上海。去年十一月三十以前五月中。自日本來者減少百分之七十。自別國來者。僅減百分之三十。

日本木料之輸滬。較上年增加百分之二十九　而自別國來者。較前增百分之六十。

金屬輸自日本者。增加百分之八。但自美來者增百分之二百七十。自德來者增百分之三百五十。

日本機械之輸入上海。在此時間內較前增百分之十八。但別國輸入者增加百分之五十九。

日本染料之輸入上海。在去年此時中較前減少百分之五十。而別國輸入者反增百分之七九。

日煤輸滬者。去年五月內較前減百分十五。而輸自別國之煤。同時較前增百分之二

以上爲日人之調查。準此以觀。則去年上海之日貨情形。可以不言而喻。

(二)天津　爲華北貨物分配之中心。以反日運動之故。日貨至彼者。去歲亦蒙重大之損失。試舉棉織物一項而言。日本棉織物在一九二八年十一。十二月間。輸入天津之總額爲四〇、三七一件。較之上年同時輸入之六二、〇四〇件。大爲減少。至棉紗在一九二八年上述時期內僅輸入七四五件。但上年同時輸入乃達一四、六六六件。

(三)漢口　以中國芝加哥著稱之漢口。去年亦爲反日運動最烈之區。故日貨在彼之損失亦甚重。但以必需之故。大宗物品如棉織物。糖煤等。仍能銷售。然使無抵制。則價目方面當不至如去年之低廉。可斷言也。

總之。日本去年所受抵制之損失。證以種種事實。及各地情形。實至顯明。輸出之比較增加。終不償實際所受暗創之鉅。況今日抵貨運動大有組織且備。進行不已。勢乎

反日聲中日本一九二八年之對華貿易

反日聲中日本一九二八年之對華貿易

。據報載。中日交涉。近已大致解決。雖其間有無作用。未敢先事武斷。然觀其第一要求。卽在迅速停止反日運動。苟此種運動之毫無影響。何爲要求停止。蛛絲馬迹。有心人不難探索而得也。

我國今日之粮食問題

吳嘉麟

（一）我國粮食恐慌之現狀

（二）恐慌之原因—生産之減少—消費之增加—分配之失宜

（三）救濟之方策—生産之增加—消費之節省—分配之調劑

（四）結論

（一）我國糧食恐慌之現狀

我國糧食之恐慌。巳歷有年所。進口粮食之數量。大有與年俱增之勢。茲就主要粮食米麥麵三項。進出口數量價值。列表於次。

年別	洋米輸入			國米輸出			入超		每担差價		洋米輸入對於國米輸出倍數
	數量（千担）	價值（千兩）	每担價	數量（千担）	價值（千兩）	每担價	數量	價值	洋米高	國米高	
1913	5,415	18,384	3·4	84	230	2·7	5,331	18,154	7		65
1914	6,814	22,095	3·0	28	83	3·0	6,786	22·012			243

我國今日之糧食問題

1915	8,476	25,336	3·0	22	74	3·4	8,454	25·262		4	385
1916	11,284	33,789	3·0	23	80	3·4	11 261	33·709		4	490
1917	9,837	29,584	3·0	38	135	3·4	9,799	29·454		4	259
1918	6,984	22,777	3·2	33	116	3·5	6 951	22·661		3	211
1919	1,810	8,300	4·6	1·228	5·145	4·2	582	3·155	4		1
1920	1,152	5,362	4·6	312	1·059	3·4	840	4·306	12		4
1921	10,629	41,221	3·8	35	133	3·8	10·594	41·088			303
1922	19,156	79,875	4·7	45	222	5·0	19·111	97·653		3	421
1923	22,435	98 199	4·8	62	337	6·4	22·373	97·862		6	366
1924	13,198	63,949	4·8	42	227	5·4	13·[illegible]56	36·033		1[illegible]	314
1925	12,635	16,042	4·8	26	210	5·8	12·599	60·832		10	351

考諸上表。我國十三年中。米之進口。無歲不入超。其間洋米進口。可分三期觀之。一九一八年以前爲一期也。是期洋米輸入。平均每年約爲八百萬担。一九一九至一九

二〇年。爲又一期。是期國米之輸往外洋者。達歷年中最高之數量。而洋米進口。則爲最低之期。平均每年不過百四十餘萬擔。自一九二一至一九二五年間。爲第二期本期內洋米輸入之盛。爲十三年來所未有。平均每年得千五百餘萬担。

麥類進出口數量價值及每擔差價表

年別	洋麥輸入 數量(擔)	價值(兩)	每擔價	國麥輸出 數量(擔)	價值(兩)	每擔價	入超 數量(擔)	價值(兩)	超出 數量(擔)	價值(兩)	差價 洋麥高	國麥高	洋麥對於輸出輸入國之麥數
1912	2·564擔	7·489兩	2·9	1·376·686擔	3·88[illegible]·452兩	2·7			1·374·125擔	3·8[illegible]0·963兩	·2		·0054
1913	2·064	6·213	3·0	1·848·071	4·761·509	2·6			1·846·001	4·765·292	·2		·0034
1914	998	3·19[illegible]	3·2	1·969·048	3·850·[illegible]78	1·9			1·968·050	3·847·087	1·3		·0011
1915	2·[illegible]86	10·33[illegible]	4·0	1·514·536	4·061·5[illegible]8	2·6			1·511·[illegible]20	4·051·250	1·4		·001
1916	59·555	131·006	2·2	1·155·179	2·223·133	1·9			1·095·624	2·092·127	3		·05
1917	36·199	[illegible]9·933	2·2	1·55[illegible]·601	3·276·805	2·1			1·521·458	3·190·872	1		·02
1918	[illegible]6	8[illegible]	5·2	1·815·441	4·021·652	2·2			1·815·415	4·021·[illegible]68	3·0		·0000

我國今日之糧食問題

1919	20 100	5·0	4·453·471 10·075·281	2·2		4·453·451 10·075·181	4·8		·000001
1920	5·425 33·297	6·1	8·441·520 25·394·86[illegible]	3·0		8·426·09[illegible] 25·361·567	3·1		·0006
19·1	81·346 301·805	3·7	5·1[illegible]4·022 16·886·090	3·2		5·112·679 16·[illegible]81·285	·5		·01
1922	873·142 3·057·807	3·5	1·1[illegible]1·044 4·235·481	3·6		2 7·872 1·177·674		1	·7
1623	2·595·109 9·096·065	3·5	63[illegible]·9[illegible]9 2·173·[illegible]66	3·4	1·955·271 6·923·8 9		1		4·0000
192	5·145·367 17·689·740	3·4	140·185 541· 89	3·8	5·005·182 1 ·448·760			4	37·0000
1925	700·117		200·103		492·714				3·37

觀上表。一九二二年以前。吾國乃世界之小麥輸出國家。一九一五年。洋麥之輸入。與國麥之出洋。爲一與一千之比。及至一九二三年。乃一反從前之形勢。洋麥輸入。乃四倍於國麥之輸出。一九二四年。洋麥之進口。竟二十七倍於國麥之出口。就每擔平均價值而論。一九二〇前後數年。國麥出洋達最高度。同時洋麥輸入之平均價值。乃爲十四年中僅見之昂貴。一九二二至一九二五四年之中。洋麥入口達最高額。同等國麥出洋之平均價值。竟亦逐年上漲。是足見國麥出洋之艱澀也。

麵粉一項。十四年以來。可以釐爲三時期。一九一二至一九一四爲一時期。當時歐戰尚未發生。外粉輸入。年約二百五十萬擔。自一九一五至一九二一年爲第二時期。其

麵粉輸出入之數量價值表

年別	麵粉輸出入 入口(担)	出口(担)	進出口總額之差 入超(担)	出超(担)
1912	3,202,501	637,454	2,565,017	
1913	2,596,821	139,206	2,457,615	
1914	2,166,318	87,041	2,079,277	
1915	158,273	216,225		57,952
1916	232,464	289,747		56,283
1917	678,849	798,031		29,182
1918	4,551	2,011,899		2,0[illegible]7,348
1919	27[illegible],328	2,694,271		2,422,943
1920	511,021	3,960,779		3,449,759
1921	752,673	2,047,004		1,294,331
1922	3,600,967	593,255	3,007,712	
1923	5,826,540	3[illegible],553	5,694,987	
1924	6,657,162	157,285	6,499,877	
1925	2,811,500	288,060	2,523,440	

時歐洲苦戰。元氣凋殘。故外粉之輸入。跌去十分之八九。自一九二二至一九二五年爲第三時期。每年俱爲入超。平均約四百萬擔之鉅

總之。近數年來。主要粮食米麥麵粉三項。年呈鉅額之入超。如是進口滔滔無窮。不但粮食恐慌之堪虞。且現金外溢。財富空虛。即一洋米而論。一九二一至一九二五五年間。每年輸入平均約在千五百萬擔。合華幣一萬萬又三萬元。夫以農立國之邦。而粮食不獨無以給人。抑且難以自給。是豈應有之現象哉。

(二)糧食恐慌之原因

考粮食恐慌救濟之策。一般人士。已先吾而言之矣。顧恐慌之程度未見根本減鬆。毋乃恐慌之原因未明。下藥不能對症歟。爰就管見所及。列舉如左。以求正於邦人君子之前。

(甲)生產之減少　生產減少之原因。約分四端論之。

(一)栽種罌粟　近來軍人恃烟款爲最大之餉源。强迫農民種栽。幾徧全國。川。湘。滇　黔。秦。豫。甘。閩。桂。贛。熱河。尤廣。民國十三年甘肅省烟稅。計一千萬

元。湖北爲千五百萬元。陝西一千萬元。福建在一千五百萬元以上。宜昌爲川黔烟土出口之門戶。每月徵稅竟達百萬元。川省普通縣分。每年所出烟款。亦有數十萬。現在國內罌粟所佔耕地。雖無統計可查。但自各省烟稅總額之鉅。栽種之普徧。各種事實推論之。可斷定栽種之畝數。必有駭人聽聞者也。夫罌粟不惟佔地面。且耗人工與資本。其生長與米麥直接衝突。故種罌粟之田增。卽五穀之田減。罌粟多而食粮少也。例如雲南貴州廣西等省。所有肥田。因當局勒令種烟。人人賴生活之穀類。頓形減少。米珠薪桂。饑饉迭告。其影響於粮食爲如何耶。

(二)人力資本之減少　我國人工。本不缺乏。但因兵匪騷擾。干戈連年。避難不暇。遑論播種收穫之事。遂使良田荒蕪。種植失時。且是輩壯年兵匪。全國不下數百萬。多係農民所變成。農工驟減。影響可知。加之捐稅繁重。紙幣濫發。物價昂貴。費用增加。民貧且困。資本以竭。人力資本兩俱缺乏。則農產安得不減哉。

(三)農事之退步　我國農民。默守舊習。選種耕植。不知改良。豐歉一歸諸天。費力多而所得實少。且以時局騷擾。農民不能安心務農。因而怠工者有之。施肥不足者亦

我國今日之糧食問題

有之。農事退步。生產減少。自爲意中之事也。

（四）天災蟲災之流行　我國對於農事。從未注意。內地河道。淤塞不加疏濬。病蟲遍野。不知消滅之道。一八八八年間。黃河氾濫。河南全省。殆成澤國。一八九三年冬至一八九四年間。北部各省之因水旱而死者。至百萬之多。一九〇二年南部各省荒旱。一九〇六〇七二年又遭大饑饉。一九一一至一三三年間。長江沿岸水災。饑饉遍野。一九二〇。北五省之旱災。荒地千里。去年晴雨祈雨。風靡全國。而江浙產米之區。亦時以螟害見告。據民三各省災荒調查統計。全國受病蟲害者。約六萬萬六千萬畝。設每畝平均歉收米麥一斗。則已達六千六百萬石之鉅。其他年度。因天災病蟲而生產大減。亦可想見矣。

（乙）消費之增加　查消費增加之直接原因。有左列數種。

（一）人口增殖　我國人口之死亡率雖高。而生產率實過之。其死於戰禍饑荒等之非命者。實不足計。四萬萬人口之調查。遠在前清。現時人口。當不止此數。據十四年郵政調查。謂已達四萬三千六百萬。（蒙古西藏不計在內）同年海關估計。爲四萬四千八百萬。（蒙古西藏新疆不在內）此外各國僑民。自民國四年一八二・四〇四八。至十四年增加至三三六・八四一人。人口既增。消費安得而不增哉。按我國本部及東三省。小於美國。人口密度。每方哩二二八人。美國人口密度約計三六人。比我國稀六倍。又我國耕地。約十六萬萬畝。美國約五萬萬英畝。即美國供養一人之耕地。在我國須維持八人。故本部人口。已充滿土地之容養能力。彰彰明甚。土地之容量既滿。一有增加。遂有溢出之患。

（二）一部分人之靡費　我國自通商以來。城市日形發達。人口集中之速度極高。計全國主要都市人口。約在二三千萬以上。而市民之生活程度。較鄉民爲高。糧食之消費較鉅。需要之額。隨城市之拓張而日增。如上海甯波兩埠。自民八至十三年六年之中。洋米入口。自三十萬擔增至三百萬擔。況年來國人對於食糧。講求精製。無微不至。種種機白米。機廠麵。大受社會之歡迎。粗米粗麵。爲一般所擯棄。米麥因精製所生耗虧之量。雖無從確定。而要亦靡費不少也。此外兵卒自五十萬增至一百五十萬以上。其一人食量。不難敵尋常二三人。當是輩未從軍時。必係多食雜糧力求節省。從軍之後。則多食米麥。盡量飽餐。消費既多。粮食因之亦受其影響焉。

（三）非正當消費之增加　粮食國人食品也。凡非供國人之食用者。皆在非正當消費之列。如用以飼豬釀酒。及輸往外洋等是也。前二項非正當消費之額至巨。湖南江西兩省。谷米價廉。人民用谷釀酒。以米飼豬。所在皆是。每年約計耗米在一千四百萬石左右。查我國酒風。不亞於以前之美國。美國自一九〇五至一九〇六年間。釀酒耗去玉蜀黍大麥黑麥等。凡八千餘萬斗。故吾國粮食。消費於釀酒二項。爲數非小。至粮食輸出。數量極微。米糧每年只有數萬担。至於奸商之私運。海關素無記錄。據云自民國以來。每年在二百萬担以上。

（丙）分配之失宜　粮食恐慌。固由於生產之銳減。消費之增加。然消費支配之失宜。實爲一大原因。消費支配失宜。在供者一方。則貨棄於地。在求者一方。則來源告竭。價值騰貴。供求不應。恐慌以成。而外洋粮食。得以乘其後。謂余不信。請以事實證之。米之生產地輸出量。民二至民六七年。平均每年爲三百八十萬担。民八民九。平均爲一千零九十萬擔。民十至十三年。平均爲三百三十萬担。廣東於民八民九兩年。洋米之銷行。僅佔百分之十五。國米乃至百分之八十五。民十至十二年。洋米一躍而佔百分之九十以上。國米幾絕跡於廣東之市場。今若以輸出量之漲落。及廣東國米銷行之盛衰。而定生產地之豐歉。則民八爲最豐收。民九次之。餘皆歉收。苟非然者。則輸出量之旺。廣東銷行之盛。當不僅民八九兩年。蕪湖九江長沙。同爲國米重要出口地。而致其民二至十三年間。輸出量之消長。殆有一致之趨勢。同期增漲。同期低落。此必國米支配上調劑之失宜。有以致此。蓋當民八民九兩年。歐戰方終。各國正忙於國內經濟之恢復。食米之尾閭。未遑顧及。因予國米以能暢銷於國內外之機。迨後各國經濟。逐漸恢復。國米銷行。乃復入於被擯斥之期。然所以致此調劑失宜者。其直接原因。約可分二端述之。

(一)稅項之繁重。糧食需要之地。不即爲粮食生產之區。加長沙九江蕪湖三埠。爲生米之出口中心地。居長江流域之中部。而食米入口之中心地。則在珠江流域 自產地至銷場。有關稅。有厘金 局卡如林。附捐重重。致稅捐之高。超過物價一二倍以上。出產地之價。與入口地之價。差異極鉅。調劑遂失其均勻。而洋米則藉協定關稅。平均每石輸入價值。反較國米平均輸出價值爲低六錢。成本旣輕。自能擯斥國米之銷行。而徒令湖南江西等省之剩米。作飼猪之料米。乃如此。小麥麵粉。亦因受稅捐繁重之弊。有不能流動自由之病。一九二二年以後。小麥輸出平均價值。逐年當漲。一九二四年。每担平均價值。較洋麥高出四錢。而是年洋麥輸入。乃有三十七倍於國麥之輸出。是國產糧食不能自由流動。使消費遂有調劑失宜之現象也。

（二）輸運之困難。糧食自生產地至消費地。幾莫能須臾脫運輸之一步。而欲謀供求適合。調劑自如。尤賴有完備之交通機關。使有低廉之輸價。迅速之輸運。蓋交通不便。則糧食之流轉不速。價値値昂貴。而銷路以滯。我國交通。論鐵路則全國僅七千五百餘英里。西藏四川廣西甘肅青海新疆等省。幾無寸軌。以言輸船。華商小輪船公司不計外。則內河沿岸。僅吾國招商開平甯紹政記等公司五十九隻。五四·七一〇。外輪一百二十三隻。五七·二〇三。全國新式道路。亦僅得七千五百餘華里。且不適宜於糧食之輸運。夫以若是之交通。求糧食運輸之便利迅速。運費低廉。供求相濟。其可得耶。米之運價。自南昌至九江。每石須一元九角。自湖蕪至上海。須一元五角。西北部之察價。與五百英里外之麥價。為一與三之比。漢口麵粉廠。因西北麥價雖賤。若加以運費。其成本反較美麥為貴。故大部分槩用美麥。十四年湖北湖南與安徽山東之小麥。以運輸停滯。竟難裝出。去年湖陝魯豫等省。沿路堆麥如山。聽其腐壞。而無法運出。京漢路全線 交通斷絕後。至十二月二十九日止。共堆積糧食六七十萬之多。十三年內地小麥存底至巨。惟以轉運不便。未能到埠。此皆運輸困難。影響於消費支配失宜之證也。

(三)救濟之方策

(甲)生產之求增加也 欲救濟糧食恐慌。根本在求生產之增加。增加生產之法有八。試分述之。

(一)促成北伐成功。肅清匪害。實行化兵為農。軍閥不除。匪害不清。農民無安枕之日。盡人而知之。化兵為農。即所以增加農工。墾種荒地也。

(二)減植毒卉。湘桂閩贛等省人民。前被軍人勒令種烟。迫不得已。情殊可憐。但現在國民政府統治之下。自應自動改種穀類。當局應盡督促之責。以絕禍根。而增民食。北方各省。其有栽植毒卉者。農民亦應設法變種五穀。社會負督促提倡之責。惟減植毒卉。須自禁吸入手。吸者斷絕。則烟土自無銷路。倘吸者不絕。烟土之需要仍在。則欲求不爲毒卉栽植甚難。禁吸之道維何。曰捨從前之嚴禁主義。而採漸禁主義。由政府設立戒烟局。吸烟者須經醫生證明。發給吸烟特許證。依照各地吸烟特許證上所載吸烟分量之總消費額。劃定區域。公種鴉片。以分配各地戒烟局。至吸絕時止。乃行絕種。此所以減植毒卉。與漸禁吸烟。宜相輔而行。今日國民政府。有各處禁烟局之設立。但觀此種禁烟局。以財政收入爲目的。已失禁烟之本旨。幸當局注意及之。

(三)開墾本部及邊境荒地。東南沿海諸省。人口較密。每一農夫。大概僅得二畝至十畝之地。中部及東部。人口較稀。每一農民。約得五畝至二十五畝。北部及西北諸省。則每人可得五十畝至百畝之數。美國每一農夫。平均約可得四百九十八畝之多。與吾國農民相較。不啻天壤之別。美國因廣耕(Extensive Cu'tivation)而農產豐富。吾國則以深耕(Intensive Cuituatjon)而受土地報酬漸減律之限制。生產不增。故吾國農業問題之急須解決者。厥惟擴張農民耕地面積。按本部及新疆滿洲墾地面積。僅一·五六四·九一八·四三四畝。佔全部面積百分之十五。故可耕之地。所在皆是。內地各省。山東浙江。各有一·九九一·三七畝。及一·七一二·四八〇畝。農產最富之江蘇安徽。亦各有二·三三六·二八四畝。及四。六二七·一六六畝。廣西湖南。則各有一四·七八及二三六·八三九畝之數。卽四川峨馬雷屏四縣可耕田面積。達六。六三五·〇七五畝。統計本部可耕荒地約共四億畝之多。蒙藏青海新疆東三省諸地。廣大幾與澳洲相敵。而土性肥沃。豆麥高粱玉蜀黍甜菜番薯。皆能繁生。初耕可數年不加肥料。蒙古現在可耕之地。有一千六百萬晌。（一晌七畝）既墾者不過三百八十萬晌。將來可以開墾之地。實有一千二百二十萬晌。東三省人口。每方哩僅五十八。黑龍江省僅十二人。民國十二三年。由山東等省移民墾荒地者。四十萬八。十四年五十萬。十五年五六十萬。十六年三月止。已達四十萬八。是東三省荒地之多可知。新疆已開闢者。不過一千二百萬畝。較之江蘇尚不及十分之一。其他邊境各處可耕之地。雖無確實統計可示。但荒地徧野。為數必鉅。向使邊境荒地盡闢。以邊境剩餘之生產。供給內地之糧食。自綽綽有餘。況開墾邊荒 不獨可以增加糧食之產額。且可移民實邊。開發富源。減少本部人滿之

我國今日之粮食問題

患。而邊境外人侵略。亦得以防止。五族同化。得以實現。玆就開墾邊荒要點數則。述之於後。

(一)修築輕便鐵路。或長途汽車路。以利交通。

(二)邊境之土壤。氣候。水利。交通。農地所在地點面積。適用何項農作。需要資本幾何等事。切實考查清楚。按照計劃。次第舉辦。

(三)政府予墾民以各種便利。改善領取荒地辦法。免除地價粮稅。減免舟車資費。派請專門家助長進行等是也。

(四)各界宜發起移墾運動。一方促政府之進行。一方鼓吹資本家興辦移墾事業。如移墾公司或移墾銀行等之興辦。借貸資本於農民。

(五)振興水利及森林事業　淤塞河道。應加疏濬。以避水災。厲行植林。以調節雨量。使不致有大水與亢旱之患。又可清濾雨水。使流入河中時。減少沉澱。河底不易堆積。免交通阻滯。河隄潰決。

(六)改良農業方法　改良農業。施用科學之法。國內必須多設試驗場。示農民以各種科學試驗之成績。以啓其摹仿之觀念。然後受以應用之法。喻以改進之理。使農民知應用之必要。有自動的覺悟。再因勢利導。推而廣之。徵集成績而實證之。但農業試驗場。用人宜當。試驗適要。且時與農民聯絡。其組織應分試驗推廣二部執行之。試驗部得斟酌所屬區內農事之習慣情形、並基於其地農民之希望供缺乏之事件。分設若干科。推廣部宜視各科試驗確有功效後。即設勸導督察等各科。分途執行。實收其改進農事之效果。目下農事之急須改良者。爲整地 農具。肥料。種子。及病蟲害防除法。此外尤宜多用畜力與機械力。以省人工。至教導推廣之責。須由就近之農業試驗場負之。

(七)注重農業教育　農業教育之目的。其最著者厥有三端。即一。使認知農業生產所受之自然法則。依此以應用於實際。二、依習得農業經營之技術。以求收獲額之增加。三。使研究農業經營之經濟。以謀純收益之增進。故其重要與農業試驗場。有過無不及。但農業教育。尤須農注重村教育。授農民以農業上必要之知識。更須與農業試驗場。農業行政機關連絡。使不致再有隔閡之弊

(八)各縣設立農民銀行　東南沿海諸省。每一農夫。僅得土地二畝至十畝。每畝收

入在十二元與二十五元之間。中部及東部。每一農民。約有五畝至二十五畝。每畝收入。在十元至二十元之數。至北部及西北諸省。每人可得五十畝至一百畝。每畝收入。平均約在七元左右。但若輩農民。半屬佃耕。南中數省。佃耕尤多。每年收入除輸租外。所剩無幾。更遑論自置土地。改良農事。故處此資本缺乏。高利盤剝下之農民。今後實有使其有借貸資金利便之必要。農民銀行。乃便利農民借貸農業上必要資本之場所。凡農民購置土地。改良或經營農業。皆得向銀行長時期抵押借款或個人信用借貸之。銀行遇有農民請求貸款時。辦理登記保險事務。農民不能還款時。當調査其實在原因。寬限還款時期。俾農民可設法補救。要之抵押信用。或個人信用。務求確實可靠。使銀行無所損失。利息期限務期減輕久長。使農民易於償還。現在江蘇省政府鑒于農民銀行之重要。頒佈農民銀行組織暫行條例。設立省農民銀行。各縣設立分行。銀行資本。以各縣徵收之畝捐充之。果能切實籌備。于短時期內各縣成立農民銀行。則所得之利。尙可抵畝捐之弊害也。

(九)組織各種農村合作社　吾國農村金融。日益乾涸。農事衰落。故欲改進農業。

增加生產。必先組織農村信用合作社。使農村之金融活動。考華洋義賑救災總會。在民國十一年。撥五千元爲貸款基金。首在直隸源水縣試辦信用合作社。旋卽撥一萬五千元充底款。一萬三千元充經費。設農利股專司其事。近四年中報告成立。社已達三百二十六所。散布于京兆直隸江蘇安徽四省。其發展不可謂不速。日後農民洞悉信用合作社之利益後。將進一步而組織購買合作社。以最低及批發價格。共同購買農具肥料種子及一切日常品。免去種種消耗。及小商人之漁利。由購買合作社再進一步而組織販賣合作社。蓋現在大多數農民。在農產收獲。需款孔股。急於出售。得利甚微。販賣合作社之功用。則在集少額農產品。待價而沽。且可直接搬運。售與都市或消費者。運費省而獲利厚。又有生產合作社。亦爲將來必須有之趨勢。農民共同從事農產品之製造。此四種合作社。直接間接無一不裨益農民。助長生產。願國人共同提倡之。促成之。

(乙)消費之節省也。消費可以節省者。分列三項論之。

(一)改變食物習慣　參食各種雜糧。

(二)實行節食粗食　吾人日常用膳。大抵過於身體之需要。麥麵棄飯。以多食爲有益，而不知多食之害。足以致疾病。故不消化症，以國人爲最多。而糧食之斷送於多食主義之下。似微而實鉅。故今日與其高談多食利益。不如實行節食主義。旣節食矣。同時尤宜粗食。蓋米麥之精製。亦爲糜費之一種。由小麥製成白麵時。通常僅得百分之七十。德人在歐戰時。磨麵可得百分之九十四。吾人若能多食糙米粗麵。不惟可以節省消費。且得保有穀粒中最富於滋養料之維他命。是粗食卽爲養身之道。更何樂而不行哉。

(三)取締非正當之消費　非正當之消費。實有取締之必要。如飼養牲畜。豆餅爲最宜之飼料。我國農業上工業上副產物之足供釀酒精原料與飼料者甚多。豈可以於人體營養價值至高之糧食。投之於是種非正當之消費哉。且酒乃毒物。社會上多少罪惡。皆以飲酒而起。工作效率因酒減少。更無論矣。美國禁酒在先。我國自可步法於後。使巨額釀酒之糜費。亦得藉此而能移諸正當之消費。

(丙)分配之求調劑也　糧食之消費。端賴支配適合。以免於恐慌。調劑之道。約有三端。列舉加左。

(一)改善交通　我國交通事業。極爲幼稚。如欲振興農業。則非力謀發展交通不可。爲今之計。至少應有十萬英里之鐵路。百萬噸之航船。一百萬英里之新式道路。此外黃河淮河諸河之疏濬。運河之開濬。商港之開闢。皆刻不容緩。雖然原有之交通事業。皆呈破產之象。當局宜先如何救濟整理之始可。固使將來交通便利。則輸運迅速。運費低廉。各地糧食之支配。自能收供求適合之效。

（二）免征厘食雜稅　裁厘之議。舉國同倡。我國民政府雖宣布本年九月一日起。實行裁厘。關稅自主。顧以時局外交關係。緩暫實行。無已。其惟就主要糧食米麵三項。准予免征。其餘一切苛捐雜稅。亦應准一概豁除。其國產糧食。通流全國。不致因稅捐繁重。而呈流動不能自由之狀態。

（三）設立糧食調查處　我國幅員廣漠。調查糧食生產消費數量。及生產消費狀況。輸出輸入之比較。價格之變遷。本非易事。加之政府之政策不良。民間之處置未善。是以食糧產額。存糧數量。並不能得其概數。一遇糧食昂貴。官民上下。莫不曰禁止囤積。暫防出口。限制價格。試辦平糶。至於某縣產額幾多。某省產額幾多。某縣某省不足幾何。某省某縣有餘幾多。某地糧食向由某地供給。某地今年年歲豐歉如何等等。均屬茫無頭緒。是以糧食恐慌。不能先事預防。又不能臨時調節。蓋以生產消費之量不明。則分配之策不能立。此東西各國所以力求有正確之調查。精密之統計也。如其由統計能確知糧食之不足。則可預與國民以警告。誡其勿濫費而節約。或預備他物以代充。設法以調節之。或因之以促進農事上之改良。種種設施。均可由統計數字上遵循進行。無過與不足之患。且也各地糧食生產額既明。則甲地過剩之糧食。得以流通於乙地。如是調節合度。收儲適量。無端之恐慌可免。故各地糧食調查處之設立。誠為謀民食切要之企圖。政府及各省行政官廳與當地社會團體。宜如何設法組織之。

(四)結論

綜上以觀。糧食問題之。癥結厥惟生產之減少。消費之增加。及支配之失宜。其救濟也。在積極方面。則求生產之增加。消極方面。則謀消費節省。在社會方面。則力求消費支配上之調劑。供求之相應。生產多而消費少。支配調而供求應。則中原境內。無糧食恐慌之虞矣。

德國國家銀行之今昔觀

沈孝明

銀行爲調劑社會金融之樞紐。而國家銀行（或稱中央銀行）又爲一國多數銀行之銀行。故爲調劑全國金融之最高機關。歐美各國無不有國家銀行之設立以鞏固國本。德國自戰敗後。馬克大跌。金融紊亂。重以外債賠款種種關係。遂使其國家銀行受空前之變遷。茲篇將該行之過去與現在擇要略述一二。大雅不棄。尚請進而教之爲幸。

（一）德國國家銀行之起原

欲明德國國家銀行之過去狀況。吾人當先知其起原。在德國政治未統一之前。商業上已獲關口之聯盟。根據一八七五年之銀行法規。德國乃有其發行紙幣銀行之基礎。但其圜法之混亂。與紙幣之充斥。不得不迫其政府於一八七六年一月一日設立國家銀行（Reichsbank）以行救濟之政策。而德國首相俾斯麥尤注意於該行之發展。該行係以成立百載之普魯士銀行改組。而取買於法國十萬萬金元大賠款。該行因具有巨大之資本。及

德國國家銀行之今昔觀

免稅發行紙幣之特權。其營業遂駸駸焉駕其他銀行之上矣。其資本係私人（以德荷人爲最）所供給。對於德政府免納所得稅及營業費。但須交不動產捐。其服務以社會公共之利益爲前提。次乃及於營利之商人。其貼現率爲一律。以示公平。對於鑄幣之數目，則二十倍於人口之總數爲限制云。

（二）道威斯計劃與新德國國家銀行

其最影響德國國家銀行之變遷者。卽名震一世之道威斯計劃是。此計劃之目的。在爲德國籌劃實行之方法。使每年得以最多款項輸還協約國。茲將該計劃要點列左。

（一）停止在德境內協約國之特捐及商業干預。以恢復德國之財政及經濟的統一。

（二）設立一發行紙幣之新銀行以鞏固幣制。其資本定爲四〇，〇〇，〇〇〇，〇〇，〇金馬克值。一〇〇，〇〇〇，〇〇〇美金元。

（三）第一年之賠款額爲一，〇〇〇，〇〇〇，〇〇〇金馬克。遞延漸加至第五年爲二，五〇〇，〇〇，〇〇〇金馬克。此後當照德國興盛狀況之指數酌加賠償款額，而與盛狀况之指數則以德之國外貿易。鐵路運輸。大宗物產之消費而定。

(四)德國須籌借一宗外款數爲八○○，○○○，○○○金馬克。以供第一年賠款之需用。

(五)用德國鐵路之資產爲抵押發行載息五厘之債券與賠償委員會。總額爲一一，○○○，○○○，○○○金馬克，其債券利息由德國鐵路負責照付。

(六)用德國工業之資產爲抵押發行載息五厘之債券與賠償委員會。總額爲五○，○○○，○○○，○○○金馬克。其債券利息由德國工業公司負責照付。

(七)德國可自由收納重稅。第一年之賠償款毋須由國家歲收內抵撥。第二年以後須以鐵路總收入之附加捐爲賠款用。第三年起賠款須由國家歲收內移撥。

(八)賠款及外債償還均直接付入新銀行。向賠償委員會之代理人可以隨時決定用任何方法將此項賠款匯出德境。(大約在第一二年賠償委員會之代理人將以賠償項購德國貨物分輸協約國。以後始購匯兌。總使不至擾亂德國金融。)

綜上八則觀之。德國新國家銀行之創立。實孕育於道威斯計劃內。而新銀行之設立

德國國家銀行之今昔觀

。實爲收付賠償協約國款項之總代理人。不特一面爲德政府服務。一面又能爲協約國之總司庫。吾人可詠諸之曰「最新式之國際銀行。」然德人豈欲之哉。不得已也。

吾人今不得不注意此新銀行矣。新銀行仍以舊銀爲基礎而改絃更張。其營業期限爲五十年。發行紙幣名之曰 Reichsmark 。除金幣外。是項紙爲惟一無限制之法償。舊馬克紙幣逐漸以市價收回。新銀行資本照法律規定至少不得在三〇〇，〇〇〇，〇〇〇金馬克之下。然亦不得超過四〇〇，〇〇〇，〇〇〇金馬克。而舊銀行及金業貼現銀行 Gold Discount Bank 二家之股票。均須調換新銀行之股票。唯舊銀行之股本在未調換新銀行股票之先。已將其原有之一八〇，〇〇〇，〇〇〇金馬克減半以換取新股票。至舊銀行之債務。新銀行一概不理。照道威斯計畫新銀行之業務範圍可分析之如左：

(一)爲商業銀行之銀行以整理幣制維護金融。

(二)依全國各支行之聯絡。從事於票據交換。

(三)用貼現策略。以控制金融。

(四)爲國家財政之代理人。

依上列四則觀之。除投資性質外銀行得爲一切國家銀行所賦予之業務。但其定規甚嚴。以防德國政府之濫借耳。

(二)新舊德國家銀行之比較

新銀行既因根據道威斯計劃而創立。則其內容種種自與戰前者不同。玆將其內容之變遷分（甲）組織（乙）紙幣發行之準備（丙）存款之準備（丁）利益之分配四項逐一討論之。

（甲）組織

戰前該行之統率機關爲Curatarium（即董事部）。以財政總長爲部長。尙有董事四人。中一人爲德皇所委。其他三人爲參議院所委任。股東會每年選十五人爲委員。意在助理該行辦事人所不及。渠等可列席董事會。並可稽核一切帳目。銀行之行政權則操於經理部九人之手。此九人爲參議院所推薦。由德皇任命者。至戰後該行之組織可分（一）董事會（二）經理部（三）發行部及（四）股東會四項以研究之。

德國國家銀行之今昔觀

（一）董事會　董事會以七德人七外人組成之。董事會具有選舉職員之權。行長之選出。必須經有董事九人之同意。但九人中必須有德人六。行長人選須經德共和國大總統之同意。行長可任命經理部職員。但須經至少有董事九人之同意。而九人中必須有德人六。董事會若有九人之同意。而九人中必須有外人六。可選出發行部長一人。此發行部長或係董事之一。或非董事而屬董事會中之任何一人國籍者。均可當選。然在後者則原有同一國籍之一董事必須退出。而讓其國人之當選為發行部長者。代其董事之職。董事會僅處於顧問地位。然其潛勢力頗大。故經理部雖不受法律之束縛。業務發生問題時。不得不向董事會徵求意見及許可也。

（二）經理部　經理部為德國國家銀行最高之行政機關。舉凡用之人權衡。幣制之監督。貼現之運用。以及貸借之操縱均屬之。其職員自行長以下必須用德人充任。行長同時為董事會會長。行員以經理部之推薦。由行長任命之。經理部雖有最高之指揮權。不受董事會之制裁。然在左列三則之任一發生時。董事會之意見必須徵求：

1　依道威斯計劃規定。準備比率跌落在百分之四十以下之實現。必須徵得經理部全體職員之同意。及董事會任一董事之許可。

2 如欲以現金收贖發行鈔票。必先得董事會及政府之許可。

3 關於重要抵押借款者。

(三)發行部 發行部長無權干預行政。祇視發行及準備是否合法。但每張紙幣之發行。必須經其簽名。方生效力。第一任之部長爲一荷蘭人。

(四)股東會 股東會在戰前卽無勢力。戰後更形具文。唯處顧問地位。時與經理討論進行方針之大概耳。股東年會有權議決法律未規定之盈餘分配。董事會六德人董事之產生亦由斯會決定。由經理部之提議。經董事會之許可。股東年會得以修正銀行章程。而章程內容無關緊要。不過討論各部處開會之細則。及每年度營業報告書之估價大綱。

外此以上四者尚有非銀行本身機關。而與銀行發生密切關係者。卽賠償委員會之代理人。與轉帳委員會是也。此二者自爲戰後特有之特生物。但法律規定。關於賠償款項之處理。賠償委員會及轉帳委員會對德國國家銀行。祇有購客賣主之關係。不得持有債權八之態度。對於銀行行政等等絲毫不得干預。如於匯兌率之不利賠款輸出者。可與銀行行長婉商之。

(乙)紙幣發行之準備

戰前德國國家銀行紙幣發行條例。係根據一八四四年英國銀行法規修改而成。其他銀行若有停阻紙幣之發行者。則由國家銀行承繼其發行權。而特設國家銀行承繼發行權之規定。自是向之三十二行中。或則全致休業。或則放棄其發行權。接踵而起。至一九〇八年。祇有四家存在。德國法律規定在限定發行紙幣額數（約四七三，〇〇〇，〇〇〇馬克。）外所溢發之數須有十足現金爲担保。而其他銀行如有溢發紙幣時。須受五厘之捐稅。戰後國家銀行紙幣發行之準備。須有現金百分之四十。此百分之四十內四分之三。必須金子之存放本行。或他行之可以立時提取者。其他四分之一可以匯兌作抵。但須不分下列四者。(a)外國紙幣。(b)匯兌在十四日內付現者。(c)外國支票。(d)放在外國金融中心信用穩固銀行之存款。其百分之六十以商業票據等充之。倘現金準備低至百分之四十以下。百分之三十七以上時。政府應對於其逾限紙幣課稅百分之三。如低至百分之三十七以下。百分之三十三又三分之一以上時。課稅百分之八。以後現金準備。每低百分之一。卽增課百分之一之稅。

丙）存款之準備

除賠償委員會存款外。須有百分之四十特別準備。此項準備可以在他處或他國銀行之存款及支票三十日以內付現之匯票。或短期放款等等充之。戰前之國家銀行法律無存款準備之規定。按道威斯計劃。現金準備至少須百分之十二。再加流動資產準備之百分之三十。規限較德政府所定者嚴厲多矣。

（丁）利益之分配

戰前利益之分配如下。以股本總額之三厘半歸股東。倘有所餘。以十分之一爲公積。再以所餘之四分之三付政府。尚有四分之一仍爲股東所得。至戰後利益分配之規定如下。若公積金不過紙幣流通額之百分之十二時。則每年淨利須取出百分之二十以益之。股東俟公積及額時。方可獲得百分之八累積之紅利。在淨利中政府亦得一份以代稅捐。在第一次淨利如能達到五〇，〇〇〇，〇〇〇金馬克。政府與股東將各取其半。第二次時政府將取十分之九，股東將得所餘十分之一。

(四)結論

綜上所述。吾人當知在一八七三年以前。德國未採用金本位。其圜法之混亂。初不減於今日之中國。大戰前德因馬克紙幣之濫發。引起國際金融之恐慌。然德國國家銀行在戰後已有長足之進步。觀於馬克價值之固定。及德國經濟狀況之復元。可知已。道威斯計劃固與德政府以莫大之可實行經濟的援助。然其背幕乃爲促使協約國分贓之實現。其欲操縱德國國家銀行之野心。亦昭然若揭。如董事會中之以外人佔居半數也。發行部長一席之必須屬諸外人也。存款準備之明白規定也。利益分配之束縛也。在在皆予德人以難堪。然德人不甘退讓。針鋒相對。處處以威權爲道。故經理部可獨主一切。不必受董事會之指揮。經理部職員純用德人。如此外人所得者。不過債權之監視而已。一旦賠款完畢。外人卽被摒之國外。絲毫不受其拘束也。還觀我國滿虜當局。自外交失敗之後。畏外性成。不學無見。馴至將海關郵政鐵路鹽務拱手奉於外人。致令客卿用事。政由已出。利權旁落。民生桎梏。至有今日之衰弱。尤有進者。萬目屬望所能統一中國全國金融之中央銀行。竟不知其能誕生於何日。以視德國在歐戰大敗後處處猶能維持其獨立國家之尊嚴。及實事求是之奮鬭。當不勝愧奮而亟謀所以補救之方矣。

德國國家銀行之今昔觀

□福州錢莊及廢除台伏問題

池敬炳

福州各商店之經濟流通　完全靠各錢莊之手摺。以資週轉。自閩省政府宣佈廢止台伏後。各錢莊相率停止營業　致市面商業停滯。各商店大起恐慌。鬧得滿城風雨。究竟此台伏應否廢除。及廢除與不廢除的利弊。吾人不妨加以精確的商榷。但作者爲久居省外之人。對於本省情形。難免諸多隔膜。掛一漏百。在所不免。所望者能藉此一得之愚。引起諸同志之議論。使此問題有良好之解決。福州民商有眞確的認識。然後官商切實合作。造成福建經濟組織的新基礎。是則此篇作者之本意。

欲明台伏在福州之勢力及地位。非先將福州錢莊之情形。及其與商店之關係。詳細解決不可。玆分別述之如次。

（一）錢莊

（甲）福州錢莊之概略——（種類資本。組織。職員薪金。職員公會。行坪制度）——

福州之錢莊。分爲出票店及錢樣店兩種。前者有發行紙幣（卽台伏票）之權。後者則不過

福州錢莊及廢除台伏問題

經營兌換而已。出票店之資本。大約在六七萬元至五十萬元之間。錢樣店則多不過兩萬元。出票之總額以資本之多寡爲標準。多者十萬元。次者六萬元。少者三萬元。（惟美豐銀行發至十餘萬元）。現在此種出票店連金融維持會在內。共有四十六家。除金融維持會具有特殊性質外。其餘永遠以四十五家爲限。不得多開。福州錢莊之組織。多爲合夥公司。內設總理一人。（俗稱掌盤 有時附設一協理。店員中各有專職。如做票。看番。撕票。等名目。做票者。職司發行新票。專門管理謄寫台伏票面之數目日期以及蓋印等。凡一店同時所發之各張台伏。其字跡及蓋印地位必完全相似。稍有差別者。均不適用。故此種做票工作。必富有經驗之老練人才。方堪信任。此亦台伏之特點。各錢商即藉以分別各票之眞僞。是與歐西各國之簽字制度相類。看番者之職務。即察驗每日店中所收入之現款。閩語謂銀元爲「番」。故名之曰「看番」。台伏所用之紙。質薄而易爛。輾轉數年。即霉敗不堪。故必時常收回。重發新票。所有舊票即由撕票者核對存根後。一律焚燬。至錢業中店員之工資。多以個人之能力爲標準。高者月支二十餘元。低者不過六七元。但按平常習慣。錢業中店員每年可支二十二個月之工資。即按月除正二兩個月外。一律允其支領雙薪。正二兩月中之所以祇領單薪者。以出票店停止營業也。錢業店員中亦設公會。每人月納一定之會費。半爲救濟失業同人。至於店給學徒。類皆不領薪工。甚或自備食宿。學習期間。亦無一定。總以大家認爲可以應用者。卽由本店給予卒業證書云。

福州錢莊中又有所謂行坪制度。總坪設在南台下杭街。金融維持會內。分坪（一）設城內。（二）設直街。卽南台中亭街）（三）設横街。（卽南台上杭街）（四）設橋南。（卽萬壽橋之南）除星期日及休息日外。每日午前聚行行坪一次。屆時凡執有別家台伏之錢莊。咸赴上各地點互相交換。掉回本莊之票。如本莊出票過多。一時不能掉還。則須照納持票莊以息金若干。名曰貼番水。此種制度。略似東西各國現行之票據交換所。商民對於錢莊之信用。亦因之增加不少。

（乙）錢莊在福州商界之地位　福州雖爲通商口岸。銀行制度尚未發達。雖中國交通等數銀行成立有年。但一般人對銀行之信用。遠不及錢莊。銀行本票與支票更不如錢莊莊票之受人歡迎。錢莊莊票卽鄰近各縣。亦可通用。各商店亦多與錢莊往來。因此全城

福州錢莊及廢除台伏問題

之經濟勢力完全操於錢莊之手。各銀行幾於絲毫不能左右。此固習慣上之影響。使多數商家不得不與錢莊往來。但錢莊亦確有其便利之處。茲申述之於下。

（一）信用　福州商業上習慣。各商店與錢莊往來借款。多爲信用性質。但憑錢莊所發之手摺取款。無須抵押品。此着各銀行所萬萬辦不到。錢莊却安然爲之。此似於錢莊諸多危險。但各錢莊之經理。類皆在錢業中辦事有年。眼光精銳。對於各債戶之經濟狀況。各大商家之營業優劣。均瞭然胸中。憑其一已經驗。許各商家酌量透支。絕少危險發生。此爲錢莊特長之處。亦卽爲總理者唯一之責任。

（二）保人　銀理放款除抵押品外。尙須保人簽字。蓋章。手續非常麻煩。錢莊則無此手續。

（三）數目　福州商店。多係小本經營。與錢莊往來之款。數目多在二三百元之譜。此則銀行不甚歡迎。

（四　方便　福州各商店與錢莊往來。大部份專憑手摺。取款手續簡便。又無星期停止辦公之停滯。至于兩商店買賣交易。更可以錢莊莊票作抵。受者亦極歡迎。

(五)習慣　福州錢莊之能握有全城金融之勢力。亦全靠社會之信仰。故台伏行使市上。亦從無人視爲不可靠者。

(六)技術　分別銀元紙票之眞僞。爲錢莊特具本能。福州各商店對於所有日市收入之一切錢幣。(銀元鈔票台伏等)凡在一元之上者。均一律交與平常有往來之錢莊。託其照過。因此錢莊與各商家之關係。特別密切。

有以上種種原因。各商家多願與錢莊往來。全城之經濟樞紐。亦卽完全握於若輩之手。更就其無限制之發行台伏論之。又不知其勢力爲若何雄偉。足以操縱一切。中國無發行制度。福州爲中國之一部份。當然不能獨異。各錢莊發行台伏權。又容易取得。他們發行之確實數目。又難調查。一面靠社會上對台伏之信仰。一面靠不健全之制度。遂得盡量多發。然而此外尙有一個原因。在美國雖爲多數發行制。然法律限定。凡非本行所發之鈔票。只許收入。不許再發出。收入之他行鈔票。與他行所存之本行鈔票互相兌換。或向政府兌現。其用意卽使發行鈔票之銀行常存準備兌現之心。不允以他行之鈔票用來應兌。因此各銀行不敢濫發。在福州則不然。福州之錢莊。以前尙有「滾票」之名。

福州錢莊及廢除台伏問題

（滾票意卽擠兌）現在已不復聞。台伏票面註明粗支順路捧番票等字樣。卽明明爲以票換票。他行之票。旣可收入。亦可付出。與國美法律規定。正是相反。所謂順路卽順着南大街一直至南台下杭街。如有人提鼓樓前某錢莊之台伏。向其兌現。該莊卽可付以下一家錢莊之台伏。以爲應付。持票者再至下家錢莊兌現。其辦法亦正相同。以票換票。順着大路望南換去。一直到了下杭街。還是換到一張金融維持會的台伏。是則實際上卽爲不兌現之紙幣。發行者乃得任意濫發。並藉以操縱金融。其一舉一動。無不直接影響於福州社會。

錢莊在福州社會上之勢力。旣如此雄厚。其與商家之關係。亦如此密切。舉足輕重。種種受其掣肘。例如此次之廢除台伏。竟受其挾制。不能卽刻實行。故欲整頓幣制。減輕錢莊之操縱勢力。非改良銀行制度。使商民明瞭銀行之功用。俾政府容易爲經濟上之具體計畫。不至再受錢莊完全爲私利之層層阻撓也。

（二）台伏

台伏爲福州幣制本位。規定每元值台捧（又名台新議）七錢。故台伏之額面雖以若千「元」表示之。但實際每元之價值並非等於銀元一元。而等於制錢一千文。通常福州物價亦以台伏幾元幾百幾十幾文稱之。蓋以元百十文爲台伏十進單位。不以分角元計算也。按福州大洋價值恆較高於台伏。每元約值台伏一千零六十文左右。近數年來最低約降至一千零四十文。最高約達一千零九十文。故以台伏兌換大洋。須按時價貼水。惟至去冬每大洋一元僅值台伏九百文之譜。是大洋每元價值。較以前最高價。驟跌二百文。即較最低價。亦跌一百三十文。福州各業薪金收入多以大洋計算。而一切日常開支。均按台伏付款。大洋低落之結果。社會上大感困難。一般人更無形中大受剝削。雖迭經官廳出示嚴禁。而各錢商藉口上海銀價低落。不能抬高。福建省政府爲根本整頓幣制計。遂於一月三十日公佈廢除台伏。改用大洋爲本位。(一)台伏應照市價兌換現洋。公佈後七日實行。(二)台伏應於公佈後兩個月。一律停止使用。自台伏停止之日起。買賣貨價。均以大洋爲本位。不得再以台伏計算。(三)台伏廢止後。爲救濟市面流通起見。准各錢莊發行大洋兌換券。但須經官廳核准。錢商聞此消息。羣起反對。始則具呈政府。請求恢復從前行坪歸宗兌現。以冀延長台伏壽命。近則更聯合當商。一致罷業。一面停止兌

福州錢莊及廢除台伏問題

現。一面截斷各商店放款存款。以爲要挾。雖政府極力勸導。一再展期。亦不能勉力使其就範。錢商所提之理由。大略如次。

(一)福州商家每賴錢莊挪用台伏。以資週轉。今如廢除台伏。立卽兌現收回。是使各商無所依旁。勢必盡行倒閉。影響社會。莫此爲甚。

(二)福州不受官廳濫發紙幣之禍。全賴錢莊之台伏。以爲抵制。卽如壬戌年福建銀行所發之一百三十萬台伏。該行倒閉後。政府毫無辦法。亦由各錢莊出爲維持。

(三)台伏在福州有三十年之歷史。爲各商所信任。貨物及不動產抵押。均按台伏計算。一旦變更。先失其本。難免發生糾葛。則全市金融胥遭紊亂。

然此不過因事設詞。其實錢莊之反對廢除台伏。還是爲其本身利害着想。對於利益厚重之發行台伏。斷不肯輕易放鬆。如錢莊答應官廳所提辦法。則台伏去。銀元來。錢莊不能隨意以台伏供給各商店。則錢莊與各商店之關係疏。而莊票之用途亦遂必應時產生。洋票推行。中外商人如不信任。則可予以兌現。銀行之現洋十分充足。斷非錢莊可比。由是其原有之勢力。亦必相隨潰敗。此固錢商所深悉。斷不敢輕於嘗試者也。至於廢除台伏。不至紊亂金融。更非不可能之事。此汕頭之廢除七兌紙。固已予吾人以絕好之經驗。汕頭本用直平。市上只有七兌紙與國幣並用。惟於民國十四年四月。該埠錢莊壓抑國幣。幣價跌落。於是影響滬埠潮幫。乃有汕頭國幣維持會之設。嗣於是年陰歷五月始。經許崇智下令廢除七兌紙。一律通用國幣。以前發行之毫票。亦受同一之取締。實行以來。迄今三載。金融界情形極為平順。匯兌業亦比較發達。按最近報告。汕頭莊號之加入匯兌公所者。原為三十二家。現已增至四十家。加入銀業公所者。原為一百三十家。現亦增至一百三十七家。此可見廢除台伏並非完全予錢莊以不利。更不足為金融界之累。

台伏制度之應廢除。其最顯著之理由。大略如次。

（一）台伏為不合貨幣原則。中國幣制問題。非常複雜。各派意見亦極不一致。有主張中國應先用虛金本位。然後進至金本位。但鄙意以為在未用虛金本位之先。必須統一銀本位。將各處種種複雜貨幣稍加整頓。如果台伏不廢除。則銀本位決不能實現。中國幣制亦終於不能統一。是台伏之存廢。關係國家制度。並非局部問題。更不能以商民既安之。政府即可置之不問也。

（二）各錢莊所發台伏。雖以行坪制度。不敢濫發。（以流通區域之狹隘亦無從濫發）然而福州市全部金融之基礎。乃建築於此種不兌換紙幣之上。（事實上確是如此）在市面平靜之時。雖無問題。倘遇突發人力不可抗拒之事變。擠兌者非僅某某一莊。而福州市出票店之全體。必將無法應付。屆時福州金融。難免根本推翻。即全市商場。亦安有幸免之埠。

（三）少數錢商。每藉台伏與銀元價格不同。用以操縱金融。如市上銀元缺乏。需要較多。錢商則極力收集。等至銀元價格高漲。則儘量售出。如此賤買貴賣。從中得利。一般民衆。實受無形剝奪。如只通用銀元。則此弊可以免除。

（四）台伏為福州之本位幣。需要必多。各錢莊以種種關係。有時不敢儘量發行。因之供給有限。台伏之價值亦隨同上漲。市面流通貨幣之數額。不能與需要符合。物價亦因之上下不足。政府更無從設法制止。一方面因受台伏壓迫關係。銀元之用途異常狹隘。有時進口過多。市面漸形充斥。供過於求。遂呈此次暴跌現象。

觀以上各點。台伏確無保留之必要。錢商所提出之理由。均不過爲消極辦法。及暫時社會上稍感不便。其實台伏廢除後。錢莊非不能照常營業。亦卽非不能資以週轉。爲經濟本身計。爲中國將來計。萬不能再留此統一幣制之障礙。至於預防政府濫發紙幣之反證。更不能據爲理由。此次福建省政府欲盡廢除台伏。完全爲建設福建經濟新組織之基礎。斷不至再發生此種不幸之事實。台伏廢止後。中國銀行或應市面之需求多發紙幣。但對於將來發行紙幣之基金。政府必加以嚴密之監督。基金充足。卽儘發行。亦不足爲害。此政府之責任。斷不至違反其整頓幣制之初意。固無庸吾人顧慮者也。

至於台伏廢止後。難免不有種種糾紛。爲防患未然計。應極力預籌先後。管見所及。謹附帶私擬以下各條。幸讀者進而教之。

（一）借約借據租摺等。自一定日期起。統以國幣銀元爲支付。如仍爲台伏時。此種字據在法律上不生效力。其債權人不能享受中華民國法律之保障。

（二）在實行廢除台伏之日以前。所訂之各種合同契約借據租摺等。凡台伏計算者。應一律改爲銀元。其貼水由政府規定之。

福州錢莊及廢除台伏問題

(三)爲維持福州金融安定起見。暫允各錢莊發行大洋兌換劵。以各錢莊所發台伏原額之七成爲限。以爲收回台伏之初步。如此市面需要多量現幣。應責成中國銀行增發大洋劵額數。(其準備金當然要合法定成數)。並由造幣廠酌量鼓鑄現洋。以補各錢莊所收回之三成台伏。

(四)發劵莊即以現莊四十五家爲限。其他不得援例請求。所發兌換劵之準備金。尤應充份合法。並規定於一定期間。一律收回。

(五)以後確定以大洋爲本位。銀元換取大洋劵。不得貼水。違者以擾亂金融論罪。一面收回各項小洋。鼓鑄十進輔幣。以維十進制度。

(六)台伏廢除後。如各錢莊藉詞歇業。或收回各商支付款項的手摺。致市上週轉不靈。商業停滯。應由致府飭令中國銀行。勸令華僑等銀行。在可能範圍內。盡量發出手摺。以維商況。

中國貨幣之所以不能統一。原因頗不止一個。但錢莊利用幣制之不統一。而從中取利。確爲其最大原因。所以談及廢除台伏。而連想到打倒此般人的飯碗。事之不幸。又莫過於此。然台伏制度之不容存在。其理至明。亦邦人士所公認。際茲整頓伊始。尤以市面金融穩定爲要着。深望省政府能兼籌並顧。立福建經濟之新基礎。商民等亦廣體諒政府之苦心。勿生疑慮。雖暫時稍感不便。然此一時之不便。遲早終不可免。贅疣不去。全閩之新生命斷難實現。忍痛一時。後來之利無窮。吾閩同胞其省之。

福州錢莊及廢除台伏問題

□國內匯兌計算法

諫初

我國國內匯兌。較諸國外匯兌。尤爲複雜。其中計算方法與原理。頗多可供研究之處。如能洞悉中國國內匯兌。則國外匯兌不學而喻。此無他。貨幣複雜故也。甲地有洋厘。乙地有錢價。甲地用銀元。乙地用銀兩。有用銀幣本位者。有用銅幣本位者。有用紙幣本位者。如魯省膠濰諸縣。銀元不多見。而盛行銅幣。所用錢票。以銅幣作準備。銀元雖亦通行。而與印度之金幣大同小異。謂非銅本位而何。又如關外三省。紙幣充斥。均無實體價值。而一以他處匯價爲轉移。謂非紙本位而何。人謂中國爲銀本位國。實未盡然也。加之同爲用銀之地。而銀兩各不相同。因洋厘之漲落。洋匯又時有變動。此則各國所罕有者也。茲以上海爲中心。詳述各地匯中之計算法。每地各有相當之公式。皆可以實例證明之。他日全國幣制統一。則此篇願供覆瓿耳。

(一)江蘇省之匯兌

南京匯中

國內匯兌計算法

南京屬陵平二七銀。每千兩合申規元平價一〇八六・七〇兩。故該地有洋厘。茲列其申匯公式如下。

$$\frac{\text{應匯規元兩數}\times\text{南京規元行市（陵二七銀若干兩合規元千兩）}}{\text{南京洋厘}}=\text{在南京應交銀元數}$$

蘇州匯申

蘇地通用銀兩稱曰補水。每千兩合規元平價一〇七五・五〇兩。如常州無錫之厘價。皆以蘇補水爲標準。茲列其申匯公式如下。

$$\frac{\text{應匯規元兩數}\times\text{蘇規元行市（補水若干兩合規元千兩）}}{\text{蘇洋厘}}=\text{在蘇應交銀元數}$$

常州匯申（無錫同）

常州申匯。以蘇州申匯爲標準。而常地洋厘。亦以蘇補水紋表示之。故其申匯公式。當如下列。

$$\frac{\text{應匯規元兩數}\times\text{蘇規元行市（補水若干兩合規元千兩）}}{\text{常洋厘（每元合補水若干錢}}=\text{在常應交銀元數}$$

鎮江匯申

鎮江通用銀兩。稱鎮二七寶銀。每千兩合申規元平價一〇七三・五〇兩。茲將其申匯公式列下。

$$\frac{\text{應匯規元兩數}\times\text{鎮申票行市（鎮二七寶若干兩合規兩千兩）}}{\text{鎮洋厘}}=\text{在鎮應交銀元數}$$

南通匯申

南通用銀元。並有規元行市。銀匯須減一毫五至半厘。洋匯不減。茲將其申匯公式列後。

$$\frac{\text{應匯規元兩數}}{\text{通洋合規元數}-0.005}=\text{在通應交銀元數}$$

(二)江西省之匯兌

九江匯申

九江通用二四曹平。合規元千兩平價爲九三一兩。蓋大於申規元也。其申匯公式如

$$\frac{\text{應匯規元數}\times\text{潯申票行市（規元千兩合二四曹平若干兩）}}{\text{潯洋厘}}=\text{在潯應交銀元數}$$

六・國內匯兌計算法

國內匯兌計算法

南昌匯申（河口贛州同）

南昌通用銀元。與規元有直接行市。略與杭州相同。其算式如次。

應匯規元數×南昌申票行市（規元千兩合南昌洋數） ＝在南昌應交銀元數

吳城匯申

吳城通用銀兩曰扎紋。規元行市以扎紋表之。其公式如次。

$$\frac{\text{應匯規元兩數×吳城申票行市（規元千兩合扎紋若干兩）}}{\text{吳城洋厘}}=\text{在吳應交銀元數}$$

撫州匯申

撫州通用銀兩曰撫紋。規元行市以撫紋表之。洋厘固定爲七錢三分六厘。（外行）及七三五五。（同行）其中匯公式如次。

$$\frac{\text{應匯規元兩數×撫申票行市（規元千兩合撫紋若干兩）}}{\text{固定洋厘}}=\text{在撫應交銀元數}$$

（三）直隸省之匯兌

北平匯申

北平通用公砝。每千兩合規元平價一〇五七・六三兩。與規元有直接行市。洋匯亦有獨立行情。以京洋每元合規銀若干錢表之。其算式如下。

$$\text{應匯規元兩數} \times \text{京申匯行市（每元合規元錢數）} = \text{在京應交銀元數}$$

天津匯申

天津通用行化。每千兩合規元平價一〇五九・七〇兩。較公砝略大。與規元亦有直接行市。其算式如下。

$$\frac{\text{應匯規元兩數}}{\text{津申票行市（行化千兩合規元）} \times \text{津洋厘}} = \text{在津應交銀元數}$$

保定匯申（石家莊同）

保定申匯。須由天津轉劃。故（一）須知津申票行市。（二）須知津洋厘。（三）須知由保匯津之匯水。三者皆具。而後可按下列公式計算。

$$\frac{\text{應匯規元兩數}}{\text{津申票行市} \times \text{津洋厘}} \times 1000 + \text{匯水）} = \text{在保應交銀元數}$$

張家口匯申

國內匯兌計算法

國內匯兌計算法

張家口通用銀兩曰口錢平。每千兩合規元平價爲一一〇〇·三四兩。申匯須以津行市爲根據。並須用西平以換算行化。故(一)須知西平千兩合口錢平若干兩。(二)須知西平千兩合行化九九四·四兩。(此數不變)(三)須知津市票行市。其匯兌公式如下。

$$\frac{\text{應匯規元兩數}\times\text{西平千兩合口錢平}}{\text{津申票行市}\times 994.40}=\text{在口應交口錢平兩數}$$

(四)山東省之匯兌

濟南匯申

濟南之銀兩曰濟平。每千兩合規元平價一〇七八·五〇兩。與規元有直接行市。濟南洋厘固定爲七六錢。終年不變。其申匯公式如次。

$$\frac{\text{應匯規元兩數}\times\text{濟申票行市（規元千兩合濟平若干兩）}}{0.7}=\text{在濟應交銀元數}$$

青島匯申

青島通用銀兩曰膠足。規元每千兩合膠足平價爲九四二兩。與規元有直接行市。其匯兌公式如下。

$$\text{應匯規元數} \times \text{青申票行市（規元千兩合膠足若干兩）} = \text{應交膠足兩數}$$

益都匯申

益都匯青州府。其地通用青平。與規元有直接行市。算法與青島同。不必贅述。如由青島或濟南匯申。亦屬甚便。其與青島通匯。則以青平千兩合膠足若干兩表之。與濟南通匯。則以銀元匯水表之。

濟甯匯申（滕縣同）

濟甯通用九八京錢。每銅元一枚。值京錢二十文。京錢與規元有行市。而洋價亦以京錢表之。故（一）須知規元每兩合京錢若干文。（二）須知銀元每元合京錢若干文。其匯兌公式如次。

$$\frac{\text{應匯規元兩數} \times \text{濟甯申票行市（規元每兩合京錢）}}{\text{濟甯銀元價（合京錢數）}} = \text{在濟甯應交銀元數}$$

周村匯申

周村銀兩曰村庫平。每千兩合規元平價一一〇〇·三〇兩。與規元有直接行市。其申匯之計算。係以村庫平若干兩合規元一一〇〇·三〇兩為標準。故其公式如次。

國內匯兌計算法

$$\frac{\text{應匯規元數}\times\text{村申票行市(規元1100•30兩合村庫平若干兩)}}{\text{1100•30}\times\text{村洋厘}}=\text{在村應交洋元數}$$

煙台匯申

煙台通用平砝曰曹估。或稱烟估平。每千兩合規元平價一〇四五兩。其申匯之計算。係用票貼法。公式如次。

$$\frac{\text{應匯規元兩數}\times(\text{1000}\pm\text{票貼})}{\text{1045}\times\text{煙洋厘}}=\text{在煙應交銀元數}$$

若加票貼。則煙估較規元賤。匯兌對於煙台爲逆勢。反之若減票貼。則煙估較規元貴。匯兌轉爲順勢。市中稱之曰倒貼。

濰縣匯申

濰縣申匯。算法有二。一以洋厘計算。一以錢價計算。濰縣銀兩稱曰濰平。每規元千兩。合濰平平價九二五兩。匯兌亦用票貼法。若加票貼二兩。則濰平九二五兩。可匯規元一千另二兩。與煙台之票貼。適得其反。煙台加票貼。爲煙估較賤之表示。而濰縣加票貼。反爲濰平較貴之表示。且濰平之價。似終年較規元爲高。故常爲加票貼也。公式如下。

$$\frac{\text{滬匯規元兩數}\times 925}{(1000\times\text{票貼})\times\text{滬洋厘}}=\text{在滬應交銀元數}$$

此一式也。其以錢價計算之公式如下。

$$\frac{\text{滬匯規元兩數}\times 925\times\text{滬平每兩合京錢數}}{(1000\times\text{票貼})\times\text{滬洋每元合京錢數}}=\text{在滬應交銀元數}$$

(五)山西省之兌匯

太原匯申

太原通用銀元。其申匯亦以銀元計算。匯兌對太原常是逆勢。故用升水法。通常匯洋千元。加水三四元。

大同匯申

大同申匯。常由津轉劃。故(一)須知津洋千元合同洋若干。(二)須知津申票行市。(三)須知津厘。公式如次。

$$\frac{\text{滬匯規元數}\times\text{津同洋匯行市}}{\text{津申票行市}\times\text{津洋厘}}$$

國內匯兌計算法

國內匯兌計算法

（六）湖北省之匯兌

漢口匯申

漢口通用洋例。每千兩合規元平價一〇三四·四五兩　匯兌法與天津相反。其式如次。

$$\frac{\text{應匯規元兩數}\times\text{申漢票行市（規元千兩合洋例若干兩）}}{\text{漢洋厘}}=\text{在漢應交銀元數}$$

沙市匯申

沙市通用沙平。每千兩合規元平價一〇五三·一〇兩。合洋例平價一〇二二·四五兩。如云升水二兩。即謂沙平千兩。僅值洋例一〇二〇·四五兩。沙市申匯。以漢口行市作準。故（一）須知漢申票價。（二）須知沙平合洋例價。其計算公式如次。

$$\frac{\text{應匯規元兩數}\times\text{漢申票行市}}{\text{沙平千兩合洋例}\times\text{沙洋厘}}=\text{在沙應交銀元數}$$

宜昌匯申

宜昌向用錢碼。而亦有洋厘。申匯亦以漢價作準。故（一）須知台票一千文。合洋例幾錢。(二)須知漢申票行市(三)須知台票一千合宜平（台規元平價一〇三七兩）幾錢。(四)須知宜洋厘。（銀元合宜平）其公式較爲繁複。茲列於下。

$$\frac{\text{應匯規元兩數}\times\text{漢申票行市}}{\text{台票千文合洋例}}\times\frac{\text{台票千文合宜平}}{\text{宜洋厘}}=\text{在宜應交銀元數}$$

(七)湖南省之匯兌

長沙匯申

長沙之平法曰估平。每千兩。合規元平價九八〇兩。申匯一以漢價作準。而長沙洋厘。則以估平千兩合若干光洋(卽完好之洋)表之。欲計算申匯。(一)須知漢申票行市。(二)須知洋例千兩合估平。(三)須知估平千兩合光洋。其公式列下。

$$\text{應匯規元兩數}\times\text{漢申票行市}\times\text{洋例千兩合估平}\times\text{估平千兩合光洋}=\text{在長沙應交光洋數}$$

(八)陝西省之匯兌

西安匯申

西安通用陝議平。規元每千兩合陝議平平價九五二兩。平時往往須去匯水幾十兩。

國內匯兌計算法

經濟論叢

國內匯兌計算法

故其公式如下。

$$\frac{\text{應匯規元兩數}\times(952-\text{匯水})}{\text{西安洋價}}=\text{在西安應交銀元數}$$

三原匯申

三原通用涇布平。每千兩合規元平價一〇七八・九七兩。匯兌用扣水法。如扣水九十兩。則涇布平千兩。僅可匯換規元九八一・八六兩。(1078•97×(1000−90)=1078•97×910=981•86兩 其計算公式當如下列。

$$\frac{\text{應匯規元兩數}}{1078\bullet97\times(1000-\text{匯水}\times\text{三原洋價}}=\text{在原應交銀元數}$$

(九)四川省之匯兌

重慶匯申

重慶平砝曰九七平。每千兩合規元平價一〇五三・四〇兩。其申匯公式如次。(洋厘固定爲七錢一分)

$$\frac{\text{應匯規元兩數}\times\text{渝申票行市(規元千兩合九七渝平)}}{71.}=\text{在渝應交銀元數}$$

成都匯申（萬縣同）

成都亦用九七平　申匯以渝價爲準。洋厘亦固定爲七一。其申匯公式如下。

$$\frac{\text{應匯規元兩數}\times\text{渝申票行市}\times\text{渝蓉匯率（渝九七平千兩合成都九七平）}}{71}=\text{在蓉應交銀元數}$$

（十）廣東省之匯兌

香港匯申

香港通用港紙。卽匯豐等所發之鈔劵也。其申匯以港紙每元合規元七錢幾分計算。

故公式如次。

$$\frac{\text{應匯規元兩數}}{\text{港紙每元合規元}}=\text{應交港紙元數}$$

廣州匯申

廣州通用兌毫。每元值番平七錢一分七厘。與港紙有直接行市。而申匯則須以港申電行市作準。故須先將兌毫易港紙。然後可匯規元也。其公式如左。

$$\frac{\text{應匯規元數}}{\text{港申電行市（每元合規元）}}\times\text{港紙每元合兌毫}=\text{應交兌毫元數}$$

國內匯兌計算法

國內匯兌計算法

汕頭匯申

汕頭現已通用銀元。與規元有直接行市。以每千元汕洋合規元若干兩表示之。

(十一)福建省之匯兌

福州匯申

福州現已改用大洋本位。曩時福州台伏每元合台棒七錢。爲固定不變之價。而台棒銀七四一・六兩。爲計算申匯之基礎。將其計算公式列後。

$$\frac{\text{應匯規元數} \times 741.60}{\text{台棒銀}741.60\text{兩合規元} \times 0.7} = \text{應交台伏元數}$$

廈門匯申

廈門通用銀元。其申匯以規元千兩合國幣若干表之。

(十二)雲南省之匯兌

昆明匯申

昆明平砝曰滇平。每千兩合規元平價一〇五五・五五兩。昆明洋厘。係指省洋而言

○國幣較省洋價高○可得升水○申匯公式○有如下列○

$$\frac{\text{應匯規元兩數}\times\text{規元千兩合滇平}}{\text{昆明洋厘}}=\text{應交省洋數}$$

（十三）貴州省之匯兌

貴陽匯申

貴陽流通紙幣○有銀元及黔幣二種　銀元洋厘○以公估平表之○黔幣洋厘○以貴平表之○公估平千兩○合規元平價一〇六六兩○而貴平千兩○合公估平九九三兩○申匯須視（一）漢口申票行市○（二）由貴匯漢洋元匯水二者而定○故其計算公式○當如下列○

$$\frac{\text{應匯規元兩數}\times\text{漢申票行市}}{\text{漢洋厘}\times\text{漢洋進行市（由貴匯漢）}}=\text{在貴應交銀元數}$$

若欲化爲黔幣○則須再照下式計算○

$$\frac{\text{應交銀元數}\times\text{銀元洋厘（公估平）}}{993\times\text{黔幣洋厘（貴平）}}=\text{應交黔幣數}$$

（十四）奉天省之匯兌

瀋陽匯申

國內匯兌計算法

國內匯兌計算法

瀋匯申有二法。一以奉票直接匯兌。一藉正鈔間接匯兌。正鈔者。日本橫濱正金銀行在奉所發之銀元鈔券也。申匯公式列下。

公式Ⅰ　應匯規元兩數×申水(規元百兩合奉票之謂)＝應交奉票元數

公式Ⅱ　$\frac{\text{應匯規元兩數×正鈔合奉票(每正鈔百元合}}{\text{正鈔匯申(每正鈔一元合規元幾錢)}}$＝應交奉票元數

奉票與現大洋有行市。欲知應合現大洋數。則以此行市除之可耳。目下奉票毛荒。不可收拾。將來終必絕跡於匯兌市場也。

(十五)吉林省之匯兌

長春匯申

長春申匯有兩種。一由正鈔匯申。一由日金匯申。後者即以國幣買進日幣。再在申賣出日售是也。通行貨幣為大洋券。即鈔券是。大洋券無洋厘。而有官帖市價。日金正鈔交有官帖行市。考其申匯算式當如下列。

公式Ⅰ　$\frac{\text{應匯規元數×正鈔每元合官帖若干文}}{\text{正鈔匯申×大洋券每價合官帖若干文}}$＝在長春應交大洋券數

公式II $\frac{\text{應匯規元數}\times\text{日金合官帖}}{\text{上海日匯（日金每百元合規元）}\times\text{國幣合官帖}}=\text{在長春應交國幣數}$

哈爾濱匯中

哈爾濱亦通行大洋劵。所謂哈大洋是也。與規元有直接行市。以規元每兩合哈大洋若干表之。

○　○　○　○　○

我國國內匯兌之複雜。於此瞭然矣。論通貨。則有官帖。有台票。有奉票。有正鈔。有金票。有大洋劵。有省洋。有黔幣。有港紙。有兌毫。有台伏。諸名目。論記賬虛幣。則有過賬洋。有劃洋。有京錢。論銀兩。則更光怪離奇。各不相侔。論匯兌之塗徑。則有用銀元者。有用錢碼者。有假手於外國紙幣者。論計算之法。則有稱燥者。有稱耗者。有稱票貼者。有稱扣水者。有不以千兩百兩爲單位者。論洋厘則有變動者。有固定者。有以本地銀兩表示者。有以他處銀兩表示者。其無整齊劃一之道也明矣。其中尤以粵匯之假手於港紙。吉奉等匯之假手於正鈔日金。爲匯兌事業之一大汚點。外人之金融侵略。狡黠有甚於外交。日人以紙幣侵入我滿洲。直欲以印度朝鮮視我。而夷其地爲虛金本位國。然後原料食物之供給。日人可不費一文。能逕以不換紙幣易之。損我益彼。後患無窮。此禁用外幣之所以不容緩也。

洋厘一物。爲我國國內匯兌所特有。足以左右洋匯匯價。其勢頗不可侮。如天津洋厘漲。則上海之天津洋匯。往往隨之而漲。反之申厘漲時 則隨之而跌。蓋前者提高津洋之銀價。故須較多之申洋。而後可匯換定數之津洋。後者提高申洋之銀價。故祇須較少之申洋。卽可匯換定數之津洋也。若遇銀匯亦有變動。或申津洋厘同時漲跌。則又當作別論矣。

我國國內匯兌。亦有現貨輸送點。例如上海規元一〇六·七五〇五兩之銀。恰與天津行平一百兩重之銀同値。若申津銀匯爲一〇五五兩。（卽規元一〇五五兩合津行化千兩）則申銀一〇六·七五〇五兩。當可匯換行化一〇一·一八五兩。（$1055:1000=106\cdot7505:X$ $X=\frac{106\cdot7505\times1000}{1055}=101\cdot185$）亦卽天津行平重百兩之銀可値行化一〇一·一八五兩也。假令申匯規陡漲。每一〇六·七五〇五兩規銀。倘可換得行化九十九兩。而同時天津銀價無甚變動。則匯兌銀行卽可以一〇六・七五〇五兩之規銀。買得行平重百兩之銀貨。運送至津。賣得一〇一・一八五兩行化銀。於是出售津匯。在申又收回規元一〇八・〇一五五兩。除去成本一〇六・七五〇五兩。及運費保險費利息等約四錢三分。可獲淨利八錢三分五厘。如運送行化一萬兩。卽可獲利八十三兩五錢。此現貨輸送之所由起也。類似此例者。國內不勝枚舉。較諸國外匯兌。其繁複有過之而無不及耳。

倫敦爲世界金貨自由市場。而上海則爲中國之銀貨自由市場。他國之貿易。往往受倫敦之金融調劑。而我國各地之貿易。亦大都受上海之金融調劑。例如煙台商人至杭州辦貨。往往利用申票。寄至杭州求售。申票者。中國之倫敦匯票也。故無不樂於購進者。此其優長處也。是以上海之匯兌。與各處皆有密切之關係。本篇以上海爲匯兌中心。卽以此而已矣。

吾謂洞悉中國國內匯兌。則國際匯兌不學而喩。觀上述各種相似之點。加之方式複雜。算法繁多。均爲國外匯兌聞所未聞見所未見之特點。則知吾言之不謬矣。吾國以幣制紊亂。因有離奇光怪之匯兌。供吾人之研究。蓋亦不幸中之幸事耳。

國內匯兌計算法

經濟論叢

國內匯兌計算法

關稅與吾國紡織問題

王同文

(一)概論

我國之紡織工業。由來甚早。篝燈夜績。婦女天職。但布帛組成。端賴十指。並無改進。故一無進步可言。直至明清之交。印度航海發現後。中西始通聲息。方知工商業之重要。前淸道光咸豐之時。外人工商業發達已臻極點。因其有供過於求之趨勢。欲實行其經濟侵略手段。道光二十一年。英人遂藉鴉片之役。迫訂江甯(南京)條約。開關五口。外人恃武力而行其經濟侵略。實始於此。自是厥後。我國虛[illegible]無用之假面具完全被人揭破。而陷我國紡織業於萬劫不復之地者。惟江甯與馬關二條約也。前者。形成關稅協定之惡制。於是我工商業之咽喉。悉被搤捬。後者。容忍外人開廠製造。於我通商口岸陰謀。於是我工商業之肺腑。遂爲所盤踞。此誠我國紡織工業。所以衰敗之唯一大原因也。是後外商紡廠。風起雲湧。加以資本雄厚。技術精明。如日商之東華公司。英商之怡和老公茂(現公茂改歸日人承辦)鴻源。(現改爲日華紡績會社第一廠)德商之瑞記（

後改日之東方）等廠。相繼成立於上海。日興月盛。大肆擴充。他若天津青島漢口等處。亦無日不見其煤烟漫天。機聲喧耳。據上海華商紗廠聯合會。民國十六年第七次編印之「中國紗廠一覽表」統計。報告如次。

國別	廠數	紗錠數	線錠數	布機數	工人	用花(擔)	出紗(包)	出布(疋)
華商	七三	二、〇三三、五六八	六五、四七〇	一三、四五九	一二八、六一三	四、五〇四、五六八	一、二六一、五四八	四、二五九、六六九
日商	四二	一、三〇二、六七六	七七、六三二	一三、九八一	七九、四二七	二、七八五、四四一	七一七、七六九	四、七三九、七〇四
英商	四	二〇五、三二〇	未詳	二、三四八	一六、五〇〇	三九〇、〇〇〇	一三〇、五三二	未詳
合計	一一九	三、五四一、五六四	一四三、一〇二	二九、七八八	二二四、五四〇	七、七八〇、〇二七	二、一二九、八四九	八、九九九、三五〇

總我國各埠華商外商開辦之紡織紗廠。共一百十九廠。表面上雖華商尙佔半數以上之勢力。考其內容。華廠之一部分。在停工期中。如恆大。永豫。業勤。振新。廣新。廣益。通益。通惠等。一部分有外資關係。如華豐(委任日華紗廠經營)。崇信。裕大。寶成。豫豐。久興等。因而華廠變賣於外人之手者。已逾二三十萬錠。抵押於外人。或因抵押而失去管理權者。數亦相等。由是我國棉市紗市。幾爲外人一手操縱。其影響吾

紡織業之前途。誠未可限量也。茲考吾國紡織工業之發達史。約可分為四期。(一)第一。自一八九十年至一九〇五年。為艱難締造時期。初由北洋大臣李鴻章。目覩外貨輸入之鉅。為挽回利權計。乃奏設資本四十萬兩官營織布局。是為中國紡織工廠之嚆矢。相繼而成立者。有上海紡織新局。(即今之恆豐)湖北織布局等。一八五四年。於上海成立裕源紗廠。是為最初之商辦公司。在此時期內。華外商共成立十五廠於上海。武昌。無錫。甯波。杭州。蘇州。南通等處。至此吾國民衆。漸知紡織事業。為急宜提倡之工業。(二)第二期。一九〇五年至一九〇四年。當日俄戰爭之時。吾國金融進步。交通漸漸發展。植棉區域擴大。出產增加。在此十年中。共新添紡織廠十七所。為一安穩進行漸趨發達之時期也。(三)第三期。自一九一四年至一九九二二年。為華商活躍猛進之時期。當歐戰起。英人不遑東顧。我國商人。席厚利之餘。乘時崛起。創設新廠。在三四年之成就。竟能倍於昔時。(四)第四期。自一九二十二年至今。為一與日商劇力競爭之時期。其最使人痛心者。近數年來。日人嗾成我內亂。侵蝕我主權。在通商各埠。從容奠定其紡織工業不拔之基。為我國紡織業無窮之隱患也。

關稅與吾國紡織問題

(二)關權在條約上之喪失

一國之關稅政策。不外財政關稅。與保護關稅二種。財政關稅者。以補充國家財政爲目的。保護關稅。則以保護本國之工商業爲目的。前者。近世行之者甚少。後者。爲近代工商業發達後。對於外貨侵入國內市場所納之稅。然對於外來貨物。不必一律課以重稅。若其進口貨。有足妨害國內工業者。則以重稅限制之。若其有補助發展國內工業之能力者。則以輕稅或免稅誘致之。故謂擇別之保護。關稅伸縮自如。富有彈性之能力也。顧我國關稅政策與稅制。迥異乎是。列强强迫所訂之南京天津馬關諸條約實開關權喪失歷史之始。夫吾國關稅制度。分國定協定二時期。在國定時代。（自一五十六年。葡萄牙人東渡至一八四十二年南京條約爲止）。我國關稅完全自主。迨至協定關稅時代。其關權之喪失。始於一八四十一年之南京條約。其後天津條約簽字。管理稅務之權。遂操外人之手。玆略述條約對於關稅之規定如下。

(一)南京條約　(a)進出口關稅。（Impo t aud Ez ort Duti s）自一八四十三年五月。始在香港議定五港。（廣州。廈門。通州。甯波。上海。）進出口應納稅則。照値百抽五之協定稅率。此爲最優待條款。無論對於何國。何種貨物。一律照協定稅率。(b)船鈔。(Tonnage Du s)亦於同年八月。訂明百五十噸以上船舶。每噸徵收五錢。該數以下船舶。每噸徵收一錢。

(二)天津條約 (a)進出口稅率之改正。天津條約雖仍維持値百抽五之原則。但因進出口從量稅貨物中價格低落之故。實際上間有超過五厘以上者。故在上海協定改正稅率。(b)子口稅(Transit Duty)之稅率。於進口稅之外。並規定按照値百抽二·五之子口稅。使外人不負繳納吾國內地稅之義務。(c)船鈔稅率之減輕。凡百五十噸以上之船舶。每噸納稅四錢。該數以下。仍納一錢。至於無稅品之小船。概免船鈔。(d)並於天津條約第二十七條。又復規定現行稅則。須俟十年。始得修改一次。因此海關間用物價。亦從稅率而被協定。

(三)馬關條約(一八九五年) (a)日本得將各種機器。任便裝運進口。祇交所定進口稅。(b)日本在中國各通商口岸。購買貨物。祇完出口正稅。所有內地稅賦等。一律豁免。且在華日廠。得享受與國貨工廠。同額稅之優待。

關稅與吾國紡織問題

(三)關稅之現狀與弊害足以影響吾紡織業

(一)協稅定則　所謂協定者。必二方利益均等。彼此有公平之交換條件。觀乎吾國之關稅。何嘗如此。美國之棉織品入中國。納百分之五之從價稅。中國棉織品入美國。則約納百分之五十五之從價稅。夫協定稅。不獨吾國有之。西班牙意大利法蘭西均有之。惟彼之協定。有交換之條件。相互之利益。中國之協定稅則。全然不同。例如法貨入中國。享協定稅之權利。中國貨入法國。則須付最額高稅。如是協定稅則。其影響於原料製造品之輸出甚鉅。吾國夙以紡織業爲工之大宗。故其影響於紡織業。特別較大也。

(二)稅則一致　中國關稅。不分原料及製造品。不分必需品及奢侈品。一律課以百分之五之關稅。此種稅則爲各國關稅歷史中所未有。除日本暹羅等。固受歐洲帝國主義所壓迫者外。因其背乎經濟原理也。其弊卽不能保護國內實業。今日中國紡織業。委靡不振。雖因內亂不息。運輸不便。外廠雄踞國內。外國銀行壟斷金融事業。其主要原因。卽稅則一致。不能實行保護關稅政策。足以保護幼稚之紡織工業。及提高稅則。抵制外貨之競爭。換言之。使外國紡織家。不能用不正當之手段。如貶價傾賣（Dumping）

撲滅吾國幼稚之實業也。

(三)出口稅重於進口稅　此說因吾國商人須納厘金。厘金之爲害於貨物(原料與製造品)之價格甚大。諒不必贅述。達者均知。然即使厘卡盡撤。以今日進出口稅則相比較。出口稅亦重於進口稅。吾人但一取進口稅則比較之。即可見一極大異點。異點維何。即出口稅之多從價稅。而進口稅之多從量稅是也。從量稅既止經過條約手續。莫由增加。而從價稅。則係根據市價。故市價漲時。從價稅亦隨之而漲。從量稅則依然不變。例如美印族及等棉花進口。僅納值百抽五之重量進口稅。彼等棉花離本國時。或竟不納出口稅。而且得火車輪船等運之輸特別廉價優待。到吾國後。其所納進口稅。又較我出口稅爲輕。自是我之出口貨。欲與外貨競爭。烏可得哉。

(四)專利外商　中外人之同營進口或出口貿易者。其待遇似乎平等。詎知實際不然。國人之營出口者。自內地運貨出口。必付逐站厘金。外商則僅付二·五子口稅。即得免納厘金。故國人運貨出口。須納平均百分之三十五之從價稅。外商則納百分之七·五。而關員(外人)估價之袒護。尚不計也。關稅既專利外人。不獨進口營業。悉操外人之手。卽出口營業。亦爲外商所專利。此所以吾國進出口貿易。向爲外人所壟斷。由此觀之。中國關稅之不良。其影響之鉅。爲何如哉。茲將日紗與華紗。通過海關及厘卡所課稅額上之負擔。比較列表於左。彼此盈虛消長之數。不卜可知。

(A)通過於海關者

稅目	日本棉紗(兩)	中國棉紗(兩)
關稅(百斤)	〇、九五	〇、七〇
碼頭捐(百斤)	〇、〇四七五	〇、〇三五
子口稅(百斤)	〇、四七五	——
合計	一、四七二五	〇、七三五
每包 三百十斤)	四、五六四七五	每包(三百斤)二、二〇五
每包差		二、三五九七五

(B)通過於厘金局者

稅目	日本棉紗(兩)	中國棉紗(兩)

關稅（百斤）	○、九五	—
碼頭捐（百斤）	○、○四七五	—
厘金（百斤）	○、三一八六	○、四七二七
合計	一、三一六一	○、四七二七
每包（三百十斤）	四、○七九九一	每包（三百斤）一、四一八一
每包差額		二、六六一八一

如上表中國棉紗通過海關時。比日本棉紗之課稅額。每包僅少二兩三錢五分九厘餘。通過厘金局者。僅少二兩六錢六分一厘餘。當歐洲酣戰時。日本紗每包純利約及日金四十元。而輸入中國內地所課之稅額。僅有此數。宜其能長驅直入。以與中國棉紗立於絕對競爭之地位。而得以操縱中國棉紗市場者也。

（五）關款保管之流弊　吾國不幸於一九〇一年。有庚子之變。賠款四萬五千萬兩。連利息一共九萬八千餘萬兩。定三十九年還淸。指明以海關收入及鹽稅作抵。一九一一年。更將關款掃數迫存滙豐德華道勝三外國銀行。作爲海關稅款保管人。後德華停業。

關稅與吾國紡織問題

改存匯豐匯理正金三行。論及關稅存放制度，流弊頗多。蓋年來海關稅收甚鉅。佔中央稅收全數五分之二以上。以此鉅額資金。藏之外國銀行。其影響於金融實業界者殊大。茲舉其弊之大者五端言之。(A)市面資金缺乏。以致利率奇高。阻礙工商業之發達。(B)現貨集中外國銀行。益之以發行紙幣。市面遂全歸外人掌握。(C)本國資金。悉供外商運用。致外商日盈。華商日絀。對外貿易。大受影響。(D)國際匯兌。完全操諸外國銀行。我國無從選擇去就。而國庫忍受高率匯兌之損害。且無養成國外直接匯兌機關之機會。(E)納稅人以銀行折合規元。規元又折合關紋。價格極不自由。無形之損失甚鉅。

近年來紡織業衰落。論者詆銀行錢莊。袖手旁觀。不救其急。實則同受外人經濟勢力之壓迫。不平等條約之束縛。亦未必有救濟之能力。考其切實癥結。端在外人之攫取關款。存儲外行。當國定稅時代。倘無此項束縛。故昔日上海之橡皮股票風潮。卒賴關款之救濟。設今日關款。仍能自主。則向之所以平靖橡皮風潮者。安知其不能解今日紡織業之危乎。

(四)關稅自主運動之經過

年來國人鑑於協定稅則之束縛。與如上述之流弊。國內實業不振。深盼關稅自主。一九一七年(民六)政府頒布國定關稅條例。以無約各國通用之。其後自主之說。日盛一日。然雖政府與人民同聲呼籲。但外人仍置之不理。

一巴黎和會　一九一九年(民八)巴黎和會開幕。我國代表。曾提出希望條件。對於關稅。則力主恢復自主之權。其所持之理由有四。當時中國對於和會所希望者。一反而變爲失望。並中國願與各國磋商。另修訂新稅則四條。雖此提案。爲吾國政府與人民之公意。且屬獨立所應享之經濟權利平等。但和會否認。爲會議權限之內。須俟國際聯盟行政部能行使職權時。方能注意及此。於是中國代表。所提出之關稅自主權案。遂閣置不議。

二華盛頓會議　一九二十一年(民十)十一月。華府會議。國人期望關稅自主　益爲迫切。於是各國允予修改。其議決共分三部。(A)實行切實值百抽五。(B)限期施行值百抽七·五。(C)以裁厘爲條件。實施值百抽一二·五。此種口惠。雖遷延至今。未見實行。(一九二五年之關稅特別會議。即原於此　然當時日人即已倉皇失色。深加痛詆。謂中國關稅增加。甚不利於吾紡織業。其損失之計算。有如左表。

對於資本之比例

一年生產額	關稅切實值百抽五時	關稅加至值百抽七五時
	厘	厘
與投資額相同卽百萬元時	六、〇〇	八、五〇
爲投資額之一倍卽百五十萬元時	九、〇〇	一二、七五
爲投資額之一倍卽一百萬元時	一二、〇〇	一七、〇〇

據右表而觀。中國關稅切實値百抽五時。日本工業比中國工業之不利。爲自六厘至一分二厘。若關稅加至値百抽七·五時。其不利爲八厘五至一分七。換言之。此等工業。在中國內地經營。對外投資額。可獲週年六厘以上。乃至一分二厘。或八厘五。乃至一分七之利益。於是移植資本。在華設廠。以與吾紡織業相競爭之說起矣。其侵略之方策。謂移設工廠於吾國內地。旣可利用條約上之保障。我之低廉原料。勞力過剩。銷場寬廣。又可避免關稅增加後之不利。倘遇有我國紡織廠。經營拙劣。與經費不能維持者。日

商即設法租辦。或收買之。

(三)關稅特別會議　一九二五年(民十四)冬。中國召集列國代表。在北京開關稅特別會議。國人鑒於關稅自主。屢次要求無效。遂以商約爲經濟條約之一種。締約國之一方。本有自由解除契約之權。要求政府。即時修正國定關稅條例五項。公布實施。自後各國對於我國關稅自主原則。名義上雖已承認。而於實行。仍茫茫無期。同時中國政府。允將裁廢厘金。與國定國稅定率條例。同時實行。但至遲不過民國十八年一月一日。於是八十年來。所受片面協定之束縛。至此乃有一解脫之希望。無奈會議未竟。內戰已開。外國藉口我國未有負責之政府以前。礙難續開會議。於是關稅自主。與裁撤厘金兩案。遂無形停頓矣。考此次會議。關係我紡織業最鉅。華商紗廠聯合會。曾有意見書。提交關會。用意至深也。查會議中。有所謂互惠協定問題者。乃依據關稅定率條例第五條之規定。日本委員於一九二五年一月二十日提出。開始互惠協定交涉之要求。同時提出協定草案數條。聞內中適用互惠稅率之物品。日本方面。擬以棉布棉紗花爲主。其他各國。當時尚未提出。而日本之目光。專注射於棉貨(包括布紗)之對華輸出。已可概見。日本國內紗廠。近來錠數。超過五百萬枚以上。每日產額。約達二十三萬包以上。國內銷路。甚屬有限。非向對華發展。必有供給過剩之虞。故其政府。深思熟慮。有提出如上述之協定也。關會之後。凡略知紡織情形者。輿論紛起。一說謂關會之後。稅率增加。外國棉貨之對華輸入。勢必減少。而其代用品。厥爲中國自製之棉貨。於是我紡織工業。有乘機勃興之望焉。一說則曰。關會之後。外人爲保止棉貨輸入減少起見。卽實行在華設廠。（參見前節）以分華廠之利益。如是我國紡織工業。反增黑暗焉。

（四）全國財政會議　本年七月一日起。由財部召集。開全國財政會議。因『破壞告終。建設開始。建設首重財政。財政宜統一。』——宋主席致開會詞。考其財會議決案。對於關稅問題。切實留意。雖此會。僅一途之磋商。並未與外人交接。達於關稅自主之途徑。然亦可作爲一自主運動之經過也。其議決案。關於關稅問題者。有如籌備關稅自主案。理由不待贅述。總之爲振興我國實業之最要關鍵。現國定稅則。不久卽可制定。一俟統籌就緒。立卽實行自主。但實施時期。最遲不得逾十七年度。其所持辦法有三。（a）查物價。應由本部貨物調查局。切實進行。（b）確定外債擔保。（c）注重稅務人才。如理財之經濟政策第五項，保護貿易案。（以上二案。全國經濟會議。亦曾提出。）此外如各關局收稅。應以國幣。即銀元爲標準案。編訂國立稅則案。碼頭捐款。支配不平等。請催促進行交涉案。統一關務用人行政。及稅款收支案。將洋關附近五十里以外各常關。一律改歸二•五稅局管理。以確立收回海關之基礎案等等。其關於裁厘問題。有籌備裁厘加稅。促成關稅自主案。裁撤國內通過稅。改爲特種消費稅案。（全國經會。亦曾提出。裁厘改徵生產稅。及營業稅。以補助中央財力案。組織裁厘委員會案。他若「改辦新稅方針。（a）先擇大宗舶來品。及國內出產品。仿照列邦成規。改辦特種消費稅。其零星物品。國貨製造必需之原料。及民生日用必需之品。如米麥等類。須全部免稅。（d）所有從前物品征稅。節節設卡之弊習。須絕對避免。（c）新稅開辦日期。至遲不得過本年十月一日。於進口行棧起卸時。製品出廠時。或貨物出產地。征稅一次之後。任其所之。」

一言以蔽之。今日我國之關稅問題。仍不外乎裁厘加稅之權商。而其切實自主運動之出發點。亦即其最後之鵠的。不可忽視者。（a）取消不平等條約。（b）自動的裁撤厘金。如是則我國紡織問題之前途。方可樂觀。對於國內原料。可免厘金之束縛。若進口原料。可受關稅自主之保護。與免稅之希望。如是則廠家成本減輕。可與外國廠家競爭。且在華之洋廠。其持三聯單。而往內地購棉者。至此已失其優越之效能矣。

(五)振興紡織業之應有方略

當今國際工業競爭之時。帝國主義者之經濟侵略。源源而來。而老大之中國。尙在迷夢之中。竟不醒覺。振興吾幼稚之紡織工業。且際此反日抵制仇貨聲中。而求其代用品。其急宜喚起民衆。共同扶助。而提倡吾紡織業也。明矣。茲就管見所及。分述如下。

(A)關稅自主後之先決問題

(一)收回海關用人權及管理權　此項可照財會關務署所提出統一關務用人行政及稅款收支案。早日促其實施。如是不致權利喪失與袒護外商。

(二)廢止原棉之進口稅　在國民政府公布國定進口關稅暫行條例內。雖已區別必需品與奢侈品之稅率。但對於原料之進口稅。並未提及。蓋吾國現在工業。方在幼稚時代。關稅政策。當先取保護主義。進口稅。祇可取之於製造品（熟貨）。若原料與生貨。概宜免撤。故深望財部。早日實行原料免稅。以促進吾紡織業。證之英日各國之關稅政策。莫不皆然。

（三）增加原棉之出口稅　防止原棉出口。課以重稅。此乃關稅保護政策之一。查吾國歷年棉產。根據中國棉產統計。（華商紗廠聯合會出版）多至一〇・二二〇・七七九擔（一九一八年）。最少僅五・四二九・二二〇擔（一九二一年）。而如去年棉產。亦祇有七百餘萬擔。照國內華洋紗廠。去年之調查。共有紗錠三・五四一・五八四枚。線錠一四三・一〇二枚。每錠每年用綿平均三擔計。當需原棉一千萬擔左右。加以日常衣被所用。及年歲歉收。大有難於自給之勢。故急宜設法加稅。以防止其出口。

（四）提高洋廠出廠稅之稅率　因洋商恃治外法權之力。得種種特權。我國工業。每不克與之抗衡。故宜輕徵華廠出廠稅。或竟免撤。而重徵洋廠出廠稅。可借以取締外人在華設廠。以扶持我國幼稚之工業。

（五）徵收洋貨消費稅　本國棉貨。所以不能暢銷。根本原因。全在洋貨進口稅輕。

關稅與吾國紡織問題

故余意除將國產棉貨。繁捐苛稅取銷外。並亟主張。對於洋貨。開徵消費稅。藉作國貨之保障。年來國民政府。新辦之二五附稅。系統各稅。雖其名目不一。其實均爲消費稅。表面雖未標明專徵洋貨。而洋貨居其多數。宜重徵洋貨。因銷費稅。爲我國內地課稅固有之主權。既與條約無關。復與事實脗合。儘可實行。無所用其躊躇也。

（六）關款保管問題　關稅收入。盡數存入外國銀行。流弊殊多。（參見前文）。宜特設關款保管委員會。由財政部直轄。或由將辦之國稅管理處保管。國稅監督處監察。如是則關款存放保管等權。由國人自主。不致爲外人操縱吾金融也。或可照海關華員聯合會。爲改良海關制度事。特向五中全會之建議書內第四項。收回稅款保管權辦理。茲節錄其原文如下。『……現應仍照辛亥以前辦法。將保管稅款之權。收歸財政部直接行使。而將稅款。分存本國銀行。其償還賠款外債之事務。可劃歸關務署。按照總稅務司署。原有方法辦理。……』

（B）振興紡織之基本途徑

（一）推廣獎勵植棉事業　當今世界頗有棉荒極甚之勢。而欲補救。厥惟推廣植棉。

不獨在我國爲要圖。卽在世界亦然。雖以生產最高之美棉。尙虞供給不足。故英國現極力在蘇丹印度。廣事植綿。而日本亦在朝鮮。種植不遺餘力。深知購國外棉花。究不若自給之便也。吾國今日。如不受外界之影響。年歲豐登。不遭兵禍。種植區域加大。則棉之產額。自然增加。或可自給。吾國宜棉之地。非常廣大。惜無人提倡。以至良田拋荒。是以推廣植棉區域。實爲一基本必須之急務。其方法。可首重宣傳。使農民知其利益。從事種植。但同時宜設多數之棉作試驗場於各方。研究其土壤。氣候之性質。逐種其適合於常地之種子。並設法改良之。其尤要者。卽棉花品質一層。常須力求改良。不使專用外棉。而紡細紗。然國中獎勵之舉。尙未多聞。幸山西一省。有獎勵之舉。其法有能在新區域內。種植百畝者。賞銀一千元。因此收效極速。其所種美棉。成績頗佳。是宜全國植棉區域。仿此進行。以謀普及。數年之後。或能不須外棉自給。此余之所望也。

（二）培植專門人才普及紡織教育　無論植棉紡織。皆爲專門事業。宜用科學式之方法。使之發達。故吾國今日。急宜培植專門人才。然後普及教育。使農工民衆。多受此類常識。深望國內農業紡織等專門學校。宜特別注重此點。則將來方始能救我國紡織之危急。

(三)禁止外人入內地操縱棉價　物價低昂。雖以供求之度爲率。然往往有奸商爲虎作倀。受日人之指揮。潛往內地。先期訂購。難於覺察。是宜由各處花行。於每年秋收。自行組合團體。訂約禁止。並設法曉喻農民。不可先受他人定金。豫定買賣。倘有違約者。報告官廳處辦。處以罰金。如此或稍可補救於萬一。

(四)組織國外購棉機關　以我國現在處境。無論紡紗之細粗。原棉品質數量。自給均恐不足。推廣移植。一時又難奏效。購用外棉。終不可少。故對於此。須在美印等處。組織完全代辦機關。隨時調查代購。以免受人操縱。

(五)要求政府實施保護　現世界上有二不產棉之國。而其紡織業獨盛者。當推英日二國。彼既無原料。又工資較高。而其進步有一日千里之勢。而我國反不易發達。雖彼等技術精明。出貨優良。經營得法。然其最大原因。即彼政府之能提倡保護也。查彼國政府。對於紡織業提倡與保護。無微不至。甚至借與低利率之資金。以鞏固其基礎。或派人設機關。調查海外市況。或飭令水陸運輸機關。減輕運費。間接使之成本減輕。以獎勵紡織品之輸出。此外如關稅之保護。更無論矣。如日本之棉花。進口與棉貨出口。一律免稅。又如航運之補助者。裝花水脚。可扣回百分之幾。由是可知彼國之紡織工業。宜其蒸蒸日上也。反觀吾國政府。竟不計及。對外則受協定稅則。對內又有厘金常關之苛稅重重。他若吾國金融。息率奇高。其影響於營業前途可知矣。彼國或由政府設立興業銀行棉業銀行。以扶助之。反視我國。誠難得也。

([illegible])今後紡織家之自覺

(一)抽收振興棉業基金　凡華商各紗廠。應每開紗一包。抽收銀五兩。作爲振興實業基金。歸紗廠聯合會保管。其運用之途。視緩急爲先後。分次辦理。第一在租廠。其次在贖廠。再次爲收買外廠。再次則視基金能力所及。作新廠之建設。茲假定每包抽銀五兩。全國出紗至少有一百萬包。則每年至少可積基金五百萬兩。如是抽取。每年不絕。則以後每年。至少可添一新廠。此類基金。完全爲中國紗廠自身之利益。其運用之權。亦在廠商之全體。故其抽取。並非支出。更非犧牲可比。其運用爲爭存爲自救。而同

關稅與吾國紡織問題

時卽以救國也。（參見本年六月二日時事新報錢貫一先生之本國紗廠業自存之計一文）

（二）聯合經營　當茲二十世紀。公司組織時代。吾國相沿之單獨合夥企業組織。實不適於當代之工商各界。故宜變更其方法。凡屬同種事業。應急聯合經營。與其獨立難以支持。不如聯合爲妙。可得資本集中。精力集中。開銷自少。成本旣輕。貨價卽廉。營業隨之發達。是爲根本之大計。現時各國聯合經營。方式約有五種。一。生產聯合。二。販賣聯合。三。賣價聯合。四。共同販賣聯合。五。生產費聯合。上述各種方式。德名爲卡推兒 Nartell 德國行之最廣。成效偉大。我國紡織各家。不可不倣行之。

（三）組織革新　我國紡織業之不振。一半亦由於組織不良。其急宜革新之事甚多。如工場管理之刷新。會計制度之整理。工廠中莫如用準確之成本會計法 Cost Accounting 則定價有一定之標準。如製造方法之研究。販賣機關之改善。亦不可緩也。

（六）結論

總言之。吾國今日當有明白堅決之認識。卽不忘日本爲吾國第一仇人。日人在華所設紗廠。卽爲我華商自辦紗廠之第一敵人。日本紗廠。在我國存在一日。則華商紗廠。

壓迫愈深一日。當今反日聲中。對於經濟絕交。抵制仇貨一事。非達到成功之目的不可。欲使抵制成功。非使全國衣被所需。悉仰給於本國之紗廠不可。此責任願吾中國全體民衆共負之。

關稅與吾國紡織問題

□查帳開始前準備事項及從事中注意事項

熊大惠

I 查帳開始準備事項

凡受他人查帳之委託。未着手前。所應準備之重要事項。列舉如下。並略加以簡明之解釋。

(一)明定範圍

當職業的查帳員者。受個人。公司。或各種團體之委託。查核帳目時。其與委託者初次交涉。應先詳細訂明查帳之種類。範圍。應報告之事項。及應受取之報酬等。並當有書面之精細規定。否則祇有口頭之約定。則他日不免有糾紛發生也。

(二)該事業之研究

查帳員當查帳之先。務須熟悉事業之性質。明瞭其交易之手續。通曉其特有之習慣等。凡此種種。皆可由實地考察而得 例如監查製造公司之會計。則須巡閱其工廠。調查其自原料造成製品之作業程序。及考察其機械之現狀。工人管理之情形等。此種實地

查帳開始前準備事項及從事中注意事項

査帳開始前準備事項及從事中注意事項

觀察所得之智識。對於了解該製造公司之交易及會計組織上。實大有參考之價值也。

(三)該事業特有之弊端

無論何種事業。均各有其特殊之不正當行爲。例如賣買業。關於商品之批入及賣出。其價格上多有詐欺及虛僞之行爲。以及商品之偷竊等情發生也。再如製造工業。則有原料之濫費及半製品之不整理等弊端也。諸如此類。不勝枚舉。此査帳前極應特別研究者也。

(四)關係法規之研究

査帳員當査帳前。須瀏覽該事業應遵守之各種法規。如銀行業之銀行則例及其施行細則。保險法規。股份公司之公司條例。公司章程。及關於股東總會及董事會之議決錄等是。諸如此種關係法規。決議錄。契約中之關於該事之規定及條款者。當熟讀之。並記錄於査帳備忘錄上。以資將來之參考也。於是進而實行査帳。注意其記帳及計算。有無違反此種規定及條款事項也。

五 會計組織及記帳手續

查帳員當查帳之先。應要求委託者。交出一切帳簿單據之式樣。會計規程。辦事細則等。然後就該事業之會計組織。調查其帳簿之編製。記帳之手續。及事務之分掌。以研究其是否有完全的內部組織。若認其組織為不完全者。當更進而推測其何處具有引起謬誤及不正當行為之缺點。以便查帳時加以特別之注意。

（六）須請委託者應準備之事務

查帳員須查詢委託者方面。有否準備或辦理齊全下列事務。若未準備。當催其從速辦理。或與委託者約定於查帳事務外。代辦此等事務。

（一）記載其會計上所用帳簿名稱。記帳員姓名。及各科主任姓名。而作成一覽表。

（二）舉行各種分錄帳總計額之結算。

（三）完成過帳工作。並製試算表。驗其借貸兩方是否平均。

（四）將一切付款單據及憑證書。按照現金出納帳之記帳順序。整理完妥。

（五）作一完全之盤存表。

（六）將決算日所有一切有價值券及應收票據。作成一明細表。

查帳開始前準備事項及從事中注意事項

查帳開始前準備事項及從事中注意事項

（七）爲查核便利計。將決算日手頭所存之現金。全數存入於銀行。對於銀行往來之收付。截至決算日止。全部登記於往來摺。

（七）派定查帳目錄

以上六項準備完竣後。查帳員乃分派查帳順序。作成查帳目錄。以備開始查核。查帳目錄中。應詳細規定各人及部下各員應辦事務之種類。範圍。及其順序手續等。各員於辦畢其所擔任事務時。即蓋印於其上。以明責任之誰屬。故查閱查帳目錄。即能知查帳已進行至何種程度。

查帳事務之性質範圍。各有特殊情形。故查帳之順序。並無一定之規可則言。查帳目錄之編製。自當參照其事業之性質。會計之組織。及其他特事殊情。與查帳之經驗而定。然要應以最少之時間及手續。獲最良之效果也。

（八）查賬員應具之性格

查帳員應有耐煩不怕擾雜之素養。則查帳庶幾可順利矣。

II查帳期內注意事項

為專門查帳員者。在查帳期內應注意之重要事項。亦可得列舉如左。

(一)存心良善

查帳員、應常抱一種為積極目的而查帳之觀念。苟發見不正。則當據實報告。不畏强禦。不為利誘。以求暢行其職務。而保持公平正直態度也。

(二)置備查帳日誌查帳備忘錄

查帳員應備查帳日誌。記載每日所查核之事務及其辦理時間。以便考察進行狀態。並須永久保存。以備他日發生問題時。可以證明當日事實。兼可作後日之回想錄也。查帳員又應備查帳備忘錄。記載應特別調查之事項。並隨時摘記查帳中所發見之謬誤。弊端及疑問。一方面充將來編製報告書與委託者)之資料。一方面備事後將不明之點。向事務員訊問。因在查帳進行中。不便一一訊問。而多費事務員之時間也。

(三)善待事務員以便諮詢時可以澈底

查帳員對於委託者之事務員。尤其是會計事務員、應尊敬謙恭。以博其好感。以便諮詢不明之點時。得受誠意說明之援助。若倨傲或輕侮。徒招惡感。便生反抗心。不特

查帳開始前準備事項及從事中注意事項

查帳開始前準備事項及從事中注意事項

於職務上發生莫大之障礙。且有惡影響於全體查帳員之虞也。

（四）愼重諮詢

遇有不明事項。未能充分了解以前。固應詳細詢問事務員。以免模糊而發生危險。但亦應愼重爲切要之訊問。若濫訊。適足暴露無識。招致對方輕視。使委託者受不良之影響也。

（五）查帳記號符號印章

當各種單據及憑證書與關係記錄查對完畢後。須蓋以查訖之印。以免同一憑證充作二次之用。

對於各種帳簿中查訖科目。金額。總計額等。亦應蓋以查訖印。或特別符號。以免查後改竄也。

（六）防備改竄

因查帳須歷數日始可完竣。則一切憑證單據帳簿等。以營業之進行關係。不能不交還於委託者方面之事務員焉。

防事務員之改竄。可於對照帳簿時。在末筆下。作一特別符號也。

查帳開始前準備事項及從事中注意事項

查帳開始前準備事項及從事中注意事項

中華民國十八年十一月出版

經濟論叢（下編）

洋裝一册　定價一元二角

編輯者　交通大學上海交通管理學院經濟學會

出版者　上海廣益書局

發行所　廣益書局　上海福州路中市　上海棋盤街中市

分發行所　廣州　長沙　南昌　宜昌　北平　漢口　開封　遼甯　廣益書局

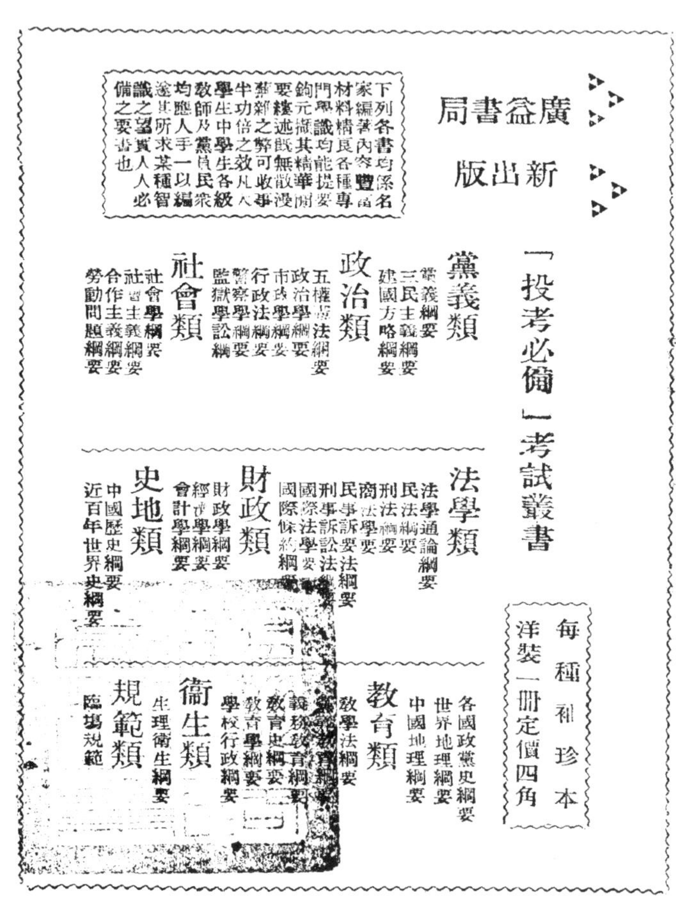